语言学及应用语言学名著译丛

语言教学的流派

（第3版）

〔新西兰〕杰克·C.理查兹　著
〔美〕西奥多·S.罗杰斯

刘振前　庄会彬　郭　霞　译

APPROACHES AND METHODS IN LANGUAGE TEACHING

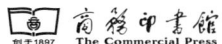
商务印书馆
The Commercial Press

Jack C. Richards and Theodore S. Rodgers
APPROACHES AND METHODS IN LANGUAGE TEACHING (THIRD EDITION)
Cambridge University Press
本书根据剑桥大学出版社 2014 年英文版译出

This is a Simplified-Chinese translation of the following title published by Cambridge University Press:

Approaches and Methods in Language Teaching (*Third Edition*), 9781107675964
© Cambridge University Press 2014

This Simplified-Chinese Translation for the People's Republic of China (excluding Hong Kong, Macau and Taiwan) is published by arrangement with the Press Syndicate of the University of Cambridge, Cambridge, United Kingdom.

© The Commercial Press, Ltd., 2024

This Simplified-Chinese translation is authorized for sale in the People's Republic of China (excluding Hong Kong, Macau and Taiwan) only. Unauthorized export of this Simplified-Chinese translation is a violation of the Copyright Act. No part of this publication may be reproduced or distributed by any means, or stored in a database or retrieval system, without the prior written permission of Cambridge University Press and The Commercial Press, Ltd.

Copies of this book sold without a Cambridge University Press sticker on the cover are unauthorized and illegal.

本书封面贴有 Cambridge University Press 防伪标签，无标签者不得销售。

此版本仅限在中华人民共和国境内（不包括香港、澳门特别行政区及台湾地区）销售。

——— 作 者 简 介 ———

杰克·理查兹（Jack C. Richards）

国际著名的二语/外语教学、应用语言学专家及教育家。他不仅为英语教师撰写了大量的专业书籍，还为英语学习者编纂过很多教材，广受好评。

西奥多·罗杰斯（Theodore S. Rodgers）

1968年开始任教于夏威夷大学，并从1976年开始任心理语言学教授，教授教育学、英语、作为二语的英语、信息科学以及心理学。他主持夏大英语项目十五年，进行了美国最大一次语言教学大纲改革实验。

译者简介

刘振前 理学博士，山东齐鲁工业大学外国语学院特聘教授，山东大学外国语学院博士生导师。研究方向：认知语言学、心理语言学等。多家重要学术期刊匿名评审专家，国家社科基金通讯评审专家，中国中医药研究促进会传统文化翻译与国际传播专业委员会副会长。主持国家级项目二项，省部级项目一项，发表学术论文90余篇，在商务印书馆等出版社出版专（译、编）著十余部。

庄会彬 山东大学-威斯康星大学麦迪逊分校联合培养博士，现为山东大学文化传播学院教授、博士生导师。主持国家级项目三项，省部级项目四项。发表学术论文80多篇，出版学术专著6部、译著6部。曾获"山东省优秀博士论文"（2013），"河南省社会科学优秀成果"一、二、三等奖各一次，以及"河南省高等学校青年骨干教师"（2016）、"河南省高校科技创新人才"（2017）等荣誉称号。

郭　霞 牡丹江师范学院西方语言学院副教授，硕士研究生导师。国家教师资格面试考官，黑龙江省免费师范生教学技能竞赛评委，教育部硕士论文评审专家；获发明专利一项；主持省部级项目一项及厅局级重点项目一项；出版专著一部，公开发表论文十余篇。

语言学及应用语言学名著译丛
专家委员会

顾　问　胡壮麟

委　员　（以姓氏笔画为序）

　　　　马秋武　　田海龙　　李瑞林
　　　　张　辉　　陈新仁　　封宗信
　　　　韩宝成　　程　工　　潘海华

　　　　王　丹　　王文新　　王辛夷
　　　　毛文伟　　付志明　　李　勤
　　　　宋　扬　　周　彤　　温仁百
　　　　潘　钧　　薄文泽

总　　序

商务印书馆出版的"汉译世界学术名著丛书"在国内外久享盛名，其中语言学著作已有10种。考虑到语言学名著翻译有很大提升空间，商务印书馆英语编辑室在社领导支持下，于2017年2月14日召开"语言学名著译丛"研讨会，引介国外语言学名著的想法当即受到与会专家和老师的热烈支持。经过一年多的积极筹备和周密组织，在各校专家和教师的大力配合下，第一批已立项选题三十余种，且部分译稿已完成。现正式定名为"语言学及应用语言学名著译丛"，明年起将陆续出书。在此，谨向商务印书馆和各位编译专家及教师表示衷心祝贺。

从这套丛书的命名"语言学及应用语言学名著译丛"，不难看出，这是一项工程浩大的项目。这不是由出版社引进国外语言学名著、在国内进行原样翻印，而是需要译者和编辑做大量的工作。作为译丛，它要求将每部名著逐字逐句精心翻译。书中除正文外，尚有前言、鸣谢、目录、注释、图表、索引等都需要翻译。译者不仅仅承担翻译工作，而且要完成撰写译者前言、编写译者脚注，有条件者还要联系国外原作者为中文版写序。此外，为了确保同一专门译名全书译法一致，译者应另行准备一个译名对照表，并记下其在书中出现时的页码，等等。

本译丛对国内读者，特别是语言学专业的学生、教师和研究者，以及与语言学相融合的其他学科的师生，具有极高的学术价值。第一批遴选的三十余部专著已包括理论与方法、语音与音系、词法与句法、语义与语用、教育与学习、认知与大脑、话语与社会七大板块。这些都是国内外语言学科当前研究的基本内容，它涉及理论语言学、应用语言学、语音学、音系学、词汇学、句法学、语义学、语用学、教育语言学、认知语言学、心理语言学、社会语言学、话语语言学等。

尽管我本人所知有限，对丛书中的不少作者，我的第一反应还是如雷贯耳，如 Noam Chomsky、Philip Lieberman、Diane Larsen-Freeman、Otto Jespersen、Geoffrey Leech、John Lyons、Jack C. Richards、Norman Fairclough、Teun A. van Dijk、Paul Grice、Jan Blommaert、Joan Bybee 等著名语言学家。我深信，当他们的著作翻译成汉语后，将大大推进国内语言学科的研究和教学，特别是帮助国内非英语的外语专业和汉语专业的研究者、教师和学生理解和掌握国外的先进理论和研究动向，启发和促进国内语言学研究，推动和加强中外语言学界的学术交流。

第一批名著的编译者大都是国内有关学科的专家或权威。就我所知，有的已在生成语言学、布拉格学派、语义学、语音学、语用学、社会语言学、教育语言学、语言史、语言与文化等领域取得重大成就。显然，也只有他们才能挑起这一重担，胜任如此繁重任务。我谨向他们致以出自内心的敬意。

这些名著的原版出版者，在国际上素享盛誉，如 Mouton de Gruyter、Springer、Routledge、John Benjamins 等。更有不少是著名大学的出版社，如剑桥大学出版社、哈佛大学出版社、牛津大学出版社、MIT 出版社等。商务印书馆能昂首挺胸，与这些出版社策划洽谈出版此套丛书，令人钦佩。

万事开头难。我相信商务印书馆会不忘初心，坚持把"语言学及应用语言学名著译丛"的出版事业进行下去。除上述内容外，会将选题逐步扩大至比较语言学、计算语言学、机器翻译、生态语言学、语言政策和语言战略、翻译理论，以至法律语言学、商务语言学、外交语言学，等等。我也相信，该"名著译丛"的内涵，将从"英译汉"扩展至"外译汉"。我更期待，译丛将进一步包括"汉译英""汉译外"，真正实现语言学的中外交流，相互观察和学习。商务印书馆将永远走在出版界的前列！

胡壮麟
北京大学蓝旗营寓所
2018年9月

译者前言

如果说，语言教学界有那么几位贡献最大者，本书的两位作者必居其中。本书在国际上的影响，笔者不敢多言，但是单看其在中国的影响之巨，便可窥其一斑：世纪之初，本书英文版的第 2 版曾以《语言教学的流派》名称，作为"当代国外语言学与应用语言学文库"系列丛书之一（外语教学与研究出版社，2000 年 8 月出版）在中国影印面世，成为众多语言教师的案头必备，影响了一代中国语言（主要是外语）教育工作者，促进了当时中国语言教学的改革。然而，囿于这本书的语言为英文原文，尽管外语教学与研究出版社很人性化地请外语教育专家王才仁为读者撰写了导读，然而，对于大多数非英语出身的教师来说，仍是难以深入研读其内容。有鉴于此，值本书第 3 版推出之际，商务印书馆审时度势，推出了这一汉语译本，善莫大焉。

该书系统阐述了语言教学的方方面面，是一部较为全面的西方语言教学法教材，是当今学习语言教学法的必备书。两位作者皆是赫赫有名的学者，理查兹教授（Jack Richards）为国际著名的第二语言/外语教学、应用语言学专家及教育家。他不仅仅为英语教师撰写了大量的专业书籍，还为英语学习者编纂无数的教材，广受好评。罗杰斯（Theodore Rodgers）1968 年开始任教于夏威夷大学，并从 1976 年开始任心理语言学教授。在夏大，他既教授教育学，又教授英语、英语第二语言、信息科学以及心理学。他主持夏大英语项目十五年，进行了美国最大一次语言教学大纲改革试验。二人精诚合作，穷自己从事语言教学研究之经验结晶，推出了这部

译者前言

皇皇巨著。该书推出伊始，便在语言教学界熠熠生辉，一版再版，皆无数次印刷。但两位作者却并不满足，又于2014年推出了第3版。

相对前两版，第3版把全书21章分成了四部分呈现。这就使得全书布局更为合理，更具人性化——打开目录，呈现给读者的是一个友好型界面。

第一部分"20世纪语言教学的主要趋势"，重点介绍了促生现代语言教学的第一个典型范式的各种方法。其中第3章和第4章分别介绍了口语法或情境语言教学法和听说学法，两者分别风行于英国和美国，产生了持续、长久的影响。

第二部分"当前盛行的教学途径及方法"，对自20世纪80年代各种交际方法产生以来主流语言教学的发展方向进行了描述。作者认为，主流语言教学越来越关注各种交际语言教学途径。交际教学运动旨在将教学重心从语法为语言核心的观点，转移到关于语言、语言学习、教师和学习者的另一种观点即语言交际上。

第三部分"20世纪的另类教学途径与方法"所介绍的各种教学途径与方法要么是在主流语言教育之外发展起来的，要么是其他领域中发展起来的教育原则在语言教学中的应用，如自然教学途径（the Natural Approach，第14章）、全身反应法（Total Physical Response，第15章）、默示教学法（the Silent Way，第16章）、社团语言学习（Community Language Learning，第17章）和暗示教学法（Suggestopedia，第18章）。这些另类教学方法多数并非始源于某种语言理论，亦未借鉴应用语言学的研究和理论，而是围绕关于学习者和学习的具体理论，有时可能是某一理论家或教育家的理论而发展起来的，相对不够完善，而且它们所体现出来的学习原则与第二语言习得（SLA）教科书中所介绍的理论也不尽相同。

第四部分"教学与学习的环境"关注的重点是学习者与教师对学习和教学过程的贡献，以及各种教学途径和方法在课程设置中的地位问题。

总而言之，相比第1版和第2版，本版增加了新的章节和内容（详见第 3 版简介）。本版全面介绍了当今世界范围内使用的主流教学法及一些小众教学法，不仅分门别类地探讨了语言教学的途径和方法，阐明了这些方法背后的设想及其异同，而且还努力帮助教师们建立自己的教学理念和发展自己的语言教学的实际技能，无论在语言理论和语言教学目标、教学大纲、教学活动、教师和学习者角色、学习材料和课堂教学技巧等方面，都有深远的意义。

虽然当下是所谓的"后方法（post-method）"时代，但是"后方法"并不意味着完全摒弃方法，而是要根据所教授的对象、教学发生的社会文化环境、教育传统与教育政策等等，灵活地使用某种或者多种方法，来进行语言教学。从这个意义上讲，任何一种教学途径与方法都没有过时，而是恰恰相反，需要语言教师系统地学习与掌握各种教学途径与方法，并在教学中灵活地加以应用，在此过程中，为了适应所教授的学生，有时需要对现有教学途径与方法加以改造，有时需要博采众长，将各种教学途径与方法中"合理"的元素抽取出来，形成自己的教学"套路"，并加以运用。本书不仅适合于中国的外语教师与应用语言学方向研究生阅读，而且适用于从事汉语无论是作为第一语言还是作为第二语言（外语）教学的教师与相关方向研究生阅读。

目　　录

致谢 ·· I
第 3 版简介 ·· V

第一部分　20 世纪语言教学的主要趋势

1　语言教学的早期发展简史 ··· 5
2　语言教学途径和方法的本质 ·· 27
3　口语法与情境语言教学 ·· 59
4　听说法 ··· 78
　　附录：听说课程样例 ··· 104

第二部分　当前盛行的教学途径及方法

5　交际语言教学 ·· 111
　　附录：交际教学中的一课 ·· 151
6　内容型教学和内容与语言融合式学习 ································ 153
　　附录：内容与语言融合式学习的一课 ································ 182
7　全语言教学 ·· 184
8　能力导向型语言教学、标准与欧洲语言共同参考框架 ················· 197
　　附录：能力导向型课例 ·· 227
9　任务型语言教学 ·· 228
　　附录：任务型教案 ·· 261
10　文本型教学 ··· 263

ix

  附录：文本型活动 ································· 281
11 词汇途径 ······································· 283
12 多元智能 ······································· 302
13 合作语言学习 ··································· 320

第三部分 20 世纪的另类教学途径与方法

14 自然教学途径 ··································· 343
15 全身反应法 ····································· 364
16 默示教学法 ····································· 379
17 社团语言学习 ··································· 397
18 暗示教学法 ····································· 416

第四部分 教学与学习的环境

19 学习者、途径与方法 ····························· 435
20 教师、教学途径与方法 ··························· 456
21 途径、方法与课程 ······························· 478

22 后记 ··· 501

附录：途径与方法对比 ································· 508
人名索引 ··· 515
主题索引 ··· 521
译后记 ··· 540

致　　谢

本书作者和出版商承认以下材料的版权，承蒙慨允使用，谨表诚挚谢意。虽已尽力，但总有些材料可能未能找出其来源，或确认其版权为何人所有。如发现任何遗漏，敬请告知，我们将在重印时予以致谢。

第114—115页[*]的文本引自剑桥大学出版社（Cambridge University Press）2013年出版、杰克·C. 理查德（Jack C. Richards）、乔纳森·赫尔（Jonathan Hull）和苏珊·普罗克特（Susan Proctor）所编著《剑桥英语教程3学生用书第4版》(*Interchange Level 3 Student's Book 4th edition*)。承蒙慨允采用。

第137—138页的文本引自剑桥大学出版社2012年出版、纳塔利亚·马尔多纳多·马丁（Natàlia Maldonado Martín）、罗莎·贝尔加德·洛贝特（Rosa Bergadà Llobet）、努里亚·卡里略·蒙塞（Núria Carrillo Monsó）、莱迪亚·约韦·罗达（Lídia Jové Roda）和皮拉尔·奥利瓦雷斯·阿圭勒（Pilar Olivares Aguilar）所著《生态系统：保持平衡的野外手册包》(*Ecosystems: Keeping the Balance Fieldbook Pack*)。承蒙许可采用。

第137页的插图引自亚历克斯·奥贝（Alex Orbe）。承蒙慨允采用。

第138页的视频图片引自加泰罗尼亚电视台（Televisio de Catalunya）。承蒙慨允采用。

---

[*] 文中提到的页码为英文版页码，即本汉译版的边码。

致　谢

第 145 页的文本引自西奥多·S. 罗杰斯（Theodore S. Rodgers）1993 年 4 月的《英语教学中的全语言教师培训》(*Teacher training for Whole Language in ELT*)。论文在香港城市大学研讨会（City University of Hong Kong Seminar）上宣读。承蒙慨允采用。

第 173 页的文本引自剑桥大学出版社 2014 年出版、格蕾琴·比特林（Gretchen Bitterlin）、丹尼斯·约翰逊（Dennis Johnson）、唐娜·普赖斯（Donna Price）、西尔维娅·拉米雷斯（Sylvia Ramirez）和 K. 林恩·萨维奇（K. Lynn Savage）所著《风险投资 1 学生用书 第 2 版》(*Ventures 1 Student's Book 2nd edition*)。承蒙慨允采用。

第 192—193 页的文本引自帕特里西娅·普林·斯塔克（Patricia Pullin Stark）著《任务型学习与商务英语课程的融合》('Integrating Task-based Learning into a Business English Programme')，载帕尔格雷夫·麦克米伦（Palgrave Macmillan）出版公司 2015 年出版、科罗妮·爱德华兹（Corony Edwards）和简·威利斯（Jane Willis）编写的《探索英语教学中任务的教师》(*Teachers Exploring Tasks in English Language Teaching*)。承蒙慨允采用。

第 199 页的文本引自克莱迪奥·帕索斯·德奥利维拉（Cláudio Passos de Oliveira）的《英语外语教学（TEFL）环境中任务型评估的实施》('Implementing task-based assessment in a TEFL environment')，载乔治敦大学出版社（Georgetown University Press，www.press.georgetown.edu）2004 年出版、贝蒂·卢·利弗（Betty Lou Leaver）和简·R. 威利斯（Jane R. Willis）编写的《外语教育中的任务型教学：实践与课程》(*Task-Based Instruction in Foreign Language Education: Practices and Programs*)。承蒙慨允转载。

第 208—209 页的文本选自麦考瑞大学（Macquarie University）1998 年出版的、国家英语教学与研究中心苏珊·费兹（Susan Feez）编写的《文本型教学大纲设计》(*Text Based Syllabus Design*)。

第 213—214 页的文本改编自马歇尔·卡文迪什教育（Marshall Cavendish Education）2012 年出版的《马歇尔·卡文迪什英语学习者第 4 册》(*Marshall Cavendish English Pupil Book 4*)，版权归马歇尔·卡文迪什国际（新加坡）私人有限公司所有。

第 233 页的文本引自罗尔夫·帕姆博格（Rolf Palmberg, ESLDepot.com）2011 年的《多元智力再论》(*Multiple Intelligence Revisited*)。承蒙慨允采用。

第 235—236 及 239—240 页的表格改编自玛丽·安·克里斯蒂森（Mary Ann Christison）所著《多元智力理论和二语学习简介》('An introduction to multiple intelligences theory and second language learning')，摘自培生教育（Pearson Education）1998 年出版、乔伊·M. 里德（Joy M. Reid）编《第二语言课堂中的学习风格入门》(*Understanding Learning Styles in the Second Language Classroom*)，已获新泽西州上鞍河培生教育有限公司慨允采用。

第 253—254 页的表格选自刊载于学院出版社（Academy Publisher Inc.）出版的《语言教学与研究》(*Journal of Language Teaching and Research*) 2010 年第 1 卷第 1 期上的《合作语言学习、外语学习与教学》('Cooperative Language Learning and Foreign Language Learning and Teaching')，作者张燕（Yan Zhang[①]）。已获允许采用。

第 272 页的文本引自培格曼出版社（Pergamon Press）1983 年出版、斯蒂芬·D. 克拉申（Stephen D. Krashen）和特雷西·D. 特雷尔（Tracy D. Terrell）所著《自然法：课堂中的语言习得》(*The Natural Approach: Language Acquisition in the Classroom*)。

第 284—285 页的文本引自天空橡树公司（Sky Oaks Productions）1977 年出版、詹姆斯·J. 阿舍（James J. Asher）所著《通过行动学习另

---

① 此处为音译。——译者注

一种语言：教师指南全书》（第 2 版）(*Learning Another Language through Actions: The Complete Teacher's Guide Book 2nd edition*)。

第 294—299 页的文本引自乔尔·威斯金（Joel Wiskin）所著《和平队志愿者泰语教学大纲》('a Peace Corps Syllabus for teaching volunteer Thai')。

第 317—319 页和 324—325 页的文本引自剑桥大学出版社出版、格雷瑟·胡珀·汉森（Grethe Hooper Hansen）著《罗扎诺夫与文本教学》('Lozanov and the teaching text')，载 B. 汤姆林森（B. Tomlinson）编《语言教学中的教材开发》（第 2 版）(*Materials Development in Language Teaching 2nd Edition*)。承蒙慨允采用。

第 363—379 页选文改编自杰克·C. 理查兹（Jack C. Richards）著《语言教学中的课程设置方法：前瞻型设计、中心型设计和后顾型逆向设计》('Curriculum Approaches in Language Teaching: Forward, Central and Backward Design')，载赛奇出版公司（SAGE Publications）2013 年出版的《RELC 期刊》(*RELC Journal*)。承蒙慨允采用。

第 3 版简介

本书前两版是剑桥语言教学系列丛书之一种,第 1 版出版发行于 1986 年,2001 年再版。教师及在训教师经常参考《语言教学的流派》(*Approaches and Methods in Language Teaching*),来解释 19 世纪晚期至今语言教学中使用的各种主要教学途径和方法。近几十年间,尽管我们对语言教学和学习的了解更加深入,但语言教学从业者仍在继续探索新的教学设计和方法。当今,语言教学反映了英语作为国际语言的地位的变化,加快了对高效教学方法的需求。伴随着技术的革新,小学开设英语课程以及大学课程中英语作为教学语言的使用已成大趋势,这促使教师及教师教育工作者在寻求有效的课堂资源和活动过程中,对过去和现在的教学实践予以不断的审视。尽管有人认为当代语言教学的各种教学方式对标准方式的依赖程度较低,而是更多地依赖于教学的后方法(post-method)概念,但新的教学方法仍在不断出现(如内容与语言融合型学习(Content and Language Integrated Learning,简称 CLIL)、文本型与任务型教学以及欧洲语言共同参考框架(Common European Framework of Reference))。上述教学方式以及语言教学早期的一些传统是当今语言教师应具备的专业知识的重要组成部分。由于上述原因,《语言教学的流派》(第 3 版)的出版似乎恰逢其时。[①] 在第 3 版的编写过程中,我们谨记,新的东西未必都是好的,一本书若能提供该领域过去丰富的教学实践积累,当代的教师仍然

---

① 第 3 版的新材料主要来自 JCR。——原注

能够从中受益。

第 3 版有以下诸种变化。

- 本书现在分为四个部分，最后一部分是三个新增加的章节，主要联系语言教学与学习的过程来对途径与方法进行阐述。这些章节旨在说明对语言教学过程中学习者和教师角色的看法，如何促生了与教学途径与方法相关的其他一些概念，以及如何从课程开发的角度来看待教学途径与方法。

- 本书第一部分"20 世纪语言教学的主要趋势"已更新，第 2 章是本书的理论框架。本书许多章节都对教学理论、设计和步骤进行了更详尽的描述。

- 本书将当前盛行的教学途径与方法从第三部分移到了第二部分，以更好地反映其与 20 世纪主要趋势的连续性。第 5 章交际型语言教学的内容有极大的丰富与拓展，第 6 章内容也有扩展，目前包括人们所熟知的内容与语言整合式学习（CLIL）与内容型教学法。第 8 章不仅包括能力型教学，而且包括各种以广义的标准和结果为追求的各种运动以及欧洲语言共同参考框架。该部分还新增加了文本型教学法一章。

- 第三部分"20 世纪的另类教学途径与方法"亦有扩充，对其背后的理论框架进行了更为全面的描述。（第 2 版中的神经语言编程（Neurolinguistic programming，简称 NLP）一章删除，因为它是一种基于大众心理学的人本主义理念，不符合语言教学途径或方法的定义标准，因此不能被称为一种语言教学方法。）

- 全书各章都增加了讨论问题，以使读者综合理解每章内容，附录部分增加了一个表格，对各种语言教学途径和方法进行了比较。书中还提供了许多途径与方法的教材样本。虽然这些样本可能无法反映某种纯粹的教学途径或方法面貌，而是多种方法特征的组合，但它们却用现实的例子，说明了教材编者对这些语言教学途径和方法的阐释。

20世纪70年代和80年代的一些"创新"方法如今已很少受到关注，我们最初认为已无介绍之必要，但审稿人认为它们为考察语言教学法的主要趋势提供了一个有益的历史视角。因此，第3版亦对这些方法进行了介绍。

感谢数位匿名审稿人对此版的反馈以及提出的许多建设性意见。感谢哈尤·莱因德斯（Hayo Reinders）协助编写了讨论问题，感谢黛比·戈德布拉特（Debbie Goldblatt）和杰奎琳·弗伦奇（Jacqueline French）高明的编辑指导。也感谢剑桥大学出版社的卡伦·莫伯（Karen Momber）和乔安娜·加伯特（Joanna Garbutt）为此书的出版所给予的支持。

第一部分

20 世纪语言教学的主要趋势

语言教学在20世纪进入兴盛期，成为一种职业。20世纪初叶，当代语言教学的整个基础已经奠定，当时应用语言学家和其他一些人试图提出一些适用于教学方法和教材设计的原则和步骤，借鉴语言学和心理学相关领域的发展，来支持一系列被认为更有效的理论和更合理教学方法的建议。20世纪语言教学的特点是，改革和创新迭出，偶尔亦有不同语言教学思想产生。语言教学途径变迁的动力多源自具体教学方法的改革。教学中方法的概念——基于某种语言观和语言学习理论的一系列系统的教学实践的观念——十分强大，对更好的教学方法的探寻，乃是整个20世纪许多教师和应用语言学家孜孜以求的目标。教学方法通常亦具有相同的诉求，即它们反映出对语言学习的一种正确认识，使用最新方法所产生的效果，优于使用先前的旧方法。第一部分的几个章节考察促生现代语言教学的第一个典型范式的各种方法——即基于语法的教学方法，亦即英国所谓的结构语言教学途径或情境语言教学（法）和美国所谓的听说法的采用。第1章简要叙述了20世纪上半叶语言教学的历史发展，阐述了适用于研究语言教学的途径、方法及其对语言教学发展趋势和实践的影响的基本原理。第2章介绍了用于描述途径和方法的一个模型或框架，确定了基本途径和方法的三个组织层次：理论（approach）[①]、设计（design）和步骤（过程）（procedure）。

[①] 从整书内容来看，"approach"可采用两种译法：第一，若用于对各种教学方法进行描述的框架，它指方法背后的语言理论和学习理论，本书中一概译作"理论"；第二，若与"方法"并立，多指某种比较含糊的教学理念或者思路，本书中在多数情况下译作"途径"。——译者注

这三个组织层次贯穿于全书。第3章描述了20世纪英国语言教学中最重要的一种方法：口语法或情境语言教学法，被略加修正变成呈现（讲授）-练习（操练）-产出（运用）（presentation-practice-production）教学法，简称PPP教学法，在教科书和教材中仍然被广泛使用。第4章介绍了人们所熟知的听说学法，这一方法产生于美国，从侧重结构和句型练习的常用教学步骤来看，同样产生了持续、长久的影响。

1
语言教学的早期发展简史

引　言

20世纪初，语言教学成为一个备受热议和具有创新性的一个教育领域。尽管语言教学历史悠久，但当代语言教学的理论基础却是在20世纪初奠定的，当时应用语言学家和其他相关人士借鉴语言学和心理学领域的最新成果，提出了各种教学途径（方法）和教材设计的原则与步骤。这导致了一系列被认为是更有效、理论上更合理的语言教学方法的提出。20世纪不同时期语言教学的特点是，既有改革与创新，也有相互对立的语言教学思想的产生。语言教学方法改革的动力总的来说，源自对第二语言及外语使用者需求的日益增长。例如，如本书第4章所述，第二次世界大战增加了对教授外语口语技能新教学方法的需求。人类的大规模迁移以及20世纪50年代以来的教育国际化也需要新型语言课程。近年来，全球化、互联网的兴起以及英语在全球的传播也推动了对语言教学政策和实践的重新评价。本章简单回顾了各种语言教学方法发展的历史，旨在为对过去及当代教学法展开讨论提供背景信息，并提出了在对这些方法进行分析时将会涉及的一些问题。

方法的出现

为提高语言教学效果而做出的努力通常聚焦于教学方法的改革。纵观语言教学的历史，这种教学方法上的改革不仅反映了语言教学目标的变化，如将口语水平而非阅读理解作为语言学习的目标，而且也反映了关于语言本质和语言学习本质理论的变化。教学中方法的概念——一系列基于特定语言和语言学习理论的教学实践的观念——既十分强大，同时也充满争议，20世纪许多教师和应用语言学家所孜孜以求的乃是更有效的教学方法。从历史发展的角度来看，我们能够发现，促使最近语言教学方法革新（如第9章的任务型语言教学、第6章的内容与语言融合式学习（CLIL）的各种关切，与一直处于关于外语教学的讨论中心位置的关切相似。各种方法都有一个共同点，即相信较之于之前的教学方法，其所支持的教学实践更有效，理论上也更完善。当今关于教学方法的争论乃是贯穿于语言教学史的某些问题——关于如何提高语言课堂教学和学习质量的问题——在当下所做出的回答。

拉丁语的影响

我们生活在一个双语和多语世界上。无论是从当代还是从历史的角度来看，双语或者多语都是一种常态，而非例外。客观公正地说，外国语言的学习在任何一个历史时期，都是一个重要的实践问题。尽管英语是当今世界上最广泛学习的第二语言或外语，但是500年前，拉丁语是西方国家教育、商务、宗教和政府工作的主要语言。然而，16世纪，由于欧洲政治的变革，法语、意大利语和英语的地位提高，在口语和书面语交流中的地位渐渐取代了拉丁语。

随着拉丁语的地位从一种活语言变为学校课程设置中的"选修"科目，拉丁语学习的功能也发生了变化。古典拉丁语（维吉尔、奥维德和西塞罗写作所用的语言）的学习及对拉丁语文法和修辞的分析成为17世纪到19世纪外国语言学习的样板。在16、17、18世纪的英格兰，儿童进入"文法学校（grammar school）"首先要接受严格的拉丁语文法教学，采用机械记忆方式来学习语法规则、变格和动词变化、翻译，并且模仿例句练习写作，有时亦采用双语文本和对话（Kelly 1969；Howatt 1984）。学生一旦具备了基本语言水平，便开始学习高级语法和修辞。学校的学习对儿童来说肯定是一段痛苦的经历，因为若不能牢固地掌握所学知识，经常会面临严厉的惩罚。偶尔也会尝试采用其他教育方法来进行教学；例如，16世纪的罗杰·阿谢姆（Roger Ascham）、蒙田（Montaigne）和17世纪的夸美纽斯（Comenius）、约翰·洛克（John Locke）都针对拉丁语课程改革和教学方式的改变，提出过具体的建议（Kelly 1969；Howatt 1984）。但是，由于拉丁语（以及在一定程度上希腊语）一直被视为经典，甚至是最理想的语言形式，因此，语言学习在课程设置中的角色反映了拉丁语长久以来的地位，也不足为奇了。

拉丁语地位的式微恰恰是教授拉丁语的一个新的理由。人们认为，拉丁语的学习有助于智力的开发，拉丁语文法的学习随之变成目的本身。

> 一旦拉丁语被本国语所替代，不再是日常交流的工具，那么它就会快速变成一种"脑力体操"、甚至"死亡的"语言，其严格、系统的学习作为所有类型高等教育的基础，不可或缺。
>
> （V. Mallison，引自 Titone 1968：26）

18世纪，"现代"语言开始进入欧洲学校的课程设置，学校采用跟教授拉丁语教学相同的基本程序来教授这些语言。课本由抽象的语法规则、词汇表和句子翻译组成。说外语不是教学的目标，口语练习仅限于学生大声朗读其翻译过的句子。造这些句子的目的是，用以说明语言的语法系统，因此与真实的语言交流并没有多大关系。学生费尽心思翻译下述句子：

> The philosopher pulled the lower jaw of the hen.
> My sons have bought the mirrors of the Duke.
> The cat of my aunt is more treacherous than the dog of your uncle.[①]
>
> （Titone 1968：28）

[①] 这些句子纯粹是为了练习语法规则而造，没有实际意义，故不译。——译者注

至 19 世纪，这种基于拉丁语学习的方式成为在校学习外语的标准方法。因此，19 世纪中期典型的教科书都是由围绕语法点编排的章节或者课组成的。每一个语法点都列举出来，对其使用规则加以解释，并用例句加以说明。

19 世纪的教材编者主要是将外语编成固定的形态与句法规则，（由教师）加以解释，最终（由学生）记住。口语练习被减少到最少，但是大量任意构造的书面练习成为规则的补充。在此期间出版的大量书籍中，塞登斯图克（Seidenstücker）和普洛茨（Plotz）所编写的最具典型性……为了对具体的语法规则做出解释，（塞登斯图克）将把教学材料简化成互不关联的句子。他精心地将文本分成两部分，一部分呈现规则和必要的词形变化，另一部分则是法语和德语句子互译。其直接目的是通过适当的练习使学生学会运用所给出的规则……（普洛茨的）教材内容亦分成上述两个部分，唯一的教学形式是机械的翻译。典型的句子是："Thou hast a book. The house is beautiful. He has a kind dog. We have a bread [sic]. The door is black. He has a book and a dog. The horse of the father was kind.（你有一本书。房子很漂亮。他养着一条善良的狗。我们有面包。门是黑色。他有一本书和一条狗。爸爸的马很温顺。）"

（Titone 1968：27）

这种语言教学方式就是人们所熟知的语法翻译法。

语法翻译法

正如支持该方法一些重要人物（如 Johann Seidenstücker、Karl Plötz、H. S. Ollendorf 和 Johann Meidinger）所认为，语法翻译法是德国学术研究的产物。根据一些不太友善的批判者所说，德国学术是"了解关于某一事物的所有东西，而不是这一事物本身"（W. H. D. Rouse，引自 Kelly 1969：53）。实际上，语法翻译法在美国最早被称为普鲁士方法。（美国古典文学教师 B. 西尔斯 1845 年出版的一本书标题为《基本拉丁语语言教学的西塞罗或者普鲁士法》（*The Ciceronian or the Prussian Method of Teaching the*

Elements of the Latin Language)（Kelly 1969）。）语法翻译法的主要特点是：

1. 外语学习的目标是阅读文学作品，或者通过外语的学习来训练思维、开启智力。语法翻译法是学习语言的一种方法，首先详细分析所学语言的语法规则，然后运用所学语法规则，完成用目标语与其他语言之间句子和文章进行的互译任务。因此，根据语法翻译法，语言学习仅仅是记忆一些规则和事实，以便理解和掌握外语的形态和句法。"在第二语言获得过程中，母语被作为参考系统来使用"（Stern 1983：455）。
2. 读和写是关注的重心；对听和说很少或几乎没有系统的关注。
3. 词汇的选择完全基于所使用的阅读文本，通过双语词表、词典（词汇）学习（dictionary study）和记忆来教授。在典型的语法翻译法课文中，语法规则直接呈现（给学习者），并加以举例解释；词汇表及其相对应的翻译一同呈现，并配有翻译练习。
4. 句子是教学和语言练习的基本单位。课堂上大部分时间都在做目标语言与其他语言的句子互译，而且教学的重心是句子，这是语法翻译法的一个显著特点。早期的外语学习的方式是用语法来辅助外语文本的学习。但是，人们认为，这对于初中学生来说过于困难，将重心放在句子上，乃是简化语言学习的一种尝试。（参见 Howatt 1984：131）
5. 强调准确性。要求学生应该在翻译方面达到高标准，因为"高度准确性不仅有其内在的道德价值，而且为通过本世纪兴起的越来越多的正规书面考试所必需，因此需要优先考虑"（Howatt 1984：132）。
6. 语法采用演绎法教授——亦即，通过呈现和学习语法规则来进行，然后采用相应的翻译练习来进行练习。在多数语法翻译法教材中，语法点均按照某个教学大纲来排序，贯穿整篇课文，并且尝试以有组织、系统的方法来讲授。
7. 学生的本族语是教学的媒介。本族语被用以解释新术语,并与外语进行对比。

从 19 世纪 40 年代到 20 世纪 40 年代,语法翻译法在欧洲各种语言和其他各种外语的教学中占支配地位,而且直至今天,其修正版仍在世界上某些地方广泛使用。正如豪厄特(Howatt 1984)所指出,语法翻译法最起码未必像其批评者所描述的那样令人恐怖。而有些人却试图说明法语或德语的学习,与经典语言的学习一样严谨,他们指出了语法翻译法的一些极端不如意之处。这就导致了产生了数以千计令学校学习者深恶痛绝采用语法翻译法的课程,对他们来说,外语学习意味着一种枯燥乏味的体验,因为他们需要背诵很多无用的语法规则和词汇、尽力完美地翻译出文体矫揉造作或者文学性的散文。虽然语法翻译法经常令学生受挫,但对教师的要求却很低。语法翻译法在侧重与外语文学文本的理解、对口语能力要求较低的情景中,仍然有其用途。当下,大学外语教材有时仍然体现出语法翻译的原则。这些教材的编写者大都接受过文学专业而非语言教学专业或应用语言学专业训练。因此,或许可以正确地说,语法翻译法虽然仍然广为应用,但已失去拥护者。语法翻译法是一种缺乏理论支撑的教学方法。文献中既找不到对其原理或者合理性的论述,也没有文献尝试将其与语言学、心理学或教育问题联系起来。然而,世界某些地区仍然沿用该方法,其原因可能是:(1)教师英语口语水平不够;(2)他们的老师也使用这种方法;(3)该方法使教师在课堂上有操控感和权威感;(4)该方法在大课堂中很有效。关于世界某些地区仍然沿用语法翻译法和其他传统教学法的原因,金和科塔齐(Jin & Cortazzi 2011:558—559)给出以下解释:

相比经济发达地区,大部分发展中地区教育体系和语言教师培训发展缓慢、文化观念和不同的改革方式、学习资源和资金有限，仍然长期使用传统教学方法。

但是，到 19 世纪中后期，对语法翻译法的反对之声在数个欧洲国家渐渐形成，越来越强大。如前文已述及，这次改革运动为新的语言教学方法的发展，奠定了基础，同时也引发了一些争议，一直持续至今。

19 世纪语言教学的革新

至 19 世纪中叶，有几个因素导致了人们对语法翻译法的质疑和反对。欧洲人之间的交流日益增多，因此对外语口语水平的要求不断提高。最初，这开辟了适用于自学的会话和短语方面书籍的市场，但语言教学专家却将其关注焦点转移到中学英语和现代欧洲语言的教学方式上。人们越来越强烈地认为，公共教育系统并没有尽到其责任。在德国、英国、法国和其他欧洲国家，语言教学专家提出了一些新的语言教学途径，为现代语言教学改革提供了具体的方法。尽管其中一些专家（如马塞尔（Marcel）、普伦德加斯特（T. Prendergast）和古安（F. Gouin））的想法具有历史价值，但并没有产生任何持续的影响。

法国人 C. 马塞尔（C. Marcel 1793—1896）视儿童的语言学习为语言教学的模范，强调意义在学习语过程中的重要性，建议将阅读的教学置于其它语言技巧之前，并且尝试将语言教学置于宏大的教育框架内加以审视。英国人普伦德加斯特（T. Prendergast 1806—1886）是最早观察、记录儿童运用语境和情景线索，来理解话语，运用所记忆的短语和"套话"进行语言表达的人之一。他提出了第一个"结构大纲（structural syllabus）"，主张应该教授学习者语言中常见的基础结构型式。如此一来，他率先提出了一种更科学的语言学习方法，如本书第 3 章所述，这一问题在接下来的 20 世纪 20 年代和 30 年代受到密切关注。法国人古安（F. Gouin 1831—1896）可能是 19 世纪中期最著名的改革者。基于对儿童语言使用的观察,古安提出了一种讲授外语的方法,认为使用语言完成一系列相关的任务,能够促进语言的学习。其方法是使用情境和主题来组织和呈现口头语言,即著名的古安"系列(series)",如包含与伐木、开门等此类活动相关的一系列句子。古安创办学校,并运用其方法教授学生,一度很受欢迎。第一节外语课,学生将学习以下句子系列:

I walk toward the door.	I walk.
I draw near to the door.	I draw near.
I draw nearer to the door.	I draw nearer.
I get to the door.	I get to.
I stop at the door.	I stop.
I stretch out my arm.	I stretch out.
I take hold of the handle.	I take hold.
I turn the handle.	I turn.
I open the door.	I open.
I pull the door.	I pull.
The door moves.	moves
The door turns on its hinges.	turns
The door turns and turns.	turns
I open the door wide.	I open.
I let go of the handle.	I let go.

(Titone 1968:35)

古安强调有必要在显化意义的语境中呈现新的教学内容,用手势和动作来表达话语的意思。这种做法后来成为其他教学方式和方法的一部分,如情景语言教学法(Situational Language Teaching)(第3章)和全身反应法(Total Physical Response)(第15章)。

前述语言专家所做的工作反映了其所处时代大气候的变化。教育家已经认识到,需要将口语能力,而非阅读理解、语法和文学欣赏,作为外语课程的目标;人们对儿童语言学习方式的兴趣激发了其尝试根据对儿童语言学习的观察（或者更典型地，对儿童学习的反思），制定语言教学的原则。但是，马塞尔、普伦德加斯特、古安和其他改革者的思想和方法因为脱离了既有教育环境，因此未能得到更加广泛的传播、接受和实施。在他们写作时所处的时代，语言教学作为一个专门的职业没有足够的组织机构（即专业协会、期刊和会议）支撑，因此其新思想无法发展成为一场教育运动。然而，至19世纪末，这种情况开始发生改变，当时，具有改革意识的语言学家和语言教师产生了共同的兴趣，开始齐心协力关注教育问题。教师和语言学家开始就改革语言教学方式的必要性发表著述，并通过其小册子、书籍、演讲以及文章为更大规模的教学方法改革奠定了基础。这一努力就是后来众所周知的语言教学改革运动。

改革运动

马塞尔、普伦德加斯特和古安等语言教学专家为了推广其语言教学的新方式，做了很多努力，但是其思想却没有得到广泛的支持和关注。然而，从19世纪80年代起，英国的亨利·斯威特（Henry Sweet）、德国的威廉·维埃托尔（Wilhelm Viëtor）、法国的保罗·帕西（Paul Passy）等具有实用意识的语言学家开始从思想上引领改革，从而使改革的观念更可信、更易于接受。语言学作为一个学科得以振兴。语音学——对语言声音系统的科学分析和描写，作为一个学科建立起来，从而为对言语过程的理解提供了新的知见。语言学家强调口头语言而非书面语言是语言的原始形式。1886年，国际语音协会成立，并制定国际音标（International Phonetic Alphabet，简称IPA），用以准确地对任何语言的发音进行描写。协会初创时，其目标之一是改进现代语言教学，提倡：

1. 口语学习；
2. 语音训练，以形成良好的发音习惯；

3. 用会话性文本和对话，来教授适用于会话的短语和习语；
4. 采用归纳法，来进行语法教学；
5. 通过与目标语而非母语之间建立联系，来教授新的意义。

语言学家也对关于何为最好的外语教学方式的争论，产生了兴趣，并且在其专著、文章以及小册子中，就这些想法展开了激烈的讨论，并加以维护。亨利·斯威特（Henry Sweet 1845—1912）认为，合理的教学原则应该基于对语言的科学分析和心理学研究。他在《语言的实用研究》(*The Practical Study of Languages*)（1899）一书中，提出了教学法发展的原则，包括：

1. 精心选择教授的内容；
2. 限制教授的内容；
3. 从听、说、读、写四项技能四个方面安排教授的内容；
4. 将教学材料从简单到复杂分级。

德国著名学者威廉·维埃托尔（Henry Viëtor 1850—1918）运用语言学理论，证明了其语言教学观的合理性。他坚持认为，语音学训练能够使教师正确地发音。语言的型式（speech patterns）而非语法是语言的基本组成要素。在其 1882 年出版颇有影响力的标题为《语言教学必须从零开始》(*Language Teaching Must Start Afresh*) 的小册子中，威廉·维埃托尔明确表达出了其观点，对语法翻译法的不足提出了强烈的批判，强调对教师进行语音学这一新兴科学培训的重要价值。

尽管在对语言教学具体步骤的看法上有相当大的分歧，但是在外语教学新方法的基础问题上，维埃托尔、斯威特和其他改革者具有许多相同的观念。总的来说，许多改革者都认为：

1 口语居于首要地位，而且这应该在基于口语的教学法中反映出来；

2. 语音学的研究成果应该在教学和教师培训中加以应用；
3. 语言学习，应该先听，后读；
4. 单词应该在句子中呈现，句子应该在有意义的语境中，而非作为孤立且毫无关联的成分来练习；
5. 语法规则应该在语境中练习过之后教授，亦即应运用归纳法来教授语法。
6. 尽管本组语可用来解释新单词或有助于检验对新单词的理解，但是应该避免翻译。

上述原则为具有原则性的语言教学方法，亦即基于语言研究和语言学习科学方式的教学方法，奠定了理论基础。它们代表着应用语言学作为一个学科——有关第二语言与外语教学和学习的语言研究的一个分支——的滥觞。斯威特、维埃托尔、帕西等学者在其著述中，就如何更好地将应用语言学的原则应用于教学实践，提出了建议。然而，从普遍认可、统一实施的语言教学设计的意义上来看，任何一条建议都无法成为方法。但是，同支持改革运动者提出的观点相似，人们对从自然语言学习原则——如第一语言的习得推演出来语言教学原则，给予了关注。这就导致了自然法（natural methods）的产生，并最终促进了人们所熟知的直接法（Direct Method）的发展。

直接法

古安是 19 世纪最早试图围绕对儿童语言学习的观察确立语言教学方法的改革者之一。19 世纪末，其他改革者亦同样将注意力转向语言学习的自然原则，而且由于这一原因，这些人有时被称为"自然法"的倡导者。事实上，在语言教学史的各个历史时期，都有人试图将第二语言的学习变得更像第一语言学习。例如，在 16 世纪，蒙田（Montaigne）描述了其童年时的经历,他被托付给一个监护人,跟他只说拉丁语,因为其父亲想让儿子学好拉丁语。19世纪尝试将自然原则运用于语言课堂的学者之一是索弗尔(L. Sauveur 1826—1907),他用目标语进行强化口语互动,用提问的方式来呈现和诱发出语言。19世纪60年代末,索弗尔在波士顿创办了一所语言学校,其教学方法随后即被称为自然法。

索弗尔以及其他自然法支持者坚持认为,如果意义能够通过示范和动作直接表达出来,那么就可以不用翻译或学习者的母语来讲授外语。德国学者弗兰克(F. Frank)曾对目标语形式与意义之间直接联系,从心理学原理的角度,进行过阐述(1884),从而为目标语的单语教学方法提供了理论依据。根据弗兰克的观点,语言教学的最佳方式是在课堂上积极地使用所教授的语言。教师必须鼓励学生在课堂上直接、自发地使用外语,而不是采用分析程序,侧重对语法规则进行解释。然后,学习者能够自己归纳出语法规则。在早期学习阶段,教师代替了教科书。口语始于对发音的系统关注,可以运用已掌握的单词,以哑剧表演、示范以及图画等形式,来教授新的词汇。

上述自然主义的语言学习原则为后来所谓直接法奠定了基础,直接法(Direct Method)即广为人知的各种自然教学法(natural methods)。直接法的忠实支持者将直接法引进到法国和德国(在19、20世纪之交,直接法在这两个国家获得了官方认可),而且因索弗尔与马克西米利安·伯利茨(Maximilian Berlitz)成功地将其应用于其商业语言学校,而在美国被广为人知。(事实上,伯利茨从来没使用过"直接法"这一术语,而是将其学校中使用的方法称为伯利茨法(the Berlitz Method)。)在教学实践中,直接法指下述原则和步骤:

1. 课堂教学中只使用目标语。
2. 只教授日常词汇和句子。
3. 在小规模强化课堂上,口语交际技能通过精心分级的步骤,围绕着师生间的问答,进行训练。
4. 运用归纳法教授语法。
5. 新的教学点用口头形式来教授。
6. 具体的词汇采用示范、实物和图片来教授;抽象单词通过概念联想来教授。
7. 口语和听力理解一起教授。
8. 正确的发音和语法得到重视。

上述原则体现在下述口语教学指南中,伯利茨学校目前仍然遵循这些指南来进行教学:

> 勿翻译:要示范
> 勿解释:要行动
> 勿说教:要提问
> 勿模仿错误:要纠正
> 勿说单个词:要说句子
> 勿多言:要让学生多说
> 勿用课本:要用教案
> 勿来回跳跃:要按计划上课
> 进度勿太快:要跟学生进度一致
> 勿说得太慢:要以正常语速说话
> 勿说得太快:说话要自然
> 勿大声说话:说话要自然
> 勿失去耐心:要放轻松

(引自 Titone 1968:100—101)

直接法在私立语言学校中,如在伯利茨创办的连锁学校中,运用非常成功,因为在这些学校中,客户付费来学习语言,具有很强的学习动机,聘用说本族语的教师乃是常规。尽管这一方法的支持者施加压力,但直接法在公立初中教育中难以应用。因为直接法过于重视并且歪曲了自然的第一语言学习和课堂外语学习两者之间的相似性，而且没有考虑课堂现实情况。此外，直接法还因缺少缜密的应用语言学理论基础，而经常受到有学术背景的改革运动支持者的批评。直接法代表的是开明业余实践的产物。有人认为，直接法存在一些不足。它要求教师是本族语者或者其语言水平达到本族语者的流利程度。直接法很大程度上倚重于教师的教学技巧，而非教科书，而且并非所有老师其外语都能达到按照直接法的原则实施教学的水平。批评者指出，严格遵守直接法的原则进行教学，结果往往适得其反，效率低下，因为它要求教师尽量避免使用学习者的本族语，但有时用学生的本族语进行简单明了的解释，能更有效地促进理解。

哈佛大学心理学家罗杰·布朗（Roger Brown）报告了与严格的直接法技巧相关的一些问题。他观察到，明明翻译是一种更加行之有效的技巧，一位教师却为了表达某些日语词汇的意思，煞费苦心，大费周章，对此他大惑不解（Brown 1973：5）。

因此，到20世纪20年代，直接法在欧洲非商业性学校中使用已不再那么普遍。在法国和德国，直接法得到改进，它的一些技巧和更可控的语法任务结合到了一起。20世纪初叶，直接法在欧洲的盛行促使美国外语专家开始尝试在美国各类学校加以实施，但是推进步伐小心谨慎。始于1923年的一项关于外语教学现状的研究得出下述结论：任何一种方法都无法保证一定能够取得成功。学校外语教学时间有限，教师技术匮乏，而且普通美国大学生认为外语交流技能无关紧要，因此，人们认为，交际技能的教授这一目标不切实际。有研究，即科尔曼报告（the Coleman report）认为，满足阅读需要的外语知识是外语课程更加合理的目标，可以通过阅读简单文本中出现的单词和语法结构的讲授来实现。这一建议所产生的主要结果是阅读变成了美国大多数外语课程的目标（Coleman 1929）。直到第二次世界大战，强调阅读仍然是美国外语教学的一个特色。

尽管直接法在欧洲颇受欢迎，但并非每个人对此都很热衷。英国应用语言学家亨利·斯威特（Henry Sweet）就认识到，直接法具有局限性。

尽管直接法提供了创新的教学步骤，但缺少全面的方法论基础，主要关注在课堂上只使用目标语，没有解决斯威特所认为的许多更加基础的问题。斯威特等语言学家都坚持认为，需要制定出合理的方法原则，可以以此作为教学方法的基础。在20世纪20年代和30年代，应用语言学家将改革运动早期提出的原则加以系统化，从而为英语作为外语进行教学的英国方法或口语法（the British or Oral Approach）的发展奠定了基础。这种方法强调，需要按照难度对所教授的语言项目进行分级，以语言的核心结构和语法为核心进行教学（见第3章）。这一方法随后发展成为美国的听说法（Audiolingualism）（见第4章）和英国的情景语言教学（Situational Language Teaching）法（见第3章）。

然而，语言教学方法的产生在19世纪和20世纪是一个极具重要意义的教育问题，这一概念背后的假设是什么呢？从这一历史考察中，我们看到了某些问题，在过去的语言教学中推动了教学的创新和新的发展方向的形成：

1. 语言教学的目标应该是什么？语言课程应该教授会话技能、阅读技能、翻译技能或者其他技能吗？
2. 语言的根本属性是什么？语言的根本属性以何方式对教学方法产生影响？
3. 语言教学中教学内容选择的原则是什么？
4. 何种组织、排序和呈现原则能极大地促进语言学习？
5. 第一语言在外语学习中应该扮演何种角色？
6. 学习者采用何种学习步骤来掌握一门语言？这些步骤能否融入某种教学方法？
7. 何种教学技巧和教学活动在何种情况下最有效？

从本书中我们将会看到，自19世纪末至今，具体的教学途径和方法回答上述问题的方式有所不同。直接法被认为是第一种引起教师和语言教学专家注意的教学方法，为语言教学进入新时代提供了一种方法论，标志着"方法时代（methods era）"的到来。

方法时代

直接法具有持续影响的遗产之一是"方法"这个概念本身。关于如何教授第二语言或外语的许多辩论，始于与直接法有关的争议。整个20世纪到本世纪，语言教学的历史见证了各种教学途径和方法的兴衰，本书对其中主要的例子做了描述。第2章将深入探讨途径（approach）与方法（method）的区别；但是，在本章中，这两个术语的使用没有区别。大多数教学途径和方法都有如下假设：

- 途径或方法指的是与一系列理论一致、定义优秀教学实践的教学步骤。
- 严格遵循特定的教学途径和方法比遵循其他教学方法实施教学，学习效果更好。
- 教师培训应当帮助教师正确理解和使用最好的语言教学方法。

20世纪50、60年代以来出现的各种教学方式和方法，尽管在目标、关于第二语言学习方法的假设以及首选的教学技巧等方面，往往有很大的不同，但是其共同的信念是，若要提高语言学习的效果，就必须革新和改进教学方法。这种观念得到许多机构和人士的支持，其中包括认可特定教学方式和方法的专业组织，支持某些方法却反对另一些方法的学界人士，根据最新教学方式和方法出版与销售教科书的出版商，以及不断寻找"最好"的语言教学方法的教师。兰格（Lange 1990：253）评论道：

> 外语老师的发展……在教学方法上有一个基本的取向。遗憾的是，最新

的"各种方法"(methodologies),特别是那些很容易立即应用于课堂教学或者得到某一"大牌专家"(guru)支持的方法,未经深入研究或理解就广泛流行起来。虽然对方法的关切并非一个新问题,但目前方法的引力源于20世纪50年代,彼时外语教师被误导,认为有一种方法可以解决"语言教学和学习"中出现的问题。

亨特和史密斯(Hunter & Smith 2012:430)指出,方法的概念通过如下事实得以建立,即对各种方法的描述(如本章所为)乃是"这一职业中过去存在的某种一般趋势,以方法作为标记来对某一历史时期加以'打包'。过去的方法以一系列固定的步骤、原则呈现出来,很少对其发展的环境、当时关于其他方法的争论或者与前一时期的承继性加以关注。"阅读本书中的描述时,这一点应该牢记。

尽管有以上的提醒,但是本书所讨论的各种教学方法和途径,自20世纪50年代以来一直是语言教学的一个重要主题。20世纪50、60年代,听说教学法和情景教学法出现,但二者都为交际法(the Communicative Approach①)所替代(第5章)。同一时期,其他一些方法也吸引了人数虽少但同样热情的追随者,其中包括默示法(the Silent Way)(第16章)、自然法(途径)(the Natural Approach)(第14章)和全身反应法(Total Physical Response)(第15章)。自20世纪80年代、90年代以来,内容型教学法(Content-Based Instruction)(第6章)和任务型与文本型教学法(Task-based and Text-based approaches)(第9、第10章)以及关注学习结果而非教育方法的能力导向型语言教学法(Competency-Based Language Teaching)(第8章)等发展起来。起初适用于普通教育的合作型语言学习法(Cooperative Language Learning)(第13章)、全语言法(Whole

---

① "交际法"从本书的内容来看,并非某种具体的教学程序与技巧、技术,而是一种教学的思路或者理念,因此严格来说,亦可译作"理念"或者"理论",但是业内多这样翻译,因此本书中有时这样翻译。但是,在更多的语境中,则直译做"交际语言教学"。——译者注

Language)(第 7 章)、多元智能法(Multiple Intelligences)(第 12 章)等方法也拓展到第二语言教学领域。最近，随着欧洲语言共同参考框架(the Common Framework of Reference)将关注转移到学习结果上来，内容与语言整合教学法(CLIL)在欧洲也得到了极大的关注。

同时，应用语言学家也对隐含于教学中强调途径和方法概念的假设，提出了质疑。例如，霍利迪(Holliday 1994)坚持认为，向英语本族语教师传授的交际法不仅反映了教与学受文化限制这一观点，而且也反映了来自西方——如英国、澳大拉西亚以及北美——主流文化的假设(参见第 20 章)。库玛拉瓦迪维路(Kumaravadivelu)对西方教学方法，即"内圈"式或"中心"式教学方法的影响，提出了更为激烈的批评，认为这种方法的出发点是"本族语者的语言能力、学习风格、交际模式、会话准则、文化信仰甚至口音"：

> 简而言之，各种产生于中心的(Center-produced)教学方法其基础是与理想化语境紧密相关的理想化概念。由于语言教学、学习的需求、要求和情景非常繁多，无法预测，因此没有任何一种理想的教学方法能够提前预见各种变量，从而亦不能向教师提供有针对性的建议，帮助他们应对日常教学实践中遇到的挑战。作为一种总体上看是自上而下的实践，各种教学方法的概念和构建很大程度上受到某种放之四海而皆准的通用理论的指导，假设一般客户具有共同的目标。
>
> (Kumaravadivelu 2012：18)

另一些人则认为，方法的发展历史通常作为自我标榜的进步的证据呈现出来，而对教师所使用的被描述为"失败"的，被替代方法所取得的成功不加考虑。因此，自 20 世纪 90 年代以来，许多应用语言学家和语言教师不再认为，更新、"更好"的教学途径和方法可以解决语言教学的问题。其他对语言教学本质理解方式的出现有时被认为是"后方法时代"的特征(第 20 章)。本书第四部分将对这种认识语言教学的新方式进行探讨。

教师培养方案中的教学途径和方法

尽管语言教学途径和方法的地位在发生变化，但对过去和现在教学方法的研究与学习仍然是许多教师培养方案的一个组成部分。这一问题将在第 20 章更全面地加以探讨。为什么方法是许多教师教育方案的一个组成部分，原因有多种。教学途径和方法的研究与学习

- 为教师提供了一种语言教学领域发展的历史观，因此是当今语言教师必须掌握的学科知识的一部分；
- 向教师介绍规划、开发语言课程所涉及的各种问题和选择；
- 为教师提供多种原则和步骤，教师可以根据其已具备的知识、信念和实践加以参考、评估。

此乃我们针对本书中所述各种教学途径和方法所采纳的取向。然而，为了加深对语言教学方法基本性质的理解，有必要将教学途径和方法的概念做一更加系统的阐述。这是本书下一章的主要目标，为对各种方法进行描写、分析、比较提供一个模型，作为一种框架，应用于对具体语言教学方法及其理念的探讨。

结　　论

本章对各种教学方法的产生，其中包括早期对拉丁语和语法翻译法的重视，进行了考察。之后，改革运动促发了对口语的关注与直接法（the Direct Method）——即强调将本族语输入作为学习者归纳目标语语言型式一种方式的"自然方法（a natural method）"的发展。直接法因缺乏完整方法论基础而受到批判，这导致"方法时代"及本书将要介绍的各种教学

途径和方法的产生。近来，一些教育家对许多著名的语言教学途径和方法的"西方中心性"提出了批评，而且应用语言学家开始构想理解语言的新方式。

讨论问题

1. 您经历了语言教学途径的何种变化？是什么促发了这些变化？
2. 您是否接受过"新"教学方法使用方面的培训，或者是否研究过"新"教学方法的使用？关于这种经历，您还有什么记忆？它对您的教学方法产生了长久影响吗？
3. "外语学习的目的是……通过外语的学习来训练思维、开启智力"（p. 6）。您认为"训练思维""开启智力"的例子有哪些？这些例子与现在的语言学习有关系吗？
4. 您自己是否体验过语法翻译法？感觉如何？是否有您喜欢或者认为对自己教学有用的某些方面？
5. 请复习本书第 10 页所探讨的维埃托尔、斯威特及其他 19 世纪末期改革家关于语言教学的观念。这些观念在多大程度上不同于您的观念？
6. 您能想起使用翻译而且严重依赖母语教学且产生良好效果的情形吗？
7. 第一语言和第二语言学习的方式有哪些相似之处？有哪些不同之处？
8. 1929 年出版的科尔曼报告建议语言教学应以阅读为重心。如今，在某些国家中，每周只有两三个小时的语言课，而且大部分学习者不会移居国外或出国旅行。能否因为类似的原因坚持认为应将重心放在阅读技能上呢？
9. 您认为研究教学途径和方法（包括旧的和最近的）有何价值？什么因素促进了方法时代的发展？在您熟悉的现代各种教学途径和方法中，您是否察觉到存在一种西方偏见呢？

参考文献与延伸阅读

Brown, H. D. 1993. *Principles of Language Learning and Teaching*. 3rd edn. Englewood Cliffs, NJ: Prentice Hall.

Brown, R. 1973. *A First Language*. Cambridge: Harvard University Press.

Coleman, A. 1929. *The Teaching of Modern Foreign Languages in the United States*.

New York: Macmillan.
Cook, V. 2011. Teaching English as a foreign language in Europe. In Eli Hinkel (ed.), *Handbook of Research in Second Language Teaching and Learning*, Vol. II. New York: Routledge. 140−154.
Darian, K. C. 1971. *Generative Grammar, Structural Linguistics, and Language Teaching*. Rowley, MA: Newbury House.
Franke, F. 1884. *Die Praktische Spracherlernung auf Grund der Psychologie und der Physiologie der Sprache Dargestéllt*. Leipzig: O. R. Reisland.
Holliday, A. 1994. The house of TESEP and the communicative approach: the special needs of state English language education. *ELT Journal 48*(1): 3−11.
Howatt, A. P. R. 1984. *A History of English Language Teaching*. Oxford: Oxford University Press.
Howatt, T. 1997. Talking shop: Transformation and change in ELT. *ELT Journal 5*(3): 263−268.
Hunter, D, and R. Smith. 2012. Unpackaging the past: "CLT" through ELTI keywords. *ELT Journal 66*(4): 430−9.
Jin, L., and M. Cortazzi. 2011. Re-evaluating traditional approaches to second language teaching and learning. In E. Hinkel (ed.), *Handbook of Research in Second Language Teaching and Learning*. Vol. II. New York: Routledge. 558−575.
Kelly, L. 1969. *25 Centuries of Language Teaching*. Rowley, MA: Newbury House.
Kumaravadivelu, B. 2012. Individual identity, cultural globalization, and teaching English as an international language: the case for an epistemic break. In L. Alsagoff, S. L. McKay, G. Hu, and W. A. Renandya (eds.), *Principles and Practices for Teaching English as an International Language*. New York: Routledge. 9−27.
Lange, D. 1990. A blueprint for a teacher development program. In J. C. Richards and D. Nunan (eds.), *Second Language Teacher Education*. New York: Cambridge University Press. 245−268.
Larsen-Freeman, D. 1998. Expanding roles of learners and teachers in learner-centered instruction. In W. Renandya and G. Jacobs (eds.), *Learners and Language Learning*. Singapore: SEAMEO Regional Language Center. 207−226.
Mackey, W. F. 1965. *Language Teaching Analysis*. London: Longman.
Marcella, F. 1998. *The Historical Development of ESL Materials in the United States*. ERIC Document (ED4256J3).
Richards, Jack C. 1985. The secret life of methods. In Jack C. Richards (ed.), *The Context of Language Teaching*. New York: Cambridge University Press.
Stern, H. H. 1983. *Fundamental Concepts of Language Teaching*. Oxford: Oxford

University Press.

Sweet, H. 1899. *The Practical Study of Languages*. Repr. London: Oxford University Press.

Titone, R. 1968. *Teaching Foreign Languages: An Historical Sketch*. Washington, DC: Georgetown University Press.

Waters, A. 2012. Trends and issues in ELT methods and methodology. *ELT Journal* *66*(4): 440−449.

2
语言教学途径和方法的本质

引 言

从上一章可以看出，外语学习和语言课堂教学技巧与步骤背后基本原理的不断变化，乃是对各种历史问题和条件所做出的回应。多年来，传统一直是语言教学的指导性原则。语法翻译法反映了久经时间考验的语言观和语言学习观。课堂实际有时就决定了教学的目标和步骤，如20世纪20年代末，美国大中小学校决定将阅读确定为语言教学的目标。正如19世纪许多改革者所倡导，在有些时候，产生于语言学、心理学或者产生于两者的各种理论奠定了语言教学的哲学与实践基础。20世纪后半叶，由于关于语言教学方法和步骤的研究在应用语言学研究中的地位越来越重要，人们为了将语言教学方法的本质加以概念化，做出了各种努力，并对教学方法内在的理论和实践之间的关系进行了系统的探索。在本章中，我们将厘清理论和方法之间的关系，并建构起一个可用于对不同的教学方法进行描写、分析和比较的理论模型。

理论与方法

19世纪末，语言学家和语言专家为提高语言教学质量做出了不懈的努力，在此过程中，他们经常借鉴关于语言学习方式、语言知识在记忆中表征与组织的方式以及语言结构方式的原则和理论。早期的应用语言学家，如亨利·斯威特（1845—1912）、奥托·叶斯柏森（Otto Jespersen 1860—1943）和哈罗德·帕尔默（Harold Palmer 1877—1949）（参见第 1 章、第 3 章）等，虽然对语言教学方案、课程和教材设计的原则和有充分理论依据的途径进行了详细的阐述，但是仍有许多具体的操作细节有待他人加以丰富与完善。他们为了合理地回答与词汇和语法项目的选择与排序原则等相关的问题，做出了努力，但是目前尚没有任何一种方法能完全体现其思想。

语言教学在理论和原则层面上的理念，与由此派生出来的一系列语言教学步骤之间的不同，是方法描述的核心。为了阐明前述不同，1963 年，美国应用语言学家爱德华·安东尼（Edward Anthony）提出了一个方案。他将概念和组织分为 3 个层面，分别为理论（approach）、方法（method）和技巧（technique）：

> 这种安排具有层次性。组织的关键是，技巧乃是实现与某一理论相一致方法（的手段）……
> ……理论指的是与语言教学和学习相关的一系列假设。理论具有公理性，因为它所描述的是将要教授的题材内容的特性……
> ……方法是有序呈现语言材料的总体规划。规划中所有的组成部分均以所选择的理论为基础，不相冲突。理论具有公理性，但方法却具有程序性。
> 一种理论中可以包含多种方法……
> ……技巧具有可操作性——即课堂上所实际发生的事情，是为达到某个近期目标所使用的具体窍门、策略或者辅助教学手段。技巧必须与方法和理论相协调一致。
>
> （Anthony 1963：63—67）

根据安东尼的模型，理论层乃是对跟语言和语言学习相关的假设和信念的具体阐述；方法层是理论在实践中的应用，教授的具体技能、教授的内容以及教学内容呈现顺序在这一层次得以确定；技巧层是对课堂教学步骤的描述。

安东尼的模型乃是对不同的教学建议在不同的抽象—具体程度上进行描述的有效方式。因此，可以清楚地看出，改革运动提出的教学建议处于理论层面上，而直接法则是源于这一理论的方法之一。因为有许多不同的方式实施阅读理论，所以应该用复数来描述从科尔曼报告（见第 1 章）衍生出的所谓阅读法（the Reading Methods）。

学者们还提出了许多其它方法，用于对语言教学的途径和方法进行概念化。在其《语言教学分析》(*Language Teaching Analysis*)（1965）一书中，麦基（Mackey）对可能是 20 世纪 60 年代最著名的教学模式，即以方法和技巧两层次为重心的一个模型，进行了详细的阐述。麦基的语言教学分析模型侧重于方法背后的选择、分级、呈现、重复等一些基本的方面。实际上，除了书名，麦基关注的焦点是对教材及其背后组织原则的分析。除了那些教材中已经呈现的内容，麦基的模型既不涉及理论层面，也未关注教师和学习者在真实课堂上的行为表现。因此，它不能作为全面分析理论和方法的基础。

尽管安东尼最初提出的建议具有简洁、全面的优势，可以作为区分语言教学内在基本理论原则和实践两者之间关系的有效方法，但它没有充分关注方法本身的特性。例如，他既没有述及教学方法中教师和学习者所扮演的角色，也没有说明教材应发挥的作用以及教材应该呈现出的形式，亦未对方法以何方式实现途径或者方法与技巧以何方式相互联系做出解释。为了构建起一个对理论、方法进行更全面的探讨与分析的模型，我们对安东尼最初构建的模型进行了修改和完善。首先需要对安东尼使用的方法（method）与技巧（technique）两个术语加以清楚的界定。我们若从设计（design）这一层面来看理论和方法，不仅课程目标、课程大纲和教学内容在这一层面上得以确定，而且教师与学习者的角色、教材的作用亦在这一层面上得到明确。我们用程序（procedure）这一涵盖面较全面的术语来指称实施阶段（即安东尼所谓的技巧层面）。因此，方法与理论密切联系，在组织上由设计来决定，并且在实际中通过程序来实现。我们将在本章其余各小节中对理论、设计和程序三者之间的关系进行详述，并在此框架下对具体的语言教学理论和方法进行了对比。本书各个章节将基于此模型，对广泛使用的语言教学途径与方法进行描述。

1 理论

根据安东尼的观点，此处所谓理论（approach）指关于语言和语言教学本质的理论，是语言教学实践和原则的源泉。换言之，理论是体现在方法中的"理念"或观念体系。下面我们将对理论中涉及语言学和心理语言学的方面依次进行考察。

语言理论

语言是一种复杂的现象，需要从许多不同的学科角度来进行研究，其中包括语言学、文学、心理学、人类学和社会学。因此，关于语言和语言水平本质的许多不同的理论观点，或直接或间接地对当下及先前流行的各种语言教学的途径和方法产生影响。在本章中我们将简要回顾影响语言教学方法和途径的各种语言理论，包括认知理论（Cognitive model）、结构理论（Structural model）、功能理论（Functional model）、互动理论（Interactional model）、社会文化理论（Sociocultural model）、语类理论（Genre model）和词汇理论（Lexical model）。

认知理论

语言认知观的基础是语言乃是大脑属性的反映这一观点。阿特金森（Atkinson 2011：4—5）认为，语言认知观或"认知主义"（cognitivism）有以下几种核心特征和假设：

1. 人脑作为电脑——如同电脑，人脑完成输入的接受、处理、结果的输出等一系列操作；
2. 表象论（representationalism）——人脑对外部事件的内部表象进行存储的过程；
3. 学习作为抽象知识的获得——即如乔姆斯基所言，语言应用背后语言能力规则的抽象。

乔姆斯基于 20 世纪 80 年代提出的普遍语法（Universal Grammar，简称 UG）理论乃是一种成熟的语言认知理论。根据普遍语法理论，人类的大脑中有一个由所有语言共有的普遍原则（principles）和不同语言特有的参数（parameters）构成的心理语法。语法翻译法或许可以被看作语言认知理论早期的例子，因为它反映了学习者通过语言学习和翻译活动抽象与构建语言原则知识这一观点。最近，20 世纪 60 年代人们所熟知存续时间短暂的认知-语码法（cognitive-code approach）（第 4 章）反映出人们对语言相似的认识，即语法在语言学习中扮演着重要的角色。这意味着语言教学应围绕语法来展开，同时允许语言的有效使用和练习。其他一些教学法，如默示法（Silent Way）（第 16 章），也可以被视为语言认知观的反映。下面对语言学习理论进行讨论时，我们将进一步对语言教学的认知理论进行探讨。

结构理论

另一种用于对语言进行理论化在语言教学中广泛应用的方法是结构观（the structural view），认为语言是由对意义进行编码、结构上相联系的元素构成的系统。构成系统的元素一般包括语音单位（如音素）、语法单位（如小句、短语、句子）、语法操作（如添加、移动、连接或转换元素）和词汇项目（如功能词和结构词），这些元素的掌握是语言学习的目标。如第 4 章所述，如同情境语言教学法（Situational Language Teaching）（第 3 章）和全身反应法（Total Physical Response）（第 15 章），听说法体现了这一具体的语言观。

功能理论

功能观（the functional view）是一种以多种不同形式呈现出来的语言理论，认为语言是用来表达功能意义、完成各种真实活动的工具。功能语言理论与交际能力——即懂得如何使用语言达到不同的交际目的的能力——这一概念相联系（第5章），或者根据布朗（Brown 1994：227）的定义：

> 交际能力是使我们能够在具体语境中传达和解读信息、进行人际意义协商的一种能力……是使人能够进行功能性、交互式交际的知识。

语言教学中的交际运动（参见第5章），如同能力型语言教学（Competency-Based Language Teaching）（第8章），与这种语言观相辅相成。各种语言教学的功能途径（functional approaches）强调语义和交际维度，而非仅仅强调语法特点，而且通过意义和功能的类别而非通过结构和语法的成分，来详细描述和组织语言教学内容。欧洲委员会（the Council of Europe）制定的临界水平（Threshold Level）（参见第5章）大纲和欧洲语言共同参考框架（the Common European Framework of Reference）均反映出这种语言观对教学大纲设计的意义，不同的是，后者从学习者能够通过语言表达的一系列能力这一角度，对语言进行描述。同样，专门用途英语（English for Specific Purposes，简称ESP）运动也并非始于语言的结构理论，而是始于学习者所需要的语言功能理论。

互动理论

另外还有一种关于语言的观点可以称作互动观（the interactional view），认为语言是实现人际关系和人与人之间社会交换行为的媒介。语言被看作是建立和维系社会关系的工具。语言教学的互动途径在其发展过程中主要借鉴了第二语言习得、互动分析、会话分析和民族方法学。互动理论关注会话和其他交流中发生的对理解语篇至关重要的语步（move）、言语行为（act）、意义协商和互动模式（第5章）。从20世纪80年代起，"互动"已经成为第二语言学习和教育理论的核心。里弗斯（Rivers 1987：4）对语言教育的互动观给出了如下定义："学生的注意力集中在真实信息（即同一重要情境下对说话者和听话者都有用的信息）的表达和接受上时，他们便获得了语言使用的能力。"人们认为，意义协商在语言的互动观中具有重要作用，对包括任务型教学（第9章）和内容与语言整合学习（Content and Language Integrated Learning，简称CLIL）（参见下文）在内的目前流行的教学方法也至关重要。

社会文化理论

另一种与上述理论相关的观点是社会文化（sociocultural）理论。社会文化理论将语言看作是一种社会语境在其中发挥重要作用的交际活动。知识是在与他人的社会互动中构建出来的，并且能够反映出学习者的文化、习俗、信仰以及人们所参与的各种合作活动。语言的社会文化观有时被认为是任务型语言教学、内容型语言教学（第6章）和合作型语言教学（第13章）的理论基础。

语类理论

语类理论也是功能派语言理论的一个流派。语类（genre）包含语言使用规范的人类活动领域，如科学、商务、医学、文学等。文本是叙事、描写、说明等不同语类的语篇单位（参见第10章）。这一理论主要得益于借鉴韩礼德（Halliday）等人的研究而创立的应用语言学澳大利亚学派。这种语言理论中所包含的主要观点可总结如下（Feez 1998：5）

- 语言是意义创造的资源。
- 语言资源由一系列相互联系的系统组成。

- 语言使用者每次使用语言都要利用这一资源。
- 语言使用者通过文本的创造来创造意义。
- 文本由其所处的社会语境所塑造。
- 社会语境受到使用语言的人所塑造。

语类和文本理论体现在文本型教学（Test-Based Instruction）（第 10 章）、内容型教学（Content-Based Instruction）以及内容与语言整合学习（CLIL）（第 6 章）中，对专门用途英语和学术英语的教学也已经产生了影响（Paltridge 2006）。

词汇理论

语言的词汇观（the lexical view）突出语言中词汇、词块或短语的作用，强调语法与词汇之间的相关性，认为两者具有内在的联系，而非相互分离（Schmitt 2004；O'Keefe, McCarthy & Carter 2007）。借鉴语料库研究的发现，语言词汇理论的拥护者认为，语法能力产生于基于短语和词汇的学习，词汇、短语和词块应该发挥更大的作用。这种观点最直接地体现在词汇教学法（途径）（the Lexical Approach）（第 11 章）中，而且与内容型教学和内容与语言整合学习（CLIL）的某些方面一致。

上文简要介绍了语言教学方法中所反映出来的一些不同语言理论。但是，它们本身并不完善，需要用语言学习理论来加以补充。关于这一点，我们将在下文中探讨。

学习理论

尽管关于语言本质的各种具体理论构成了特定的教学方法的基础，但所有的方法均或直接或间接地反映出某种语言学习的理论。语言学习理论乃是对学习者第二语言学习过程中所使用的认知、个人、人际和社会过程的解释。在本书中，我们将对不同方法背后的学习理论进行描述。第二语言习得研究促进了一系列丰富多样理论的发展，对学习语言的方式进行解释，而且不同的教学方法借鉴了往往是多种学习理论，其中包括行为主义（behaviorism）、认知-语码学习（cognitive-code learning）、创造-建构假说（creation-construction hypothesis）、技能学习（skill learning）、互动理论（interactional theory）、建构主义（constructivism）、社会文化学习理论（sociocultural learning theory）（或社会建构主义（social constructivism））以及个体因素（individual factors）在语言学习中的作用。

行为主义

这一理论的基础是学习是一个过程的观点，在这一过程中，特定行为乃是在对特定刺激做出反应的过程中获得的。正确的反应得到强化，从而增加学得行为的机会（Skinner 1957）。学习乃是通过重复和强化形成习惯的过程。这一理论为听说法奠定了基础（参见第 4 章）。语言是通过大量操练、重复练习以及减少错误产生概率的活动，来教授的。

认知-语码学习

这种观点作为对行为主义的一种替代，产生于 20 世纪 60 年代，强调语言学习是同时依赖演绎学习、归纳学习以及有意义练习的认知过程。教师首先教授学生语法规则，然后将其应用于实践。学习依赖于认知加工和心智的努力。情境语言教学中使用的讲授-练习-产出（Presentation-Practice-Production，简称 PPP）教学法可能与认知-语码学习及默示法等教学方法相联系。

创造-建构假说

该理论于 20 世纪 70 年代提出，至今仍然隐含在当前流行的第二语言习得理论中，认为学习并非是单纯的复制输入的问题，而是一个不论学习者的语言背景为何具有共同特征的创造过程，这就解释了为什么第二语言学习者无论其所学为何种语言，所产出的语言均具有相似性。差误（errors）被看作是学习的证据，而非错误的学习。交际语言教学（Communicative Language Teaching）所反映出来的就是这种学习观，并在教学中引入了流利性（fluency）的概念，据此，意义的传达，而非语法精确的语言使用是教学的核心。任务型语言教学中也隐含有这种观点。

技能学习

技能是通过实践（练习）所学到的一系列整合的行为。它们由孤立地学到的单一技能组合成一个整体，构成熟练的表现。根据技能学习理论，复杂的语言运用是由具有等级层次性的多项技能构成的。最初，技能通常由学习者有意识地加以管控和引导，如学习如何在英语课堂上做展示。这被称作控制性加工（controlled processing）（Ortega 2009）。久而久之，技能自动化，无需有意识的注意，这被称为自动加工（automatic processing）。学习涉及从控制性加工到自动加工的发展，即技能的累积学习。许多语言教学方法都将语言学习看作至少某种程度上是基于技能的学习。

互动理论

互动理论认为，学习是一个交互过程，依赖于学习者共同努力，达到相互理解。这种学习观的中心是意义协商（negotiation of meaning）的概念，即对低水平学习者与高水平学习者或本族语者交流时接收到的输入以及从对话者得到的反馈加以修正。较高水平的说话者通常会通过使用熟悉的词汇、降低说话速度、采用不同的表达方式、调整话题、避免习语、放缓语速、强调关键词、重复关键元素、使用简单的语法结构、释义（paraphrasing）与详述（elaborating）等方式，来变化、调整其输入。以此方式，调整后的输入既有利于理解，亦可促进学习。这些过程从某种意义上讲，促进了语言的"教授"，而教学在此过程中的作用是支持此类课堂互动过程。交际语言教学和任务型语言教学都体现了互动理论的某些方面。

建构主义

建构主义是另一种对教育和第二语言学习理论具有重要影响的学习理论。它借鉴了让·皮亚杰（Jean Piaget）、约翰·杜威（John Dewey）关于儿童发展的研究和列夫·维果斯基（Lev Vygotsky）的研究。建构主义认为，学习乃是学习者内部意义的建构，而非产生于对外部知识内化的被动过程（如传播过程）（Williams & Burden 1997）。知识并非独立于学习者或学习者社团的经验所建构的意义而存在。建构主义强调学习者在其学习过程中的主动参与，认为学习是一个涉及认知和社会两个维度的动态过程：所谓认知维度，指学习者作为组织者根据已掌握的知识对新知识重新进行组织；所谓社会维度，指学习者与他人互动，通过对话来解决问题。（后一种观点现在被称为社会文化学习理论，详论见下文。）建构主义的各种学习理论强调以学生为中心、基于项目的学习，学生通过提问来探索意义的多种解读，而教师的角色则是促进者和指导者。建构主义学习理论不仅体现为重构（restructuring）、图式理论（schema theory）、支架（scaffolding，见下文）等概念，亦体现在交际语言教学、社团语言学习（Community Language Learning，第17章）、合作型语言学习、全语言（Whole Language，第17章）等教学方法中。

社会文化学习理论（亦称社会建构主义）

这一理论可以说是建构主义和互动理论的延伸，认为语言学习乃是学习者与更博学的他者之间对话的过程。社会文化（sociocultural）这一术语的意思是，学习发生在特定的社会环境中（如课堂上），其中有人（教师和学生）、物（文本、书籍、图片）和从文化角度组织起来的活动与事件（教学行为和顺序）之间的互动。学习是一个以更博学者的指导为中介，有指导的参与过程。通过反复参与一系列的联合活动，初学者逐渐掌握新知识、新技能（Rogoff 1990）。所谓搭支架的过程在社会文化学习理论中发挥重要作用（Lave & Wenger 1991）。在课堂上，支架是在开展课堂活动时两人或多人之间的互动，其中一个人（如教师或另一学习者）比另一个人（学习者）知识更渊博（Swain, Kinnear & Steinman 2010）。在此过程中，互动是师生之间共同解决问题的活动。合作式对话最初通过提供支持（即支架）来"支撑"（scaffolds）对话，而且随着学习的不断进步，逐步去除支撑。支架式学习过程在内容与语言整合学习（CLIL）、文本和任务型教学等许多当前流行的教学方法中均发挥着重要作用。

个体因素

学习者个体赋予语言学习的特性也会对学习产生重要影响，而且各种教学方法也往往对这些特性加以考虑。这种特性包括学习风格偏好（learning style preferences，如有的学习者是喜欢小组学习，有的则喜欢独立学习）、情感因素（affective factors）、动机（motivation）和学习策略（learning strategies）；其中，情感因素包括语言学习可能引发的且影响学习者交际意愿的羞涩、焦虑、热情以及其他情感；动机指学习者对第二语言学习的态度、愿望、兴趣及投入精力的意愿；学习策略是学习者规划、管理、评价自己学习的方式——如跟踪监控自己的语言发展，找出需要付出格外努力和改进的方面。关于对学习策略的探讨，见本书第 19 章。

方法可能尝试通过以下方式寻求解决与个体学习因素有关的问题，使教学策略与学习风格相匹配：选择高趣味性、高相关性的教学内容来强化学习动机（如内容型教学法）；推迟开口说话的时间、关注导引性语言课程中的语言理解技能，以应对焦虑问题（如自然法——见本书第 14 章）；或者采用小组学习法（如合作式语言学习（Cooperative Language Learning））。各种教学方法也可能尝试开发或者引导学习者采用某些学习策略（如任务型语言教学）。

语言理论与学习理论之间的关系

某些语言理论与语言学习理论之间往往似乎存在某种自然的契合；然而，可想而知，语言理论与学习理论之间的有效匹配多种多样。结构主义（一种语言学理论）与行为主义（一种学习理论）相联系，产生了听说法。然而，这种具体的联系并没有必然性。例如，认知-语码教学的倡导者（见第 4 章）试图将一种更完善的结构主义理论，与一种更具心理性而淡化行为性的学习理论，联系起来。

因此，在理论层，我们所关注的是理论原理。从语言理论角度来说，我们所关注的是语言能力的理论以及对语言组织与语言使用的基本特征的描述。从学习理论的角度来说，我们所关注的是对学习的核心过程的描述与对被认为有助于语言学习成功的条件的描述。这些原理或可衍生出"某种"教学方法。例如，教师可以借鉴某一语言观与某一学习理论，形成自己的教学程序。他们也可以根据学习者的表现与对教学实践的反应，不断地修正、变化与完善教学/学习程序。对语言和语言学习具有相似信念（如共享某一理论）的教师可能以不同的方式贯彻其所信奉的原理。理论并不对具体的程序做出规定，亦并不规定具体的教学技巧和活动。将理论与教学实践相联系者乃是我们所谓的教学设计。①

2 教学设计

为使某种理论转化为方法，需要对教学体系做出设计。设计属于方

---

① 应该注意的是，对教学方法多样性的重视并非语言教学所特有。数学和科学的教学，尤其是在 20 世纪 60 年代，采纳了修正后的学科教学的概念。这些概念通常被冠以"探究（inquiry）""发现（discovery）"和"建构"型教育方式之类的名称。从教学法的角度来讲，以探究为导向的教学不同于传统的说明、解释性教学方法，反映出建构主义的学习理论，通常被称为积极的学习，因此得到当今科学教育工作者的坚定支持。如前所述，根据建构主义理论，学习是在我们努力理解自己的体验的过程中心理框架不断变化的结果（Osborne & Freyberg 1985）。在鼓励意义建构的课堂上，学生一般来说"通过对现象的体验，通过探索性的谈话与教师的干预，"参与"其知识图式的发展与构建"（Driver 1989）。

法分析层，在该层面上需要考虑（1）方法的目的是什么；（2）根据这种方法，如何选择和组织语言内容，也就是说，方法中所包含的大纲模式；（3）方法所提倡采用的学习任务和教学活动类型；（4）学习者的角色；（5）教师的角色；和（6）教材的作用。

教学目标

语言理论和语言学习理论不同，教学方法的侧重点亦不同；也就是说，语言理论和语言学习理论决定方法旨在达到的目标。然而，对具体学习结果的详细描述却是设计而非理论的产物。有些方法侧重口语技能，认为阅读和写作技能处于从属地位，乃是口语技能迁移的结果。有些方法旨在教授一般的交际技能，更多地优先考虑有意义地表达自己、使别人理解自己的能力，却较少关注语法准确性或完美的发音。另有一些方法可能从一开始就更强调语法和发音的准确性。还有一些方法本来就以教授语言的基本语法与词汇为其出发点。然而，仍然有一些方法较少从语言学方面而是较多地从学习行为方面，也就是说，从学习过程与期待学习者应通过教学中获得的能力角度，来界定教学目标。例如，加蒂格诺（Gattegno）如此写道："学习并不是被看作是积累知识的手段，而是被看作使学习者更有能力做任何事情的手段（1972：89）。"这种以过程为导向的目标，可能与更传统的方法以语言为导向或以结果为导向的目标，形成鲜明的对照。教学方法在何种程度上具有以过程为导向的目标，或者在何种程度上具有以结果为导向的目标，既可能体现出教师对词汇习得和语法熟练水平的重视程度，亦可能体现出这种方法对语法或者发音错误的处理方式。许多声言主要以过程为导向的教学方法，实际上，也对语法与词汇水平以及语法和发音的准确性首要给予关注。对学习结果和教学方法之间的关系，可以用不同的方式来加以系统阐述，这是本书第21章探讨的主题。

教学大纲

所有的语言教学方法均涉及目标语的使用。因此，所有方法都或直接或间接地涉及各种决策，对课程或方法中使用的语言项目或特征（单词、句型、时态、结构、功能、话题、文本等）做出选择。语言内容方面的决策跟题材和语言问题两者均有关系。坦率地说，说什么（题材）和如何说（语言问题）需要作出决策。例如，专门用途英语（ESP）和基于内容的课程其中心必然是题材。基于结构和语言的教学方法，如情境语言教学、听说法、词汇法和基于文本型教学等，其重心必然是语言。语言教学围绕着所教授语言与题材组织起来，各种教学方法通常在其所认为相关语言与题材以及课程内容排序的原则方面，相互区分开来。内容问题既涉及决定某一课程教学大纲与教材选用的原则，也涉及教学方法所采纳的分级原则。例如，在以低龄学习者为对象的课程中，一些具体话题的引入应先于抽象话题。而对成人而言，课程所包含的主题首先应与学习者当下的需求相联系，然后才是关联度低者。在基于语法的课程中，排序和分级问题通常是根据项目的难度、使用频率及/或者在课堂中的有用性来解决。交际型或功能型课程（如英语专门用途课程或任务型课程）可能是根据学习者对交际需求的认识，从功能方面来进行排序。

从传统上来看，教学大纲（syllabus）这一术语多被用于指对课程或方法中对所教授语言材料形式的详细描述。因此，这一术语必然与以结果为中心的方法紧密相关，而与以过程为中心的方法无关。听说法、结构-情境法、交际法以及语言课程设计的英语专门用途和文本型教学方式中的教学大纲或者大纲原则，可以很容易地识别出来。情境法和听说法的教学大纲由一系列语法项目和结构组成，且经常附有一个相关的词汇表（Fries & Fries 1961; Alexander et al. 1975）。意念-功能大纲（notional-functional syllabus）（第 5 章）从功能、意念、话题、语法和词汇方面，对课程的交际内容进行详细描述。各种基于文本的教学途径从报道（reports）、叙述（recounts）、叙事（narratives）等文本类型的角度来组织课程。这种教学大纲通常在教学实施前就已确定，因此被称为"先验教学大纲（a priori syllabuses）"（关于"后验教学大纲（a posteri syllabus）"，见下文）。

目前，已经有学者提出了多种语言教学大纲分类：例如，Richards（2001）列出了十种基本的大纲类型——语法型大纲、词汇型大纲、功能型大纲、情境型大纲、话题型大纲或内容型大纲、能力型大纲、技能型大纲、任务型大纲、文本型大纲以及综合型大纲。各种不同类型的教学大纲通常可以与特定的教学途径或方法相联系：口语/情境教学法（情境型大纲）、听说法（语法型大纲）、交际语言教学（功能型大纲）、任务型教学法（任务型大纲），等等。然而，由于没有提供详细、明确的大纲说明，因此本书中所讨论的某些教学途径和方法背后有关大纲的假设需要推断出来（参见第 21 章）。在对内容的组织而对非语言组织或者某些教育问题决定大纲设计的情况下，如内容型教学，情况尤然。

然而，大纲这一术语不是非常适用于对语言内容的考虑通常处于次要地位的过程型教学方法。例如，社区语言学习（Community Language Learning），又称咨询式学习（Counseling-Learning），就没有此类语言教学大纲。语言和题材都不是预先确定好的，而是学习者根据其想要谈论的话题自己选择内容。然后，所选择内容被翻译成目标语，以此为基础展开互动和语言练习。为找出按照咨询学习的原则组织的课程实际上生成和练习中使用了哪些语言内容，需要对上课的过程进行记录，然后确定有哪些语言项目已学习过。这就是所谓的后验教学大纲，也就是说，教学大纲是通过对课程规程的事后检视来确定的。最近兴起"多哥弥法（Dogme[①]）"等教学法就是如此，其教学大纲乃是师生之间互动的结果。

[①] 这个词源自丹麦语，字面意思是"dogma（教条）"，指围绕拉斯·冯·提尔（Lars von Trier）和托马斯·温特伯格（Thomas Vinterberg）而形成的电影制作人团体，主张电影的制作应亦步亦趋严格按照规则来拍摄，禁止使用人工灯光、始终用手动摄像机现场摄制。此处指根据前述电影制作原则而形成的一种教学方法，可音译为"多哥弥法"。——译者注

学习和教学活动的类型

方法无论是主要用过程还是用结果来定义，其目标都是通过课堂上教师、学习者和教材之间有组织、有指导的互动，来达到的。方法之间在理论层面上的差异，表现为课堂上对不同类型学习和教学活动的选择。以语法准确性为重心的教学活动，与以交际技能为重心的教学活动，可能有很大的差异。旨在激活特定第二语言习得过程的活动（如"注意"（noticing）"），与旨在掌握特定语法特征的活动，亦不相同。某种方法所倡导的活动类型——方法分析中设计层面上的第三种组成要素——往往将各种方法和途径清楚地区分开来。例如，听说法广泛使用对话和句型练习。交际语言教学则使用涉及"信息差"（information gap）和"信息传递"（information transfer）的活动；也就是说，学习者参与相同的活动，但每个人所掌握完成活动所需要的信息不同。在任务型语言教学中，学习者需要完成特意设计的任务或者反映现实中语言使用的任务，而在各种文本型语言教学途径中，学生所学习的是真实的文本。一些历史更久远的教学方法，如默示法等，也使用专门设计的用特殊图表和彩色条棒来解决问题的活动。

理论层面上不同的理念，可能不仅在不同类型活动的选用上体现出来，而且在某一具体类型活动的不同应用上反映出来。例如，在听说法课程中，互动游戏常被用以激发学习者的学习动机，增加句型操练的多样性。在交际语言教学和任务型语言教学中，相同的游戏可能被用以引入具体的互动交流与提供练习的机会。方法中活动类型的不同也可能涉及对学习者不同的组织安排与分组。强调齐声口语操练的教学方法，要求课堂上对学习者的分组，不同于采用涉及小组互动的问题解决/信息交换活动的方法。因此，活动类型决定方法所倡导的课堂教学技巧和程序，例如对话、操练、问答、对命令做出反应、小组问题解决、信息交换活动、复杂的任务（task-work）、文本分析、角色扮演以及模拟，等等。

由于不同的方法对学习过程、教学大纲以及学习活动有不同的假设，因此，教学方法对教学过程中学习者、教师和教材而言，也扮演着不同的角色，发挥不同的作用。这些构成了教学方法分析中设计的其他三个组成部分。

学习者的角色

如何看待学习者，对教学系统的设计有很大的影响。某种教学方法反映出对关于学习者对学习过程的贡献问题或直接或间接的回答。这体现在以下各个方面，如学习者所完成的活动类型，学习者对学习内容的掌控程度，所采用的学习者分组模式，学习者对其他学习者的影响程度，以及对学习者作为加工者、执行者、发起者、问题解决者或者其他角色的看法。

20世纪80年代，以学习者为中心的教学方式的出现对学习者的角色重新进行了界定。迥异于听说法等传统教学法将学习者视为被动接受者的观点，在以学习者为中心的教学法中，学习者在学习过程中被赋予更大的权力和自主，其多样性亦得到承认（参见第19章）。在这一时期，各种所谓的人本主义方法的出现体现了学习者中心的另一个维度。人本主义方法强调人类价值观的培养、自我意识的增强、对别人的理解力的增进、对人类感情与情感感受性的增强、学生在学习过程中的积极参与以及学习发生的方式。社区语言学习与默示法，同最近兴起的多元智力（Multiple Intelligence）（第12章）一样，都是人们经常提及的学习者中心的例子。

与此同时，在个性化语言教学方法标签下，人们对学习者中心进行了重新阐释。这一阐释背后的假设是，人们可能以不同的方式，通过许多不同的渠道，来学习语言，而且其语言学习的目标与目的亦不相同——所有这些假设皆为目前人们所熟知的自主学习的一部分（参见第6章）。在最近兴起的一些方法中，已出现了其他一些类型的学习者角色。学习者在对话和人际交流中所扮演的参与者角色是功能型和任务型教学方法的核心，而在任务型语言教学、内容型教学以及内容与语言整合学习（CLIL）中，学习者的角色则是依赖于先前掌握的知识、图式和天生的认知过程的语言与信息的主动加工者。在本书对这些不同的途径和方法进行考察时，我们将对学习者所承担的不同角色做一描述。

教师的角色

学习者的角色在教育系统中与教师的角色和作用紧密相关。同理，教师的角色在理论层面上，最终与关于语言和语言学习的假设相联系。有些方法完全依赖于教师，以教师为知识与指导之源，而另外一些方法将教师视为催化者、咨询师、向导和学习的榜样；还有一些方法则限制教师的主动性，并将教学内容和指导融入课文或教案中，从而努力使教学系统"免受教师影响"（teacher-proof）。教师的角色和学习者的角色决定了使用某种方法的课堂上师生互动的类型，而且因此也决定了学习过程的类型和所提供的学习机会。

教学方法中的教师角色与下列问题相联系：(1)教师应该发挥何种功能，是练习的指导者，还是咨询师，抑或是榜样；(2)教师在何种程度上能够操控学习的方式与方法；(3)老师在多大程度上能够决定教学的内容；(4)教师和学习者应形成何种互动模式。教学方法通常在很大程度上依赖于教师的角色及其实现。在经典的听说法中，教师被看作是语言和语言学习的主要来源，而在任务型语言教学和文本型教学等最近盛行的教学方法中，教师发挥着非常直接的作用。但是，语言学习即使对教师的指导并没有很强的依赖性，可能仍然需要教师发挥非常具体有时甚至要求更高的作用。例如，合作语言学习要求教师有足够的自信，能够抛弃以教师为主导的教学方式，承担起促进者的角色。教师只有对自己的角色与伴随的学习者角色有充分的把握，才会冒险抛弃以教材为引导以教师为主导的传统教学模式。

在有些教学方法中，教师的角色已有详细的描述。个性化学习所规定的教师角色是，创设教师和学习者之间课堂互动的具体模式。这类方法旨在将学习的责任逐渐从教师转移到学习者身上。社团语言学习将教师看成是心理咨询师，教师角色的有效性乃是对咨询技能与特性——热情、敏锐性和可接受度——的测度。

上述例子表明，教师和学习者之间的潜在角色关系千变万化，多种多样。师生间可能存在非对称关系，类似乐队指挥者与乐队成员、治疗师与患者、教练与运动员之间的关系。而某些当代盛行的教学方法论则尝试在教师与学习者之间建立更加对称的关系，如朋友、同事、队员等之间的关系。教师的角色最终将反映出方法的目标及其所依据的理论，因为方法能否成功取决于教师是否能够实施教学过程或创造语言学习成功的条件。

教材的作用

设计层面的最后一个组成部分涉及教学系统中教材的作用。关于教学目标、教学内容（即教学大纲）、学习活动以及教师与学习者的角色所做出的详细描述显示出教材在教学系统中的作用。教学大纲不仅从语言组成——结构、话题、意念（notions[①]）、功能或任务方面，确定语言内容，而且从听、说、读、写技能方面，确定语言学习的目标。教材反过来进一步确定题材内容，甚至在没有大纲的情况下，确定或建议大纲条目应覆盖的内容，分配具体大纲条目或任务所需的时间、精力和细节。教材还确定或暗含构成教学大纲目标的日常学习目标。基于学习是由教师发起和监控的这一假设而设计出来的教材，与那些为学生自学或同伴互助学习而设计的教材，要求有很大的不同。有些方法要求在教学中使用现有的教材、发现的材料和实物教具。有些方法则假设，教材与教师无关，即使是没有经过很好的训练，不能完全掌握目标语，也能够使用。有些教材要求教师必须接受特殊培训，而且其语言水平应达到接近目标语者水平。有些教材的宗旨是替代教师，这样一来，学习就可以自主地发生；另有一些教材规定

[①] 此处亦可译作"概念"，因一般教学法著述中多用"意念"，故从之。——译者注

了各种各样课堂互动模式；相反，也有一些教材却禁止课堂互动；还有一些教材对教师与学习者、学习者与学习者之间的互动，不置可否。

教学方法或教育系统中教材的作用反映出与下述各个方面相关的决策：教材的主要目标（如呈现教学内容、就所学内容进行练习、促进学习者之间的交流，或者使学习者能够在无教师帮助的条件下就所学内容进行练习）、教材形式（例如教科书、DVD、电脑软件）、教材与其他输入源的关系（即教材是主要的信息输入源还是仅仅是其中一小部分）以及教师能力（如其语言能力或培训层次和经验），等等。

教学系统中的具体设计可能暗含着教材的某些辅助教学大纲、教师和学习者的具体作用。例如，在功能或交际教学方法中，教材的作用包括：允许解释、表达和意义协商；注重可理解、相关以及有益的信息交换，而非语法形式的呈现；允许学习者通过多种不同活动和任务采用不同类型的文本、媒介，来培养其能力。根据自主学习（参见第19章）的观点，教材应允许学习者采用不同的学习方式，按照自己的速度学习；方法同时不仅为学习者提供了独立学习和使用语言的机会，而且提供了自我评价和进步的机会。

在任务型语言教学中，课堂教学中使用的教材为学习者提供了需要使用课堂外语言来完成的任务范例，或者创造了意义协商和互动的需求。在文本型教学中，教材是对文本特征的模仿，用以启动学习者参与的文本创造程序。在内容与语言整合学习（CLIL）和内容型教学中，教材是内容传播的媒介，而内容是课程的基础。

3 教学程序

教学方法概念化与组织的最后一个层面，是我们所说的教学程序（procedure）。这包括根据某一具体的教学途径或方法进行语言教学过程中实时使用的技巧、实践和行为。我们恰恰是在这个层面上对方法以何种方式在课堂行为中实现其理论与设计进行描述的。我们从前述对设计层的描写可以看出，教学方法可能依据其坚持的关于语言和学习的理论假设，倡导采用某些类型的教学活动。而在程序层面上，我们所关注的是如何将任务和活动整合到课程中，并以此作为教学和学习的基础。在程序这一层面上，方法包含三个维度：（1）用以呈现新语言项目、阐明和展示目标语的形式、交际或其它方面的教学活动的使用（操练、对话、信息差活动等）；（2）具体教学活动用于语言练习的方式；（3）对学习者所说出话语或句子内容或形式给予反馈的程序或技巧。

因此，从本质上讲，教学程序关注的焦点是方法中对教学呈现、练习和反馈的处理方式。程序是实现方法的最后一个步骤，关于理论、设计与程序之间的关系，请见图2.1。

方法		
理论	设计	程序
1. 关于语言本质的理论 －对语言水平本质的解释 －对语言结构基本单位的解释 2. 关于语言学习本质的理论 －对语言学习过程中所涉及的心理语言和认知过程的解释	1. 方法的一般目标和具体目标 2. 教学大纲模型 －语言内容及/或主题内容选择、组织的标准 3. 学习和教学活动的类型 －课堂上和教材中使用的任务和实践活动类型 4. 学习者的角色 －为学习者布置的学习任务类型 －学习者对学习内容的控制程度	1. 使用某一方法时，所观察到的课堂技巧、实践和行为 －教师所用的时间、空间、设备方面的资源 －课堂上观察到的互动模式

-对成功使用上述过程的条件的解释

-推荐或暗示的学习者分组模式

-学习者相互影响的程度

-关于学习者作为加工者、执行者、发起者、问题解决者等的观点

5. 教师的角色

-教师所发挥作用的类型

-教师对学习的影响程度

-教师决定学习内容的程度

-教师与学习者之间的互动类型

6. 教材的作用

-教材的主要作用

-教材的形式（例如教科书、视听材料）

-教材与其他类型输入间的关系

-关于教师和学习者的假设

-使用某方法时，教师和学习者采用的策略和手段

图 2.1　构成方法的各种要素

情境语言教学中经常使用的五种活动，如下：

1. 呈现（presentation）。呈现需要学习的新结构。
2. 控制练习（controlled practice）。学习者在教师的指导和控制下对所学结构进行强化练习。
3. 自由练习（free practice）。学生在不受教师控制的情况下，练习使用所学结构。
4. 检查（checking）。教师诱导学习者使用新学习的结构，检查其是否已掌握。

5. 拓展练习（further practice）。学习者在新的情景中或结合其他结构，练习使用所学结构。

交际语言教学（第 5 章）中经常使用的活动，依次如下：

1. 交流前活动（pre-communicative activities）。以结构、功能和词汇的呈现为核心，以提高准确性为目的的活动。
2. 交流活动（communication activities）。以信息共享和交换为重心，以提高流利性为目的的活动。

文本型课程或单元（第 10 章）中通常包含下列五步式活动序列：

1. 语境的构建（某一类型文本使用以及对文本目的进行讨论的情境）
2. 文本的模仿与解构（教师讲解文本是以何种方式建构起来的，以及具有何种语言与话语特征）
3. 文本的共同建构（师生根据范本格式，合作创建新的文本）
4. 文本的独立建构（学生独立创建新的文本）
5. 与相关文本的关系（讨论与其他类型文本之间的异同）

虽然课堂观察经常表明，教师未必遵循某种教学方法所规定的程序，来进行教学，但我们期待教学方法在程序层面上保持其最明显的特质。随着时间的流逝，教师会将方法所规定的程序加以优化，以适应自己偏好的教学风格。

某种途径或方法为什么会被采用

本书将对各个历史时期为人们所采用的多种语言教学途径和方法进行

考察。关于第二语言教学，人们在一个相对较短的历史时期内提出了如此多不同的教学设计，这一事实不仅使我们疑问，即：为什么语言教学领域受到体现在不同方法中的各种不同教学观点的影响？

影响教学方法兴衰的因素

语言教学方法的兴衰受制于哪些因素呢？我们认为，这涉及下述各种因素。

范式转换

如同教育的其他领域，语言教学也受到语言学、心理学、二语学习等辅助学科理论变化的影响。乔姆斯基对行为主义（第3章）的抨击及其关于语言能力的理论乃是此类范式转换——对语言教学方法产生了重大影响的一种范式转换之一例。同样，第二语言习得领域的滥觞促进了对第二语言学习本质和语言教学新方法看法的转变，从而导致自然法和任务型语言教学的产生。同样，交际语言教学法的采用乃是对语言教学和学习理解新范式的证据。

支持网络

有助于新教学途径或方法的推广与解释的支持网络也同样至关重要。在这方面，教育部（厅）、关键岗位上的教育官员、知名学者以及专业组织都在新的教学途径或方法的推广中，发挥着重要作用。欧洲语言共同参考框架（the Common European Framework of Reference）（第8章）乃是由欧洲一个重要的组织（欧洲委员会）所制定，而且为其合法化做了大量工作，同样欧洲委员会早期提出的建议，即《临界水平》乃是交际语言教学（第5章）的框架。

实用性

简单易懂、掌握省时、符合常识、适用于多种情景的教学方法,比难懂、需要特别训练与资源的方法,更有可能获得支持。前者的例子有全身反应法和文本型教学法,后者的例子有默示法和任务型语言教学法。

教师的语言水平

世界上许多语言教师都不是其所教授语言的本族语者,但教学结果往往很好。不过,要求教师达到本族语者语言水平的教学方法在某些国家可能行不通。由于这个原因,直接法给许多教师造成了难题,而且由于同样的原因,某些教师在使用最近流行的任务型语言教学法和内容与语言整合学习(CLIL)时,也可能遇到困难。

用作出版教材与测试的基础

有些教学设计可以顺利地作为教学大纲、课程、教科书和测试的基础得以应用。基于听说法、交际语言教学等各种教学方法的原则而编写的教科书,销售量数以百万计,而且诸如文本型教学和内容型教学等各种教学途径和方法亦被作为教科书编写的基础得以应用。这些教学途径与方法及其所依据的原则通常会得到出版商及其代理的大力推广,以保证其得到采纳。然而,相反,有些教学途径和方法,如自然法、任务型语言教学等,无法作为编写教科书和制订教学大纲的基础,得到同等重视的可能性就大大降低,因为其应用更多依靠教师个人的努力,而非已出版的教学资源。当下盛行的许多语言测试都与欧洲语言共同参考框架联系在一起——这一事实进一步坐实了其影响。教学方法作为有技术支持的学习的基础,也有助于强化其影响与接受。

与当地传统的兼容性

世界各地教与学的风格迥异,而且高质量教学的概念亦因文化而异

（Tsui 2009）。在有些文化中，优秀的教师是那些对学习者施以控制与指导，并且与学习者保持礼貌距离者。学习者在一定程度上乃是教师专业知识的被动接受者。教学被看作一个由教师控制和主导的过程。而在另一些文化中，教师可能更多地被看作促进者。与学生形成亲密人际关系的能力受到高度重视，并且着重强调的重点是学习者个体的创造性和独立学习。学生甚至受到鼓励去质疑和挑战教师的言行。以学习者为中心、鼓励自主学习的教学方法（第19章）可能不适用于教师不熟稔这种教与学风格的情形。

是否采纳某一教学途径或方法应回答的问题一览表

因此，新的教学途径和方法受到广泛接受的程度和对教师教学实践持久影响力的大小，取决于采纳该途径或方法所需改革的相对难易程度。课程改革种类繁多，可能对教师的教学价值观和理念、对语言或第二语言学习本质的理解，或者对其课堂教学实践和教材的使用，都有影响。有些改革可能易于接受，有些则可能遭到抵制。因此，新的教学途径或方法，在何种程度上能够被接受，取决于如何回答下述问题：

- 新的教学方式或方法有何优势？它是否比当前采用的方法效果更好？
- 它在何种程度上与教师目前的理念、态度以及课堂与学校的教学组织和实践相兼容？
- 新的教学方式或方法为何人所推荐？是否得到了权威和专家推荐的支持？
- 新的教学方式或方法是否很复杂，难以理解与使用？
- 要求教师采用之前，新的教学途径或方法是否在某些学校中和课堂上得到过验证？
- 新的教学方式或方法的益处是否已清楚地传达给了教师和相关教育机构？

- 新的教学方式或方法是否清晰、实用？其期待是否得到清楚的表述，以方便课堂教学应用？

结　　论

本章所呈现的模式表明，任何一种语言教学方法都可以从理论、设计和程序三个方面，来进行描述。但是，几乎没有一种方法在这三个方面都一目了然。我们将在本书接下来的章节中，试图对当今盛行的主要语言教学的方式和方法的特征，从理论、设计和程序三个角度，清楚地加以描述。为了对教学活动选用与设计的标准、关于学习理论的主张、所采用教学大纲的类型等准确地进行阐述，我们往往需要根据方法制定者的相关著述，来做出推断。

本章所呈现的模式并非意在表明方法的形成遵循某种整齐划一的发展路径，始于理论，经过设计，最后到程序。这种发展路径是否有可能，目前尚不清楚，而且我们提出的模式不适用于对典型的情况进行描述。方法既可能从理论层面发展出来，也可能从程序层面上发展出来。一种新的语言和语言学习理论有可能促使人们尝试提出某种新的教学方法。反之，人们或许会偶然发现或发明一套看起来很成功的教学程序，之后再发展出某种设计或提出某种理论，用以解释或证明这些程序的合理性。虽然一些方法学家拒绝将其方案称作方法，但是如果它可以在前述三个层面进行描述的话，那么我们就认为他们所倡导的其实就是一种方法。在本书后面各个章节中，我们将对当今通用的主要语言教学途径和方法，从其所体现出来的理论、设计、过程三个层面上，进行考察。

讨论问题

1. 您如何用自己的语言对理论、方法和技巧之间的区别做出解释？

2. 请将下面的语言理论与其描述匹配起来。

社会文化理论	语言是一个由结构上相关、用以编码意义的元素——如音素和语法——构成的系统。
互动理论	语言是表达功能意义、完成现实世界活动的工具。
认知理论	语言是抽象知识的获得，而且涉及思维的属性。
语类理论	语言是一种交际活动，其核心是社会环境、习俗、信仰。
词汇理论	语言主要从词汇、词块或短语的作用来加以考量。
功能理论	语言是实现人际关系的工具。
结构理论	语言受特定话语的规范及具有不同目的文本的制约。

3. 您在教学中所使用的教学材料或教科书中反映出哪一种学习理论？
4. 过去，您所在国家盛行过哪些教学方式或方法？您是否能确定其盛行的原因？
5. 您如何理解支架式学习（scaffolding learning）的概念？为什么根据社会文化学习理论，同更博学的人对话非常重要？
6. 为什么您认为练习在语言学习中非常重要？练习以何种方式影响学习与语言使用？
7. 您的学生有偏好的学习风格吗？如何识别其学习风格偏好？如有必要，如何支持或修正其学习风格偏好？
8. 教学设计由哪些要素组成？为什么每一种要素都很重要？将教学设计转换成教学程序的例子有哪些？
9. 哪些因素决定途径或方法是否被接受？您认为哪一种因素最重要？

参考文献与延伸阅读

Alexander, L. G., W. S. Allen, R. A. Close, and R. J. O'Neill. 1975. *English Grammatical Structure.* London: Longman.

Anthony, E. M. 1963. Approach, method and technique. *English Language Teaching* 17: 63-67.

Asher, J. 1977. *Learning Another Language through Actions: The Complete Teacher's Guidebook.* Los Gatos, CA: Sky Oaks Productions.

Atkinson, D. 2002. Towards a sociocognitive approach to second language acquisition. *Modern Language Journal* 86(4): 525-545

Atkinson, D. 2011. *Alternative Approaches to Second Language Acquisition.* New York: Routledge.

Bosco, F. J., and R. J. Di Pietro. 1970. Instructional strategies: their psychological and linguistic bases. *International Review of Applied Linguistics* 8: 1–19.

Breen, M. P., and C. Candlin. 1980. The essentials of a communicative curriculum in language teaching. *Applied Linguistics* 1(2): 89–112.

Brown, H. D. 1994. *Teaching by Principles: An interactive Approach to Language Pedagogy*. Englewood Cliffs, NJ: Prentice Hall.

Brown, J. 1995. *The Elements of the Language Curriculum*. Boston: Heinle and Heinle.

Carrell, P., A. Devine, and D. Esky. 1988. *Interactive Approaches to Second Language Reading*. Cambridge: Cambridge University Press.

Curran, C. A. 1972. *Counseling-Learning: A Whole-Person Model for Education*. New York: Grune and Strarton.

Curran, C. A. 1976. *Counseling-Learning in Second Languages*. Apple River, IL: Apple River Press.

Driver, R. 1989. Students' conceptions and the learning of science. *International Journal of Science Education* 11(5): 481–490.

Feez, S. 1998. *Text-Based Syllabus Design*. Sydney: Macquarie University.

Finocchiaro, M., and C. Brumfit. 1983. *The Functional-Notional Approach: From Theory to Practice*. New York: Oxford University Press.

Fries, C. C., and A. C. Fries. 1961. *Foundations for English Teaching*. Tokyo: Kenkyusha.

Gattegno, C. 1972. *Teaching Foreign Languages in Schools: The Silent Way*. 2nd edn. New York: Educational Solutions.

Gartegno, C. 1976. *The Common Sense of Teaching Foreign Languages*. New York: Educational Solutions.

Haury, D. 1993. *Teaching Science through Inquiry*. ERIC/SCMEE Digest. Available at: http://www.uhu.es/gaia-inm/invest_escolar/httpdocs/biblioteca_pdf/14HAURY[1]. 1993%20TEACHING%20SCIENCE%20THROUGH%20INQUIRY.pdf

Holliday, A. 1994. *Appropriate Methodology*. Cambridge: Cambridge University Press.

Johnson, F. and C. B. Paulston. 1976. *Individualizing in the Language Classroom*. Cambridge, MA: Jacaranda.

Johnson, K. 1982. *Communicative Syllabus Design and Methodology*. Oxford: Pergamon.

Krashen S. D. 1981. *Second Language Acquisition and Second Language Learning*. Oxford: Pergamon.

Lave, J., and Wenger E. 1991. *Situated Learning: Legitimate Peripheral Participation*.

Cambridge: Cambridge University Press.

Long, M. and G, Crookes. 1992. Three approaches to task-based syllabus design. *TESOL Quarterly* 226(1) (Spring): 27-56.

Mackey, W. F. 1965. *Language Teaching Analysis*. London: Longman.

Ortega, L. 2009. *Understanding Second Language Acquisition*. London: Hodder Education.

Osborne, R., and P. Freyberg. 1985. *Learning in Science: The Implications of Children's Science*. Portsmouth, NH: Heinemann Educational Books.

O'Keefe, A., M. McCarthy, and R. Carter 2007. *From Corpus to Classroom*. Cambridge: Cambridge University Press.

Oxford, R. 1997. Cooperative learning, collaborative learning and interaction: three communicative strands in the language classroom. *Modern Language Journal* 81(4) : 443-456.

Paltridge, B. 2006. *Discourse Analysis*. London: Continuum.

Prabhu, N. 1983. Procedural syllabuses. Paper presented at the RELC Seminar. Singapore: Regional Language Centre.

Prabhu, N. 1990. There is no best method-why? *TESOL Quarterly* 24: 161-176.

Richards J. C 1990. Beyond methods. In J. C. Richards, *The Language Teaching Matrix*. New York: Cambridge University Press.

Richards J. C 1990. *Curriculum Development in Language Teaching*. New York: Cambridge University Press.

Rivers, W. M. (ed.). 1987. *Interactive Language Teaching*. Cambridge: Cambridge University Press.

Robinson, P. 1980. *ESP (English for Specific Purposes)*. Oxford: Pergamon.

Rodgers, T. 1990. After methods, what? In S. Aninan (ed.), *Language Teaching Methodology for the Nineties*. Singapore: SEAMEO Regional Language Centre. 1-21.

Rogoff, B. 1990. *Apprenticeship in Thinking*. New York: Oxford University Press.

Schmitt, N. (ed.). 2004. *Formulaic Sequences: Acquisition, Processing and Use*. Amsterdam: John Benjamins.

Skinner, B. F. 1957. *Verbal Behavior*. New York: Appleton-Century-Crofts.

Spolsky, B. 1998. *Conditions for Second Language Learning: Introduction to a General Theory*. Oxford: Oxford University Press.

Stevick, E. W. 1980. *Teaching Languages: A Way and Ways*. Rowley, MA: Newbury House.

Swain, M., P. Kinnear, and L. Steinman. 2010. *Sociocultural Theory in Second Language Education*. Bristol: Multilingual Matters.

Terrell, T. D. 1977. A natural approach to the acquisition and learning of a language. *Modern Language Journal* 61(7): 325−336.

Tsui, A. B. M. 2009. Teaching expertise: approaches, perspectives and characteristics. In A. Burns and J. C. Richards (eds.), *The Cambridge Guide to Second Language Teacher Education*. Cambridge: Cambridge University Press. 190−197.

Warschauer, M., and R. Kern (eds.). 1999. *Network-Based Language Teaching: Concepts and Practices*. New York: Cambridge University Press.

Wilkins, D. A. 1976. *Notional Syllabuses*. Oxford: Oxford University Press.

Yalden, J. 1987. *Principles of Course Design for Language Teaching*. Cambridge: Cambridge University Press.

Williams, M., and R. Burden. 1997. *Psychology for Language Teachers: A Social Constructivist Approach*. Cambridge: Cambridge University Press.

3
口语法与情境语言教学

当今，语言教师几乎没有人熟悉口语法（Oral Approach[①]）或情境（Situational Language Teaching）两个术语。两者均指英国应用语言学家提出的语言教学方式，前者肇始于20世纪20、30年代，后者发端于20世纪50、60年代。尽管现在这两个术语均已不再常用，但口语法的影响却经久不衰，而且被广泛应用于英语作为外语（English as a Foreign Language，简称EFL）/英语作为第二语言（English as a Second Language，简称ESL）尤其是英国出版的教材和课程的设计。情境语言教学法是口语法的一种，一直流行到20世纪80年代，有些教材迄今仍然在使用。其中，《简明英语教程》（*Streamline English*）（Hartley & Viney，1978）是出版的最成功的ESL课程之一，体现了情境法的经典原则，如同其它许多广泛使用的系列教程的情形，如《走进英语》（*Access to English*）（Coles & Lord），1975）、《核心教程（续编）》（*Kernel Lessons Plus*）（O'Neill，1973）以及亚历山大（L. G. Alexander）编写的《新概念英语》（*New Concept English*）（1967）等大量英语教材。口语法的最大遗产或许是下文中将详细探讨的PPP课程模式：呈现（讲授）-练习-运用（产出）。全球范围内数以万计的教师已接受过种课程模式的培训，而且这种模式在当下许多语言教材中仍然在使用。本章将探索口语法在英国的发展，下章将

---

① 此处"approach"意思比较具体，译作"方法"或者"法"比较贴切。——译者注

考察口语法在美国的发展。

引　言

这种方法肇始于20世纪20年代和30年代英国应用语言学家的研究。从那时起，许多应用语言学家都为理论原则指导下的语言教学方法基础的奠定，做出了应有的贡献。这场运动的领军人物是英国20世纪语言教学领域两位最著名的语言学家，一是哈罗德·帕尔默（1877—1949），一是A. S. 霍恩比（1898—1978）。两者均对当时著名语言学家，如丹麦语法家奥托·叶斯柏森（Otto Jespersen）和语法家丹尼尔·琼斯（Daniel Jones）等的研究著述耳熟能详。他们试图将英语教学口语法建立在比直接法所体现出来的更科学的基础上，其结果是对适用于语言课程内容选择与组织的原则与程序的系统研究（Palmer 1917, 1921）。

词汇选择（Vocabulary selection）

方法设计中首先应该关注的一个方面是词汇的作用。20世纪20年代和30年代进行了几次大规模的外语词汇调查，主要源于两方面的推动。第一，帕尔默等语言教学专家达成共识，认为词汇是外语学习最重要的方面之一。第二，在某些国家，阅读技能作为外语学习的目标越来越得到重视。此乃科尔曼报告（第1章）所提出的建议，而且也是另一位语言教学专家迈克尔·韦斯特（Michael West）在考察了20世纪20年代英语在印度的地位之后，所独立得出的结论。

这就导致了词汇选择原则的提出与完善，在随后的几十年间，对英语教学产生了重要的实际影响。词频统计结果显示，书面文本中经常出现的核心词汇大约有2000个，这些词汇的掌握对外语阅读极大的助益。帕尔默、韦斯特等专家根据频率和其他标准，制订出了一个英语作为外语的教学所需词汇指南《词汇选择中期报告》（*The Interim Report on Vocabulary*

Selection)(Faucett et al. 1936)。随后,韦斯特对其进行了修订,出版《英语通用词汇表》(*A General Service List of English Words*)(1953b),成为教材编写的参考标准。这些为语言课程词汇内容的选择提供科学、合理基础而做出的努力,乃是确立语言教学大纲设计原则的首次尝试。

语法控制(Grammar control)

对语言课程中语法内容的重视,与对制订词汇选择合理原则的兴趣,两者并行不悖。帕尔默早就给予外语学习中的语法问题以高度重视。从1922年到第二次世界大战,帕尔默在日本担任英语教学研究所所长期间,一直在从事关于适用于通过口语法来教授基本语法型式的课堂教学程序的研究工作。但是,帕尔默的语法观迥异于与语法翻译法的抽象语法理论,后者认为某种普遍逻辑构成所有语言的基础,教师的责任是揭示出普遍语法的每一个范畴是如何在外语中表达出来的。帕尔默视语法为口语背后的基本句型。帕尔默、霍恩比等英国应用语言学家对英语进行了分析,并将其主要语法结构分类为各种句型(后来被称为"替换表"(substitution tables)),可以用来帮助学习者内化英语句子结构规则。下面是句型的一个示例:

句型:S-Vtr-DO(主语+及物动词+直接宾语)
The dog **catches** the ball.(狗捕捉球。)
The baby **likes** bananas.(小孩儿喜欢香蕉。)
Dogs **chase** cats.(狗追逐猫。)
That man **teaches** English.(那个男人教英语。)
The scientist **performed** an experiment.(科学家做了一个实验。)

上述英语句型分类已被融入由霍恩比、盖滕比(Gatenby)、韦克菲尔德(Wakefield)所编纂,面向英语作为第二语言或外语的学生的第一本词典,即1953年出版的《现代英语高级学习者词典》(*The Advanced Learner's Dictionary of Current English*)中。大量从教学法的角度对英语语法进行描述的著作面世，包括《严格按照语音学编写的英语口语语法》(*A Grammar of Spoken English on a Strictly Phonetic Basis*)（Palmer & Blandford 1939）、《英语语法手册》(*A Handbook of English Grammar*)（Zandvoort 1945）以及霍恩比的《英语句型与用法指南》(*Guide to Patterns and Usage in English*)（1954a），成为课本编写者的基本英语句型标准参考书目。由于语言课程词汇和语法内容的系统教学方法由此得到发展，而且帕尔默、韦斯特、霍恩比等专家为将这些资源作为综合方法框架的一部分，应用于英语作为外语的教学（Teaching English as a Foreign Language，简称 TEFL）/英语作为第二语言的教学（Teaching English as a Second Language，简称 TESL）中做出了不懈的努力，因此 TEFL/TESL 的英国方法——口语法——的坚实基础得以奠定。

口语法和情境语言教学

20世纪20年代以来，帕尔默、霍恩比等应用语言学家提出了一种在选择（selection）（词汇和语法内容选择的程序）、分级（*gradation*）（内容的组织和排序确定的原则）和呈现（*presentation*）（课程项目的呈现和练习所采用的技巧）系统原则指导下的教学方法。尽管帕尔默、霍恩比等英语教学专家在英语教学具体程序的应用上有不同的见解，但他们所遵循的一般原则都可以被称作语言教学口语法。此处，口语法不应与直接法（第1章）相混淆，后者尽管也采用了某些口语程序，但是缺少一个系统的应用语言学理论和实践基础。

> 口语法不应与已经过时的直接法相混淆，因为这仅仅意味着学习者对源源不断没有划分等级的言语感到困惑，遭受正常环境下学习语言时面临的所有困难，失去在这些情况下更适宜语境所带来的大部分弥补性益处。
>
> （Pattison 1964：4）

如下所述，情境语言教学乃是口语法的一种类型。至20世纪50年代，下文所描述的口语法成为为人们所接受的英语语言教学的英国方法。这种方法在那个时期的标准方法教科书中都有描述，如弗伦奇（French 1948—1950）、格里（Gurrey 1955）、弗里斯比（Frisby 1957）和比罗斯（Billows 1961）。口语教学法的原则可见于霍恩比的著作《牛津成人英语进阶教程》（*Oxford Progressive English Course for Adult Learners*）（1954—1956）和其他很多近期出版的教科书中。20世纪60年代，口语法最积极的拥护者之一是澳大利亚人乔治·皮特曼（George Pittman）。他与同事基于早期口语法的现代版——情境法，编写了一套颇有影响的教材，广泛使用于澳大利亚、新几内亚和太平洋地区。皮特曼还负责悉尼联邦教育部组织编写了基于情境的语言教材，用于澳大利亚移民的英语课程。这些教材以《情境英语》（系列教材）（*Situational English*）为标题，于1965年出版发行，在世界范围内使用。情境语言教学的原则经历了20年的发展，在亚历山等著名英国教科书编写者所编写的教材中得以体现。口语法主要有以下特点：

1. 语言教学始于口语。在以书面形式呈现之前，语言材料首先以口语形式来教授。
2. 目标语是课堂教学中使用的语言。
3. 新的语言点在情境中讲解和练习。
4. 教学遵循词汇选择程序，确保覆盖重要的常用词汇。
5. 语法项目分级遵循由简到繁原则，简单的形式先于复杂的形式教授。
6. 一旦奠定了足够坚实的词汇和语法基础，开始教授阅读和写作。

20世纪60年代，第三个原则成为口语法的主要特点，此后，情境（*situational*）这一术语越来越多地被用来指代口语法。1950年，霍恩比本人在《英语语言教学》（*English Language Teaching*）上发表了一系列颇有影响的论文，标题中就出现了情境法（Situational Approach）这一术语。后来，结构情境法（Structural-Situational Approach）和情境语言教学（Situational Language Teaching）两个术语广泛流行起来。为进一步避免混淆，本章所使用的情境语言教学（SLT）这一术语包含在20世纪50年代及其以后占据主导地位的结构-情境法和口语法。那么，怎样从理论、教学设计、教学程序三个层面来描述情境法呢？

理 论

语言理论（Theory of language）

情境法背后的语言理论可以说是一种英式结构模型或"结构主义"。任何一种语言都是一个语法型式和结构的系统，学习一种语言就是要掌握这一系统。言语（即口语）被视为语言的基础，而结构则被视为口语能力的核心。帕尔默、霍恩比等英国应用语言学家已经从教学法的角度，对英语的基本语法结构进行了描述，并据此设计出语言教学的方法。"词序、结构词、英语的少量曲折变化和实义词构成了我们的教学材料"（Frisby 1957：134）。从语言理论的角度来讲，这种观点与查尔斯·弗里斯（Charles Fries）等美国语言学家提出的语法或"结构"与基本句型乃是语言教学起点（第4章）的观点，几乎没有任何区别。确实，20世纪60年代，皮特曼在很大的程度上借鉴了弗里斯的语言理论，但是在20世纪50年代，英国语言学家却对美国的语言学理论基本一无所知。但是，英国理论家的结构主义重心迥异，突出的是"情境"的概念。"英语结构教学中采用的主要课堂活动是对结构的口头练习。这种针对受控句型的口头练习，应该在旨在为学生提供极大量英语口语练习的情境中来进行"（Pittman 1963：179）。

结构知识必须与其适用的情境相联系这一理论，是情境语言教学的鲜明特征之一。这可能反映了20世纪30年代以来英国功能语言学的发展趋势。英国许多语言学家都强调语言结构与其所使用的语境和情境之间的紧密联系。自 20 世纪 30 年代起，弗思（J. R. Firth）、韩礼德（M. A. K. Halliday）等英国语言学家提出了多种强有力的语言观，凸显出意义、语境、情境的地位："现在所突出强调的是，对语言活动作为众多事件背景一个组成部分的描写，这些事件与参与者和相关对象共同组成真实的情境。"（Halliday, McIntosh & Strevens 1964：38）因此，不同于美国结构主义者对语言的看法（参见第 4 章），语言被看作是与现实目标、情境相关的有目的的活动。"人开口说话……总是为了达到某个目的。"（Frisby 1957：16）

学习理论（Theory of learning）

情境语言教学背后的学习理论是一种行为主义习惯学习理论。例如，弗里斯比作为权威引用了帕尔默的观点："正如帕尔默所指出，学习一门语言有三个过程——接收知识或材料，通过重复将其固化于记忆中，在实际应用中加以使用直到成为一项个人的技能。"（1957：136）弗伦奇同样将语言学习看作是习惯的形成："正确的话语习惯是根本……学生应该能够毫不犹豫几乎不加思索地将词汇置于正确的句型。这种话语习惯可以通过盲目的模仿训练来培养。"（1950，III：9）

如同直接法，情境法也采用归纳法教授语法。词汇或结构的意义并非通过母语或目的语的解释来教授，而是通过其在具体情境中的使用形式归纳出来。"若通过翻译成母语或用同一种语言的释义给出一个新词的意思，就弱化了词汇在大脑中的印象"（Billows 1961：28）。因此，情景法不鼓励解释，而是要求学习者应该从某个特定结构或词汇使用的情境中推断出其意思，然后通过泛化将结构和词汇延伸到新的情境中。学习者应该将课堂上所学的语言应用于课外的情境中。根据情境法的实践者，儿童语言学习就是这样发生的，而且同样的过程也发生在第二语言学习和外语学习中。

教学设计

教学目标（Objectives）

情境语言教学法的目标，与大多数语言教学方法的目标相同，是四项基本语言技能的切实掌握。但是，技能是通过结构来获得的，发音和语法的准确性十分重要，而且应力避错误。对基本结构和句型的自动化掌握乃是阅读和写作技能的基础，而且这要通过口语来实现。"新的结构和词汇应该先以口头形式教授给学生，然后再让他们阅读"（Pittman 1963：186）。写作同样衍生于口头语言。

> 口头作文是一项十分有用的练习……然而，这项活动所处理的技能在很大程度上取决于对教师所教授和儿童所使用语言的掌握……教师只有在十分确定学习者能够运用其所掌握的有限的句子结构和词汇知识正确地表达时，才可能允许他们自由选择句型和词汇。
>
> （Pittman 1963：188）

教学大纲（The syllabus）

结构型教学大纲和词汇表是情境英语教学的基础。前者是根据教授顺序安排的英语基本结构和句型列表。在情境语言教学中，结构总是在句子中教授，而且词汇选择的依据是它在何种程度上有助于句型的教授。"早期课程由一个句型[陈述句、疑问句、以及请求句或命令句]列表组成……包含尽可能多的虚词和足够多的实词，以提供语言练习的素材"（Frisby 1957：134）。下面是弗里斯比（1957：134）给出的是一个典型的结构型教学大纲实例，情境教学乃是围绕这类大纲展开的：

	句型结构	词汇
第一课	This is... That is...	book, pencil, ruler, desk
第二课	There are... Those are...	chair, picture, door, window

3　口语法与情境语言教学

续表

	句型结构	词汇
第三课	Is this...? Yes it is. Is that...? Yes it is.	watch, box, pen, blackboard

因此，这类教学大纲并不是情境型教学大纲这一术语有时所使用的含义（即情境及其相关语言的列表）。相反，如下所述，情境指句型呈现和练习的方式。从下述解释可知，情景（*situation*）一词应该被理解为包含图片或实物教具、动作和操练等方面。

学习活动和教学活动的类型

情境语言教学运用情境方式呈现新的句型，并且以操练的方式进行练习：

> 我们的方法……是情境式的。教授新语言材料的情境被精心地加以控制……如此，学习者所听到内容的意思在其大脑中可能便一目了然了……前四五年而且甚至之后教授的词汇和结构几乎都可以置于显化其意义的情境中。
>
> （Pittman 1963：155—156）

皮特曼所谓的情境（*situation*）是指具体物体、图片、实物教具以及动作与手势的使用，所有这一切均可联合使用，来解说新语言项目的意义：

> 新词汇和句型的形式是通过例子，而不是通过语法解释或描写，来解说的。新词汇和句型的意思并非通过翻译来表达出来，而是（采用实物、图片、动作和模拟表演等手段）以视觉方式解释清楚的。例句应采自同一情景，而且之间要尽可能在同一情景中联系起来。
>
> （Davies, Roberts & Rossner 1975：3）

所运用的练习技巧通常由有指导的重复和替换练习组成，包括集体复诵、听写、操练和有控制的基于口语的阅读和写作任务。有时也采用其他口语练习技巧，如配对练习和小组合作作业。

学习者的角色

在学习的初始阶段，学习者只需要倾听和重复教师所说的内容，并对教师提出的问题和发出的指令做出回应。学习者无法控制学习的内容，并且除非有教师熟练的操控，经常被认为有可能做出不合时宜的行为。例如，学习者可能犯语法或发音错误、忘记已经学过的内容，或者反应迟缓；应力戒不正确的语言习惯（参见 Pittman 1963）。后来，学习者的积极参与受到鼓励，这包括学习者主动做出反应与互相提问，但是新语言项目的导入和练习自始至终由教师来把控。

教师的角色

教师发挥三重作用。在课程内容的呈现阶段，教师是示范者，首先创建对目标结构产生需求的情境，并向学生示范新结构，让学生来重复。然后，教师"变成技艺高超的管弦乐队指挥，指挥演奏者演奏音乐"（Byrne 1976：2）。教师需要成为熟练的操控者，采用问题、命令和其他线索引导学习者说出正确的句子。因此，课程以教师为主导，教学进度由教师掌握。

在练习阶段，学生有更多的机会在教师控制较少的情境下使用语言，但是教师始终会注意学生所犯语法和结构错误，从而为后续课程奠定基础。根据皮特曼的观点，组织复习是教师的一项主要任务，他将教师应承担的职责总结如下：

1. 时间配置
2. 组织口语练习，以巩固课本中出现结构
3. 修正（即复习）
4. 根据个人需要做出调整
5. 组织测试

6. 组织开展教科书以外的语言活动

（Pittman 1963：177—178）

由于课本的作用是呈现教师在课堂上开展的活动，因此，教师是方法成功实施的关键。

教材的作用

情境语言教学既依赖于教科书，也依赖于可视教具。教科书包含围绕不同语法结构设计的组织严密的课程。可视教具可能由教师制作，也可能由商业机构制作，包括挂图、（教学用）抽认卡、图片、简笔画等。视觉元素和细致分级的语法大纲是情境语言教学的一个重要方面，因此教科书也同样重要。但是，原则上，教科书应该"仅仅是学习过程的导引。教师应该是其所采用的教科书的主人"（Pittman 1963：176）。

教学程序

情境语言教学的课堂教学程序因班级的水平而异，但是无论班级处于何种水平，教学程序都是从控制型结构练习到自由的结构练习的转换、从句型的口头使用到听、读、写中自动使用的转换。下面是皮特曼（1963：17）给出的一个典型的教案：

课程的第一部分是重音和语调练习……接下来应该是本课的主体部分，可能是某一个结构的教授。如果是这样，那么课程由五个部分组成：

1. 发音
2. 复习（如有必要，为讲授新课做准备）
3. 新结构或词汇的讲授
4. 口语练习（操练）
5. 阅读与新结构有关的材料或写作练习

戴维斯等人（Davis et al. 1975：56）给出了一个情境语言教学的教案范本。课中接下来要讲授的结构是"This is a..."和"That's a..."。

教师： （拿起一只手表）请看，This is a watch（这是一只手表）。（2×）（指着墙上或桌子上的钟表）That's a clock（那是一只钟表）。（2×）That's a clock（那是一只钟表）。（2×）This is a watch（这是一只手表）。（放下手表，并且走过去摸着或拿起钟表）This is a clock（这是一只钟表）。（2×）（指向手表）That's a watch（那是一只手表）。（2×）（拿起一支钢笔）This is a pen（这是一支钢笔）。（2×）（在黑板上画一支大铅笔并且走开）That's a pencil（那是一支铅笔）。（2×）Take your pens（拿起你们的钢笔）。All take your pens（所有人都拿起你们的钢笔）。（所有学生拿起他们的钢笔）

教师： 请听。This is a pen（这是一支钢笔）。（3×）This（这个）。（3×）
学生们： This（这个）。（3×）
一个学生： This（这个）。（6×）
教师： This is a pen（这是一支钢笔）。
学生们： This is a pen（这是一支钢笔）。
一个学生： （移动着钢笔）This is a pen（这是一支钢笔）。（6×）
教师： （指向黑板）That's a pencil（那是一支铅笔）。（3×）That（那个）。（3×）
学生： That（那个）。（3×）
一个学生： That（那个）。（6×）
教师： That's a pencil（那是一支铅笔）。
学生们： （所有学生指向黑板）That's a pencil（那是一支铅笔）。（3×）
一个学生： （指向黑板）That's a pencil（那是一支铅笔）。（6×）
教师： 请拿起你们的书。（自己拿起一本书）This is a book（这是一本书）。（3×）

学生们：	This is a book（这是一本书）。（3×）
教师：	（将笔记本放在可看见的地方）Tell me...（请告诉我……）
学生 1：	That's a notebook（那是一个笔记本）。

现在，你可以开始把物体从盒子里拿出来，确信它们并非新单词。大物体可以放在教室前面能看得见的地方，小物体可以分发给学生。

上述教学步骤展示出在情境中呈现新语言项目所使用的技巧。如前所述，操练同样与"情境"有关。皮特曼举例说明了一个句型的口语操练，用一箱实物来创造情境。练习的句型是"There's a NOUN + of + (noun) in the box."。教师从箱子里拿出物体，同学们重复：

There's a tin of cigarettes in the box.（箱子里有一包香烟。）
There's a packet of matches in the box.（箱子里有一盒火柴。）
There's a reel of cotton in the box.（箱子里有一轴棉线。）
There's a bottle of ink in the box.（箱子里有一瓶墨水。）
There's a packet of pins in the box.（箱子里有一盒别针。）
There's a pair of shoes in the box.（箱子里有一双鞋。）
There's a jar of rice in the box.（箱子里有一罐米。）

（Pittman 1963：168）

因此，教师的成套教具——各种可用于情境语言练习的物件和实物教具——也是教师教学装备的重要组成部分。

戴维斯等同样对情境语言教学中使用的教学程序进行了详细的描述。他们提出的系列活动由以下内容组成：

1. 听力练习。在这个过程中，教师将学生的注意力吸引过来，独立清楚地多次重复例句或单词，其中至少有一次一个词一个词缓慢地说（Where... is... the... pen？）。
2. 集体模仿。所有学生一起或者分大组重复教师所说内容。如果教师给出清晰的指令，比如"请重复"或"请大家一起重复"，并用手势示意时间和重音，那么将达到最佳效果。

3. 单独模仿。教师要求几个学生单独重复给出的范例，以检查其发音。
4. 分离练习。教师分离出有问题的发音、单词或词组，按照 1-3 的技巧进行练习，然后在语境中将它们加以替换。
5. 建立新范型。教师要求学生运用已知的句型提出和回答问题，以便给出新范型所需要的信息。
6. 引导。教师采用哑剧表演、提词、手势等引导学生提出问题、做陈述，或者给出句型新例。
7. 替换操练。教师使用线索词（单词、图片、数字、名称等）让个别学生将新句型例句组合成新句。
8. 问答操练。教师要求一位学生提出问题，另一位同学做出回答，直到全班大部分同学都练习了新的提问形式。
9. 纠错。教师以摇头、重复错误等形式暗示学生犯错，并请学生自己或另一个学生来加以改正。如可能，教师不要自己直接去纠正学生的错误，而是要让学生自己改正，鼓励学生互相认真倾听。

（Davis et al. 1975：6—7）

之后，戴维斯等接着对后续阅读和写作活动实施的方式，进行了探讨。

PPP 课程模式

情景语言教学在过程层面所留下的持久遗产之一是所谓的 PPP 课程模式——呈现（讲授）-练习-运用（产出），直到 20 世纪 90 年代一直很盛行，甚至到今天仍然在使用。它主要有以下特征：

- 呈现（讲授）。教师采用音频或者可视文本在控制型情境中呈现语法。
- 练习。控制练习阶段紧随而至，在这一阶段，学习者通过操练与转换、填充或完型填空、选择题等活动，正确地说出所学的结构。
- 运用（产出）。在运用阶段，学习者通过对话和其他活动，将所学结构转换为自由交流，其中可能有不止一个正确答案。

然而，批评者认为并非所有的学习者都能有效地掌握上述转换，因为控制练习没有使他们做好自由运用的准备。这些评论产生的影响，我们将在第 5 章进行探讨。

结　　论

　　本章回顾了口语法及其后来的表现形式情境语言教学在英国的发展，从中可以看出，这种教学方法在设计和程序层以何种方式，突出强调控制情境中的准确性和重复。与 20 世纪 50、60 年代的情景语言教学相联系的教学程序，乃是英国早期口语法的支持者所提倡的成熟技巧的延伸和进一步发展。情景语言教学（SLT）的基本特点集中体现在 PPP 课程模式上，是 20 世纪 80 年代和 90 年代初期，成千上万成人英语作为外语教学（Teaching English as a Foreign Language to Adults，简称 TEFLA）教师获取皇家艺术学会（the Royal Society of Arts，简称 RAS）/剑桥证书（Cambridge Certificate）所必须掌握的课程模式。根据这种教学模式，课堂教学由三个阶段组成：呈现（在语境中教授新的教学项目）、练习（对所教授项目的控制练习）、运用（自由的练习阶段）（Willis & Willis 1996）。情境语言教学乃是 20 世纪 80 年代以来主要教师培训教材中所采用的方法（例如 Hubbard et al., 1983），而且，如上所述，根据情境语言教学原则编写的教科书在世界许多地区广泛采用。然而，20 世纪 60 年代中叶，应用语言学家开始质疑情境语言教学背后的语言观、语言学习观和语言教学观。本书第 5 章将对这一反动及其对交际语言教学（Communicative Language Teaching）的出现所产生的作用，进行深入探讨。但是，由于情境语言教学突出强调口语练习、语法、句型的原则，符合许多语言教师的直觉，而且在那些仍然采用以语法为基础的全国 EFL/ESL 大纲的国家，仍不失为具有实际性的方法，因此即使可能未得到广泛认可，这种方法当下在世界某些地区仍然在使用。

讨论问题

1. PPP 教学周期模式在您目前的教学中有作用吗？
2. 您曾经历过或观察到 PPP 周期模式的局限吗？
3. 如同直接法，口语法也是归纳的，纯粹的口语法不对语法做解释。您认为这种方法对语法教学可能有什么利弊？
4. "然而，20 世纪 60 年代中叶，应用语言学家开始质疑情境语言教学背后的语言观、语言学习观和语言教学观。"（第 55 页）您认为因为什么原因情境语言教学（的某些方面）在当今教学环境中仍然有价值，且具有相关性？
5. 第 47 页的表格中列出了口语法的主要特点。第 2 点是"目标语是课堂教学中使用的语言"。您认为由于什么原因，这在有些情境中可能难以实施？
6. 第 5 点 "语法项目分级遵循由简到繁原则，简单的形式先于复杂的形式教授"。在有些情境中，打破这个一般规则可能更适宜，您能给出一些类似情景吗？
7. 第 6 点 "一旦奠定了足够坚实的词汇和语法基础，开始教授阅读和写作"。在有些情境中，早关注阅读和 / 或写作可能更适合，您能给出一些类似情景吗？
8. 下表乃是对采用口语法教师职责的总结。这跟您自己的教师职责相比较有何异同？

    1. 时间配置
    2. 组织口语练习，以巩固课本中的结构
    3. 修正（即复习）
    4. 根据个人需要做出调整
    5. 组织测试
    6. 组织开展教科书以外的语言活动

    （Pittman 1963：177—178）

9. 请看 "There's a + noun" 这一结构及其在情境课程中的呈现方式，您该如何教这个结构呢？

    There's a tin of cigarettes in the box.

    There's a packet of matches in the box.

    There's a reel of cotton in the box.

    There's a bottle of ink in the box.

    There's a packet of pins in the box.

There's a pair of shoes in the box.
There's a jar of rice in the box.

(Pittman 1963: 168)

10. "至20世纪50年代，口语法成为为人们所接受的英语语言教学的英国方法。……其（口语法的）原则可见于许多其他最近的教科书中"（第46—47页）。选择任意一本2000年以后出版的教科书，并查阅书末所附口语法的主要特征汇总表。您在书中找到口语法的任何方面内容了吗？

参考文献与延伸阅读

Alexander, L. G. 1967. *New Concept English*. 4 vols. London: Longman.
Billows, F. L. 1961. *The Techniques of Language Teaching*. London: Longman.
Byrne, D. 1976. *Teaching Oral English*. London: Longman.
Coles, M., and B. Lord. 1975. *Access to English*. Oxford: Oxford University Press.
Commonwealth Office of Education. 1965. *Situational English*. London: Longman.
Cook, V. 2011. Teaching English as a foreign language in Europe. In E. Hinkel (ed.), *Handbook of Research in Second Language Teaching and Learning Plans*, Vol. II. New York: Routledge. 140–154.
Davies, P., J. Roberts, and R. Rosner. 1975. *Situational Lesson Plans*. Mexico City: Macmillan.
Faucett, L. M. West, H. E. Palmer; and E. L. Thorndike. 1936. *The Interim Report on Vocabulary Selection for the Teaching of English as a Foreign Language*. London: P. S. King.
French, F. G. 1948–1950. *The Teaching of English Abroad*. 3 vols. Oxford: Oxford University Press.
Frisby, A. W. 1957. *Teaching English: Notes and Comments on Teaching English Overseas*. London: Longman.
Gatenby, E. V. 1944. *English as a Foreign Language*. London: Longman.
Gauntlett, J. O. 1957. *Teaching English as a Foreign Language*. London: Macmillan.
Gurrey, P. 1955. *Teaching English as a Foreign Language*. London: Longman.
Halliday, M. A. K., A. McIntosh, and P. Strevens. 1964. *The Linguistic Sciences and Language Teaching*. London: Longman.
Hartley, B., and P. Viney. [1978] 1999. *Streamline English*. Oxford: Oxford University Press.

Hodgson, F. M. 1955. *Learning Modern Languages*. London: Routledge and Kegan Paul.

Hornby, A. S. 1950. The situational approach in language teaching: a series of three articles in English. *Language Teaching*. 4: 98-104, 121-128, 150-156.

Hornby, A. S. 1954. *A Guide to Patterns and Usage in English*. London: Oxford University Press.

Hornby, A. S. 1954-1956. *Oxford Progressive English Course for Adult Learners*, 3 vols. London: Oxford University Press.

Hornby, A. S., E. V. Gatenby, and H. Wakefield. 1953. *The Advanced Learner's Dictionary of Current English*. London: Oxford University Press.

Howatt, A. P. R. 1984. *A History of English Language Teaching*. Oxford: Oxford University Press.

Hubbard, P., H. Jones, B. Thornton, and R. Wheeler. 1983. *A Training Course for TEFL* Oxford: Oxford University Press.

Jespersen, O. E. 1933. *Essentials of English Grammar*. London: Allen and Unwin.

Mennon, T. K. N., and M. S. Patel. 1957. *The Teaching of English as a Foreign Language*. Baroda, India: Acharya.

Morris, I. 1954. *The Art of Teaching English as a Living Language*. London: Macmillan.

O'Neill, R. 1973. *Kernel Lessons Plus*. London: Longman.

Palmer, H. E. [1917] 1968. *The Scientific Study and Teaching of Languages*. Repri. London: Oxford University Press.

Palmer, H. E. 1921. *Principles of Language Study*. New York: World Book Co.

Palmer, H. E. 1923. *The Oral Method of Teaching Languages*. Cambridge: Heffer.

Palmer, H. E. 1934. *Specimens of English Construction Patterns*. Tokyo: Department of Education.

Palmer, H. E. 1938. *Grammar of English Words*. London: Longman.

Palmer, H. E. 1940. *The Teaching of Oral English*. London: Longman.

Palmer, H. E., and F. G. Blandford. 1939. *A Grammar of Spoken English on a Strictly Phonetic Basis*. Cambridge: Heffer.

Pattison, B. 1952. *English Teaching in the World Today*. London: Evans.

Pattison, B. 1964. Modern methods of language reaching. *English Language Teaching* 19(1): 2-6.

Pitman, G. 1963. *Teaching Structural English*. Brisbane: Jacaranda.

Richards, J. C., A. Ho, and K. Giblin. 1996. Learning how to reach in the RSA Cert. In D. Freeman and J. Richards (eds.), *Teacher Learning in Language Teaching*. New York:

Cambridge University Press. 242-259.
Situational English for Newcomers to Australia. Sydney: Longman.
West, M. (ed.). 1953a. *A General Service List of English Words.* London: Longman.
West, M. 1953b. *The Teaching of English: A Guide to the New Method Series.* London: Longman.
White, R. 1988. *The ELT Curriculum.* Oxford: Blackwell.
Willis, J., and D. Willis (eds.). 1996. *Challenge and Change in Language Teaching.* Oxford: Heinemann.
Zandvoort, R. W. 1945. *A Handbook of English Grammar.* Groningen: Wolters.

4
听说法

引 言

　　1929 年的科尔曼报告建议美国各类学校应采用以阅读为重心的外语教学方法（第 1 章），突出强调文本理解的教学。教师应按照教科书，教授前附词汇表的外语阅读短文。教学的目标的快速默读，但实际上教师往往诉诸用英语对短文内容进行讨论。两次世界大战之间美国英语作为第二语言教学中采用的教学方法要么是修正的直接法、以阅读为重心的教学法（reading-based approach），要么是口语-阅读法（oral-reading approach）（Darian 1972）。与同一时期英国应用语言学家发展的方法（第 3 章）不同，很少有人尝试系统地处理语言内容。句型和语法的教学依赖于教科书编者的心血来潮，所教授的语法或词汇没有进行标准化处理。关于哪些语法点、句型和词汇对于初学者、中级学习者和高级学习者来说最重要，也没有达成共识。

　　但是，美国加入第二次世界大战却对其语言教学产生了很大的影响。为向美国政府输送熟练掌握德语、法语、意大利语、汉语、日语、马来语和其他语言，并能胜任口译员、密码室助理、笔译员的人才，必须制订出一项特殊的语言培训方案。政府委托美国大学为军事人员开设外语课程。因此，军队专门训练计划（Army Specialized Training Program，简称 ASTP）于 1942 年实施。1943 年初，参与该计划的美国大学达到 55 所。

军队培训计划的目标是培养学生多种语言口头交流的能力。由于这并非美国传统外语课程的目标，因此亟需一种新的教学方法。耶鲁大学的莱纳德·布龙菲尔德（Leonard Bloomfield）等语言学家此前已经作为其语言研究的一部分制订出了培训计划，其初衷是帮助语言学家和人类学家迅速掌握他们正在研究的各种印第安语言与其他语言。当时没有用于教授这些语言的教科书。布龙菲尔德与其同事使用的技术有时被称为"线人法"（informant[①] method），因为该方法使用的是本族语者——即线人，由他们提供短语、词汇及供他人模仿的句子，而语言学家对学习过程进行监督。语言学家未必懂这门语言，但是通过训练，能够从线人那里诱导语言的基本结构。因此，学生和语言学家都能够与线人进行对话，从而逐渐地一起学会说这门语言，而且理解很多基本语法。参与这种课程的学生每天学习10个小时，每周学习6天。课程一般由两到三个单元组成，一个单元六周，期间有15个小时与本族语者对话操练，有20—30个小时自学。这就是军队所采用的系统，若应用于成熟、积极性高的学习者，且小班实施的话，常常能够收到优异的结果。

军队专门训练计划仅仅持续了大约两年，但却引起了大众媒体和学界的相当大的关注。在随后的十年间，"军队法"及其在常规语言项目中的适用性一直是一个热议的话题。但是，制订军队专门训练计划的语言学家最初对语言教学并不感兴趣。如同直接法，军队法的"方法论"衍生自与目的语接触的密集程度，而不是任何完备的方法论基础。这一计划的创新性主要是它所采用的程序和教学的密集度，而不是其背后的理论。然而，它确实使许多杰出的语言学家坚信以口语为重心的强化外语学习方法的价值。

这个时期的语言学家和应用语言学家越来越多地投身于英语作为第二语言或外语的教学中。美国已经作为一个世界大国屹立于世。对英语教学

[①] 指为语言学调查提供资料的讲本地（本国）话的人。——译者注

的外语专业知识的需求日益增加。成千上万的外国学生涌入美国大学学习，其中许多人在开始其学业之前都需要先接受语言培训。这些因素导致了美国英语作为第二语言（ESL）教学方法的出现，在20世纪50年代中叶发展成为听说法。

1939年，密歇根大学建立了美国第一个英语语言学院，专门致力于英语作为外语教师与教授国际学生英语作为第二语言或外语教师的培养。学院院长查尔斯·弗里斯（Charles Fries）所接受的是结构主义语言学训练，他将结构主义语言学的原理运用到了语言教学中。根据直接法之类的教学方法，学习者通过接触、使用语言，渐渐吸纳语法型式，弗里斯及其同事拒绝这种教学方式。弗里斯认为，语法或"结构"是语言教学的起点。语言的结构等同于其基本句型和语法结构。语言可以通过对发音的系统关注与核心句型的大量口语操练来教授。句型练习是基本的课堂教学技巧。"正是这些基本句型构成了学习者的任务。他们需要操练，操练，再操练，而且只有足够的词汇量才能使这种操练成为可能"（Hockett 1959）。

密歇根大学并非唯一参与英语课程和教材开发的大学。许多其他类似的项目也设立起来，其中早期一些项目分别在华盛顿特区的乔治敦大学、美利坚大学以及德克萨斯大学奥斯汀分校设立。美国语言学家越来越积极地参与国内外英语教学项目的监管（Moulton 1961）。1950年，按照与美国国务院达成的协议，美国学术团体委员会（American Council of Learned Societies）接受委托，为大量说各种外语的英语教师研发教材。语言学家参与的项目所遵循的模式是所谓的"普遍形式"（general form）：课程首先是发音、形态和语法的教授，然后是操练和练习。其指导原则以《结构注释与语料库：英语作为外语教学材料准备的基础》（*Structure Notes and Corpus: A Basis for Preparation of Material to Teach English as a Foreign Language*）（American Council of Learned Societies 1952）为标题出版，成为一份颇有影响力的文件，与"普遍形式"合起来被用作1953—1956年出版的为讲十种不同语言的人开发英语课程的指南（即著名的《口语》

(*Spoken Language*)系列)(Moulton 1961)。

美国语言学家和语言教学专家在这一时期所使用的方法似乎与英国的口语法在许多方面有相似之处，但是两者有不同的发展传统。其不同之处在于，美国的教学方式与美国结构主义语言学（详见下文）及其在应用语言学的应用，尤其是下面阐述的对比分析，具有紧密的联系。弗里斯在其《英语作为外语的教学与学习》(*Teaching and Learning English as a Foreign Language*)（1945）一书中提出了其结构主义语言学的原则，将外语学习中所遇到的问题归因于不同结构系统之间的冲突（即学习者本族语和目的语之间语法和音系型式的不同）。对两种语言的对比分析可以预测第一语言对第二语言学习可能产生的干扰问题，并通过精心准备的教材加以解决。于是，美国应用语言学中产生一个重要的产业——英语与其他语言之间的系统对比，旨在解决外语学习中的基本问题。

密歇根大学及其他大学的语言学家开发出来的方法被冠以不同的名称，如口语法（Oral Approach）、听-说法（Aural-Oral Approach）和结构法（Structural Approach），但是此处所谓口语法不能与20世纪20年代英国发展起来的口语法（Oral Method）相混淆。这种方法倡导首先进行听力训练，然后是发音训练，最后是说、读和写的训练。语言等同于言语，而言语需要是通过结构来掌握。这种理论影响了整个20世纪50年代美国的语言教学。作为英语第二语言语或外语的教学方法，这一新的正统方法借助于密歇根大学主办的《语言学习》(*Language Learning*)期刊得以广泛推广。在这一时期，语言学专业知识被看作是语言教学专业知识的充分必要基础。因此，弗里斯与耶鲁大学、康奈尔大学以及其他大学的语言学家所编写的课堂教材中有大量语言分析，但却没有方法论，也就不足为奇了。但是，这些课堂教学材料仍为人们所广泛使用，而且作为其理论基础的应用语言学原则中应当包含最先进的科学语言教学方法。如果说听-说教学材料背后有何学习理论的话，那就是熟能生巧这一常识在语言教学中的应用。弗里斯在其当时的著述中也没有明确提及当时流行的学习理论。

恰恰是听说途径背后的语言学原则与 20 世纪 50 年代中叶最新心理学理论的融合促进了所谓听说法的形成。

听说教学法的出现是 20 世纪 50 年代末美国对外语教学日益关注的结果。1957 年，俄罗斯第一颗卫星的发射，促使人们认为有必要对外语教学方法（在很大程度上仍然与阅读法相联系）加以彻底改革和重新思考。美国政府承认有必要强化外语的教学，以使美国及时吸收其他国家科学进步的成果。《国防教育法案》（National Defense Education Act）（1958）以及其他一些措施的采纳为现代语言的研究与分析、教材的开发、教师的培训提供了资金保障。教师受到鼓励积极参加暑期学院学习，以增进其外语知识、学习语言学原理以及基于语言学的新教学方法。语言教学专家开始着手研究适用于高等院校课堂的教学方法。他们借鉴了军队计划及弗里斯与其同事提出的听-说法或结构法的教学经验，并吸收了行为主义心理学的一些知见。结构主义语言学理论、对比分析、听-说教学程序和行为主义心理学的结合促生了听说法。听说法（audiolingualism 这一术语是尼尔森·布鲁克斯（Nelson Brooks）教授于 1964 年提出的）据声称已将语言教学从艺术转变为科学，它使学习者能够高效、高效率地掌握一门外语。这种方法被广泛应用于北美高等院校的外语教学。它为美国和加拿大高等院校所采用的语言教材奠定了方法论基础，并且其原则成为《拉多英语系列》（*Lado English Series*）（Lado 1977）、《英语 900 句》（*English 900*）（English Language Services 1964）等广泛使用的系列教材的基础。尽管由于下文将要讨论的原因，听说法从 20 世纪 60 年代开始降温，但是基于听说法原则的教学实践和教材——尤其是操练和重复练习的使用——至今仍然为一些教师所使用。以下是对泰国的一个重点语言中心用来教授泰语的方法（AUA）的描述：

> AUA 泰语课程使用的教学方法乃是学生若要说好泰语就必须能够准确地理解并输出语言的音调这一理念的产物。为达到这一目标，人们采用了"聚焦练习"（focused practice）方法。教学中先教授实用的词汇和语法

型式，然后要求学生进行简短或者长篇对话与谈话。课堂上大部分时间花在教师示范发音、句型、句子与学生练习操练上。语言项目最初的教授并非以交际为目的，而是向学习者介绍可能产生问题的发音和句型，以提高流利性。每节课都有对话练习，以培养学生会话的能力，最终使其能够适应课堂外的实际情景。必要的时候，可以增加交际活动，将所学习的语言项目整合进去。

除了以符合逻辑、和蔼的方式呈现材料之外，教师的作用是不仅要示范发音，还要监督学生的表现，以及时以无干扰的方式纠正学生的错误。学生必须积极地通过重复和替换操练方式练习发音。在所有活动中，学生都必须与同学合作做句型练习，而且通过增加真实情境所必需的语言项目来创新性地加长对话与谈话。

（AUA Language Center，Chiang Mai Thailand 2012）

下面，我们将从理论、教学设计和教学程序的三个层面来对听说法的特征加以考察。

理　　论

语言理论

听说法背后的语言理论源于 20 世纪 50 年代美国语言学家提出的观点——即后来所谓的结构主义语言学（structural linguistics）。20 世纪 50 年代，语言学作为一个蓬勃发展的学科滥觞，其基础是语言的结构理论。结构主义语言学在某种程度上乃是作为对传统语法的反动而发展起来的。各种传统的语言研究方式将语言研究跟哲学和心灵语法论（mentalist approach to grammar）相联系。语法被认为是逻辑学的一个分支，并且认为印欧语系的语法范畴被视为语言的理想范畴。19 世纪许多语言学者认为，现代欧洲语言是对古典语法的腐化，世界其他地区的语言则是原始、落后的。

达尔文的《物种起源（*On the Origin of Species*）》助推了实证主义和

经验主义的发展,而实证主义和经验主义的发展以及学者对非欧洲语言兴趣的日益浓厚,激发起了对传统语法的反动。对语言研究的实际兴趣随之产生。由于语言学家发现了新的声音类型和语言创新与语言组织的新型式,人们重新对语音学、音系学、形态学和句法学产生了兴趣。至20世纪30年代,人们认为,语言研究的科学方是首先收集言说者的话语例子,然后根据不同层次的结构组织而不是根据拉丁语法的范畴对其进行分析。此时,一种高级的语言数据收集与分析方法发展起来,其程序是首先在语音层次上对语言的话语进行转写,然后确定语法背后的音位、形态(词干、前缀、后缀等)、句法(短语、小句、句子类型等)系统。语言被看作是由具有结构关系用于编码意义的成分组成的系统,这些成分是音素(phoneme)[①]、语素、单词、结构和句子类型。结构(*structural*)这个术语被用以指以下特点:(1)语言的成分被认为是以有规则制约(结构化)的线性方式生成的;(2)语言样本能够在任何结构层次(语音、音素、形态等)上进行穷尽性描写;(3)语言的层次乃是系统中的系统(子系统)——也就是说,(语言系统具有)金字塔式的结构:语音系统通往形态系统,形态系统反过来又通往更高层次的短语、小句和句子系统。人们认为,学习一门语言不仅意味着掌握语言的成分或者砌块(building blocks),而且意味着学习制约从音素到词素到单词到短语再到句子等不同层次的语言成分组合的规则。音系系统确定语言中具有区别意义功能的声音成分(音素)、其在具体语言环境中的语音实现(音位变体)以及合法的序列(音位配列)。语言的音系系统和语法系统构成语言的组织,并且隐含地构成输出和理解的单位。语法系统包括一列语法成分以及将这些成分以线方式组合为单词、短语、句子的规则。规则制约的过程包括添加、删除和成分移位。

[①] "phoneme"亦可译作"音位"。——译者注

结构主义语言学的一个重要准则是语言的主要媒介是口语：言语即语言。由于很多语言没有书面形式，而且学习说先于学习读或写，因此，人们坚持认为语言"首要的是所言，其次才是所写"（Brooks 1964）。因此，口语应该在语言教学中居于优先地位。这与关于语言的口语形式和书面形式之间关系的流行观点相悖，因为人们普遍认为语言主要是以书写在纸上的符号形式存在，而口语则是纯粹书面形式的一种不完美实现。

科学的语言分析方法似乎为科学的语言教学方法奠定了基础。1961年，美国语言学家威廉·莫尔顿（William Moulton）在其提交给第九届国际语言学大会的报告中宣布了作为语言教学方法基础的语言学原则："语言是言语，而非书写……语言是习惯的集合……教授的是语言，而非关于语言的知识……语言是本族语者的所言，而非某人认为他们应该说什么……各种语言具有差异。"（引自 Rivers 1964：5）但是，某种教学方法不能单纯地建立在语言理论基础之上，也需要参考学习心理学和学习理论。关于听说法的这一个方面，下文详论。

学习理论

创立听说法的语言教学理论家和方法学家不仅有其令人信服的强大的语言理论作为支撑，而且他们还处在美国著名心理学派——行为主义心理学——声称解码了人类所有学习（包括语言学习）的时期。行为主义心理学与结构主义语言学一样，也反对心理主义，主张采用实证方式来研究人类的行为。对行为主义者而言，人类是能够做出各种行为的有机体。行为的发生取决于学习中的三个重要成分：刺激（stimulus）、反应（response）和强化（reinforcement）；三者具有不同的功能，刺激引发行为，反应由刺激所引发，强化乃是对恰当（或者不恰当）行为反应，而且鼓励（或抑制）将来重复某一反应（参见 Skinner 1957；Brown 1980）。这一过程可以用图 4.1 来表示。

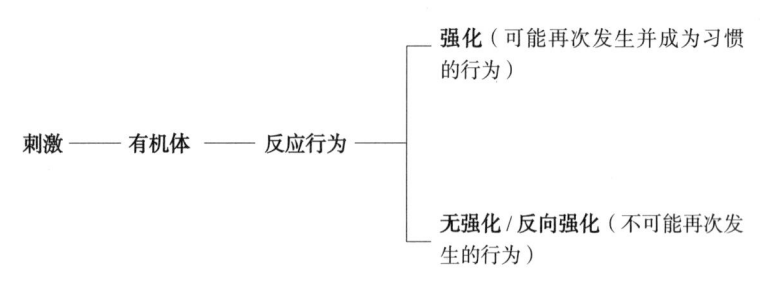

```
                          ┌── 强化（可能再次发生并成为习惯
                          │     的行为）
刺激 ── 有机体 ── 反应行为 ──┤
                          │
                          └── 无强化/反向强化（不可能再次发
                                生的行为）
```

表 4.1　行为主义学习过程

强化是学习过程中一个极其重要的成分，因为它增加了行为再次发生，并最终成为习惯的可能性。若将这一理论应用于语言学习就意味着，理论中所谓机体即学习者，行为即口头言语行为，刺激是所教授或呈现的外语知识，反应是学习者对刺激的反应，强化是教师或者同学给予的外部赞同或表扬，或者是目的语使用带来的内部自我满足。语言的掌握等同于一系列恰当的语言刺激-反应链的形成。

结构主义语言学家对语言进行的描述暗示出许多有关语言学习和语言教学的假设。例如，由于语言学家对语言的描述始于音系层面，终于句子层面，因此可以假设这也是语言的教与学的恰当顺序。由于人们现在认为说是第一位的，而写是第二位的，因此可以假设语言教学应该以口语的掌握为重心，写作甚至是书面提示应该合理地安排在语言学习过程的后期。由于结构在语言中占有重要地位而且是独一无二的，因此学习过程早期的练习应该以音系结构和语法结构的掌握而非词汇的掌握为重心。

由上述各种不同的影响中产生了很多学习原则，从而为听说法奠定了心理学基础，决定了教学方法在教学实践中的应用。其中主要原则如下：

1. 外语学习从根本上讲是机械的习惯形成过程。良好的习惯是通过做出正确的反应而不是通过犯错形成的。通过背诵对话和句型操练，产生错误的可能性便可最小化。语言即言语行为——亦即话语的自动产生和理解——可以引导学生通过模仿来学习。

2. 如果将要学习的目标语内容首先以口语形式而非书面形式呈现给学习者，语言技能学习的效果可能更好。需要通过听-说训练，来为其他语言技能的发展打好基础。
3. 类推比分析更有利于语言的学习。类推中包含概括和区分两个过程。因此，应该在学生在多种语境中练习过某个句型，并掌握了其所涉及的类推机制后，再对规则进行解释。操练能够使学习者形成正确的类推。因此，语法教学方法从根本上讲是归纳，不是演绎。
4. 本族语者所理解的词汇的意义只能在语言、文化环境中而非孤立地学习。因此，语言教学中包含着说这门语言者文化体系的教授。

（Rivers 1964：19—22）

听说法的倡导者坚持上述原则的同时，也在借鉴美国心理学一个发展完善的流派——行为主义——的理论。哈佛大学著名的行为主义心理学家斯金纳在其颇有影响力的《言语行为》(*Verbal Behavior*)（1957）一书中，详细阐述了一个可用于语言学习的理论，他写道："我们没有理由认为……言语行为与非言语行为有任何本质的不同，或者必须采用任何新的原则来解释言语行为。"一旦有了关于语言本质和语言学习本质强大理论的武装，倡导听说法者现在可以进行语言教学课程和教材的设计了。

教学设计

听说法的倡导者要求对外语教学课程进行彻底的重新定位。如同19世纪的改革者，他们主张回归以口语为重心的语言教学，将口语语言能力作为外语教学首要目标，而不再将语法或文学学习作为外语教学的目标。"现在需要彻底的变革，亟需对教学程序进行重新定向，对教学方法、教材、文本和测试的大清理已势在必行"（Brooks 1964：50）。

教学目标

布鲁克斯对听说课程的短期目标和长期目标做了区分。短期目标包括听力理解、准确发音、书写文字符号识别、文字符号书写能力等方面的训练（Brooks 1964：111）。"短期目标中暗含着另外三个目标：第一，掌握新语言发音、形式和顺序的结构；第二，熟悉赋予结构以内容的词汇项目；第三，掌握本族语者所理解的真实意义"（第113页）。长期目标"必须是像本族语者一样使用语言……真正的双语者必须掌握足够的第二语言知识"（第107页）。

实际上，这意味着，语言学习早期阶段的重心是口语技能，随学习的深入，逐渐与其他各项技能联系起来。口语能力等同于准确的发音和语法，以及在言语情境中快速、准确地做出回应的能力。听力理解、发音、语法和词汇的教学都与口语流利性发展相关。阅读和写作技能可以教授，但是两者均依赖于先前的口语技能。根据听说教学理论，语言首要的是口头语言，但是口语技能本身又依赖于准确地感知并输出目标语主要音系特征的能力、使用重要语法型式的流利性以及与语法型式共同使用的足够的词汇知识。

教学大纲

听说法是基于语言学或者基于结构的语言教学方式。其起点是语言大纲，其中包括语言的音系、形态和句法方面的主要项目，按照教学中呈现的顺序编排。这些内容可能部分来源于对学习者母语与目的语之间差异的对比分析（contrastive analysis）结果，因为人们认为两者之间差异乃是学习者遇到的主要困难的根源。另外，通常会预先确定一个基本词汇大纲。例如，《英语教学基础》（*Foundation for English Teaching*）（Fries & Fries 1961）提出了一个分成三个层次的结构词与汇项目语料库，并就这些词汇语可能使用的情境给出了建议。

四种语言技能按照听、说、读、写的顺序教授。听力在很大程度上是基本语音模式的听觉区分训练。语言开始可能完全以口语的形式呈现；书面形式在早期阶段通常受到限制。

> 学习活动最初必须局限于听说语言行为和手势-视觉语言行为……
>
> 识别和区分之后是模仿、重复和记忆。只有在学习者完全熟悉发音、配置和形式之后,才能把注意力集中到词汇量的扩大上……在整个过程中,他首先将注意力集中在语言的准确性上,然后才追求语言的流利性。
>
> (Brooks 1964:50)

教授学生阅读与写作时,需要先要求他们阅读和书写已教授的口语内容。新的语言项目应以结构严密的方式呈现给学生,这样一来,就可以极大地降低说话与写作中犯错误的概率。在相对高级阶段,可以采用较为复杂的阅读与写作任务。

学习和教学活动的类型

对话和操练是听说课堂教学的基本内容。对话既是将关键结构置于具体情境中的一种手段,也是对结构可能适用的情境以及目的语文化的某些方面进行解释的一种手段。对话可用以重复和记忆。正确的发音、重音、节奏和语调得到强调。对话被呈现和记忆后,对话中出现的具体语法型式被挑选出来,成为各种操练和句型练习的核心。

教学中操练和句型练习的使用是听说法的显著特征。所使用的操练有各种类型。布鲁克斯(1964:156—156)给出如下类型:

重复(repetition)。学生大声重复听到的话。重复时,不看印刷文本。话语必须足够简洁,以便于记忆。发音与形式、语序同样重要。

例子

This is the seventh month. –This is the seventh month.

学生重复一句话之后,可以再次重复,并增添几个词,然后重复整句话,再增添数词。

例子

I used to know him. – I used to know him.

I used to know him *years ago*. – I used to know him *years ago when we were in school*...

屈折变化（inflection）。话语中出现的某个单词，重复时，以另一种形式出现。

例子

I bought the *ticket*. – I bought the *tickets*.

He bought the candy. –*She* bought the candy.

I called the young *man*. – I called the young *men*…

替换（replacement）。话语中的一个单词被替换为另一个单词。

例子

He bought *this house* cheap. – He bought *it* cheap.

Helen left early. – *She* left early.

They gave *their boss* a watch. – They gave *him* a watch…

重述（restatement）。学生根据指导语变换一句话的措辞，说给另外一个人听。

例子

Tell him to wait for you. – Wait for me.

Ask her how old she is. – How old are you?

Ask John when he began. – John, when did you begin?

补充（completion）。学生听一句话，其中省略一个单词，然后完整地重复这句话。

例子

I'll go my way and you go… – I'll go my way and you go yours.

We all have… own troubles. – We all have our own troubles.

移位（transposition）。增加词语的时候有必要改变词序。

例子

I'm hungry. (so) –So *am* I.

I'll never do it again. (neither). –Neither *will* I.

扩展（expansion）。所增加的词语，在序列中占据一定的位置上。

例子

I know him. (hardly). – I *hardly* know him.

I know him. (well). – I know him *well*…

缩约（**contraction**）。用一个单词替换一个短语或小句。
例子
Put your hand *on the table*. – Put your hand *there*.
They believe *that the earth is flat*. – They believe *it*…

转换（**transformation**）。句子转换包括肯定–否定转换、陈述–疑问转换，或者时态、语气、语态、体或情态转换。
例子
He knows my address.
He doesn't know my address.
Does he know my address?
He used to know my address.
If he had known my address.

合并（**integration**）。两个独立的句子合并为一个句子。
例子
They must be honest. This is important. – It is important that they be honest.
I know that man. He is looking for you. – I know the man who is looking for you…

应答/回应（**rejoinder**）。学生对前面给出的话语做出恰当的回应。学生被提前告知需用下列方式之一做出回答。
Be polite.
Answer the question.
Agree.
Agree emphatically.
Express surprise.
Express regret.
Disagree.
Disagree emphatically.
Question what is said.
Fail to understand.
要礼貌。例子

> Thank you. – You're welcome.
> May I take one? – Certainly.
> 回答问题。例子
> What is your name? – My name is Smith.
> Where did it happen? – In the middle of the street.
> 表达同意。例子
> He's following us. – I think you're right.
> This is good coffee. – It's very good…
>
> **复位**（**restoration**）。给学生一些从句子中剔出来的仍然保持句子基本意思的词汇，要求他们尽量少做改变和增加，将句子恢复成原来的形式。可以告知学生句子的时态是过去时、现在时，或者将来时。
> 例子
> Students/waiting/bus – The students are waiting for the bus.
> boys/build/house/tree – The boys build a house in a tree…

学习者的角色

学习者被看作是能够在熟练的培训技术的指导下做出正确反应的机体。根据行为主义学习理论，语言教学关注的重心是学习的外部表现，而不是内在过程。学习者扮演着被动反应角色，只是对刺激做出反应，因此不能掌控学习的内容、进度或风格。教学中不鼓励学生积极互动，因为这可能导致错误。学习者在早期阶段并不总是能够理解其所重复的内容，这一事实并没有被看作是教学方法的一个缺陷，因为通过听教师说、准确地模仿、做出反应，并完成控制性任务，学习者是在学习一种新型的言语行为。

教师的角色

教师在听说法中，如同在情境语言教学法中，扮演着核心和积极的角色；听说法是一种以教师为主导的教学方法。教师对目的语进行示范、控制着学习的方向和进度、监督和改正学习者的行为表现。教师必须通过变换操练和任务、选择与所练习的结构相关的情境,来吸引学习者的注意力。语言学习被看作是教师和学习者之间积极言语互动的结果。学习的失败只能是方法使用不当的结果,例如,教师没有提供足够的练习,或者学习者没有掌握基本的句型和结构;但是,方法本身没有错。布鲁克斯(1964:143)坚持认为,必须培训教师做到以下几点:

- 按照听、说、读、写这一顺序来实施、维持、协调这四项技能的学习。
- 在语言课堂上,使用——不使用——英语。
- 示范学生将要学习的各种类型的言语行为。
- 以对话的形式教授口语。
- 指导班里所有或部分学生的集体口头反应。
- 通过句型练习来教授结构的使用。
- 引导学生选择和学习词汇。
- 展示词汇以何种方式与其在目的语中的意义相联系。
- 鼓励学生开口说话。
- 以强化学习的方式来奖励学生的尝试。
- 教授短篇故事和其它形式的文学作品。
- 建立和维护文化安全岛。
- 开学第一天就郑重其事地提出语言课堂上应该遵守的规则,并加以实行。

(Brooks 1964:143)

教材的作用

在听说法中,教材的作用是辅助教师帮助学习者掌握语言。教材主要是以教师为导向。在课程的初级阶段,学生的任务主要是听、重复、做出回应,因此通常不需要学生用书。在这一阶段,学生不宜接触印刷的文字,因为这容易将其注意力从听觉输入上转移开来。但是,教师可以使用包含必须遵循的结构化课程顺序以及对话、操练和其他练习活动的教师用书。学生所使用的教科书和纸质教学材料,应提供对话文本及操练、练习所需要的提示。

技术在听说法中发挥着重要作用，而且随着技术的初步推广，录音机和视听设备往往在听说课程中扮演中心角色。如果教师不是目的语本族语者，那么录音机就可用以为对话和操练提供准确示范。语言实验室也是听说课程必不可少的重要创新。它不仅给学习者提供了对基本结构进一步操练、接受无错控制练习的机会，而且提供了别样的选择，从而使课堂练习多样化。听力课程中采用的录音课首先是播放对话，用于听力练习，要求学生一句一句地重复对话中的句子，并进行旨在提高流利性的后续语法或发音操练。

教学程序

由于听说教学法主要是采用口语方式来实施语言教学，因此，教学过程中有大量的口语教学也就不足为奇了。教学的重心是即时准确的话语，几乎没有对语法的解释或者关于语言知识的讨论，尽量以目的语为教学媒介，并且不鼓励翻译或者使用母语。尽管大班教学的情况较为常见，但班级规模限制在10人以内最为理想。布鲁克斯（Brooks 1964：142）所给出的教师在使用听说语法时应该采用的程序如下：

- 教师对所有学习内容进行示范。
- 在第二语言的学习过程中，英语处于非活动状态，从而使母语降至次要地位。①
- 初期在不诉诸文字符号的前提下，对耳、舌进行持续训练。
- 通过对语音型式、语序和形式练习而非解释来学习结构。
- 完全掌握发音后，逐渐用文字符号取代发音。
- 学生熟练掌握了尤其是与母语不同的结构后，对语言的主要结构原则加以总结，以便于其使用。
- 在不干扰学生做出反应的前提下，缩短其行为表现与指出其反应对

---

① 因为本书原始的读者群是英语母语者，所以此处有如此表述。——译者注

错之间的时间间隔。这可以增强学习中强化因素的作用。
- 掌握所有常见结构前，尽量缩小词汇量。
- 只在语境中学习词汇。
- 只以说话者–听话者–情境的基本模式，持续进行语言使用练习。
- 只在高级阶段作为文学练习来进行翻译实践。

（Brooks 1964：142）

典型的听说课程中包含以下程序：

1. 学生首先听（教师朗读或者磁带录音）一个包含本课重点结构的对话范例。学生单独与集体重复对话中的每一句话。教师对学生的语音、语调和流利性加以关注，及时直接纠正其发音或语法错误。学生一句一句地逐渐记住全部对话。必要时，一句话可以拆分成数个短语。学生齐声诵读对话，一半学生扮演说话者，另一半学生做出回应。贯穿这一整个阶段，学生都不翻阅其教科书。

2. 变化对话中的某些关键词或短语，对其加以改编，使之适应学生的兴趣或情境，并由学生表演出来。

3. 从对话中选出一些关键结构，以此为基础进行不同类型的句型操练。对这些结构先集体后独立进行练习。至此，可以给出一些语法解释，但要绝对少之又少。

4. 学生可以查阅其教科书，基于对话的后续阅读、写作或词汇活动此时亦可以展开了。在初级阶段，写作纯粹是模仿，几乎只是抄写已经练习过的句子。随着语言水平的提高，学生可能写出已经练习过的结构的变体，或借助给出的旨在指导其语言使用的框架性问题，就某一给定的话题写出短小的作文。

5. 后续的活动可能在语言实验室中进行，开展进一步对话和操练。

本章附录中是听说课的一个范例。

听说教学法的衰落

20世纪60年代，听说法达到鼎盛期，在美国不仅应用于外语教学，而且也应用于英语作为第二语言或者外语的教学。这促进了前述《英语900句》《拉多英语系列》等，以及用于教授欧洲主要语言的广泛应用的教材的编写与出版。但是，这一教学方法后来也来自两个阵线的批评。一方面，从语言理论和学习理论两个角度来看，听说教学法的理论基础并不牢固。另一方面，一线教师发现，方法产生的实际效果远未达到预期。人们经常发现学生无法将通过听说法学到的技能迁移到课堂之外的现实交际中，而且许多人发现，通过听说程序来学习语言，不仅枯燥，而且效果差强人意。

从理论的角度对听说法信念的抨击源于20世纪60年代美国语言学理论的发展。麻省理工学院（MIT）语言学家诺姆·乔姆斯基（Noam Chomsky）反对结构主义对语言的描写方法和行为主义语言学习理论。"语言并非一种习惯结构。普通的语言行为通常包含符合高度抽象精密的规则的创新和新句子与句型的构造"（Chomsky 1966：153）。乔姆斯基的转换语法理论认为，语言的基本属性源于大脑的先天方面以及人类通过语言处理经验的方式。其理论给美国语言学带来了巨大的变革，将语言学家和心理学家关注的焦点转移到了语言的使用和语言学习的心理属性上。针对行为主义者的语言学习理论，乔姆斯基提出了另一种语言学习理论。行为主义认为，语言学习从根本上讲与其他类型的学习无异，遵循相同的刺激与反应、强化与联想的规律。而乔姆斯基却认为，这一学习理论不可能作为人类语言学习方式的模型，因为人类语言的使用在很大程度上并非模仿行为，而是潜在抽象规则知识的创造性应用。句子不是通过模仿和重复学会的，而是通过学习者的内在"语言能力""生成"的。

突然间，听说法的整个范式受到质疑：句型练习、操练、记忆。所有这一切可能产生类语言行为，但却无法提高语言能力。这给美国语言教学界带来了危机，而部分衍生于乔姆斯基的一种理论——认知-语码学习理论暂时缓解了前述危机。心理学家约翰·卡罗尔（John Carroll）早就对外语教学产生了浓厚的兴趣，1966年，他这样写道：

> 盛行于美国的外语教学的听说习惯理论，或许在15年前，与当时的心理学思想现状很合拍，但它已跟不上其最近的发展。对其进行重大的修正，尤其是将它与认知-语码学习理论中一些优秀的元素相结合的时机业已成熟。
>
> （1966a：105）

这指的是一种学习观，即允许有意识地关注语法，并且承认抽象的心理过程在学习中的作用，而非用习惯形成来定义学习的一种学习观。练习活动应该包含有意义的学习和语言的使用。应该鼓励学习者运用其天生、富有创造性的能力去推导并显化语言内在的语法规则。20世纪70年代早期曾有一个时期，认知-语码理论对语言教学的启示，引起了学者的极大关注（如 Jakobovits 1970；Lugton 1971）。但是，既没有形成明确的方法论指南，也没有出现任何吸收了此种学习观的具体教学方法。在进行有意义的练习和语言使用时，认知语码（cognitive code）这一术语有时仍然被用以指，在允许有意义的练习和语言使用的前提下，围绕语法大纲组织教学材料而做出的有意识地尝试。

由于缺少可替代听说法的其他选择，20世纪70、80年代出现了一个改造、创新、实验以及混淆的时期。20世纪70年代产生的其他一些方法，与主流语言教学和第二语言研究没有任何联系，这其中包括全身反应法（Total Physical Response）（第15章）和沉默（默示）法（the Silent Way）（第16章）。这些方法最初得到某种程度的关注，但后续的接受程度并不是很高。此后出现的一些教学方法反映了普通教育与第二语言教学界之外某些领域的发展，如全语言（Whole Language）教学法（第7章）、多元智能（Multiple Intelligences）教学法（第12章）、能力型语言教学（Competency-Based Language Teaching）法（第8章）和合作式语言学习（Cooperative Language Learning）（第 13 章）。然而，20 世纪 80 年代以来的主流语言教学一般都将当代语言理论和第二语言习得作为其教学建议的基础，本书第二部分所涵盖交际语言教学（Communicative Language Teaching）法、内容型教学（Content-Based Instruction）法、任务型语言教学（Task-Based Language Teaching）法、词汇法（the Lexical Approach），以及第三部分中介绍的自然法（the Natural Approach），乃是此类方法中具有代表性者。但是，听说法的核心，亦即对语法准确性的关注仍然存在，而且对当代应用语言学继续构成挑战（参见 Doughty & Williams 1998）。

结　　论

听说法认为，语言学习跟其它类型的学习相同。既然语言是一个受规则支配的形式系统，那么，它就可以以形式方式加以组织，从而使教学与学习效率最大化。因此，听说法突出强调语言学习与语言使用的机械方面。情境语言教学和听说法之间有很多共同点。语言技能教授的顺序、操练和练习目标语基本结构和句型时对准确性的重视可能表明这些方法互有借鉴。然而，事实上，情境语言教学是早期直接法（参见第 1 章）的发展，与赋予听说法其特征的语言学和行为主义心理没有紧密关系。总之，听说法乃是口头语言可以通过结构来学习而且熟能生巧这一观点的反映。学习者的差误（errors[①]）可以通过与学生母语的对比分析去理解。情境语言教学法也通过语言结构或句型来教授语言，但情境（通过教具演示）是首要的，对比分析并非内在的核心。在设计层面上，教学大纲、学习者和教师的角色以及教材往往非常相似。教学程序亦诸多相似之处，但听说法

[①] 与 "error" 相关的术语是 "mistake"，前者指因没有掌握目标语系统而犯的错误，而后者则指学习者已掌握目标语系统但是由于疲劳、分心等原因而造成的语言错误。——译者注

通常更严谨、苛刻。因此，两种方法的相似之处反映出两者关于语言和语言学习本质的相似观点，虽然这些观点实际上生发于不同的传统。

然而，尽管听说法受到来自各方的批评，而且20世纪70年代出现了交际语言教学法，但听说法仍然在世界某些地区被采用。关于如今听说法在某些地区依然存在并继续占据主导地位的原因，威廉姆斯与伯登（Williams & Burden 1997：12）做出了如下解释：

> 这背后有许多可能的实际原因。在许多国家，教师没有接受过语言教学专业培训；在一些情况下，教学的先决条件是接受初级教育。教语言教师使用听说法中的呈现、练习、重复、操练等步骤来实施教学，既快又容易。教师也可以非常机械地按照教科书规定的教学步骤，来展开教学。那些缺乏自信的教师往往也不会对这些技巧产生惧怕，但是，听任语言通过课堂上有意义的互动发展，可能是一项非常有挑战性的任务，需要教师具备某些专业知识。听说法也适合于目的语知识有限的教师采用。

讨论问题

1. 请阅读第61—62页上关于泰国学校教学方法论的描述。所提到的哪些原则和做法也可能在所教授的课程或者熟悉的语言的课程中找到？
2. "语言项目最初的教授并非以交际为目的，而是向学习者介绍可能产生问题的发音和句型，以提高流利性。"（第61页）您认为在多大程度上对语言各个方面的关注能够转化为语言的流利使用？您如何评估这一渐进步骤？
3. 听说法的准则之一是强调说先于写：语言"首要的是所言，所写乃是第二位的"（Brooks 1964）。您是否同意这一论断吗？目前您所熟悉的教科书中可能有类似的偏向性吗？如果有，这对您教授那些语言学习的主要目的是读和写的学习者有何影响？
4. 根据图4.1（第64页）所示模型，"无强化/反向强化"会导致行为不可能再次发生。请考虑一下您所观察过或者教授过班级里的学生的情形。您能想出几个虽有反向强化或缺少强化但学习者仍持续犯的差误的例子吗？您认为为什么会产生这种情况？
5. 听说法的长期目标"必须是像本族语者一样使用语言"（第65页）。您认为这目标合理吗？您能否想出可能相反的情形？

6. 美国发展起来的口语法与听说法都非常强调用对比分析的方法来确定两种语言之间的异同。您是否发现两种语言之间相似的词汇，总是比不同的词汇更容易学习？
7. "听说法也适合于目的语知识有限的教师采用"（第74页）。对此解释，您有何看法？这是采用听说法的一个可接受的原因吗？为什么（不）是呢？从更广泛的意义上讲，方法或教科书的选择在多大程度上取决于采用此方法的教师所掌握的目的语知识？
8. 请跟同事一起选择一本你们熟悉的教科书，并确定其在课程中使用方法。如果有的话，您发现听说法有何种持续影响呢？
9. 本书第67页上列出了12种类型的操练活动。根据听说法，这些活动的主要目的是尽可能多地提供重复练习的机会。然而，此类活动亦可用以其他用途。您能想出一些用途吗？其中一项已经给出一个例子：

操练技巧	用途
重复	
屈折变化	
复位	
替换	
重述	
补充	
移位	
扩展	
缩约	
转换	
合并	练习相关代词的使用
回答	

10. 听说法的基础是行为主义心理学和习惯形成的理论。您是否赞同"熟能生巧"这种说法？您是否认为操练在语言学习中有作用，或者说，您是否认为听说法的衰落不可避免？
11. 请回顾一下本书第3章中关于PPP教学法的描述，并将其与本章第71页上的典型听说课做一比较。您发现情境语言教学和听说法的教学程序有何异同？

参考文献

Allen, V. F. 1965. *On Teaching English to Speakers of Other Language*. Champaign, IL: National Council of Teachers of English.

American Council of Learned Societies. 1952. *Structural Notes and Corpus: A Basis for the Preparation of Materials to Teach English as a Foreign Language*. Washington, DC: American Council of Learned Societies.

Bloch, B., and G. Trager. 1942. *Outline of Linguistic Analysis*. Baltimore: Linguistic Society of America.

Bloomfield, L. 1933. *Language*. New York: Holt.

Brooks, N, 1964. *Language and Language Learning: Theory and Practice*. 2nd edn. New York: Harcourt Brace.

Brown, H. D. 1980. *Principles of Language Learning and Teaching*. Englewood Cliffs, NJ: Prentice Hall.

Carroll, J. B. 1953. *The Study of Language: A Surveyor of Linguistics and Related Disciplines in America*. Cambridge, MA: Harvard University Press.

Carroll, J. B. 1966a. The contributions of psychological theory and educational research to the teaching of foreign languages. In A. Valdman (ed.), *Trends in Language Teaching*. New York: McGraw-Hill. 93–106.

Carroll, I. B. 1966b. Research in foreign language teaching: the last five years. In R. G. Mead Jr. (ed.), *Language Teaching: Broader Contexts*. Northeast Conference Reports on the Teaching of Foreign Languages: Reports of the Working Committees. New York: MLA Materials Center 12–42.

Chastain, K. 1969. The audio-lingual habit theory versus the cognitive code learning theory: some theoretical considerations. *International Review of Applied Linguistics 7*: 79–106.

Chastain, K. 1971. *The Development of Modern Language Skills: Theory to Practice*. Chicago: Rand McNally.

Chomsky, N. 1957. *Syntactic Structures*. The Hague: Mouton.

Chomsky, N. 1959, A review of B. F. Skinner's *Verbal Behavior*. *Language* 35(1): 26–58.

Chomsky, N. 1965. *Aspects of the Theory of Syntax*. Cambridge, MA: MIT Press.

Chomsky, N. 1966. Linguistic theory. Repr. in J. R B. Allen and P. Van Buren (eds.),

Chomsky: Selected Readings. London: Oxford University Press. 152-159.

Darian, S. G. 1972. *English as a Foreign Language: History, Development, and Methods of Teaching*. Norman: University of Oklahoma Press.

Doughty, C, and J. Williams (eds.). 1998. *Focus on Form in Classroom Second Language Acquisitions*. Cambridge: Cambridge University Press.

English Language Services. 1964. *English 900*. New York: Collier Macmillan.

Fries, C. C. 1945. *Teaching and Learning English as a Foreign Language*. Ann Arbor: University of Michigan Press.

Fries, C. C., and A. C. Fries. 1961. *Foundations for English Teaching*. Tokyo: Kenkyusha.

Gagne, R. M. 1962. Military training and principles of learning. *American Psychologist* 17(2): 83-91.

Hilgard, E. R. 1975. *Theories of Learning*. 2nd edn. New York: Appleton-Century-Crofts.

Hockett, C. F. 1958. *A Course in Modern Linguistics*. New York: Macmillan.

Hockett, C. F. 1959. The objectives and process of language teaching. Repr. In D. Byrne (ed.), *English Teaching Extracts*. London: Longman, 1969.

Hughes, J. P. 1968. *Linguistics and Language Teaching*. New York: Random House.

Howatt, A. P. R., and H. Widdowson. 2004. *A History of English Language Teaching*. 2nd edn. Oxford: Oxford University Press.

Jakobovits, L. A. 1970. *Foreign Language Learning: A Psycholinguistic Analysis of the Issues*. Rowley, MA: Newbury House.

Kirsch, C. 200S. *Teaching Foreign Languages in the Primary School: Principles and Practice*. London: Continuum.

Knight. P. 2001. The development of EFL methodologies. In C. Candlin and N. Mercer (eds.), *English Language Teaching in Its Social Context*. London: Routledge, 147-166.

Lado, R. 1957. *Linguistics across Cultures: Applied Linguistics for Language Teachers*. Ann Arbor: University of Michigan Press.

Lado, R. 1961. *Language Testing*. London: Longman.

Lado, R. 1977. *Lado English Series, 7* vols. New York: Regents.

Lugton, R. (ed.). 1971. *Toward a Cognitive Approach to Second Language Acquisition*. Philadelphia: Center for Curriculum Development.

Matthew, R. J. 1947. *Language and Area Studies in the Armed Services: Their Future and Significance*. Washington, DC: American Council on Education.

Modern Language Association. 1962. *Reports of Surveys and Studies in the Teaching of Modern Foreign Languages*. New York: Modern Language Teaching Association.

Moulton, W. G. 1961. Linguistics and language teaching in the United States: 1940–1960. In C, Mohrmann, A. Sommerfelt, and Whatmough (eds.), *Trends in European and American Linguistics, 1930–1960*. Utrecht: Spectrum. 82–109.

Moulton, W G. 1963. What is structural drill? *International Journal of American Linguistics* 29 (2, pt. 3): 3–15.

Moulton, W. 1966. *A Linguistic Guide to Language Learning*. New York: Modern Language Association.

Parker, W 1962. *The National Interest and Foreign Languages*. Washington, DC: Department of State.

Rivers, W. M. 1964. *The Psychologist and the Foreign Language Teacher*. Chicago: University of Chicago Press.

Rivers, W. M. 1981. *Teaching Foreign Language Skills*. Chicago: University of Chicago Press.

Skinner, B. F. 1957. *Verbal Behavior*. New York: Appleton-Century-Crofts.

Smith, H. L. 1956. *Linguistics Science and the Teaching of English*. Cambridge, MA: Harvard University Press.

Stack, E. 1969. *The Language Laboratory and Modern Language Teaching*. New York: Oxford University Press.

Stern, H. H. 1983. *Fundamental Concepts of Language Teaching*. Oxford: Oxford University Press.

Tarvin, W., and A. Al Arishi. 1990. Literature in EFL: communicative alternatives to audiolingual assumptions. *Journal of Reading* 34 (1): 30–36.

United States Office of Education. 1963. *The Language Development Program*. Washington, DC: US Government Printing Office.

Williams, M., and R. Burden. 1997. *Psychology for Language Teachers: A Social Constructivist Approach*. Cambridge: Cambridge University Press.

Zimmerman, C. B. 1997. Historical trends in second language vocabulary instruction. In J. Coady and T. Huckin (eds.), *Second Language Vocabulary Acquisition*. Cambridge: Cambridge. 5–19.

附录：听说课程样例

教学目标

学生学习常用动词的过去时形式。

学生用过去式描述过去发生的事件。

学生采用过去式，用 Wh- 问句（特殊疑问句）和 Yes-No 问句（一般疑问句）提问，并作答。

1. 对话。听与练习。

    A. What did you do last night?

    B. I [1]*watched TV for a while* and I [2]*went online to talk to friends*.

    A. Did you [3]*watch the movie* on channel 9?

    B. No, I did't.

    A. What time did you go to bed?

    B. At about 10:30.

2. 重复练习对话。用下面给出的短语替换对话中相应的部分。

    (a) [1]read for a while.

     [2]watched a DVD.

     [3]watch the football.

    (b) [1]went for a walk.

     [2]called my sister in Toronto.

     [3]watch the documentary.

3. 用给出的动词过去式完成下面的句子。

    I ___ (get up) early today.

I ___ (watch) a good movie on TV last night.

I ___ (meet) my friends on Sunday.

I ___ (go) shopping on the weekend.

I ___ (buy) a camera last week.

I ___ (check) my message this morning.

I ___ (have) breakfast at home.

4. 操练。

(1) 问答。

What did you do...　on Friday night?

　　　　　　　　　on Saturday morning?

　　　　　　　　　on Saturday night?

　　　　　　　　　on Sunday?

I...　　　　　　　went down town.

　　　　　　　　　slept in.

　　　　　　　　　stayed in.

　　　　　　　　　played basketball.

(2) 用"Yes, I did"或者"No, I didn't"回答下列问题。

Did you watch TV last night?

Did you study yesterday?

Did you go shopping on Saturday?

Did you play any sport this week?

Did you get up early this morning?

Did you check your e-mail this morning?

Did you have breakfast this morning?

(3) 问答。

What time did you...　go to bed last night?

　　　　　　　　　　get up this morning?

　　　　　　　　　　have breakfast today?

　　　　　　　　　　come to class today?

第二部分
当前盛行的教学途径及方法

第二部分各章将对各种教学理论（或者途径）与方法的描述拉近至当下，对自20世纪80年代各种交际方法论产生以来主流语言教学的发展方向进行描述。

第5章所考察的交际语言教学（Communicative Language Teaching，简称CLT）乃是20世纪语言教学一次重要的范式转变的标志，其影响持续至今。交际语言教学的一般原则迄今仍然广为人们所接受，但是，正如本章所述，对这些原则的解读却一直见仁见智，而且支持此方法者也可能以不同的方式来权衡流利性和准确性的价值。交际语言教学法的某些方面也可以用来为其他教学途径和方法提供支撑。第6章的重心是内容型教学（Content-Based Instruction，简称CBI）和内容与语言融合式学习（Content and Language Integrated Learning，简称CLIL）。前者（CBI）可以看作交际语言教学某些核心原则——尤其是与意义在语言学习中作用有关的原则的逻辑发展。因为内容型教学提供了一种非常适合于英语第二语言学习者进入初等、中等或高等教育的途径，因此在全世界许多英语国家——尤其是美国，得到广泛应用。内容与语言融合式教学（CLIL），作为一种相关的教学途径，在欧洲盛行；这两种方法均将内容与语言融于一体。第7章重点介绍20世纪80年代兴起的针对语文教学的全语言（Whole Language）运动。全语言教学途径所针对的对象是低龄学习者，可能堪与更现代的内容型教学法和内容与语言融合式教学法相比拟。

第8章到第11章着重考察具有明确的目标或者反映出应用范围有限语言的学习原则的其他一些特殊用途教学方法，这些方法与内容型教学、内容与语言融合式教学以及全语言教学有相似之处。第 8 章描述了能力导向型语言教学（Competency-Based Language Teaching，简称 CBLT）、标准及欧洲语言共同参考框架（the Common European Framework of Reference，简称 CEFR），所有这一切均反映出伴随近年来对语言课程问责制的大力倡导和对教与学标准的关注而产生的对教学结果的重视。第 9 章主要探讨任务型语言教学（Task-Based Language Teaching，简称 TBLT），这是旨在用围绕交际任务作为教学与学习单元而组织起来的教学大纲，用以替代语言为核心的传统教学大纲的一种教学途径。第 10 章介绍了文本型教学（Text-Based Instruction，简称 TBI），一种源于语类理论（genre[①] theory），强调口语和书面文本在教学中的重要性的教学方法。第 11 章对产生于 20 世纪 90 年代，将多词组成的单位或"词块（chunks）"看作语言水平的基本预制块的词汇法（the Lexical Approach），进行了回顾。

最后两章则对衍生自关于学习者与学习的理论的几种教学途径进行了描述。所涉及的理论已被应用于课程设置中各个课目，而且并非是作为语言教学的基础而提出来的。第 12 章描述了多元智能（Multiple Intelligences）教学法，这是一种以个体的独特性为核心的学习者中心学习观。第 13 章探讨合作语言学习（Cooperative Language Learning，简称 CLL），一种源自主流教育中的协作或合作学习运动，强调小组活动与同伴支持的教学方法。第二部分包含的各个章节为读者提供了一个目前仍然既可以单独使用也可结合起来使用的各种途径和方法的概貌。

[①] "genre"一词在文学批评或者写作理论中多译作"体裁"，此处显然是系统功能语言学中使用的一个术语，因此译作"语类"。——译者注

5
交际语言教学

引　言

交际语言教学的发展

有两个相互作用的影响源对语言教学领域具有塑成作用，两者乃是对其最近历史的阐释，而且毫无疑问将决定其未来的发展方向。其中之一源自专业领域外部，反映了英语在世界上地位的改变。当代社会的基本特征是，许多重要经济部门对熟练掌握英语的劳动力的需求日益增长，各行各业的人借助于熟练的英语获取教育、技术和知识资源的能力日益增强。结果，近年来，全世界英语语言教学的规模发生了巨大的变化，结果对能够满足全球英语传播需要的人员的需求亦急剧增长。全球对旨在培养世界公民所需外语技能和能力的语言培训项目的需求以及政府对高效语言教师培训方法的需求，亦日益增长。与此同时，人们经常产生一种认识，认为语言教学政策和实践无法对这些问题做出恰当的应对。因此，多年来，语言教学领域对语言教学政策、课程设置以及教学与评估方法的审查，一直在定期进行。

变革的第二个来源发端于语言教学专业内部，也就是说，它反映出通过应用语言学家、专家和在第二语言教学与教师教育领域中从业教师的努力所获得的，对语言教学作为一个职业必须具备的核心知识基础和相关教学实践理解的逐步演进与定型。由于新的思想、新的教育理念、技术进步、新的研究范式以及对上述外部压力的应对，语言教学职业不断地自我创新，经历了一波波周期性的革新与范式转变。交际语言教学运动与途径乃是语言教学范式转变以何种方式反映这两种影响源的一个有力例证。

情境语言教学（参见第 3 章）乃是直至 20 世纪 60 年代英语作为第二语言或者外语教学的主要英式教学方法，而交际语言教学则是对与情境语言教学相关的假设和实践质疑的结果。在情景语言教学中，语言是通过在基于情境的有意义式活动中练习语言的基本结构来教授的。但是，正如 20 世纪 60 年代中期听说法背后的结构主义语言学理论在美国遇到冷遇，英国的应用语言学家也开始质疑情境语言教学法背后的理论假设：

> 显然，到 60 年代末，情境式途径……已经走到穷途末路。继续固守根据情境事件预测语言这一幻想是没有未来的。所需要的是对语言本身进行更深入、细致的研究，回归传统的概念，即话语自身具有意义，而且能够表达说话者或作者的意思和意图。
>
> （Howatt 1984：280）

这在一定程度上是对美国著名语言学家乔姆斯基在其颇有影响力的著作《句法结构》(Syntactic Structure)（1957）一书中，对结构语言学所提出的各种批评的回应。乔姆斯基在其著作中充分表明当时标准的结构主义语言理论无法解释语言的基本特性——即句子的创造性和独特性。英国应用语言学家所强调的是语言的另一个在当时的语言教学方法中尚未妥善解决的基本方面——语言的功能和交际潜能。他们认为，语言教学的中心应该放在交际能力上，而不是仅仅放在语言结构的掌握上。支持这种语言观点的学者，如克里斯托弗·坎德林（Christopher Candlin）、亨利·威多森（Henry Widdowson）等，他们所借鉴的是英国功能语言学家的著述（例如 John Firth, M. A, K. Halliday、美国社会语言学家的著述（例如 Dell Hymes, John Gumperz, William Labov）以及哲学著述（例如 John Austin, John Searle）。

语言教学中的"交际运动"在一定程度上，也是 20 世纪 60、70 年代欧洲不断变化的教育现状产生的结果。随着欧洲国家相互依赖性的不断增强，对增加教授成人学习欧洲共同市场主要语言投入的需求，亦大大地增加。欧洲理事会是一个地区性的文化和教育合作组织，教育是其主要活动领域之一。它对语言教学这一问题进行了考察，赞助了一系列关于语言教学的国际会议，出版了许多关于语言教学的书籍，而且积极地推动了国际应用语言学协会的成立，并将发展其他语言教学方法置于优先位置。因此，如前所述，第二个方面变革的推力源自这种需求以及对情境语言教学基础的质疑。

不同版本的交际语言教学

1971年，一个专家组开始对按照单元-学分制（unit-credit system）开发语言课程的可能性进行探讨。根据这一系统，学习任务应该分解成"部分或单元，每个部分或单元都与所有其他部分具有系统的联系，并且与学习者相应的需求对应"（van Ek & Alexander 1980：6）。专家组采用了关于欧洲语言学习者需求的研究，尤其是采用了英国语言学家 D. A. 威尔金斯（D. A. Wilkins）（1972）所起草的一个初步文件，对语言从其功能或交际角度进行了定义，从而为开发交际型语言教学大纲奠定基础。威尔金斯的贡献是其对语言学习者需要理解、表达的交际意义的分析。他没有用传统的语法和词汇概念来描述语言的内核，而是对两种类型的意义进行了描写：意念范畴（时间、顺序、数量、位置、频率等概念）和交际功能范畴（请求、拒绝、提议、抱怨）。随后，威尔金斯将其1972年撰写的文件修改、扩展为《意念大纲》（*Notional Syllabuses*）一书（Wilkins 1976），对交际语言教学的发展产生了很大影响。欧洲理事会将威尔金斯的语义/交际大纲融入其对初级交际语言大纲的详细描述（Van Ek & Alexander 1980），对欧洲交际语言课程和教科书的设计产生了巨大的影响。

欧洲理事会所做的工作，英国应用语言学家威尔金斯、威多森、坎德林（Candlin）、克里斯托弗·布伦菲特（Christopher Brumfit）、基思·约翰逊（Keith Johnson）等人关于交际或功能语言教学理论基础的著述，教科书编写者对前述理念的快速应用，以及英国语言教学专家、课程开发中心甚至政府对这些新原则同等快速的接受，所有这一切均促使所谓交际途径（Communicative Approach）或交际语言教学（CLT）（有时也使用意念-功能法（或途径）（notional-functional approach）和功能法（或途径）（functional approach）两术语）在国内与国际上得到极大的重视。尽管运动作为在很大程度上讲英国的一项创新，其重心是另类课程大纲的概念，但从20世纪70年代中期开始，随着交际语言教学在全世界许多地方成为一种新的语言教学范式，其应用范围快速扩展。例如，20世纪80年代，在马来西亚，马来西亚交际大纲（the Malaysian Communicational Syllabus）成为全国统一的教学大纲，达10年之久，而且为成千上万高中学生提供教学指导。大纲规定，应对50名区域重点人员进行充分的培训，然后由这些人员又对所有高中教师进行为期两周的培训。参与各项任务的特别教师团队编写了一套详细的教学资料、一本教学手册和对教材的详细描述。在实行交际教学大纲引入一年内，有四套商业性教材出版、发行。此外，该计划及其实施得到大量详细的评估性研究（Rodgers 1984）。

英、美两国的支持者通常将交际语言教学看作一种途径或者理论（approach）（而不是一种具体的方法（method）），其宗旨是（1）使交际能力成为语言教学的目标和（2）制订四项语言技能的教学程序，承认语言与交流之间相互依赖性。交际能力的概念蕴含着对语言作为以恰当方式行事的一种方式的一种广义的理解。关于对这一术语的各种解读方式，本章稍后再予以界说，但是，质言之，从语言必须能够传达说话者的目的这一意义上讲，语言和交际具有相互依赖性。因此，交际语言教学的综合性使其在范围和地位方面与本书所讨论的其它任何途径或方法都有所不同。关于这一教学方式，目前既没有唯一的文本或权威，也没有普遍接受的唯一权威模式。对某些人来说，交际语言教学仅仅是语法教学和功能教学的整合。利特尔伍德（Littlewood 1981∶1）指出，"交际语言教学最显著的特征之一是它对语言的功能和结构两方面均给予系统的关注"。而对另一些人而言,交际语言教学则意味着采用某些教学程序,让学习者结成对子或者组成小组,利用可用语言资源完成解决问题的任务。在其对交际大纲设计的探讨中,亚尔登(Yalden 1983)讨论了从将交际练习移植到现有结构大纲上的模型到大纲设计的学习者生成观(a learner-generated view of syllabus design)六种交际语言教学设计可选方案(如 Holec 1980)。

豪厄特(Howatt 1984:279)将交际语言教学区分为"强式"和"弱式"两个版本:

> 从某种意义上来说,交际教学法(或途径)有一个"强式"版本和一个"弱式"版本。弱式版本在近十年间已在一定程度上成为标准做法,它强调为学习者提供机会使用英语达成交际目的的重要性,而且往往尝试将此类活动融入更大的语言教学方案中……相反,交际教学的"强式"版本则主张语言是通过交际来习得的,因此它不仅是激活现有处于非活动状态的语言知识问题,而且是刺激语言系统自身发展的问题。如果前者可以描述为"学习使用(learning to use)"英语的话,那么后者就意味着"使用英语去学习(using English to learn)"。

倡导某些形式的任务型语言教学(第9章)者将它看作是强式交际语言教学原则的一种延伸和调试,因为任务型教学围绕真实的任务进行教学和学习,交际性语言的使用和语法知识的获得在此过程中自然发生。交际途径自20世纪80年代以来的广泛接受与相对多种不同方式的解读与应用,可归因于以下事实:具有不同教育传统的一线教师能够认同这种教学途径,并以不同方式对它进行诠释。例如,蒙田通过会话而非传统的形式分析和翻译法学会了拉丁语,对此北美交际教学的支持者之一萨维农(Savignon)曾做过评论,认为这是交际语言教学的一个先例。蒙田写道,"没有方法,没有课本,没有语法或规则,没有教鞭,也没有泪水,我的拉丁语学得跟老师一样好"(Savignon 1983:47)。这一反结构主义的观点可以被认为是一种典型的一般学习视角下的语言学习观,即通常所谓的"做中学"（learning by doing）或"体验法"（the experience approach）（Hilgard & Bower 1966）。这种交际行为的直接而非延迟练习概念是对交际语言教学阐释的核心。也就是说，迥异于情景语言教学，交际输出不应推迟到掌握形式、控制性句子练习之后。

对语言使用中交际和语境因素的关注，在人类学家布罗尼斯劳·马利诺夫斯基（Bronislaw Malinowski）及其同事语言学家约翰·弗思的著述中也有前例。英国应用语言学家通常将对语篇的关注归功于弗思。弗思同时强调，语言必须在其使用的更大的社会文化语境中进行研究，其中包括参与者、其行为与信仰（信念）、所讨论的对象以及词汇的选择。交际语言教学的倡导者经常引用的两位语言学家韩礼德和德尔·海姆斯（Dell Hymes）都认可马利诺夫斯基和弗思的贡献。

交际语言教学常常为人们所称道的另一个维度，即以学习者为中心和基于经验的第二语言教学观，在语言教学传统之外亦有前例。例如，20世纪30年代，美国一个重要的全国课程委员会提议采纳经验英语课程设置（an Experience Curriculum）。该委员会所提交的报告始于一个前提，即"经验是最好的学校……理想的课程设置是由精选的经验组成的"（引自 Applebee 1974：119）。如同众多力主围绕任务和程序组织交际语言教学者，该委员会也尝试提出了"选择适合的体验，并将其交织于延续多年学校英语学习的统一课程设置中的方式"（Applebee 1974：119）。学习者个体具有其独一无二的兴趣、风格、需求和目标，这一切均应该在教学法的设计中体现出来。教师应"根据班上学生所表现出来的特殊需求"编写学习材料（Applebee 1974：150）。

交际语言教学无论是哪一种版本都有一个共同的语言理论，这一理论的出发点是语言和语言使用的交际模型——亦即关注完成交际目的的达成而非控制结构的一种理论——而且旨在将其转换为教学系统、教材料、教师与教师角色和行为、课堂活动与技巧的设计。下面我们从理论、教学设计、教学程序三个层面，对这是如何体现出来的，做一探讨。

理 论

语言理论

语言教学的交际途径（the Communicative Approach）始源于语言的功能理论——即认为语言乃是交际手段的一种理论。语言教学的目标是培养海姆斯（1972）所谓的"交际能力（communicative competence）"。海姆斯杜撰出这个术语，目的是将语言的交际观和乔姆斯基的语言能力理论加以区分。乔姆斯基（1965：3）认为：

> 语言理论主要关注的是完全同质的言语社区（speech community）中理想的说话者-听话者，他们完全掌握了自己的语言，而且在语言的实际使用中语言知识的应用不受记忆局限、注意力涣散、注意力和兴趣转移、（任意或有代表性的）错误等与语法无关的各种情况的影响。

乔姆斯基认为，语言学理论关注的重心是揭示出说话者所拥有的使其能够输出语法正确句子的抽象能力特征。这一理论的基础是语言的认知观。海姆斯认为，这是一种无生机的语言学理论，有效的语言学理论应该是融交际与文化于一体的宏大理论的组成部分。海姆斯提出的交际能力理论是对说话者成为言语社区中具备交际能力需要掌握的知识的界定。海姆斯认为，具有交际能力者应在以下各个方面已获得语言使用的知识和能力：

1. 某事是否（以及在何种程度上）具有形式的可能性
2. 某事借助现有的实施手段，是否（以及在何种程度上）具有可行性
3. 某事在其所被使用和评估的环境中，是否（以及在何种程度上）恰当（充分、快乐、成功）
4. 某事是否（以及在何种程度上）实际上已做、已经完成以及做这件事蕴含着什么

（1972：281）

前述关于掌握某种语言蕴含着什么的理论，比乔姆斯基认知语言能力

观——即主要针对抽象语法知识的理论,提供了一种更全面的观点。

交际语言教学理论中颇受青睐的另一种关于交际的语言学理论是韩礼德对语言功能的解释。此处所使用的功能(functional)这一术语意义有引申,包括下面所给出的各种范畴与言语行为(speech acts),后者是功能的另一个替代术语,被威尔金斯用来描述我们用语言做何事(抱怨、道歉等)。"语言学……是对……言语行为或文本的描述,因为只能通过对使用中语言的研究,语言所有的功能,因此意义所有的构成成分,才能得到应有的凸显"(Halliday 1975:145)。在其诸多颇有影响力的著述中,韩礼德提出了一个强大的语言功能理论,为许多支持交际语言教学的作者,对海姆斯的交际能力观做出了补充。韩礼德(1975:11—17)对儿童学习第一语言时,语言所发挥的七个基本功能做了描述:

1. 工具功能(instrumental function):用语言获取某物
2. 调节功能(regulatory function):用语言控制他人的行为
3. 互动功能(interactional function):用语言与他人互动
4. 个人功能(personal function):用语言表达个人的情感和意义
5. 启发功能(heuristic function):用语言学习和发现
6. 想象功能(imaginative function):用语言创造出一个的想象世界
7. 表达功能(representational function):用语言交流信息

目前,交际语言教学的倡导者认为,第二语言的学习同样也被看作是获得完成这七种基本功能所需要的语言手段的过程。

另一位人们也经常被引用其关于语言交际本质观点的理论家应当是亨利·威多森莫属。威多森在其《作为交际的语言教学》(*Teaching Language as Communication*)(1978)一书中,提出了其关于各个语言系统与其在文本、话语中的交际价值之间关系的观点。他关注的焦点是使用语言达到不同目的的能力背后的交际行为。换言之,威多森关注的重心是一个实际问题,而不是纯粹的哲学问题,强调学习者为达到某种交际目的所使用的言语行为或功能。

卡纳尔、斯温（Canale & Swain 1980）在其一篇重要文章中，从方法论的角度，对交际能力进行了分析，颇有影响力，认为交际能力有四个维度：语法能力（grammatical competence）、社会语言能力（sociolinguistic competence）、语篇能力（discourse competence）和策略能力（strategic competence）。语法能力即乔姆斯基所谓的语言能力和海姆斯所谓"形式的可能性"。这属于语法和词汇能力的范畴。社会语言能力指对交际所发生的社会环境的理解，包括角色关系、参与者共享信息及其互动的交际目的。语篇能力是结合表达信息的各个元素间的相互联系与意义在整个话语或文本中的表达方式对单独信息元素的解释。策略能力是交际者发起、终止、维持、修复、重新定向交流时所使用的应对策略。自从交际能力的概念提出以来，人们为了完善这一原始概念做出了多次尝试，这足以体现出这一概念的价值（如 Savignon 1983）。社会文化学习理论因为其对社会环境在语篇中的作用有更全面理解，因此在当今许多第二语言学习理论（参见第 2 章）中，已经取代早期的交际能力观。

在语言理论层面上，交际语言教学具有坚实但略显折中的理论基础。这种语言交际观具有下述特点：

1. 语言是一个用于表达意义的系统。
2. 语言的首要功能是实现互动和交流。
3. 语言的结构乃是其功能与交际用途的反映。
4. 语言的主要单位不仅仅是其语法和结构特征，而且还有语篇中所体现出来的各种功能意义与交际意义。
5. 交际能力意味着懂得如何使用语言达到各种目的与发挥各种功能，以及掌握下述语言知识：

- 懂得如何根据场景和参与者变换语言的使用（如，懂得何时使用正式语言、何时使用非正式语言，或懂得如何进行书面交流和如

何在口语交流中得体地使用语言）
- 懂得如何理解、输出不同类型的文本（比如叙事、报告、访谈、会话）
- 懂得如何在语言知识有限的情况下保持交流进行（如，通过使用不同的交际策略）。

学习理论

如下文所述，本书第 2 章中所介绍的各种学习理论其中有一些可以说构成交际语言教学的支撑。但是，与对语言交际方面的著述数量相比，前期对交际语言教学的解释几乎没有关注学习理论。例如，布伦菲特与约翰逊（Brumfit & Johnson 1979）和利特尔伍德（Littlewood 1979）均未述及学习理论。但是，可以在某些交际语言教学实践中清楚地看出某些基本学习理论的要素。其中一个要素可以描述为交际原则（communication principle）：涉及真实交流的活动可促进学习。第二个要素是任务原则（task principle）：需要使用语言来完成有意义任务的活动可促进学习（Johnson 1982）。第三个要素是意义原则（meaningfulness principle）：对学习者有意义的语言对学习过程具有支撑作用。因此，学习活动的选择是根据其促使学习者参与有意义的真实语言使用的程度（而非仅仅机械地练习语言型式）来确定的。我们认为，这些原则可以从交际语言教学的实践（如 Littlewood 1981；Johnson 1982）中推导出来，而且渗透入 20 世纪 80 年代以来基于交际语言教学的教科书和课程的设计。斯凯恩（Skehan 1998）对上述原则以及与交际语言教学有关的最新学习原则进行了总结，关于这一点，我们将在本书第 9 章中联系任务型语言教学做进一步探讨。

然而，后期对交际语言教学的解释明确了与交际途径（the Communicative Approach）相一致的关于语言学习过程的理论。萨维农（Savignon 1983）将第二语言习得研究作为学习理论的一个来源进行了考察，并对语言习得中语言变量、社会变量、认知变量和个体变量的作用进行了探讨。约翰逊（Johnson 1984）和利特尔伍德（Littlewood 1984）提出了另一种他们认为与交际语言教学相一致的学习理论——学习的技能学习模型。根据这一理论,语言交际能力的获得是一种技能发展。这包括认知和行为两个方面:

> 认知方面涉及创造适当行为计划的内化。就语言的使用而言,这些计划主要源自语言系统——包括语法规则、词汇选择的程序和制约言语的社会规约。行为方面涉及这些计划的自动化,这样它们才能转换为实时的流畅表达。这主要是通过练习将计划转换为真实表现来实现。
>
> (Littlewood 1984:74)

其他可用于支持交际语言教学的学习理论有创造性建构假说(creative-construction hypothesis)和尤其是本书第 2 章提到的互动理论(interactional theory)与社会文化学习理论(sociocultural learning theory)。语言学习从这些角度来看,被认为是下述过程的结果:

- 学习者和语言使用者之间的互动
- 协同意义创造
- 通过语言创造有意义、有目的的互动
- 学习者及其对话者为达成理解所进行的意义协商
- 学习者通过关注使用语言时得到的反馈来进行学习
- 关注所听到的语言(输入),并尝试将新的语言表达形式融入其不断发展的交际能力
- 尝试、试验使用不同的方式表达同样的意思
- 学习作为学习者与他者之间的社会中介,在此过程中,通过社会获得的知识得到内化
- 学习因专家或同学提供的支架而得以促进(Vygotsky 1978)
- 通过围绕结构化的合作任务进行的协作式对话来学习(Cook 2008)

任务型语言教学(第 9 章)、内容与语言融合式学习(第 6 章)等最

近兴盛教学方法也强调许多此类过程，尤其是采用某些策略来达成对意义的理解。

教学设计

教学目标

交际语言教学的课程和教材的目标可能或者与一般的语言学习目标相关，或者可能与有特殊需求的学习者的特定目标相关。就前者而言，教学目标反映出其所采用的大纲框架类型，如课程是围绕话题型大纲来组织，还是围绕功能型大纲或技能型大纲来组织。无论在哪一种情况下，教学目标通常都试图对交际能力操作化，将其转化为对学习效果更具体的描述。近年来，交际型课程的教学目标往往都与欧洲语言共同参考框架中所描述的学习结果相联系（参见第 8 章）。例如，《四隅（*Four Corners*）》（Richards & Bohlke 2012）中列出的头两个单元的学习结果或目标如下：

第 1 单元：我的兴趣
学生能够：
- 询问、讨论兴趣
- 请求重复
- 请求某人说慢一点
- 询问、讨论体育运动与锻炼习惯
- 讨论业余活动

第 2 单元：描述
学生能够：
- 询问、讨论某人的性格
- 表达他们认为某事是真还是假
- 询问、讨论人的长相
- 描述他们的性格和长相

教学大纲中还有对达到这些学习结果所需要使用的语法、词汇和其他技能的详细描述。就为有特殊需求的学习者开发的课程而言，教学目标也应与教学和学习发生的具体情境相适应。学习者的需求可能在听力、口语、阅读或写作方面，这些方面的教学均可从交际的角度来切入。具体课程的设置目标或教学目标，根据学习者的语言水平和交际需求，在交际能力的各个具体方面体现出来。

教学大纲

对教学大纲性质的讨论一直是交际语言教学的核心，而且对此人们提出了不同的版本。

意念功能大纲（notional-functional syllabus）

我们已经看到，意念大纲（Wilkins 1976）是最早而且最终产生影响的大纲模型之一，它具体规定了学习者需要表达的语义-语法范畴（比如频率、运动、位置）和交际功能范畴。欧洲理事会将这个大纲加以拓展、发展，使其涵盖面扩大并对以下各个方面进行描述：欧洲成人外语课程目标、他们通常可能使用外语的情境（如旅行、做生意）、他们可能需要谈论的话题（如个人身份、教育、购物）、需要语言发挥的功能（比如描述某物、询问信息、表示同意或不同意）、交流中使用的概念（比如时间、频率、时长），以及需要的词汇和语法。研究结果结集，以《临界水平英语》（*Threshold Level English*）（Van Ek & Alexander 1980）为标题出版，乃是为确定达到合理外语沟通水平所需要的能力，其中包括达到这个"临界水平"所需要的语言项目，所做出的尝试。教学大纲应不仅仅详细描述学习者需要掌握的语法和词汇，而且，人们坚持认为，还应该明确下述语言使用的各个方面，这样才能够培养学习者的交际能力：

1. 对学习者希望掌握目的语的目的（purpose）的细致入微的考量。如，用英语从事商务、酒店产业或者旅行。
2. 对学习者希望使用目的语的场景（setting）有某种程度的了解。如，在办公室里、飞机上或商店里。
3. 学习者及其对话者在目的语环境中承担的社会角色（role）。如，作为旅行者、需要与顾客交谈的推销员或者在学校里读书的学生。
4. 学习者将要参与的交际事件（communicative events）：日常生活情景、职业或专业场景、学术场景，等等。如，打电话、闲谈，或参加会议。
5. 前述交际事件所涉及的语言功能（language functions）或学习者通过或者使用语言能够做什么。如，做介绍、做解释或描述计划。
6. 所涉及的意念（notions）或概念，或者学习者需要谈论的是什么。如，休闲、金融、历史、宗教。
7. 将话语"编织起来（knitting together）"所涉及的技能：话语（discourse）与修辞技巧（rhetorical skills）。如，讲故事、有效地做商业展示。
8. 所需要的目的语的某个或者多个语言变体（variety），如美国英语、澳大利亚英语或英国英语，以及学习者需要达到的口语、书面语水平。
9. 所需要的语法（grammatical）内容。
10. 所需要的词汇或词汇内容（lexical content）。

（Van Ek & Alexander 1980）

　　自从各种语言的临界水平规格要求发布以来，又加入了另外三个交际水平——两个临界前水平和一个临界后水平，前两者即初级水平（Breakthrough）与中级水平（Waystage），后者即高阶水平（Vantage）（Council of Europe 2011）。

　　目前，关于交际语言教学大纲理论和大纲模型的探讨已经非常全面、深入。威尔金斯最初提出的意念大纲模型不久就受到英国应用语言学家批评，认为它只是用另一个清单代替了之前的（如语法知识项目）清单。意念大纲所确定的是产品，而非交际过程。威多森（1979：254）认为意念-功能范畴只是对人们在互动过程中所参考的某些语义、语用规则进行了不完整而且不精确的描述,而对人们在实际参与交际活动时,应用规则的程序却只字未提。如果我们意在采用交际教学方式,来实施以培养用语言做事能力为主要目的的教学,那么关注的重心就必须放在话语上。

其他类型的教学大纲建议

20世纪80年代,人们提出了各种各样的交际语言教学的教学大纲建议与模型。亚尔登(Yalden 1983)对当前主要的交际教学大纲类型进行了描述,兹总结如下:

类型	参考文献
1. 结构+功能型	威尔金斯(1976)
2. 围绕结构核心的功能螺旋型	布伦菲特(1980)
3. 结构、功能、工具型	艾伦(Allen 1980)
4. 功能型	贾普与霍德林(Jupp & Hodlin 1975)
5. 意念型	威尔金斯(1976)
6. 互动型	威多森(1979)
7. 任务型	帕拉布(Prabhu 1983)
8. 学习者生成型	坎德林(1976)

帕拉布认为,任务型教学方法是最适合于交际语言教学的大纲设计模式,因为有意义的任务能够通过信息的分享促进交际能力的发展(参见第9章)。

> 与交际教学相兼容且能发挥支撑作用的唯一一种类型的教学大纲似乎是纯粹的程序性——在一定程度上详细列出课堂上要尝试的任务类型,并提出同类任务的复杂程度排序的教学大纲。
>
> (Prabhu 1987:4)

这种教学大纲设计方式已经在任务型语言教学中发展、完善起来,许多人将其看作是交际语言教学原则的延伸。另外有人提出了更为激进的建议,认为公众所认可的大纲概念可以全部废除,它们坚持认为只有学习者才真正了解自己的需求、交际资源以及期望的学习速度和途径,而且每个学习者必须作为学习的一部分创建自己的内隐大纲。换言之，教学大纲并非预先制订，而是课堂上所发生的交流、学习的结果。本书最后一章对这一方法做了更加详细的描述。布伦菲特（1980）所提出的是一种更保守的方式，青睐一种围绕意念、功能和交际活动组织起来的基于语法的教学大纲。

专门用途英语

交际语言教学的倡导者也已经认识到，许多学习者之所以需要英语，是因为具体的职业或教育场景中有使用英语的需求——亦即，他们需要的是专门用途英语（English for Specific Purposes，简称 ESP）。对此类学习者而言，学习针对不同职业角色（如护士、工程师、飞乘人员、飞行员、生物学家等）所需要的专门语言和交际技能，比专注学习普通英语更有效。这导致产生了需求分析（needs analysis）过程（详细描述见第 21 章）——（通过）观察、调查、访谈、情景分析、不同场景中的语言样本分析——不仅来确定学习者在特殊的职业或教育场景中承担不同角色时需要掌握哪些交际技能，而且确定需要掌握哪些具体场景中所使用语言的特征。需求分析旨在确定语言用于专门而非一般用途时的特定特征。这种差异可能包括：

- 词汇选择的差异；
- 语法差异；
- 常用文本类型的差异；
- 功能差异；
- 特殊技能需求的差异。

芒比（Munby）的交际型教学大纲设计（Communicative Syllabus Design）（1978）提出了一个更详细可用于专门用途英语课程设计的需求分析模型。专门用途英语课程很快出现，用于满足大学生、护士、工程师、餐厅工作人员、医生、酒店工作人员、飞行员等各类人士的需求。

学习活动和教学活动的类型

交际教学途径不仅推动了对教学大纲本质的反思，而且推动了对课堂教学方法的再思考。有人坚持主张，学习者是在语言交流的过程学习语言的，而且相对于基于语法的方式，有意义的交流给学习者提供了一个更好的学习机会。所需要的活动应体现出下述原则：

- 使真实交流成为语言学习的重心。
- 为学习者提供试验、尝试所掌握内容的机会。
- 容忍学习者的错误，因为错误意味着学习者交际的能力的形成。
- 为学习者提供机会，提高其语言表达的准确性和流利性。
- 融说、读、听等技能于一体，因为现实世界中它们通常一起出现。
- 要让学生自己归纳或发现语法规则。

若要将上述原则应用于课堂教学中，既需要采用新的课堂教学技巧和活动，也需要教师和学习者转变其在课堂上的角色。课堂教学中不再采用要求学习者准确地重复与记忆句子与语法型式的活动，代之以不仅要求学习者进行意义协商和有意义互动，而且要求语言表达流利的活动——所谓意义协商是指学习者为达成意义的共同理解而采用的过程。与交际教学法相兼容的练习和活动类型有无限多，只要练习能够促使学习者达到课程的交际目标、积极参与交流。课堂活动的设计通常将重心放在以语言为中介或需要信息的协商与信息共享来完成的任务上——这已成为任务型语言教学的一个主要特征。利特尔伍德（Littlewood 1981）将交际语言教学的活动区分为"功能性交际活动（functional communication activities）"和"社会互动活动（social interaction activities）"两种主要类型。功能性交际活动包括下列各种任务，如系列图片的比较与寻找异同，发现一组图片所描述事件的可能顺序，找出地图或图片中缺少的元素，一个学习者在幕后面与另一个学习者交流，指导其画画或绘制形状、完成地图，按照指示完成某事，以及根据共享线索解决问题，等等。社会互动活动包括会话与讨论、对话与角色扮演、模仿、模拟、即兴表演和辩论。

第二语言学习的目标之一是培养语言使用的流利性、准确性和适切性。流利性是指学习者尽管其交际能力有限，但仍然能够在参与有意义的互动时自然地使用语言，而且保持交流的可理解性和连续性。在交际语言教学中，流利性问题是通过要求学生必须纠正误解、避免交流失败的课堂活动来加以解决。流利性练习与准确性练习不同，后者的重心是产生语言正确使用的范例。这两种活动之间的差异可以总结如下：

以流利性为重心的活动
- 体现语言的自然使用；
- 专注于通过意义协商进行交流；
- 需要有意义地使用语言；
- 需要使用交际策略；
- 产出的语言可能无法预测；
- 努力将语言的使用与语境相联系。

以准确性为重心的活动
- 体现课堂语言的使用；
- 专注于正确语言范例的形成；
- 脱离语境练习语言的使用；
- 进行小样本语言练习；
- 不需要有意义的交流；
- 控制语言的选择。

教师应平衡使用流利性活动与准确性活动，用后者来辅助前者。准确性练习可在流利性练习之前进行，也可之后进行。例如，教师可以根据学生在流利性任务中的表现布置准确性练习，以此来处理教师观察到的学生在完成任务时所犯的语法或发音错误，或者随后将重心放到语言使用的适切性（如正式话语与随意话语之间的区别）上。此时，对话、语法和发音操练并没有从课本和课堂教学材料中消失，而是作为一系列活动之一部分，穿插于准确性活动和流利性活动序列中。

课堂的动力也发生了改变。教师不再是课堂的主导，而是被鼓励更多地利用涉及"信息差（information gap）"的小组练习（学生通过协商获取自己未掌握的信息）。结对和小组活动使学习者有更多机会使用语言，培养其语言使用的流利性。交际语言教学中的常用活动类型有：

- 拼图活动（jig-saw activities）。学生被分成若干小组，每个小组均掌握完成活动所需的部分信息。学生必须将所掌握的信息片段拼连起来，才能完成整个活动。
- 任务完成活动（task-completion activities）。字谜游戏（puzzle[①]）、游戏（game[②]）、读地图以及其他需要使用语言资源才能完成任务的活动。
- 信息搜集活动（information-gathering activities）。由学生来实施的调查、访谈、搜索等需要使用语言资源的活动。
- 观点分享活动（opinion-sharing activities）。需要学生对价值观、观点、信仰（信念）进行比较的活动，如在选择约会对象或配偶时，根据重要性列举出六种品质。

[①] 在此处"puzzle"是一个多义词，《朗文当代英语词典》给出的定义是"a game or toy that has lot of pieces that you have to fit together（由多部分组成需要拼装起来的游戏或者玩具）"，或者"a game in which you have to think hard to solve a difficult question or problem"（需要努力思考才能解决问题的游戏）。——译者注

[②] 在此处"game"应该指一般意义上不同于上述的一些游戏。——译者注

- 信息传递活动（information-transfer activities）。将某一种形式的信息以另一种形式再现出来。如，学生阅读如何从 A 到 B 的说明，然后画图表示出其顺序；或者首先阅读关于某一个主题的信息，然后用图片表示出来。
- 信息差推理活动（reasoning gap activities）。通过逻辑推理、实际推理等过程从已知信息推导出新信息。如，根据已知的班级时间表推断出教师的时间表。
- 角色扮演（role plays）。将角色分配给学生，要求他们根据已知信息或线索即兴表演出某个场景或进行交流。

学习者的角色

交际语言教学的重心在交际过程，而不在语言形式的掌握上，这就意味着学习者应承担与传统第二语言课堂上不同的角色。布林与坎德林（Breen & Candlin 1980：110）对学习者在交际语言教学中的角色做出如下描述：

> 学习者作为——自身、学习过程和学习对象之间——协商者的角色，源自学习者在小组内和小组参与的课堂教学程序与活动中所扮演的联合协商者的角色，并与其互动。这对学习者而言就意味着他应当受益有多大，贡献有多少，并以相互依赖的方式来学习。

因此，学习者目前必须参与基于合作式而非个性化学习方式的课堂活动。学生必须习惯于在完成小组或结对任务时倾听同伴说话，而非依赖老师的示范。他们应该为自己的学习承担更大的责任。纯粹的交际语言教学中通常没有课文，亦不教授语法规则，课堂安排无标准可循，学生主要是彼此互动，而非与教师互动，课堂上不纠正或很少纠正错误。（如前所述，修订版的交际语言教学旨在在流利性和准确性之间保持某种平衡。）同样，学习者可能对交际语言教学所突出强调的合作式（而非个体化）学习方式并不熟悉，因此，交际语言教学法专家建议学习者应该认识到交际失败是共同的责任，而非言说者或听者的过失。同样，交际的成功也是共同来实现和认可的。

教师的角色

交际语言教学中所提倡采用的课堂活动类型也意味着教师在课堂上应转换角色，必须承担起促进者和监督者的角色。教师既不再是正确的语言和写作的榜样，也不再承担保证学生输出大量正确句子的主要责任，而是要从一个不同的角度看待学习者的错误以及自己在促进语言学习中的作用。布林、坎德林（1980：110）对教师的角色做出了下面的描述：

> 教师有两个主要角色：第一个角色是课堂上所有参与者之间以及参与者与不同活动和文本之间的交流过程的促进者。第二个角色是学习-教学小组内的独立参与者。后者源于前者，而且与前者的目标紧密相关。这些角色中暗含着一系列派生的角色：首先，教师是资源的组织者，而且本身也是一种资源，其次是作为课堂教学程序和活动的导引者……教师的第三个角色是研究者和学习者，在恰当的知识和能力、关于学习和组织能力本质直接与间接的经验等方面，有很多贡献。

教师承担的其他角色包括需求分析者、咨询者和小组过程管理者。观察者指出，这些角色可能与某些文化中教师应该扮演的传统角色不相容（参见下文）。

需求分析者

践行交际语言教学的教师承担着确定语言学习者的需求并对其做出回应的责任。这可以以非正式个性化方式通过与学生的一对一互动来实现，在这个过程中，教师跟学生就自己对学习风格、学习优势和学习目标的认识等问题展开讨论，也可以采用正规的需求评估工具来进行需求分析，如萨维农（Savignon 1983）等所为。一般而言，这种正式的评估工具中包含关涉个体语言学习动机的项目。例如，针对下面的陈述，学生可以按照5分量表做出回应（从完全同意到完全不同意）：

我想要学习英语，因为……
我认为英语有助于我将来找一份好工作。
它有助于我更好地了解说英语的人及其生活方式。
一个人需要具备良好的英语知识，才能获得他人的尊重。
英语会使我遇到有趣的人并与其交谈。
我的工作需要。
英语使我能够像说英语的人一样思考、行事。

基于这种需求评估，教师应该对小组教学和个别教学做出规划，以满足学习者的需求。纽南（Nunan 1988）所报告的澳大利亚全国移民语言项目乃是这一过程具体应用的一个典范。

咨询者

在交际语言教学的几种教学途径中，教师需要承担的另一个角色是咨询者，与社团语言学习（第17章）中界定的教师角色相似的一种角色。在这个角色中，教师作为咨询者应以身示范高效的沟通者如何通过释义、确认、反馈等手段，最大限度地使说话者意图和听话者的解读相契合。

小组过程管理者

交际语言教学程序往往不要求教师掌握过多的以教师为中心的课堂管理技能。教师的职责是将课堂作为一个交流、交际活动的场所来加以组织。课堂教学实践的指导方针（如 Littlewood 1981；Finocchiaro & Brumfit, 1983）建议在进行活动的过程中，教师的职责是监督、鼓励和抑制填补词汇、语法、策略方面空白的冲动，但是应该留意记录这些空白，以便于随后的点评和交际实践。在小组活动结束时，教师应引领关于活动的总结与汇报，指出其他选择与拓展，并协助小组进行关于自我改正的讨论。然而，有批评者指出，在某些文化中，教师对这一角色可能很陌生。他们习惯于将抑制和改正错误看作是其主要教学职责，而且认为其主要作用是帮助学习者为参加标准化考试和其他种类的考试做好准备，因此交际语言教学中对流利性和可理解性的重视可能会使他们焦虑。教师一直对结对练习或小组练习中学生不完善模仿及所犯的错误可能产生的消极影响非常关注。在对低水平学习者的交际语言教学中，学生可能以牺牲准确性和复杂性为代价去换取流利性（参见下文）。

教材的作用

多种类型的教材已被用来支撑交际语言教学。倡导交际语言教学的一线教师将教材看作是影响课堂互动和语言使用质量的一种方式。因此，教材发挥的主要作用就是促进交际语言的使用。下面我们将目前交际语言教学中常用的四种教材加以考察，这四种类型的教材是文本型教材、任务型教材、教具型教材和技术支持型教材。

文本型教材（text-based materials）

有无数教材都以指导与辅助交际语言教学为其宗旨。其目录与以结构化的方式组织的教材目录并无二致，有时从中可以看出某种对语言练习的分级与排序。有些教科书实际上是依据结构大纲来编写的，仅仅是在编排格式上做了一点点修改，以此来证明其基础是交际语言教学法。然而，还有些教科书看起来却与之前的教材截然不同。例如，莫罗与约翰逊（Morrow & Johnson）合作编写的《交际》（*Communicate*）（1979）完全没有一般教材中常见的对话、操练或句型，而是使用一些视觉提示、录音提示、图片和句子片段来引发会话。沃特辛-琼斯（Watcyn-Jones）的《结对练习》（*Pair Work*）（1981）由两个不同供两人结成对子来进行练习文本组成，两文本中都包含进行角色扮演和其他结对活动所需的不同信息。国际出版商近年来出版的许多教程仍然经常引用交际语言教学作为其方法框架，如《英语交流》（*Interchange*）第 4 版（Richards, Hull & Proctor

1981）和《四隅》(*Four Corners*)((Richards & Bohlke，2012)。一般来说，这意味着这些教材中使用了参考欧洲语言共同参考框架设计的综合大纲，不仅对不同语言水平的教学结果做出了规定（参见第8章），而且，如前所述，其中包含各种功能、话题、语法、词汇以及四种技能。

任务型教材（task-based materials）

人们为了支持交际语言教学的实施，准备了各种各样的游戏、角色扮演、模拟和任务型交际活动。这些教学素材形式通常独一无二：练习手册、提示卡、活动卡、双人对话练习材料和学生活动练习册。双人对话材料一般由两套材料组成，每套包含不同的信息。信息有时是互补的，学生必须各自将自己"拼图"的那一部分拼接到一个整体上。其他类型教材要求合作伙伴承担不同的角色关系（如，访谈者和被访谈者）。还有一些教材由互动形式的操练、练习材料组成。

教具型教材（realia-based materials）

许多交际语言教学的倡导者都提倡在课堂上使用"真实""来自生活"的材料。这种教具可能包括语言型教具，如标志、杂志、广告和报纸，或者有助于构建交际活动的各种图形和视觉型资源，如地图、图片、符号、图表、海（航）图等。各种各样的物体都可以用于支撑交际练习，如按照说明组装的塑料模型。

技术支持型教材（technology-supported materials）

交际语言教学强调围绕与学习者交际需求相关的真实、有意义的语言使用来组织教学，其目的是通过围绕语言的功能性、互动性使用而设计的交际课程，来培养流利、准确、得体地使用语言的能力。这种类型的语言使用通常更多地需要读、写而非听、说形式的互动。如上所述，在传统课堂上，前述目的是通过一系列涉及意义的协商、自然的语言使用和交际策略的培养来实现的。然而，课堂环境往往是为实现真实的交流人为设置的情景。相反，技术融文本、图片、音频和视频于一体，提供了获得真实语言输入的机会。聊天室、论坛（discussion board）、网络（电视）会议（teleconferencing）等工具均可以用来促进真实的互动。技术为学习者运用和扩展交际资源创设了环境，在此过程中，其将声音、词汇、文本和图像联系起来的能力起着支撑作用。聊天室、论坛、网络（电视）会议都可以以这种方式来使用。真实语言材料的获取、与异地学习者的协作任务以及各种交流形式的采用，均能够强化这种学习体验。通过多媒体实验室或在家中通过电脑完成课后作业，学生进一步将课堂上练习过的互动、交流的实例进行巩固练习，教科书中讨论的话题、功能和活动—这些方式得以拓展。关于以计算机为媒介的交流的研究表明，其许多特征都体现了交际语言教学的假设（Erben, Ban & Casteneda 2009：84—5）。这些特征包括

- 增强了学生的参与度；
- 增加了获取可理解输入的机会；
- 增加了意义协商的机会；
- 强化了小组学习，因为交际语言教学创造了互动的环境；
- 创造了有利于语言学习的社会学习环境。

教学程序

由于交际原则适用于任何层次任何技能的教学，而且由于关于交际语言教学的研究文献中所探讨的课堂活动和练习类型繁多，因此对基于交际原则的课堂上使用的典型教学程序进行描述并不可行。但是，交际语言教学程序确实衍生自现有各种教学程序，取代了情境语言教学和之前其他各种教学方法，并且有一些交际语言教学的支持者仍然在使用呈现-练习-

运用（或 PPP）教学模式（参见第 3 章）。萨维农（1983）探讨了与许多交际语言教学课堂教学程序（如小组活动、语言游戏、角色扮演）相关的技巧与课堂管理程序，但这些活动及其使用方法皆非交际语言教学课堂所独有。菲诺基亚罗（Finocchiaro）和布伦菲特提供了一个课程教学概要，用于教授中学低段学习者"提建议"这一语言功能，表明交际语言教学程序是渐进演化而非激进革命的结果。

1. 首先是动员学生（将对话场景与学习者可能的社会经历相联系），然后是就功能和场景展开讨论——人物、角色、背景、话题以及功能与场景所需要的非正式或正式语言，随后呈现一个简短的对话或数个迷你对话（mini-dialogs）。（因为所有学习者只懂一种本族语，因此初级阶段，可用其本族语来激发其兴趣。）

2. 一般先由教师示范，然后针对当天要教授的对话片段中的每句话进行口头练习（全班重复、一半学生重复、小组重复、个人重复）。若采用迷你对话，则进行相似的练习。

3. 根据对话所谈及的话题以及场景进行问答练习。（倒装的 *wh* 或 *or* 问句。）

4. 根据学生的个人经历，但围绕对话主题，进行问答练习题。

5. 学习对话中的一个用于交际的基本表达或具体表达此功能的一个结构。你可以用熟悉的词汇，以表意明确的话语或者迷你对话形式，给出另外一些某一表达或结构在交际中使用的实例，（使用图片、简单的实物或戏剧表演等）来阐明该表达或结构的意义。

6. 学习者发现该功能表达或结构背后的一般规律或规则。这至少包括四点：口语和书面形式（组成该表达的元素，如"How about + verb + ing?"）；在话语中的位置；在话语中的正式或非正式程度；及其（如果是结构）语法功能和意义。

7. 口头识别、解释活动（2—5 个活动，取决于学习水平、学生的语言知识以及其他相关因素）。

8. 口语输出（产出）活动——从有指导的交际活动开始，逐渐过渡到自由交际活动。

9. 抄写课本中没有的对话、迷你对话或单元。

> 10. 如果布置了家庭作业的话，抽样展示。
> 11. （口头）学习测评，如 "How would you ask your friend to ___? And how would you ask me to___?"
>
> （Finocchiaro & Brumfit 1983：107—108）

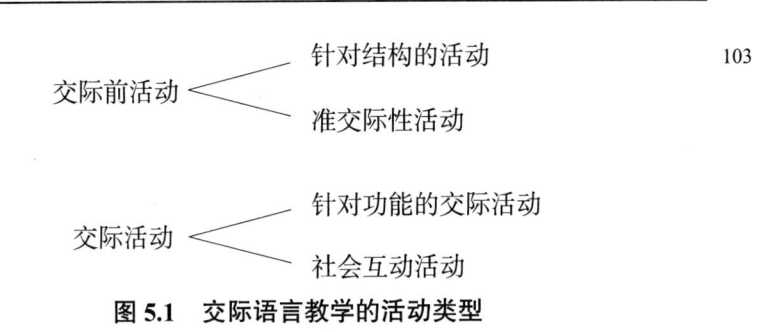

```
                        ┌── 针对结构的活动
            交际前活动 ──┤
                        └── 准交际性活动

                        ┌── 针对功能的交际活动
            交际活动 ────┤
                        └── 社会互动活动
```

图 5.1　交际语言教学的活动类型

此类教学程序显然与在基于结构-情境和听说原则的课堂上所观察到的程序，有很多相同之处。传统的教学程序并未被抛弃，而是被重新解读和扩展。许多"正统"的交际语言教学教材中也存在类似的保守性，比如亚历山大的《传统初学者（*Mainline Beginner*）》（1978）。虽然每个单元表面上看都有一个重点功能，但新的语言点是通过对话来教授的，随后是针对主要句型的控制练习。然后，语言点通过情景性练习语被置于语境中。这乃是自由练习活动如角色扮演、即兴表演的初阶。相似的技巧亦用于《起始策略（*Starting Strategies*）》（Abbs & Freebairn 1977）以及《英语交流》《四隅》等更新的系列教材中。语言点通常以对话的形式来教授，语法项目则被分离出来进行控制性练习，然后再进行更为自由的活动。建议采用结对或小组练习来鼓励学生使用和练习所学的功能和形式。这些教材背后的方法程序体现了上面图 5.1 中表示的一系列活动（Littlewood 1981：86）。

但是，萨维农（1972、1983）不接受学习者必须首先掌握各种独立的技能（发音、语法、词汇）然后才能将它们应用于交际任务这一观念；她主张从教学一开始就进行交际练习——这一特征已成为任务型教学的核心。

本章附录中给出了一个交际语言教学的课例。

对交际语言教学的批评

虽然交际语言教学已成为语言课程与教材设计中广为应用的一套原则和程序，但亦并非没有争议。对交际语言教学的批评呈现出多种不同的形式，包括：

- 交际语言教学助长化石化（fossilization）。学习者语言中持续出现的错误是由于语言教学中过于重视交流，牺牲了准确性，而造成的。交际课堂活动有助于培养学习者交际能力和语言能力的愿景也并非总是能够实现。据关于广泛采用"真实交际"的项目报告，学生经常以准确性为代价来培养流利性，结果导致学习者具备较强的交际技能，但语法的掌握却并非尽如人意而且高度化石化，在语言学习早期阶段情形尤然。

- 交际语言教学反映了"唯本族语者观"（native-speakerism）。霍利迪（1994）认为，本族语者教师接受的所谓正统交际观中反映出来的教学观和学习观，与产生于英语起源地——英国、澳大利亚和北美（即霍利迪所谓 BANA[①] 环境）——的文化密切相关的假设有关。这些国家一些语言中心所制订的教学方法主要是针对研究所和大学里的学习者，他们学习英语通常出于工具性理由，即达到学术或专业目的，或为新移民做准备。然而，其需求可能与世界其他地区在国家教育项目（即公立学校）中——在高校、中学、小学——中（即在所谓 TESEP[②] 环境下）的英语学习者的需求

[①] 此处是英语中"Britain""Australia""North America"的首字母缩略语。——译者注

[②] 此处是英语中"tertiary""secondary"两个词前两个首字母，加"primary"首字母的缩略形式。——译者注

大相径庭。在某种环境里发展起来的方法未必适用于另外一种环境。正如霍利迪所指出,多数关于交际语言教学的文献中所反映出来的主要是英美澳对教学、学习、教师、学习者和课堂等方面的认识。在此类环境中,"英语教学往往具有工具性,因为语言教学是在私立语言学校的氛围中发展起来的,而这种教学机构有相当大的自由提出自己的教学方法,并将其升级、完善为可以满足学习者确切需求的精密工具。"相反,在 TESEP 环境中,"英语……是作为整体课程设置中一个课目来教授的,因此受到更大的教育、制度、社会力量的影响和制约,与英美澳环境中有着相当大的差异"(Holliday 1994：4)。

- **交际语言教学不适用于不同的学习文化。**交际语言教学在欧洲以外国家的尝试通常并不那么成功,因为这些国家的学习者关于教学和学习本质的假设与中国、东亚及其他国家学习者对学习本质的假设不同(Ahmad & Rao 2012)。金与科塔齐(Jin & Cortazzi 2011：571)评论道:

> 20 世纪 80、90 年代,中国全国对交际法的接受速度很缓慢;教师经常谈及"中国环境"和对兼顾某些交际教学的技巧,但同时也是保留了一些传统方法的"折中教学法的需求"。

赫德(Hird 1995,引自 Liao 2000)评论道:

> 许多教师认为,由于中国有其特殊性,交际语言教学不可行。这种特殊性包括教师缺乏进行交际教学的能力与以语法为核心的考试带来的压力……这可能是因为中国的英语教学环境与孕育交际法的环境迥然而异。

其他地区的观察者给出了相似的解释。瓦西洛普洛斯(Vasilopoulos)对韩国交际语言教学的状况做出了如下描述:

> 交际语言教学引入韩国已有多年了;然而,尽管进行了课程改革,而且时间也已过去很久,但是仍有许多人对交际方法在韩国英语语言课堂

教学中的有效性抱怀疑态度。

乔德瑞（Chowdhry 2010）写道：

> 在孟加拉国，学生希望教师是权威人物，教学采用传统"古板"的以教师为中心的教学方法，即教师发号施令，学生遵令行事……上大学之前，学生不接受技能培养类课程的学习。因此，交际法……对他们而言似乎很陌生。学生往往拒斥这种新方式，抱怨教师并没有在教学……他们知道自己的状态和角色突然与某种新事物发生冲突，他们对这种新游戏的规则不再熟悉。

- **交际语言教学反映出西方自上而下式的创新。**如第 1 章所述，库玛拉瓦迪维路（Kumaravadivelu 2012）对交际语言教学及类似的西方或"中心式"方法的影响提出了更为激进的批判，他认为，实现交际语言教学方法的交际大纲和通用程序并没有体现出学生需求和目标的多样性。

结　　论

在本章中，我们考察了交际语言教学的发展，对交际语言教学的多种不同方式以及最近有人提出的一些批评进行了解读。最好将交际语言教学看作一种宏观的途径，而不是一种方法。它指的是反映语言和语言学习的交际观，且能够用于支撑多种课堂教学程序的一系列原则，其中包括：

- 学习者通过使用语言交际来学习语言。
- 真实有意义的交际应该是课堂活动的目标。
- 流利性是交际的一个重要维度。
- 交际涉及不同语言技能的整合。
- 学习是一个创造性的建构过程，并且包含尝试和错误。

5 交际语言教学

交际语言教学产生于世界许多地方已经做好范式转换准备的时候。对高效语言教学途径的需求来自各个方面,包括欧洲理事会和许多国家的教育部。人们认为,情境语言教学和听说法不再是合适的方法。交际语言教学优先关注具有互动性的交际过程,因此吸引了那些寻求更人性化的教学途径者。交际教学途径因为在英国很快就被语言教学界奉为正统,并得到著名应用语言学家、语言专家、出版商以及英国文化委员会等机构的认可与支持,因此在全球范围内得到迅速接受与传播(Richards 1985)。

交际语言教学自诞生以来,其倡导者一直在寻求将其原则应用于教学/学习过程的各个方面,因此其发展经历了多个不同的阶段。第一阶段关注的重心是制订与交际能力概念相匹配的教学大纲,结果导致了许多从意念和功能方面而不是语法结构方面组织大纲的方案的形成(Wilkins 1976)。第二阶段关注的焦点是识别学习者需求的程序,结果提出了将需求分析作为交际方法重要组成部分的各种方案(Munby 1978)。第三阶段的侧重点是可支撑交际的各种类型的课堂活动,如小组活动、任务和信息差活动(Prabhu 1987)。

雅各布斯与法雷尔(Jacobs & Farrel 2003)认为,始于20世纪80年代的范式转换引发了语言教学途径八个方面的重要变化——这种变化超出了交际语言教学本身的范围,而且体现在其他最近兴起的语言教学途径和方案中,如内容与语言融合式学习(第6章)、文本型教学(第10章)和任务型语言教学(第9章)。这些改变是:

1. 学习者自主。在学习内容和可以采用的学习过程方面,给予学习者更大的选择自由(参见第19章)。小组与自我评价在教学中的应用就是这方面的例证。
2. 学习的社会本质属性。学习并非个人的私人活动,而是以与他人互动为基础的社会活动。所谓合作语言学习(第13章),如同有时被引用来支持内容与语言融合式学习和任务型语言教学的社会文化学习理论，乃是这一观点的反映。

3. 课程整合。课程设置中课目之间的联系得到重视，这样一来，英语就不再是一个独立的课目，而是与课程设置中的其他课目联系了起来。文本型教学（见下文）体现了这种途径，以培养课程设置中各个学科文本类型的流利性。语言教学中采用的项目也要求学生课外对一些问题进行探索——（这是）内容与语言融合式学习的一个特征。

4. 关注意义。意义被看作学习的驱动力。内容型教学和内容与语言融合式学习乃是这一观点的反映，两者均旨在通过语言学习活动的核心即内容来探索意义（参见第 6 章）。

5. 多样性。学习者学习采用的方式因人而异，各有其优势。教学中需要对这些差异予以考虑，而非试图将学生按照一个模子来进行培养。这就导致语言教学中对培养学生学习策略的使用和意识的重视（参见第 19 章）。

6. 思维技能。语言应该成为高级思维——亦称批判性创造性思维——技能培养的一种手段。这在语言教学中意味着学生不是为学习语言而学习语言，而是为了培养思维技能，并将之应用于语言课堂之外的情境。

7. 另类评估（alternative assessment）。需要用新形式的评估，来代替传统测试低级技能的选择题与评估项目。有多种形式的评估（如观察、访谈、日志、档案袋等）都可用于对学生用第二语言做什么进行综合描述。

8. 教师作为共同学习者。教师被看作是促进者，在不断地尝试各种不同的选择（即在做中学）。这在语言教学中引发了对行动研究（action research）和其他多种形式课堂调查的关注。

到 21 世纪，从一方面来看，关于交际语言教学的一些假设和实践已经为人们所耳熟能详,成为为人们所普遍接受且无争议的教学理论和实践宝库的一部分。这些理论和实践具有很强的普适性,足以支撑各种各样的教学实践。另一方面,当今的语言教学是一种更加本土化的活动,受特定的学习环境和文化的制约,并且人们相信,采用全球通用的办法来解决地方性的难题越来越有问题。需要对本土的教学实践进行研究和描述,来确定其本质,并确定交际语言教学的理念是否与本土语言教学实践相兼容或者对其有贡献。

讨论问题

1. 交际语言教学在理论、设计和程序的层面上,有多种解读。其中有哪些不同的解读呢?阅读本章后,您如何跟同事定义交际语言教学?交际语言教学随着时间的流逝,以哪些方式演进?
2. "继续固守根据情境事件预测语言这一幻想是没有未来的。"(第84页)您能想象出在什么情况下,可能在很大程度上预测真实语言的使用吗?即使可能预测,你能想象出使用本族语者所预测的语言作为语言大纲的基础有什么弊端吗?
3. 向同事解释意念与功能之间的差异,以及如何将其详细说明应用于支撑欧洲的交际大纲。
4. 您在本章中读到"美英两国的支持者都通常将交际语言教学看作一种途径(approach[①])(而非一种方法(method)),旨在(1)将交际能力看作语言教学的目标和(2)制订兼顾语言与交际相互依赖性的四项语言技能的教学程序"。他们为什么称其为一种途径,而不是一种方法(必要时,请回顾第2章第21页安东尼对途径(理论)、方法和技巧的描述)?
5. 一位同事忧心忡忡地对您说,他/她可能在语法上花费了太多的时间。根据卡纳尔、斯温交际能力的四维度说,您如何建议同事在这四个方面做出平衡?
语法能力
社会语言能力
语篇能力
策略能力

[①] 这个词在各章中因为皆指语言教学背后的语言理论和学习理论,故译作"理论"。

6. 支撑交际途径的学习理论有哪些？您能举例说明每一种理论何以可能转换为课堂教学程序吗？
7. 您已经阅读过关于分别以准确性和流利性为重心的各种活动之间差异的描述。下面这些活动分别属于哪种类型？

   填写入境申请表

   午餐时与同事交谈

   在商务会议上发言

   向警察报告一起盗窃案

   在紧急情况下呼救

   您认为应该如何平衡交际语言教学中的准确性和流利性？您认为同时对两者加以关注很重要吗？
8. 学习者生成型大纲（97—98页）的宗旨之一是，让学生对自己的学习过程有更多的控制权，鼓励他们对自己的学习承担责任。针对同事的下列关切，您应如何回应呢？

   "这对我的学生而言根本不适用；他们不知道自己需求什么。"

   "这也许适用于成人学习者，但对十岁的学生而言，会造成极大的混乱。"

   "理论上听起来不错，但我如何能确保学生做好准备参加全国考试呢？"
9. 本章中介绍了"功能性交际活动"与"社会性交际活动"的不同。请向同事解释这一不同，并用实例加以说明。
10. "因此，交际语言教学法专家建议学习者应该认识到交际失败是共同的责任，而非言说者或听者的过失。同样，交际的成功也是共同来实现和认可的（第98页）。"请将此说法与听说法（第4章）或口语法（第3章）处理错误的方式做一对比。两者之间有何不同？
11. 本章最后对许多对交际语言教学的批评进行了讨论。其中是否有您同意者？您认为此问题可以以某种方式（如通过改造交际语言教学）加以解决吗？或者说，这些批评是否会导致产生对一种完全不同的语言教学方式的需求？
12. 范艾克与亚历山大认为，学习者交际能力的发展需要大纲包含下表中所列关于交际的各个方面。请回顾一下第93页对交际的这些方面的描述，然后找一本您熟悉的通行教材，给出实现或者向学生交流下列每一个方面活动的例子。第一个例子已经给出。

语言方面	在课本中的实现
目标	如：在本单元中，学生需要给他们的讲师写一封信，申请延期。
背景	
角色	

续表

语言方面	在课本中的实现
交际事件	
语言功能	
意念	
语篇与修辞技能	
多样性	
语法内容	
词汇内容	

参考文献与延伸阅读

Abbs, B. A., and I. Freebairn. 1977. *Starting Strategies*. London: Longman.

Alexander, L. G. 1978. *Mainline Beginners*. London: Longman.

Ahmad, S. and C. Rao. 2012. Does it work: implementing communicative language teaching approach in an EFL context. *Journal of Education and Practice* 3(12).

Allen, J. P. B. 1980. A three-level curriculum model for second language education. Mimeo, Modern Language Center, Ontario Institute for Studies in Education.

Applebee, A. N. 1974. *Tradition and Reform in the Teaching of English: A History*. Urbana, IL: National Council of Teachers of English.

Austin, J. L. 1962. *How to Do Things with Words*. Oxford: Clarendon Press.

Barnaby, B., and Y. Sun. 1989. Chinese teachers' views of Western language teaching: context informs paradigms. *TESOL Quarterly* 23(2): 219−238.

Breen, M., and C. N. Candlin. 1980. The essentials of a communicative curriculum in language teaching. *Applied Linguistics* 1(2): 89−112.

Brumfit, C. 1980. From defining to designing: communicative specifications approaches to teaching proceedings of a European-American Seminar. Special issue of *Studies in Second Language Acquisition* 3(1): 1−9.

Brumfit, C. J. and K. Johnson (eds.). 1979. *The Communicative Approach to Language Teaching*. Oxford: Oxford University Press.

Byrne, D. 1978. *Materials for Language Teaching: Interaction Packages*. London: Modern English Publications.

Canale M., and M. Swain. 1980. Theoretical bases of communicative approaches to

second language teaching and testing. *Applied Linguistics* 1(1): 1–47.
Candlin, C. N. 1976. Communicative language teaching and the debt to pragmatics. In C. Rameh (ed.), *Georgetown University Roundtable 1976*. Washington, DC: Georgetown University Press. 237–256.
Candlin, C. N., C J. Bruton, and J. H. Leather. 1974. Doctor-patient communication skills. Mimeo, University of Lancaster.
Celce-Murcia, M. A., Z. Dörnyei, and S. Thurrell. 1997. Direct approaches in L2 instruction: a turning point in Communicative Language Teaching? *TESOL Quarterly* 31(1): 141–152.
Chomsky, N. 1957. *Syntactic Structures*. The Hague: Mouton.
Chomsky, N. 1965. *Aspects of the Theory of Syntax*. Cambridge, MA: MIT Press.
Chowdhry, M. R. 2010. International TESOL training and EFL contexts: the cultural disillusionment factor. *The TEFL Times*. Available at: http://www.eltworld.net/times/2010/09/international-tesol-training-and-efl-contexts-the-cultural-disillusionment-factor/
Cook, V. 2008. *Second Language Learning and Language Teaching*. 4th edn. London: Hodder Education.
Council of Europe. 2011. *Common European Framework of Reference for Languages: Learning, Teaching, Assessment*. Cambridge; Cambridge University Press.
English Language Syllabus in Malaysian Schools, Tingkatan 4–5. 1975. Kuala Lumpur: Dewan Bahasa Dan Pustaka.
Erben, T., R. Bail, and M. Casteneda. 2009. *Teaching English Language Learners through Technology*. New York: Routledge.
Efstathiadis, S. 1987. A critique of the communicative approach to language learning and teaching. *Journal of Applied Linguistics* 3: 5–13.
Etherton, A. R. B. 1979. The communicational syllabus in Practice Case Study 1: Malaysia. *The English Bulletin* 7(2): 17–26 [Hong Kong Ministry of Education].
Finocchiaro, M., and C. Brumfit. 1983. *The Functional-Notional Approach: From Theory to Practice*. New York: Oxford University Press.
Firth, R. 1957. *Papers in Linguistics: 1934–1951*. London: Oxford University Press.
Geddes, M., and G. Sturtridge. 1979. *Listening Links*. London: Heinemann.
Green P. 1987. *Communicative Language Testing: A Resource Book for Teacher Trainers*. Strasbourg: Council of Europe.
Gumperz, J. I., and D. Hymes (eds.). 1972. *Directions in Sociolinguistics: The Ethnography of Communication*. New York: Holt, Rinehart and Winston.

Halliday, M. A. K. 1970. Language structure and language function. In J. Lyons (ed.), *New Horizons in Linguistics*. Harmondsworth: Penguin. 140–465.

Halliday, M. A. K. 1973. *Explorations in the Functions of Language*. London: Edward Arnold.

Halliday, M. A. K, 1975. *Learning How to Mean: Explorations in the Development of Language*. London: Edward Arnold.

Henner-Stanchina, C., and P. Riley. 1978. Aspects of autonomous learning. In *ELT Documents 103: Individualization in Language Learning*. London: British Council. 75–97.

Higgs, T., and R. Clifford 1982, The push towards communication. In T. Higgs (ed.), *Curriculum, Competence, and the Foreign Language Teacher*. Skokie, IL: National Textbook Company, 57–79.

Hilgard, E. R., and G. H. Bower. 1966. *Theories of Learning*. New York: Appleton-Century-Crofts.

Hinkley, E, (ed.). 2011. *Handbook of Research in Second Language Teaching and Learning*, Vol. II. New York: Routledge.

Hird, B. 1995. How communicative can language teaching be in China? *Prospect* 10(3): 21–27.

Holec, H. 1980. *Autonomy and Foreign Language Learning*. Strasbourg: Council of Europe.

Holliday, A. 1994. The house of TESEP and the communicative approach: the special needs of English language education. *ELT Journal* 48(1): 3–11.

Howatt, A. P. R. 1984. *A History of English Language Teaching*. Oxford: Oxford University Press.

Hu, G. 2005. *Potential Cultural Resistance to Pedagogical Imports: The Case of Communicative Language Teaching in China*. Available at:

http://www.freewebs.com/agapemanian/Language%20Teaching/Potential%20 Cultural%20Resistance%20to%20pedagogical%20imports.pdf

Hymes, D. 1972. On communicative competence. In J. B. Pride and J. Holmes (eds.), *Sociolinguistics*. Harmondsworth: Penguin: 269–293.

Jacobs, G. M., and T. S. Farrell 2003. Understanding and implementing the CLT paradigm. *RELC Journal* 34(1): 5–30.

Jilani, W. 2004. Conditions under which English is taught in Pakistan: an applied linguistic perspective, *SARID Journal* 1(1).

Jin, L., and M. Cortazzi. 2011. Re-evaluating traditional approaches to second language teaching and learning. In Hinkley (ed.), 558-575.

Johnson, K. 1982. *Communicative Syllabus Design and Methodology*. Oxford: Pergamon.

Johnson, K. 1984. Skill psychology and communicative methodology. Paper presented at the RELC seminar, Singapore.

Johnson, K., and H. Johnson. 1998. Communicative methodology. In K. Johnson and H. Johnson (eds.), *Encyclopedic Dictionary of Applied Linguistics*. Oxford: Blackwell. 68-73.

Jones, N. 1995. Business writing, Chinese students and communicative language teaching. *TESOL Journal* 4(3): 12-15.

Jupp, T. C., and S. Hodlin. 1975. *Industrial English: An Example of Theory and Practice in Functional Language Teaching*. London: Heinemann.

Kumaravadivelu. B. 2012. Individual identity, cultural globalization, and teaching English as an international language: The case for an epistemic break. In L. Alsagoff, W. Renandya, G. Hu, and S. McKay (eds.), *Principles and Practices for Teaching English as an International Language*. New York: Routledge. 9-27.

Lee, J., and B. Van Patten. 1995. *Making Communicative Language Teaching Happen*. San Francisco: McGraw-Hill.

Li, D. 1998. "It's always more difficult than you plan and imagine": teachers' perceived difficulties in introducing the Communicative Approach in South Korea. *TESOL Quarterly* 32(4): 677-703.

Liao, X. Q. 2000. How CLT became acceptable in secondary schools in China: the Internet. *TESOL Journal* 6(10).

Littlewood, W. 1981. *Communicative Language Teaching*. Cambridge: Cambridge University Press.

Littlewood; W. 1984. *Foreign and Second Language Learning: Language Acquisition Research and Its Implications for the Classroom*. Cambridge: Cambridge University Press.

Met, M. 1993. Foreign Language Immersion Programs. ERIC document (ED363141).

Morrow, K, and K. Johnson. 1979. *Communicate*. Cambridge: Cambridge University Press.

Munby, J. 1978. *Communicative Syllabus Design*. Cambridge: Cambridge University Press.

Nunan, D. 1988. *The Learner-Centred Curriculum: A Study in Second Language Teaching*. New York: Cambridge University Press.

Oxford, R. 1989. Language learning strategies, the communicative approach and their classroom implications. *Foreign Language Annals* 22(1): 29−39.

Pica, T. 1988. Communicative language teaching: an aid to second language acquisition? Some insights from classroom research. *English Quarterly* 21(2): 70−80.

Porter, P. A. 1983. Variations in the conversations of adult learners of English as a function of the proficiency level of the participants. Ph.D. dissertation, Stanford University.

Prabhu, N. S. [1983] 1987. *Second Language Pedagogy*. Oxford: Oxford University Press.

Richards, J. 1985. The secret life of methods. In J. C. Richards, *The Context of Language Teaching*. Cambridge: Cambridge University Press. 32−45.

Richards, J. C., and D. Bohlke. 2012. *Four Corners*, levels 1−4. New York: Cambridge University Press.

Richards J. C., J. Hull, and S. Proctor. 2012. *Interchange*. 4th edn. New York: Cambridge University.

Rodgers, T. 1979, The Malaysian communicational syllabus: a developer's reflection. *The English Bulletin* 7(3): 19−25 [Hong Kong Ministry of Education].

Rodgers, T. 1984. Communicative syllabus design and implementation: reflection on a decade of experience. *RELC Journal* (Fall): 28−52.

Savignon, S. 1972, Teaching for communicative competence: a research report. *Audiovisual Language Journal* 10(3): 153−162.

Savignon, S. 1983. *Communicative Competence: Theory and Classroom Practice*. Reading, MA: Addison-Wesley.

Savignon, S. 1991. Communicative language teaching: state of the art, *TESOL Quarterly* 25(2): 261−277.

Searle, J. R. 1969. *Speech Acts: An Essay in the Philosophy of Language*. Cambridge: Cambridge University Press.

Sinclair, J. McH., and R. M. Coulthard. 1975. *Towards an Analysis of Discourse*. Oxford: Oxford University Press.

Skehan, P. 1998. *A Cognitive Approach to Language Learning*. Oxford: Oxford University Press.

Swan, M. 1985. A critical look at the communicative approach. *English Language Teaching Journal*, pt. 1, 39(1): 2−12.

Van Ek, J. A. 1975. *The Threshold Level in a European Unit/Credit System for Modern Language Teaching by Adults*. Systems Development in Adult Language Learning.

Strasbourg: Council of Europe.

Van Ek, J., and L. G. Alexander. 1980. *Threshold Level English*. Oxford: Pergamon.

Vasilopoulos, G. 2008. Adapting communicative language instruction in Korean universities. *The Internet TESOL Journal* 15(8).

Vygotsky, L. S. 1978. *Mind in Society: The Development of Higher Psychological Processes*. Cambridge, MA: Harvard University Press.

Watcyn-Jones, P. 1981. *Pair Work*. Harmondsworth: Penguin.

Wei, L. 2011. CLT in EFL context: not a universal medicine. *IDIOM 41*(2), Summer 2011: *Internet Resources*.

Wenjie, C. 2009. *Using CLT to Improve Speaking Ability of Chinese Non-English Major Students*. Available at: http//minds.wisconsin.edu/bitstream/handle/1793/34646/Cai,%20Wenjie.pdf

Widdowson, H. G. 1972. The teaching of English as communication. *English Language Teaching* 27(1): 15−18.

Widdowson, H. G. 1978. *Teaching Language as Communication*. Oxford: Oxford University Press.

Widdowson, H. G. 1979. The communicative approach and its applications. In H. G. Widdowson, *Explorations in Applied Linguistics*. Oxford: Oxford University Press. 251−264.

Wilkins, D. A. 1972. The linguistics and situational content of the common core in a unit/credit system. Ms. Strasbourg: Council of Europe.

Wilkins, D. A. 1976. *Notional Syllabuses*. Oxford: Oxford University Press.

Wilkins, D. A. 1979. Notional syllabuses and the concept of a minimum adequate grammar. In C. J. Brumfit and K. Johnson (eds.), *The Communicative Approach to Language Teaching*. Oxford: Oxford University Press. 91−98.

Wrights, A. 1976. *Visual Material for the Language Teacher*. London: Longman.

Yalden, J. 1983. *The Communicative Syllabus: Evolution; Design and Implementation*. Oxford: Pergamon.

附录：交际教学中的一课

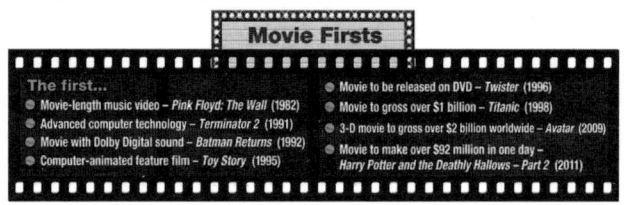

14 Behind the scenes

1 SNAPSHOT

Movie Firsts

The first...
- Movie-length music video – *Pink Floyd: The Wall* (1982)
- Advanced computer technology – *Terminator 2* (1991)
- Movie with Dolby Digital sound – *Batman Returns* (1992)
- Computer-animated feature film – *Toy Story* (1995)
- Movie to be released on DVD – *Twister* (1996)
- Movie to gross over $1 billion – *Titanic* (1998)
- 3-D movie to gross over $2 billion worldwide – *Avatar* (2009)
- Movie to make over $92 million in one day – *Harry Potter and the Deathly Hallows – Part 2* (2011)

Sources: www.imdb.com; www.listology.com

Have you seen any of these movies? Did you enjoy them?
What's the most popular movie playing right now? Have you seen it? Do you plan to?
Are there many movies made in your country? Name a few of your favorites.

2 CONVERSATION *Movies are hard work!*

A Listen and practice.

Ryan: Working on movies must be really exciting.
Nina: Oh, yeah, but it's also very hard work. A one-minute scene in a film can take days to shoot.
Ryan: Really? Why is that?
Nina: Well, a scene isn't filmed just once. Lots of different shots have to be taken. Only the best ones are used in the final film.
Ryan: So, how many times does a typical scene need to be shot?
Nina: It depends, but sometimes as many as 20 times. One scene may be shot from five or six different angles.
Ryan: Wow! I didn't realize that.
Nina: Why don't you come visit the studio? I can show you how things are done.
Ryan: Great, I'd love to!

B Listen to the rest of the conversation.
What else makes working on movies difficult?

151

3 GRAMMAR FOCUS

The passive to describe process

is/are + past participle
A scene **isn't filmed** just once.
Only the best shots **are used**.

Modal + be + past participle
One scene **may be shot** from five or six different angles.
Lots of different shots **have to be taken**.

A The sentences below describe how a movie is made. First, complete the sentences using the passive. Then compare with a partner.

Before filming

- To complete the script, it has to .... (divide) into scenes, and the filming details need to .... (write out).
- [1] First, an outline of the script has to .... (prepare).
- Next, actors .... (choose), locations .... (pick), and costumes .... (design). Filming can then begin.
- Then the outline .... (expand) into a script.
- After the script .... (complete), a director must .... (hire).

During and after filming

- The final film you see on the screen .... (create) by the director and editor out of thousands of different shots.
- Soon after the film has been edited, music .... (compose) and sound effects may .... (add).
- After the filming .... (finish), the different shots can then .... (put together) by the editor and director.
- [6] Once shooting begins, different shots .... (film) separately. Scenes may .... (not shoot) in sequence.

B **PAIR WORK** Number the sentences in part A (before filming: from 1 to 5; during and after filming: from 6 to 9).

4 LISTENING *I love my job!*

A Listen to an interview with a TV producer. Write down three things a producer does.

Things a producer does	Personality traits
1.	
2.	
3.	

B Listen again. What are three personality traits a producer should have? Complete the chart.

6
内容型教学和内容与语言融合式学习

引　言

　　内容型教学（Content-Based Instruction，简称 CBI）是一种第二语言教学的途径，围绕学生将要学习的内容或课目——如历史或社会研究——组织教学，而不是围绕语言或其它类型的教学大纲组织教学。因此，学生同时学习语言与内容，二者相互支持协同发展（Lyster 2007）。尽管内容型教学这一术语已被广泛（尤其是在北美）用于描述这种教学项目，但是，在欧洲，相关的教学途径被称为内容与语言融合式学习（Content and Language Integrated Learning，简称 CLIL）。这两种途径的关注点稍有不同，恰如情境语言教学与听说法（一个产生于欧洲；一个发源于美国）关注点不同（参见第 3 章和第 4 章）。世界上许多地区都将英语作为教学媒介，内容型教学和内容与语言融合型学习乃是这一发展趋势的组成部分（Graddol 2006）。二者有共同特征，但亦有差异。内容型教学通常或者由教授语言的英语教师与教授课程内容的教师合作教授某一门课程，或者由内容教师为英语第二语言学习者设计、教授该课程。内容与语言融合式学习如同内容型教学，通常由学科内容教师用第二语言或外语教授课程内容，但是也可能涉及语言课上使用的主题内容。也就是说，内容与语言融合式学习的课程设置可能肇始于语言课，而内容型教学则往往以内容型课堂教学的目标为起点。内容型教学是以有组织的形式出现的，得到了许多学者、教育家的背书，并且有相当长的一段时间大量研究文献的支撑，但却没有得到官方的认可。相反，内容与语言融合式学习是在欧洲委员会的官方政策文件中正式提出的，鼓励其成员国使用"多种语言媒介在学校中进行教学"（EC，1976）。自 1994 年以来，"CLIL"这一缩略词在欧共体成员国广泛传播，并依法成为"旨在实现在欧洲培养多语种人口这一政策目标的核心工具"（Dalton-Puffer 2007：1）。与任务型教学不同的是，内容与语言融合式学习不仅鼓励欧共体全体公民的多语制，而且也追求"维护当地语言的独立性和健康发展"（EURYDICE 2013）。这是因为内容与语言融合式学习并不是一种在英语第二语言环境中实施的沉浸式课程，而是培养将英语作为通用语者的英语语言技能。

根据本书使用的框架，内容型教学和内容与语言融合式学习皆为途径，而非具体方法，因为两者均是指导语言课程设计的一套原则，却并未规定可以使用的方法。

近年来，有多种原因可以解释这种方案的扩张。

1. 交际语言教学（CLT）原则的应用。交际语言教学（第 5 章）的根本原则之一是课堂教学应该关注真实的交际和信息交换；因此，在理想的第二语言学习情景中，语言教学的题材不是语法、功能或某些基于语言的组织单元，而是内容，也就是语言领域之外的题材。所正在教授的语言可用于呈现题材，并且学生将语言作为学习了解真实世界内容的副产品来学习。
2. 移民落地课程与正规化课程（on-arrival and mainstreaming programs）的基础。自 20 世纪后半叶以来，许多英语国家都接收了大量移民及其他国家由于动乱而流离失所者。移民落地课程（on-arrival programs）通常关注新到达的大量移民与某一国家其他人生存所需要的语言。这些学习者一般需要学会如何处理不同的真实世界内容，才能在社会上生存。这些情况下一般推行内容型课程。正规化课程或者英语水平受限学生课程（Programs for Students with Limited English Proficiency，简称 SLEP）特别针对其父母可能接受过落地课程的儿童，但是更为普遍的一种情况是，为因语言水平受限无法正常接受普通学校教学的学龄儿童提供的课堂或课外教学。这些课程专注于为学生提供进入正常学校课程学习所需的语言技能与其他技能，通常包括如何通过第二语言完成学业任务、理解课业内容。内容型教学乃是一种学术技能与语言能力兼顾培养的一种途径。

3. 对沉浸式教育（immersion education）的支撑。自 20 世纪 80 年代以来，为了推动大语种使用者的语言学习，如讲英语的加拿大人的法语学习，一种被称为沉浸式教育的教学途径盛行于某些国家。沉浸式教育是使用外语作为媒介教授普通学校课程的一种外语教学。外语是内容教学的工具，不是教授的一门课目。因此，例如，讲英语的儿童可能进入以法语为所有内容课目教学媒介的小学。沉浸式课程的教学目标包括：(1)提高外语水平；(2)培养对讲外语者及其文化的积极态度；(3)培养与学生年龄和能力相适应的外语技能；(4)获得课程领域内规定的技能和知识。沉浸式课程已在北美许多地区推行，而且已开发出另类形式的沉浸式课程。在美国，沉浸式课程已被用于多种语言的教学中，包括法语、德语、西班牙语、日语、汉语和夏威夷语。

4. 通过内容与语言融合式学习推进双语制（bilingualism[①]）。各种不同种类的内容与语言融合式学习型课程在欧洲的剧增乃是推进欧洲双语制政策的一部分，这在欧洲委员会的白皮书《教与学：迈向学习型社会》（*Teaching and Learning: Towards the Learning*

---

① 这个术语字面是"双语制"，但是在本章中指掌握两种或两种以上的情形，因此亦可译作"多语制"。——译者注

Society)(1995）中有所体现，其"目标之一是'1+2政策'，即欧盟公民具备讲一门母语和另外两门区域外语的能力"（Llinares, Morton & Whittaker 2012：1）。在欧洲，内容与语言融合式学习被认为是对全球化的一种回应，是知识型经济和社会的需求。根据科伊尔、胡德和马什（Coyle, Hood & Marsh 2010：5—6）的观点，"许多内容与语言融合式学习型课堂实践使学习者积极参与探索（研究）、采用复杂的过程与方式解决问题（创新），来开发其获取知识和技能（教育）的潜能"。科伊尔等人（2010：8）提出内容与语言融合式学习在欧洲之所以广泛传播，原因有四种：

> 家庭要求其子女至少掌握一门外语；政府要求改善语言教育，来获取社会-经济优势；在超越国家的层面上，欧洲委员会想为加强包容性和经济实力奠定基础；最后，在教育层面上，语言专家看到了将语言教育与其他学科进一步融合的潜能。

由于以上因素，目前，不同种类的内容型课程和内容与语言融合型课程在世界许多地区都非常兴盛，而且这些课程与传统的第二语言或外语教学途径有霄壤之别。为了更好地理解内容型教学课程与内容与语言融合式学习型课程的实践，有必要首先对二者背后的原则加以考察，然后对这些原则如何应用于语言教学课程和教材进行探讨。除了一些不同之处外，这两种途径将一并探讨。

理　　论

内容型教学和内容与语言融合式学习乃是围绕某些核心原则构建起来的，可陈述如下：

- 人们如果将语言看作理解内容的一种手段，而非目的本身，那么其第二语言的学习就会更加成功。这一原则将内容型教学和内容与语言融合式学习与传统语言课程区别开来，在后者中，语言教学大纲是课程组织的基础，并且教学内容的选择依据是如何更好地支撑语言大纲。

- 内容型教学能更好地反映学习者学习第二语言的需求。内容型课程的宗旨是帮助学习者适应学业学习或在英语环境中生存，这一事实乃是这一原则的体现。同样，内容与语言融合式学习既能支持个人发展，又能支持双语公民的培养。
- 内容为激活作为第二语言学习的起点的认知与互动过程，奠定了基础。人们认为，专注于有意义、富有吸引力内容的理解与表达能够激活一系列认知技能，从而为有助于第二语言自然发展的学习、智力、互动过程奠定了基础。

布林顿（Brinton 2007）提出了关于内容型教学更具体的原理：

1. 内容型课程设置消除了语言与内容之间的任意区别。
2. 内容型教学将学习者最终对第二语言或外语的使用一并加以考虑，反映了学习者的兴趣和需求。
3. 内容型教学以真实材料和任务的形式，为学习者提供了接触有意义需要认知投入语言的机会，从而为第二语言的习得创设了最佳环境。
4. 内容型教学为学习者提供了与其语言水平和技能相适应的教学方法。
5. 内容型教学认为，语言是在一个宏观的交际框架里来学习的。
6. 内容型教学认为，保持内容的连续性（sustained content）是为学生语言学习提供真实有意义材料所必备的条件。
7. 内容型教学认为，丰富且可理解的输入对于高级学术语言能力的发展是必要但并非充分条件。

8. 内容型教学高度重视准确性反馈,以帮助学生的输出靠近目标语。
9. 内容型教学通过语言强化教学(如技能型教学和语法、词汇、语体与语域应用意识的强化)补充输入。
10. 最后,内容型教学的目标是在关注流利性和关注准确性之间取得平衡。

内容与语言融合式学习背后的原则指的是如下一个事实,即人们认为,它既有助于实现个人语言学习的目标,又有助于实现教育、社会、跨文化的语言学习目标。科伊尔等人(2010:42)对这些原则做出了如下总结:

- 教学内容不仅关涉知识和技能的获取,而且关涉学习者自己的知识与认识的创造和技能的培养(个性化学习)。
- 内容与学习和思维过程(认知)相联系。为了使学习者能够创造性地对内容做出解读,就必须对用于表述内容的语言进行分析。
- 所学习的语言需要与学习的环境相联系,与通过所学语言所进行的学习相联系,进而与内容的重构相联系,而且如上所述,与认知过程相联系。所学习的语言需要清楚易懂而且可及。
- 学习环境中的互动是学习的根本。这在学习环境以外语为媒介发挥作用的条件下,才有意义。
- 语言与文化之间关系复杂。跨文化意识对内容与语言融合式学习至关重要。
- 内容与语言融合式学习不能脱离大的教育环境,前者是在后者中发展起来的,因此为更有效地实施内容与语言融合式学习,必须将环境变量(如课程设置的总目标)一并加以考虑。

语言理论

内容型教学和内容与语言融合式学习背后关于语言本质的假设有多

种，兹总结如下：

1. **词汇是语言与内容融合的核心**。由于专门词汇表被用以表达不同课目或内容领域的意义，因此，特定课目词汇的习得是内容型教学和内容与语言融合式学习型课程的重要组成部分。不同课目的核心词汇可以通过语料库研究，对从真实言语或语料库中提取出的语言进行分析，以此方式来加以确定，作为专业词汇表的基础，如考克斯黑德学术词汇表（Coxhead Academic Word List）（2000, 2010）由570个在许多不同的学术文本中高频出现的词族构成，是学生进行专业学习与研究所必须掌握的重要词汇。林纳瑞斯等人（Llinares et al. 2012：191）指出：

   > 不同于外语课堂上交流所需要的词汇类型，内容与语言融合式学习环境中的第二语言学习的一个独特特征是，教学语言中用于表达内容所需要的往往是技术性的抽象词汇。

2. **语法是内容表达的资源**。语法是根据其在内容表达中的作用来习得的。语法进阶（grammatical progression）的基础是内容表达的需求，而非语法项目的难度。"它采用语用与语言途径通过使用来发展语言"（Coyle et al. 2010：59）。这可能需要"采用一种深度沉浸式的途径，通过在各门课内容与语言融合式学习型课堂上的使用将语法点加以整合；需要探索学校所开设各门课程的读写实践，来寻求一种更为整合的途径"（同上）。

3. **语言的基础是文本与话语**。内容型教学和内容与语言融合式学习将语言看作是内容学习的一种工具，反之，内容在语言学习中的作用，亦然。这就意味着长于独立句子的语言单位具有核心地位，因为教学的重心在于如何通过文本和话语传达与构建意义和信息。核心的语言单位并不局限于句子和亚句（小句和短语）层面，而且包括可用以解释更长语言片段的使用方式的特征以及用于建立不同语类和文本类型衔接与连贯的特征。由于学业方面的学习要求学生熟悉不同学科领域中使用的一系列基本类型的文本，因此用于构建文本的语言是内容与语言融合式学习型课程关注的重心。学习语言在不同学科语类中的使用方式是内容型教学和内容与语言融合式学习的重心。林纳瑞斯等人（2012：109）做出如下论述：

> 学生需要理解并参与建构其所学学科的各种活动，这种活动在很大程度上是通过语言来进行的。虽然不同学科之间显而易见的差异存在于词汇方面……但教育语言学研究还表明，学科之间的差异也存在于语篇的功能结构方面。

4. **语言的使用需要多种技能的整合**。内容型教学和内容与语言融合式学习认为语言使用涉及多种技能。在内容型课堂教学中，学生通常要求参与需要将各种技能相联系才能完成的活动，因为这些技能一般来说在现实世界中就是以这种方式来运用的。因此，学生可能需要阅读、做笔记，听与写总结，或者以口头形式对其所读或所写的内容做出回应。语法不再被看作是语言的一个孤立的维度，而是其他技能的组成部分。基于话题或主题的课程为整合型技能教学途径的应用奠定了良好的基础，因为所选择的话题在不同的技能之间建立起了连贯性和连续性，而且将重心置于连续话语（connected discourse）而非孤立的片段（isolated fragments）中语言的使用上，从而将知识、语言与思维技能整合了起来。

学习理论

内容型教学和内容与语言融合式学习借鉴了许多关于第二语言学习本质的假设。其中有一些也适用于其他一些第二语言教学途径，还有一些则可以说是内容型教学和内容与语言融合式学习所特有（如对话式谈话——参见下文）。

1. 理解是第二语言学习发生的一个必要条件。"在任何类型的内容型课程中,教师的目标都是使学生能够理解通过第二语言讲授的课程"(Lyster 2011:617)。因此,通过变化语言的使用方式,来使题材(学科)内容易于理解,这在内容型教学和内容与语言融合式学习中极其重要。为让学习者能够理解所学习的内容,教师应像本族语者与第二语言学习者交流时一样,对所使用的语言做出相同的调整与简化。这类调整包括降低语速、调整话题、强调关键词或短语,通过重复、模仿和释义增加话语的冗余性,以及给出多个例子、定义、同义词来促进理解(同上)。

2. 意义协商在对内容的理解中发挥重要作用。这指的是教师与学生在内容理解过程中的协作。意义协商可以有多种形式:意义可以通过数次(个)而非一次(个)交换或者话轮来实现;一个言说者可以对另一言说者的所言加以扩展;一个言说者也可以为另一言说者提供所需要的词语或表达;一个人可以提问,来澄清另一个人所说的话。

3. 纠正性反馈可促进学习。学习者并非仅仅在参与内容型教学和内容与语言整合学习过程中"自然而然地获得"语言,而且借助于教师给予的纠正性反馈培养了其语言意识和提高了其语言准确性。利斯特与兰塔(Lyster & Ranta 1997:203)将这种反馈及其功能分为六种类型:

要求澄清的请求(clarification request)	表明没有听到或理解某个话语,有时意在引起对非目标形式的关注
明示纠错(explicit correction)	提供正确的表达形式,表明某个表达形式有错误
重铸(recast)	变换说法,对话语进行隐性纠正
诱发(elicitation)	采用某种技巧,如要求完成话语,直接诱发出正确的表达形式

续表

重复（repetition）	用升调重复错误
元语言反馈（metalinguistic feedback）	在不提供正确形式的情况下，分析学生话语结构的规范性与正确性

4. 对话式谈话有助于内容和语言的学习。内容型教学和内容与语言融合式学习课堂上使用的有效话语（discourse）应该具有对话式谈话（dialogic talk）的特征。对此，亚历山大（2008：30）做出如下描述，谈话应该能够"通过指导与诱发、减少选择，极大地减少风险与错误，加快概念与原则'转移'的结构、累积式提问与讨论"等，来达成"共同理解"。人们认为，对话式教学（dialogic teaching）是基于内容型教学和内容与语言融合式学习的教学方法的重要组成部分，"一方面是因为（它具有）强有力的认知孕育力，一方面是因为（它）提供了在课堂上接触、使用丰富的语言的机会"（Llinares et al. 2012：71）。

5. 先在的知识在内容型教学中发挥重要作用。学习者将多种先在的知识带到其学习中，其中包括关于世界的百科知识和关于事件、情境、状况及人在所有这一切中扮演的角色等方面的知识。学习者可能需要使用自己语言中创造的各种类型的文本（如说明性文本、信息性文本、叙事文本、描述性文本）。他们还需要提取与正在学习的内容有关的各种图式以及与情境、人物、事件相关的社会文化知识。学生如果能够通过激活相关的背景知识来做好准备，其第二语言内容的学习就会得到促进。

6. 支架式学习是内容型教学和内容与语言融合式学习的重要部分。支架可以定义为"教师帮助学习者掌握如何做某事，以便能够独立完成相似的任务的暂时辅助手段"（Gibbons 2002：10）。起初，学习者依靠经验丰富的他者而非他们自己，而随着时间的流逝，他们逐渐承担更多学习的责任。在课堂上，支架是两人或多人之间完成课堂活动的互动过程，其中一人（如教师或另一学习者）比另一人（学习者）所掌握的知识更丰富（Swain, Kinnear & Steinman 2010）。在此过程中，语篇通过得到辅助或中介的作业共同创造了出来，而且互动作为教师与学生之间一种联合的问题解决过程展开。虽说支架在所有课堂学习中都很重要，但在内容型教学和内容与语言融合式学习中却更为重要："在内容与语言融合式学习环境下，由于学生需要用外语来处理与表达复杂的思想，因此，教师的支架式就更有必要。"（Llinares et al. 2012：91）

教学设计

教学目标

内容型课程与内容与语言融合式学习课程目标多种多样，而且未必有重叠，因为二者发生的背景不同。内容型教学课程从内容驱动型到语言驱动型，多种多样，如下面引自梅特（Met 1999）的表格所示。

内容驱动型 CBI	语言驱动型 CBI
用二语教授内容	用内容学习二语
内容学习优先	语言学习优先
语言学习处于次要地位	内容学习是附带的结果
课程目标或课程设置决定内容目标	第二语言课程目标或课程设置决定语言目标
教师必须选择语言目标	对学生就需要整合的内容进行评价
对学生内容的掌握进行评价	对学生的语言技能／水平进行评价

全沉浸式与半沉浸式教学乃是内容驱动型课程的例子，而基于话题和主题的语言课程则是语言驱动型途径的例子。辅助性课程（adjunct course）兼具二者的特征，被描述为"语言（作为辅助）支撑课程与正常的学科内容课程相搭配，其目的是促使仍在学习教学所使用的语言者能够与语言水平更高或达到本族语水平者一起上课"（Crandall 2012：150）。

因此，内容型教学课程的目的或目标取决于课程的重点是通过第二语言掌握内容，还是通过内容掌握第二语言。但是，利斯特（Lyster 2011：615）认为，两种目标同等重要："第二语言的学习与学业成绩紧密联系，因此从教育目标的角度来看，两者具有同等地位。"此类内容型教学目标的一个例子是柏林自由大学（Free University of Berlin）的主题型语言强化课程（Intensive Language Course，简称 ILC）。课程围绕多个主题持续一年，有语言、策略、文化这几方面的目标（Brinton, Snow & Wesche 1989：32）：

1. 激活与发展现有的英语语言技能
2. 获得有助于未来语言发展的学习技能和策略
3. 培养适用于大学所有学科学习的一般学业学习技能
4. 增进对英语国家人民的理解

内容与语言融合式学习既有非常一般性的目标，也会有非常具体的目标。下面是前者的一个例子（CLIL 纲要）：

- 培养跨文化交际技能
- 为国际化做准备
- 提供从不同角度学习内容的机会
- 获取具体学科的目的语术语
- 提高整体目的语能力
- 培养口语交际技能
- 丰富课堂教学方法与形式
- 强化学习者学习动机。

以下是科伊尔等人（2010：17）从内容和语言两方面，给出的内容与语言融合式学习的具体标准。

内容	学习视角多样化，如历史模块中采用了不同语言的真实文本。 为将来学习做好准备，如以融合了国际词汇的信息与通信技术（Information and Communications Technology，简称ICT）为重心的模块。 工作技能，如为学生深入学习打基础培养其学业学习技能的课程。 用另一种语言获取特定学科的知识。
语言	提高目标语整体水平，如通过大量接触高质量的内容与语言融合式学习的语言。 培养口语交际技能，如通过提供多样化的交际路径。 强化第一语言和内容与语言融合式学习语言的意识，如有些学校50%的课程用其他语言教授，旨在为学习者打下更雄厚的知识和语言基础。 培养作为语言学习者和交流者的自信，如职业场景等实际、真实的语言情景。 介绍另一门语言的学习与使用，如活动导向型与语言学习目标结合的课程，诸如面向低龄学习者的游戏型"语言淋浴"（language showers）之类。

内容与语言融合式学习的倡导者也强调，内容学习与语言学习的融合应该极力培养既适用于学术内容的掌握又适用于人际交流的语言使用能力。卡明斯（Cummins 1984）称前者为认知学术语言能力（Cognitive Academic Language Proficiency，简称CALP），称后者为基本人际交流技能（Basic Interpersonal Communication Skills，简称BICS）。认知学术语言能力是完成学术任务所需要的特殊语言能力——这种任务通常需要有很大的认知投入，并且往往需要学习者独立完成。相反，人际交流相对来说不需要很大的认知投入，而是需要依赖语境来澄清意义。认知学术能力和基本人际交流技能之间的区别跟内容与语言融合式教学的关联性在于，具备良好认知学术语言能力的学习者未必能够熟练地使用语言进行社交和互动。林纳瑞斯等人（2012：220）指出："内容与语言融合式学习环境似乎并不代表在某种程度上自动获得基本人际交流技能的学习环境。"这就意味着，采用内容与语言融合式学习的教师需要格外努力，确保为学习者提供足够的学习人际交流技能的机会。相反，接受内容型教学的学生往往处于英语作为第二语言的环境中，其人际交流技能的发展可能是自发

获得过程。

教学大纲

如上所述，内容型教学课程的教学大纲取决于它主要是内容驱动型，还是语言驱动型。人们认为，某些方面的内容比其他方面的内容更适用于内容型教学和内容与语言融合式学习。例如，地理通常是"首选"的课目。地理具有"高度的视觉性、空间性和情境性；它本身适合于采用地图、图表和教具（来进行教学），而且其语言从本质上讲具有描写性，多用'是'（to be）、同源词和专有名词"等（Stryker & Leaver 1993：288）。由于某种程度上不同的原因，"心理学导论在采用双语教学的渥太华大学，为实施内容型教学创设了一个理想的情境，因为心理学是该大学注册人数最多的一门入门课程"，因此可能"吸引足够多的第二语言使用者，从而证明开设专题讲座或讨论课的合理性"（Brinton et al. 1989：46）。由于学生对所讲授的话题感兴趣，而且由于"课程内容组织高度严密、强调事实性信息的接受性学习，加上有现成的合适教材与影像学习资料"，因此这门课程受到进一步推崇（Brinton et al. 1989：46）。而另一方面，内容型教学课程则围绕许多不同类型的内容设置。据外语教育中内容型教学的多个个案研究报告，此类课程内容的选择范围广泛，包括"苏联生活与世界观专题"（Themes of Soviet[①] Life and Worldview）（俄语）、"格言、谚语与俗语"（Aphorisms, Proverbs, and Popular Sayings）（意大利语）、"20世纪拉丁美洲的宗教与变革"（Religion and Change in Twentieth-Century Latin America）（西班牙语）以及"法国媒体"（French Media）（法语）。斯特赖克与利弗（Stryker & Leaver 1993）报告了11个在不同的外语教学情境中使用多种课程内容的个案研究。

戴维斯（Davies 2003）给出了一个基于主题的心理学内容型教学大

---

① 现在应为"前苏联"。——译者注

纲，与一位心理学家合作教学：

- 第一单元　　　心理学简介
- 第二单元　　　学习的类型
- 第三单元　　　广告与心理技巧
- 第四单元　　　心理咨询
- 第五单元　　　心理疾病
- 第六单元　　　专题作业（项目）

戴维斯（2003）指出：

> 每个单元需要两到三周完成。学生每周上两次课，每次两个半小时。我们所使用的教学大纲与传统的心理学导论课程明显不同。我们的目标是让学生探索心理学的各个方面，而不是试图让他们对这一学科有全面的掌握，因为我们认为在这一阶段，这对学生来说还很难理解。实际上，主题内容型教学的一个优势是其灵活性；教师可以根据学习者的特殊需求构造学习单元。例如，第三单元以一些课本的阅读为开始，随后是问题和书面作业。完成上述任务后，给学生一些广告做分析，学生也可以把自己的广告案例带到小组上来讨论。最后是一个小组项目作业，要求学生设计出自己的产品广告，向同学展示，并说明人们为何要选择其产品，产品的目标客户是谁。他们设计的产品有基因工程蛋糕树和夜视照相机。

在语言驱动型的内容型教学课程中，传统的语言教学大纲可能提供课程的核心结构以及为语言的发展提供附加支持的内容。所选择的内容通常能吸引学习者，激发其学习动机；但是，评价的可能是其语言水平。"内容学习可能被看作是一种免费但受欢迎的副产品，但是学生或教师都没有责任保证学生掌握所学习的内容"（Met 1999）。

就内容与语言融合式学习课程而言，教学大纲同样取决于课程所依据的内容与语言融合式学习选择的途径以及课程设计针对的对象，是低龄学习者,还是中级学习者,抑或高级学习者。(关于对内容与语言融合式学习教学途径的进一步探讨,见下文。)

学习与教学活动的类型

关于活动类型,内容型教学中有许多描述。斯托勒和格拉比(Stoller & Grabe 1997)根据教学重心对活动进行了分类,其中包括语言技能提高、词汇累积、语篇组织、交际互动、学习技能以及内容材料与语法的结合。根据课程及其教学环境的类型,克兰德尔(Crandall 2012:151、152)对可用于教学的各种类型的活动做了梳理:

> 在内容型教学中,教师可以借鉴一系列相关有意义有吸引力能够以更自然的方式强化学生学习动机的活动,亦即涉及合作性、任务型、试验性和项目型学习的各种活动。其共同之处在于学生有机会使用语言完成各种任务、建构并反思口头或书面语篇表达出来的新意义……内容型教学课上所采用的口语和书面语内容教学材料有些是真实未经改编的文本,有些则是经过改编的文本,需要与学习者的认知水平和语言水平相适应,或者通过搭桥活动(bridging activities)使其易于接受(教科书、视听材料以及其他学习材料)。

同样,关于基于内容与语言融合型学习的教学途径,梅西斯托、马什与弗里戈洛斯(Mehisto, Marsh & Frigolos 2008:105)指出:

> 内容与语言融合式学习途径的多面属性涉及对学生兴趣、同伴合作学习以及批判性思维的培养等方法策略的额外关注。所有这一切促进了内容的学习,提供了更多对内容进行探讨和交流的机会。这种机会的增加,反过来为语言学习提供了支撑。

内容型教学的学习活动跟内容与语言融合式学习的学习活动,本质上并无不同,但是在实践中,二者可能由于学习者年龄及需求不同而异。

学习者的角色

内容型教学的目标之一是使学习者具有自主性,这样,他们才能够

"对自己的学习过程有深刻的领悟,而且……从一开始起就为自己的学习担负起责任"(Stryker & Leaver 1993:286)。另外,大部分内容型教学课程均期待学生通过协作式学习相互支持。这对那些习惯于班级集体或独立学习、教学方式的学生而言,可能是一个挑战。内容型教学属于"做中学"教育流派。在这种类型的教学中,学习者应在多个方面扮演积极的角色。他们应该积极地对输入内容进行解读,而且心甘情愿地忍受学习道路上遇到的不确定性,同时探索其他的学习策略,寻求从不同角度对口语和书面文本进行解读。

学习者自身可能是内容的来源,共同参与话题与活动的选择。这种新的语言教学途径要求学习者全身心的投入与付出,而且内容型教学的倡导者警告,有些学生可能并不喜欢这一系列新的学习者角色,因此可能并没有做好准备积极地去参与内容型教学课程的学习。有些学生可能会被内容型教学课程的大量新信息压垮,因此需要给予额外支持。据报告,还有一些学生因受到挫折,要求回归更具有结构性的传统课堂。

在内容型教学中,学习者应该通过引发和强化注意与意识的活动,同时学习语言和学科内容——因此,学习者应该采用有意识和直觉两种方式来加工语言。利斯特(2011:618)解释道:

> 引发和强化注意和意识的活动……旨在强化学生的元语言意识,以此作为从内容型输入中提取信息以及通过学科内容的教学学习语言的工具。

而对内容与语言融合式学习课程的学习者而言,其角色对成功至关重要:

> 教师和学生各自的角色是内容与语言融合式学习的中心,因为从本质上讲,它往往要求更多地采用以学生为中心的各种教学途径。而学生则一般认为,内容与语言融合式学习课程,尤其是在开始阶段很困难。另外,可以肯定的是,采用另一种语言参与学习具有适度认知挑战性的学科内容需要进行深度加工,这在教师仅仅为知识传播者的模式下是无法达到的。
>
> (Coyle et al.,2010:88)

因此，内容型教学和内容与语言融合式学习两者都需要学习者积极参与教学活动，目标均为自主学习。

教师的角色

相对于传统形式的语言与内容教学，内容型教学和内容与语言融合式学习两者对教师角色的定位不同，而且往往要求更高。教师经常需要与其他教师协作设计课程与教材。就内容型教学而言，教师需要不时地重新学习，熟悉困难、陌生的学科内容，而且经常需要开发自己的课程，或者选择、改编教学材料，为内容型教学奠定基础。他们必须在其计划与授课中将语境与可理解性置于首要地位，负责选择、改编课堂教学中使用的真实材料，对学生的需求进行分析，而且必须构建真正以学习者为中心的课堂。正如布林顿等人（1989：3）所指出：

> 教师要求以一种新的方式来看待其教学，即以内容为出发点，真正将课程内容置于语境中。他们几乎必然地致力于教材的改编与开发。最后，伴随着在开发内容型语言课程上时间和精力投入的增多，学习者的责任也越来越大，因为学习者必须成为第二语言课程与教材的中心，因此也就成为教学实践的中心。

斯特赖克和利弗（1993：293）认为，任何内容型教学教师都需要掌握下列基本技能：

1. 丰富课堂教学形式
2. 运用小组任务和团队建设技巧
3. 组织拼图式阅读任务
4. 确定学生成功所需要的背景知识和语言技能
5. 帮助学生发展应对策略
6. 采用过程法教授写作
7. 运用恰当的纠错技巧

8. 培养并维护学生的自尊

因此，内容型教学对教师的要求不同于对普通的英语第二语言教师的要求。同样，课程管理者需要做出决策，确定教师的选拔和培训以及教师所需要的支持和资源，并且研发新的评价方式。因此，积极性高具有奉献精神的教师在内容型教学中必不可少。

在内容与语言融合式教学中，教师还需要承担另外几种角色（本章其他章节中已有述及）。教师需要对教授学科内容所采用的第二语言加以改写，以辅助理解与产出，促进对话式与支架式教学，而且给予干预和反馈，指导内容与第二语言的学习（Llinares et al. 2012）。

总之，确保学生理解所讲授的材料是内容与语言融合式学习教师关注的焦点。内容型教学教师显然也将此视为重要目标，但可能倾向于关注自己对复杂内容的掌握与讲授。

教材的作用

教材在内容型教学和内容与语言融合式学习中都发挥着重要的作用，而且（这类教材）可以是特别设计的材料、用于教授学科内容的材料，以及各种类型的真实材料。由于两种教学途径都需要具有语境和情境针对性的材料，因此通常没有现成的商用教材。"因为缺少现成的内容与语言融合式学习的教材，所以教师往往需要花费大量时间编写和/或改编现有的学习资源"（Mehisto et al. 2008：22）。克兰德尔（Crandall 2012：152）认为，下面这些类型的材料既适合于内容型教学，也适用于内容与语言融合式学习：

> 用于课程设置、规划内容型教学课的材料包括真实或者改编的口语和书面学科内容方面的材料（教材、视听材料及其他学习材料），（所选用的材料）对学习者具有激励作用，与学习者认知水平和语言水平相适应，或者通过搭桥活动为学习者所易于理解、接受……这类活动包括演示、可视教具、图表、图

形管理器与提纲等的使用，信息分解、词汇的预先记忆以及背景信息的提供等。

当代内容型教学和内容与语言融合式学习的各种模式

内容型教学和内容与语言融合式学习的原则适用于针对任何语言学习水平学习者课程的设计。下面是内容型教学和内容与语言融合式学习不同应用的实例。

内容型教学课程

下述四种模式均适用于大学课程。小学和中学阶段的课程往往采用主题途径或者联合途径（adjunct approach）。

主题型模式（theme-based model）

这是一种以语言为重心的课程，教学大纲围绕着"现代电影院"或"现代城市"之类的主题或话题组织起来。语言大纲服从于更具有普遍性的主题。课程可以由语言教师来教授，也可以由语言教师与学科内容型专家联手合作教授。"贸易与市场营销""新城市的移民"之类适用于大学教学的一般主题，可能提供适合两周综合性课堂教学的话题。语言分析与语言练习衍生自构成课程框架的话题。话题可以通过阅读来导入，词汇可以通过有指导的讨论、用于听力理解围绕同一话题的视听材料来发展，随后是书面作业，将多种不同来源的信息加以整合。所采用的大部材料都是由教师编写的，话题涵盖所有技能。中小学阶段常用的模式要求学生完成旨在帮助他们融入正常的学科教学的主题型模块。这些模式并不是主流学科内容课堂教学的替代，而是关注主流课程中学科学习所需要的学习策略、概念、任务和技能，围绕消费教育、地图读图技能、食物、营养等话题与主题加以组织。

主题型课程也为公立学校和大学之外诸如私立语言学校之类市场上许

多语言项目的课程与教材提供框架。主题型课程选择一系列主题作为一学期学习的内容,而且每个主题都可作为六个或更多学时学习的内容,语言的四种技能和语法围绕中心主题来进行教授。

庇护模式(sheltered model)

庇护模式是由某个学科领域的专家用第二语言教授单独组班的英语第二语言学习者学科内容课程。这一教学途径有时用于大学阶段(如在加拿大和美国)。由于英语第二语言学习者不与本族语者一起上课,因此,教师需要以第二语言学习者能够理解的方式讲授内容,而且在此过程中采用难度适宜的语言和任务。一般而言,教师会选择难度适合于学习者的教学材料,并调整课程要求,以适应学习者的语言能力(如降低对书面作业的要求)。

联合模式(adjunct model)

根据这一模式,学生需要同时注册两门相关课程,一门为学科内容课程,一门为语言课程,两门课程所涉及的学科内容相同,两者在课程作业方面彼此协调,相互补充。这些课程的宗旨通常是为学生"回归正常课堂"做好准备(如帮助儿童进入英语国家的中学,或者以英语为教学媒介的大学),而且关注的焦点往往是所涉及学科的语言与词汇以及学科内容学习的技能。这种方案需要做大量的协调工作,以保证两门课程的紧密对接,而且可能需要对两门课程进行改造。

技能型模式(skill-based model)

技能型模式的特点是关注与一个或多个学科中特定学科内容的研究紧密联系的某一具体的学术技能(如学术写作),因此与专门用途英语(English for Specific Purposes,简称 ESP)或者学术英语(English for Academic Purposes,简称 EAP)途径有许多共同之处。这可能意味着,学生就其正在学习的学术课目的材料展开写作，或者语言或写作课程本身就是对学术过程的模拟（如关于某一话题的微型讲座、阅读、讨论等过渡到写作作业）。学生进行多种形式的写作（如短文测试、总结、评论、研究报告），来展示其对内容的理解，扩展其知识领域。写作与阅读、听力、对核心内容及衍生自核心内容的合作研究与独立研究的讨论，整合起来。

内容与语言融合式学习课程

内容与语言融合式学习的支持者对这一教学途径经常用评论家帕兰（Paran 2013：140）所谓"相当浮夸的声明"（rather grandiose pronouncements）来进行描述。下面就是一个典型例证：

> 内容与语言融合式学习是一个终生的概念，涵盖从幼儿到成人、从每周几小时到持续数月的强化学习所有教育领域。它可能涉及项目作业、考试课程、戏剧、木偶戏、化学实习、数学研究等。总之，内容与语言融合式学习具有灵活性和动态性，话题与课目——外语和非语言课目——以某种互利的方式融合在一起，尽量为广大的学习者提供具有附加值的教育。
>
> （Coyle 2006：6）

内容与语言融合型学习课程包罗万象，这一本质从科伊尔等（2010：18—22）可以清楚地看出来，诸位作者给出了如下中小学层次内容与语言融合式学习课程的范例。前三者为小学（5—12岁）阶段的范例，其余为中学（12—19岁）阶段的范例。

- 信心建立：主要概念介绍。一个实例是关于气候变化这一主题的模块，学习时间为15个小时，包括与外国学习者的课堂交流。课堂教师使用根据内容与语言融合式学习原则设计的材料与网络系统来教授这一模块。
- 主要概念及学习者自主性的发展。此处所给出的主题型学习的例子是家政学，需要 40 个小时学习，包括跨语言活动，所采用的各种活动用双语材料通过内容与语言融合式学习模块来设计。学科教师与语言教师共同执教。
- 为长期内容与语言融合式学习课程做准备。例子之一是涉及自然科学多个学科的跨学科途径，学习者通过内容与语言融合式学习模块为深度教育做好准备。学科教师与语言教师按照整合的课程设置联合执教。

后勤面的考虑在中学阶段凸显出来，这在前两个例子中就有反映。

- 双校教育。不同国家的学校通过网络协议语音（Voice over Internet Protocol，简称 VoIP，如 Skype）技术共享某一门课程或模块的教学，其中内容与语言融合型学习课程采用的语言在两个国家均为外语。
- 双语教育。学习者多年通过内容与语言融合式语言学习课程设置中部分重要内容，意在实现必须达到的内容学习目标，发展高级语言技能。
- 跨学科模块途径。某个具体的模块，如环境科学或公民权，通过内容与语言融合式学习方式，需要不同学科（如，数学、生物、物理、化学及语言）教师的共同参与来教授。
- 基于语言的项目。这一种类型与上述模式不同，因为根据这一模式，语言教师承担内容与语言融合式学习模块教学的主要责任。这可以通过国际合作来完成，是内容型语言教学和交际语言教学的拓展或延伸。该模块涉及通过内容与语言融合式学习的语言来进行的真实内容的学习与交际，而且通过语言教师的输入发挥其支架作用。
- 针对具体领域的职业内容与语言融合式学习。学习者培养内容与语言融合式学习语言的能力，以便能够发挥具体的基于任务的各种功能，从客户服务到用不同语言获取并处理信息，不一而足。只要适用，学科教师和语言教师合作进行教学。这标志着从当下的教学实践，如专门用途语言教学，向寻求通过与内容教学和学习的紧密联系达成相同目标的教学实践的转变。该模式与内容型教学课程中的联合模式本质上有许多相同之处。

教学程序

由于内容型教学和内容与语言融合式学习皆为教学的途径，而非具体的方法，因此二者都没有相对应的具体技巧或者教学程序。如本章前文所述，在内容驱动型教学途径中，通常用于在内容课堂上教授学科内容的程序，可以根据学习者的语言水平做适当调整。而语言驱动型途径可能通常采用适用于语言课程的程序（如使用交际途径或文本途径）。

本章附录给出了一个内容与语言融合式学习教材的例子。

结　论

自 20 世纪 80 年代以来，各种内容型语言教学途径已经广泛用于不同情景中，而内容与语言融合式学习途径则自 20 世纪 90 年代末以来，在欧洲盛行起来。的确，内容与语言融合式学习在全球的快速传播"甚至使其最狂热的支持者都感到惊讶"（Maljers, Marsh & Wolff 2007：7）。内容型教学和内容与语言融合式学习向教师和学习者都提出了一些重要的问题。有评论者指出，大部分语言教师所接受的培训都是将语言作为一项技能来教授，而不是作为学科内容来教授。因此，教师可能因为没有接受过相关训练，没有打下坚实的教授学科内容的基础。有人提出应由语言教师和学科教师组成的团队来实施教学，但是这一建议常常被认为没有可操作性，二者的效率均有可能被降低。同样，教师由于不熟悉用内容与语言融合式学习的语言来教授学科内容，因此可能需要做大量的准备工作和持续的帮助。两种途径都需要汇编恰当的教学材料与资源，并且两者的倡导者都认为，它们与传统途径相比有相当大的优势。有人夸大其词，认为内容与语言融合式学习是语言与内容学习成功的灵丹妙药，但是，到目前为止，相关研究并没有提供有力的证据验证前述主张的合理性（Paran 2013）。近年来，越来越多的研究者开始对内容型教学和内容与语言融合式学习课堂上语言与学科内容教学策略的本质进行研究（如 Duff 2001；Lyster, Collins, Ballinger 2009；Dalton-Puffer 2007, 2011；Lyster 2011）。由于所涉及问题的复杂性，结果往往具有不确定性，而且其研究超出了本章探讨的范围。与学校环境、学生相关的许多因素都决定了内容与语言融合式学习是否能够成功。内容与语言融合式学习途径在某些环境中有其优势（如奥地利），但在另一些环境中则没有优势（如比利时（Dalton-Puffer & Smith 2007））。但是，由于内容型教学和内容与语言融合式学习途径在全球许多地区的广泛采用，其应用范围在未来几年内将继续扩展。

讨论问题

1. 内容型教学和内容与语言融合式学习的基本目标是什么？两者有何相似之处？您能对内容型教学和内容与语言融合式学习在哪些方面有差异做一描述吗？
2. 移民落地项目与回归主流项目在您所在的国家普遍吗？您能想出将内容教学与语言教学相结合的两组项目有什么优势吗？
3. 内容与语言融合式学习和内容型教学背后的基本理据并非纯粹的教育问题；政治与经济因素（如欧盟对通用语的渴求）也发挥着作用。请举例说明每一种途径（内容与语言融合式学习和内容型教学）中经济和政治因素发挥的积极（对学习者有利的）作用和消极（对学习者不利的）作用。
4. 词汇是内容与语言融合式学习和内容型教学的核心。其中大部分是专业词汇或者所教授学科所特有的词汇。从某种意义上讲，许多词汇都是某一专业所特有，而且大部分学习者包括第一语言本族语者陌生的术语。例如，在科学课堂上，许多学习者可能并不知道"*refractometer*（折射计）"这个词的意思。我们在这种情况下，在多大程度上还能谈什么语言教学？在第一语言本族语者同样对语言不熟悉的情况下，第二语言学习者仍然有这种特殊需求吗？如果是这样的话，如何将第二语言学习者的需求加以考虑？请就这些问题与同事展开讨论。

5. 本书 125—126 页上所描述项目的学术（与语言不相关的）目标是什么？

6. 请回顾一下本书第 124 页上给出的内容与语言融合式学习语言（不是内容）目标的例子。哪些与大部分非内容与语言融合式学习语言课程目标有差异？哪些看似相同？请就这些问题与同事展开讨论。

7. 假设您本学期第一次教授内容型教学课程，三周后某些学生找到您，告诉您说他们不喜欢这种类型的教学。阅读本章内容之后，您认为这种情形背后的原因是什么？您如何预测、处理这类问题？

8. 内容型教学和内容与语言融合式学习类课程有时可能包罗万象（参见本书第 131—132 页上的例子）。您能想出有这什么弊端吗？您认为实施内容型教学和内容与语言融合式学习还会产生其他什么弊端？

9. 某英语国家一所大学的 35000 名学生中，有大约 40% 的人将英语作为一种附加语言（English as an Additional Language，简称 EAL）。对这些学生中的许多人而言，英语方面的额外帮助非常有益处。显然，在专门的语言课堂上教授这些学生不仅是不可能的，而且可能很低效。以某一具体课程的一组学生（如理学院物理专业的学生）为例，请回答以下问题：

a）您如何确定那些学生对英语的需求？
b）您如何确定第一语言本族语者可能具有的语言需求，以及这种需求与以英语作为附加语言学生的需求有重合之处？
c）您认为什么类型的内容与语言融合式学习课程最适宜？（可参阅本书第 124 页上的表格以及本书第 129—131 页上的内容型教学课程模式。）
d）这一切应该如何来实施（谁来教他们？是为以英语为附加语言的学生单独开设课程呢，还是开设整合的课程？）？
e）这种途径有什么缺点？需要给予哪些类型的额外支持？
f）您能想象出有哪些专业发展需求吗？

10. 请与同事合作观察一堂课。请记下本书第 122 页上所描述所有反馈类型的例子。然后相互讨论并确定这些例子如何对学生的学习有益处。

反馈类型	例子	对学习的好处
澄清请求		
明示纠错		
重铸		
诱发		
重复		
元语言反馈		

参考文献与延伸阅读

Alexander, R. 2008. *Towards Dialogic Teaching: Rethinking Classroom Talk.* North Yorkshire Dialogos.

Brinton, D. M. 2007. Content-based instruction: reflecting on its applicability to the teaching of Korean. Paper presented at the 12th annual conference of American Association of Teachers of Korean. Chicago 2007.

Brinton, D. M., M. A. Snow, and M. B. Wesche. 1989. *Content-Based Second Language Instruction.* New York: Newbury House.

CLIL Compendium. n.d. *CLIL Dimensions and Focuses.* Available at: http://www.clicompendium.com; accessed May 6, 2013.

Coxhead, A. 2000. A new academic word list. *TESOL Quarterly* 34: 213–238.

Coxhead, A. 2011. The academic word list 10 years on: research and teaching. *TESOL Quarterly* 45: 355–362.

Coyle, D. 2006. Developing CLIL: towards a theory of practice. In *Monograph* 6. APAC Barcelona. 5–29.

Coyle, D., P. Hood, and D. Marsh. 2010. *Content and Language Integrated Learning.* Cambridge: Cambridge University Press.

Crandall, J. 2012. Content-based language teaching. In A. Burns and J. C. Richards (eds.), *The Cambridge Guide to Pedagogy and Practice in Language Teaching.* New York: Cambridge University Press. 140–160.

Cummins, J. 1984. *Bilingualism and Special Education: Issues in Assessment and Pedagogy.* Clevedon, UK: Multilingual Matters.

Dalton-Puffer, C. 2007. *Discourse in Content and Language Integrated Learning (CLIL) Classrooms.* Amsterdam and Philadelphia: John Benjamins.

Dalton-Puffer. C. 2011. Content-and-language integrated learning: from practice to principles. *Annual Review of Applied Linguistics*, 31: 182−204.

Dalton-Puffer, C., and U. Smith 2007. *Empirical Perspectives on CLIL Classroom Discourse*. Frankfurt and Vienna: Peter Lang.

Davies, S. 2003. Content based instruction in EFL contexts. *The Internet TESL Journal* 9(2), February. Available at: http://iteslj.org/Artidles/Davies-CBI.html.

Duff, P. 2001. Language, literacy, content, and (pop) culture: challenges for ESL students in mainstream courses. *The Canadian Modern Language Review* 58: 103−132.

EURYDICE. 2013. http://www.eurydice.org/index.shmtl; accessed May 6, 2013. No longer available.

Gibbons, P. 2002. *Scaffolding Language, Scaffolding Learning: Teaching Second Language Learners in the Mainstream Classroom*. Sydney: Heinemann.

Graddol. D. 2006. *English Next*. London: British Council.

Llinares, A., T. Morton, and R. Whittaker 2012. *The Role of Languages in CLIL*. Cambridge: Cambridge University Press.

Lyster, R. 2007. *Learning and Teaching Languages through Content: A Counterbalanced Approach*. Amsterdam: John Benjamins.

Lyster, R. 2011. Content-based second language teaching. In E. Hinkley (ed.), *Handbook of Research in Second Language Teaching and Learning*, Vol 11. New York: Routledge. 611−630.

Lyster, R., and L. Ranta, 1997. Corrective feedback and learner uptake: negotiation of form in communicative classrooms. *Studies in Second Language Acquisition* 19: 37−66.

Lyster, R., L. Collins, and S. Ballinger. 2009. Linking languages: a bilingual read-aloud project. *Language Awareness* 18(3/4): 366−383.

Maljers, A., D. Marsh, and D. Wolf (eds.). 2007. *Windows on CIIL: Content and Integrated Learning in the Spotlight*. The Hague: European Platform for Dutch Education.

Mehisto, P., D. Marsh, and M. J. Frigolos, 2008. *Uncovering CLIL: Content and Language Integrated Learning in Bilingual and Multilingual Education*. Oxford: Macmillan.

Met, M. 1999. *Content-Based Instruction: Defining Terms, Making Decisions*. NLFC Reports. Washington, DC: The National Foreign Language Centre.

Paron, A. 2013. Review of Coyle, Hood and March, *Content and Language Integrated Learning. ELT Journal* 67(1): 137−40.

Stoller, F., and W. Grabe. 1997. A Six-T's Approach to Content-Based Instruction. In M. Snow and D. Brinton (eds.), *The Content-Based Classroom: Perspectives on Integrating Language and Content*. White Plains, NY: Longman. 78–94.

Swain, M., P. Kinnear, and L. Steinmann 2010. *Sociocultural Theory in Second Language Education*. Bristol: Multilingual Matters.

Stryker, S., and B. Leaver. 1993. *Content-Based Instruction in Foreign Language Education*. Washington, DC: Georgetown University Press.

附录：内容与语言融合式学习的一课

4 GROUPING LIVING THINGS

Living things are related to each other. Let's study how they live together.

1 In groups, match the living things that belong to the same species. Justify your answers.

2 www Look at the diagram. Use the internet link and write the words in the correct boxes.

COMMUNITY   SPECIES   ECOSYSTEM   POPULATION

1.
2.
3.
4.

182

附录：内容与语言融合式学习的一课

3 Justify your answers. Use the following sentences.

LANGUAGE HELP
- The orange group represents the ... because ...
- The next group is the ... because ...
- The brown group ...
- The ...

HOW INTERESTING!

4 Watch the video and complete the text.

We can see different _____ _____ such as horses, sheep, vultures and grass in this habitat. A group of horses is called a herd. All the horses in an area are called a _____ of horses. The animals we see all live in the same _____ , a high mountain area, so they all form a _____ .

WE HAVE LEARNED THAT...

Species are groups of _____ , _____ or other living things that are able to breed and _____ fertile offspring. The group of animals, plants or other living things of the same species in an area is called a _____ . All species which live in the same area are called a _____ . The community and the type of _____ where this community lives form an _____ .

7

全语言教学

引　言

虽然语言教学的发展方向一般肇始于语言教学领域内部，但有时普通教育的发展趋势与运动也会对语言教学实践产生影响。本章所重点探讨全语言运动以及本书第 12 章所论述的多元智能的概念就是如此。第二语言教学中所使用全语言（Whole Language）这一术语涵盖全部四种语言技能，于 20 世纪 80 年代由美国一批关注语文教学即第一语言学习者的阅读与写作教学的教育家提出。第一语言的阅读与写作的教学（常被称为读写能力（literacy）教学）在全世界都是一个非常活跃的教育事业，而且如同第二语言教学领域，由此产生了许多不同有时相互竞争的教学途径与方法。传统上普遍采用的阅读与写作教学方法所关注的焦点是语言的"解码"。但是，这意味着教学的重心是孤立的语言构成成分，如语法、词汇和词汇识别，以及尤其是拼读（phonics）的教学。拼读教学的理论基础是阅读包含字母识别与字母到发音的转换。其他一些阅读理论则将重心放在一个个人们认为熟练的阅读所涉及的独立的技能或者微技能上。全语言运动乃是作为对上述教学方法的反动而发展起来的，产生于肯尼斯·古德曼（Kenneth Goodman）、玛丽·克莱（Marie Clay）、弗兰克·史密斯（Frank Smith）等著名阅读专家推动"自上而下（top-down）"的阅读理论（读者利用语境、背景知识及推理来避免逐字或"自下而上"的阅读策略）

之时。全语言运动与重心在语言孤立、离散特征上的阅读与写作教学途径迥异，认为语言应该作为一个"整体"来教授："如果语言不能保持其完整状态，那它就不再是语言了。"（Rigg 1991：522）

全语言强调，阅读与写作应自然而然地学习，重心应放在真实交流和以乐趣为目的的阅读与写作上。20世纪90年代，这一途径在美国盛行，成为教授小学儿童的一种具有激励作用和创新性的语文教学方法。它因为与交际语言教学（CLT）和自然途径（第14章）遵循的原则相兼容，即刻便引起了第二语言教学专家的关注，而后两者乃是20世纪90年代的主流教学方法。全语言与交际语言教学（第5章）具有相同的哲学观和教学观，既重视意义及教学、学习中意义的构建，也强调体验性学习、技能的整合以及真实语言的作用。全语言也与语言学习的"各种自然途径"（参见第14章）相联系，因为其宗旨是帮助儿童和成人以学习第一语言的方式来学习第二语言。自20世纪90年代以来，全语言的教学途径不仅已被广泛应用于第一语言的阅读课程，同时还应用于许多基础教育、家庭阅读与写作课程以及加拿大、美国和其他国家某些在职员工的阅读与写作课程。"全语言最初是教授阅读的一种整体方式，现在演进成一场改革运动，其主要理念是不仅学生作为文化一分子和知识创造者应受到尊重，而且每一位教师亦应作为专业工作者受到尊重"（Rigg 1991：521）。然而，近年来，在第一语言阅读教学和语言教学这两个领域中，对全语言运动的兴趣均已经减弱。在两个领域中取而代之的是向各种技能型或能力型途径的转变，以及孤立的技能与能力的掌握标准的采纳（第8章）。

20世纪90年代，关于全语言教学是一种途径，还是一种方法，抑或是一种哲学，或者是一种信念，人们进行过广泛的讨论。伯杰龙（Bergeron 1990）对关于全语言的64篇文章进行了考察，结果发现34.4%的文章将全语言看作一种途径，23.4%看作一种哲学，14.1%看作一种理念，6.3%看作一种方法。沃森（Watson 1989）指出："全语言不是一种方案、一套材料、一种方法、一种实践，或者一种技巧；相反，它是一种引导接受某些策略、方法、材料和技巧的语言观和学习观。"我们将全语言看作一种基于语言的核心原则（语言是一个整体）和学习的核心原则（写、读、听、说在学习中应该整合起来）的教学途径。每一位全语言教师应根据自己的解读和所教班级与学习者类型来实践全语言理论。

理　　论

语言理论

全语言从前述所谓互动角度来看待语言组织。显而易见，这个角度具有社会属性，将语言看作人类交际的工具，而且读者与作者之间存在互动关系。"语言的使用始终离不开社会环境，口语、书面语、第一语言、第二语言的使用皆如此"（Rigg 1991：523）。全语言重点突出语言的"真实性"、与书面文本作者的啮合、会话。例如，若要掌握"道歉"的社会语言符号，"全语言的理论要求有一个'真正'需要某人向另一人道歉的真实情境"。

全语言也从认知的角度将语言看作内部的"互动"、自我中心言语、思维的工具。"我们用语言去思考：为了发现我们之所知，我们有时写作，或者跟朋友交谈，或者默默自语"（Rigg 1991：323）。许多作者在其关于全语言的文章述及语言的功能理论。语言总是用于实现有意义的目的，发挥真实的功能。

全语言同样否认语言可以分解成孤立技能的观点。语言的使用总是与真实的环境相联系，通常需要将各种技能整合为一体。语法并非孤立地教授，而是与学习者使用语法的情境联系起来教授，如编辑一段书面文本。

学习理论

全语言背后的学习理论是人本主义和建构主义两个学派。对全语言课堂的描述令人联想到关于教育和语言学习的人本主义理论中人们熟悉的一些术语：全语言应该具有真实性、个性化、自主性、合作性、多元性。人们通常认为，这些特点有助于聚焦学习者的注意力，从而促进学习。建构主义学习理论认为，知识是在社会中建构出来的，而不是被动接受或者发现的。因此，建构主义的学习者是在"创造意义""做中学"，而且"在完成共同的项目中以混合小组的形式"展开合作。教师不再传授知识给学生，而是与学生合作，在共同的社会环境中创造知识，并达成理解。博蒙恩（Bomengen 2010）指出：

> 全语言是一种建构主义的教育途径；建构主义的教师强调，学生根据其所遭遇的事物创造（建构）自己的知识。建构主义的教师采用一种整体性的教学途径，认为学生不能通过对某一系统的片段进行分析来有效地学习，如语言不可能通过学习字母表来学习。建构主义的教师将学习看作学习者个人经验与先在知识所独有的一种构成新知识框架的认知体验。

学习不寻求"覆盖整个课程设置"的内容，而是专注于学习者的体验、需求、兴趣与期望。从这个意义上讲，与内容型教学和内容与语言融合式学习等当下更广泛应用的教学途径不同，全语言并不追求语言与内容的完全融合。然而，学习的社会文化观，尤其是对内容型教学和内容与语言融合式学习同等重要的支架式学习的概念，亦被用以支撑全语言教学。学生在合作完成任务和项目时，相互搭建支架。

教学设计

教学目标

全语言教学设计背后的主要原则和目标如下：

- 使用真实的文学文本而非刻意准备的文本与设计的练习来训练阅读技能

- 关注真实自然的事件，而非刻意撰写的且与学生经历没有关系的故事
- 阅读尤其有趣味的真实文本，尤其是文学文本
- 为了理解而且为了达到真正的目的而阅读
- 为真实的读者而写作，而非仅仅练习写作技能
- 写作作为学习者探索与发现意义的过程
- 使用学生自己创作的文本，而不是教师或其他人创作的文本
- 阅读、写作与其他技能的整合
- 以学生为中心的学习：学生选择阅读、写作的内容，赋予他们权力，让他们自己去理解所处的世界
- 与其他学习者合作阅读与写作
- 鼓励冒险与探索，接受犯错误是学习进步而非失败的标志。

学习与教学活动的类型

莱昂斯与比弗（Lyons & Beaver）强调，"结构内的灵活性"是教学设计与选择的指导原则。

> 全语言教师不要求儿童一个接着一个地完成简短的活动或练习，而是将时间划分为更大的板块来组织一天的活动，以使儿童能够参与有意义的活动。因此，他们就较少参与不同的任务，而较多参与更给人满足感的大项目。例如，儿童读书时，可以办一个读者与作者工作坊，将其所阅读的书籍作为写作的模板。他们每天至少花部分时间来学习某个主题或话题，持续数天或数周，使用口语和书面语以及研究技能，在社会研究及/或科学、数学的领域内探索学问，使用语言及艺术手段去展示、分享其所学。或集体或单独，学生对于自己要做的事情和学习的内容有很多选择，从而使他们能够更多地担负起自己学习的责任。但是，必要时，教师课对儿童的学习加以指导、支持和组织。大段时间内的灵活性为（尤其是语言水平偏低的）学习者提供了时间，去完成有意义的重要事情。
>
> （Lyons & Beaver 1995：127）

学习者的角色

学习者既是协作者,与同学、老师和文本作者协作,也是评价者,在教师的帮助下对自己和他人的学习做出评价。学习者对自己施以指导,其自己的学习经历就是可资利用的学习资源。学生同时还是学习材料和活动的选择者。"选择在全语言课堂教学中至关重要,因为如果没有选择活动、材料和对话伙伴的能力,学生就无法使用语言达到自己的目的"(Rigg 1991∶526)。

教师的角色

教师在学习群体中被看作一个促进者和积极参与者,而不是传递知识的专家。教师教的是学生而不是专业内容,而且寻找乐教时刻(teachable moments)而不是遵循预先写好的教案或脚本施教。教师创造支撑合作学习的氛围。他们有责任与学习者协商制订出教学计划,"帮助儿童发展彼此互动的技能、解决交际冲突与问题的技能、支持彼此学习的技能,并且为自己的行为与学习负责",从而为整个学习过程提供支持(Weaver 1995)。

教材的作用

全语言教学提倡使用真实的材料,而不是商业教材。文学作品乃是"真实"教材的一种,因为其创作并非是出于教学目的,而是源自作者与读者交流的愿望。学生自行带入课堂的其他类型的真实材料有报纸、标志、广告单、故事书,成人还可能把工作场所的印刷材料带进课堂。学生自己也编写教材。学校不购买基于教学法编写的教材和"基础读物(basal readers)",而是使用班级的虚构和非虚构的文学作品。

当然,第二语言教学中对采用文学作品的偏爱和建议并非全语言教学方案所特有。许多语言教师在进入语言教学领域前,都接受过文学训练,而且终其语言教学生涯,一直保持着对文学及其教学的青睐。该领域的著名研究者与应用语言学家都有深厚的文学背景,而且始终保持着对文学在第二语言教学中应用的兴趣。例如,梅利(Maley 2001)对文学在语言课堂教学中的作用做了梳理,并在其概述中引用了许多作者与练习类型,以此方式对使用文学的各种途径进行了简要论述。

教学程序

关于全语言教学具有何种独特的特征,这是一个略微有点难以回答的问题。伯杰龙(Bergeron 1990)对 64 篇以发表文章的考察发现,每一篇都对全语言做了不同的描述(同一作者的文章除外),超过 50% 的文章只提到了四个课堂特征,包括:

- 运用文学作品
- 运用过程写作
- 鼓励学生合作学习
- 关注学生的态度。

全语言教学中常应用的活动有:

- 独立与小组阅读与写作
- 无分级对话日志
- 写作档案袋
- 写作会议
- 学生编写的图书
- 故事创作。

上述许多活动亦应用于其他教学途径中,如交际语言教学(第 5 章)、内容型教学（第6章）与任务型语言教学（第9章）。全语言唯一一个在关于交际语言教学途径的讨论中未提及的特征或许是其对文学的重视，但是这显然也是其他英语教学方法研究者关注的焦点。许多教师都对采用文学作品辅助第二语言教学具有类似的兴趣，他们熟悉在全语言课堂上探索文学资源的建议。全语言教学的不同之处是，这种基于课程所涉及的话题或大纲项目活动的使用并非偶尔之举，而是将这种活动作为整个教学与学习理念的一部分，赋予其新的意义和目的。

下面是全语言教学工作坊中所使用文学作品选段之一例，包含围绕"平行文本（Parallel Texts）"建构出来的活动。同一篇短篇小说的两个英译本是平行文本。对这两个译本的研究突出作者（及译者）所拥有的语言选择的范围，并将译者的语言选择和学生作为读者对这些选择的反应进行对照。学生两人一组，一人扮演其中一篇译文的展示者/解释者，合作伙伴扮演另一篇译文的展示者/解释者。

平行文本：一篇韩国短篇小说两个译本的开篇句

1a、"Cranes（鹤）"，黄顺元（Hwang Sun-Won）著（凯文·欧罗克（Kevin O'Rourke）译）

"The village on the northern side of the 38th parallel frontier was ever so quiet and desolate beneath the high, clear autumn sky. White gourds leaned on white gourds as they swayed in the yard of an empty house."

1b、"The Cranes（鹤）"，黄顺元（Hwang Sun-Won）著（金世英（Kim Se-young）译）

"The northern village at the border of the 38th Parallel was ever so snug under the bright high autumn sky. In the space between the two main rooms of the empty farm house a white empty gourd was lying against another white empty gourd."

> 基于平行文本的学生活动示例:
>
> 1. 请想象 1a 和 1b 所描述的是两个不同的村庄。你会选择住在哪一个村庄里?为什么?
> 2. 对接下来的故事与故事的基调,这两个不同的开篇句会引起读者不同的期待吗?
> 3. 每个伙伴都在韩国地图上指出他们认为该村庄所处的位置。所指位置相同吗?如果不相同,为什么?
> 4. 写一个短篇小说的开篇句,简单介绍 1a 中的村庄冬天不是秋天时的情境。
> 5. 写两个平行文本的开篇句,用不同的话描述你熟悉的某个村庄。问伙伴更喜欢哪一个。
> 6. 请讨论,根据开篇句接下来会发生什么类型的故事。参考两个译文,把自己想象成"译者",写出该故事原始开篇句。

结　　论

全语言运动并非作为一种教学方法,而是作为一种将语言看作一个整体的学习途径而受到青睐。在实际语言教学中,每个语言教师都可以根据具体班级的需要自由地使用该途径。全语言的优势在于,它关注与学习者生活和需求紧密相关的经历与活动,使用真实的语言材料,而且可用以促进第二语言的全面发展。但是,批评者认为全语言全盘否定英语第二语言教学的所有途径,试图将本族语的原则应用于英语第二语言教学。全语言教学方案被认为是反直接教学、反技能、反教材,假设真实文本足以支撑第二语言学习,而且技能发展无需特别关注即可自然发生(Aaron 1991)。同样,全语言用于第一语言学习者,自 20 世纪 90 年代以来,受到反对全语言教学途径的阅读专家从理论与实践两方面的批评。2000 年,托马斯·B. 福德姆基金会(Thomas B. Fordham Foundation)指出:

全语言阅读教学途径虽然受到严谨的研究与评估的反复非议，但仍然在美国小学低年级阶段广泛应用。全语言依然普遍存在于教师用书、课堂用教学材料、某些州的语文标准与其他政策性文件、教师资格要求与培训项目以及教师工作的职业环境中。但是，阅读科学清楚地表明：低龄儿童需要系统、综合的拼读教学，逐个直接明示地教授形音对应关系。虽然大部分州的教育主管部门、学区与联邦主管部门均声称鼓励采用"平衡式"阅读教学方式——暗示源自全语言途径与语码突出型（code-emphasis）途径的有价值的思想与实践已经成功地整合起来——但是，忠诚于平衡式阅读的人继续误解阅读的发展，进行着构想拙劣的无效教学。

关于如何学习阅读，全语言提出的几乎所有的前提都与科学研究所确立的下述事实相悖：

- 阅读学习不是一个自然的过程。大部分儿童都必须经历一个结构化的长期过程才能学会阅读，在此过程中，他们建立起声音及其表征符号对应的意识，然后学会自动地运用这些技能，并开始关注意义。
- 字母文字并非单纯地通过接触印刷材料学习的。语音意识决定了单词的发音能力。反过来，自然拼读与单词发音的能力促进了脱离环境识别单词能力的发展，而后者又促进了阅读理解连续文本能力的发展。
- 口语与书面语有很大的差异，二者的掌握需要不同的技能。
- 早期阅读中最重要技能是完整、准确、流利地读出单个词语的能力。
- 语境并非决定词汇识别的主要因素。

上述作者继而就如何将全语言从阅读课堂上"根除"，提出以下建议：

1. 每个州都必须有针对从幼儿园到三年级每个年级基于扎实的阅读研究发现的语文教学内容标准和课程设置框架。
2. 州评价标准应加以校准，以反映州标准中对阅读教学效果所做出的详细描述。
3. 州问责制度应该强调，到三年级时，应达到与年级相适应的阅读、拼写与写作技能水平。

（Thomas B. Fordham Foundation 2000）

全语言在阅读教学领域掀起了激烈的讨论，相反，第二语言教学领域对全语言或许更为包容，因为它在这一领域中从来都没有引起如此大的辩论与争议。全语言总的来说，并未作为其他语言教学途径的替代得到推广，而是与交际教学、任务型教学与文本型教学等教学途径（参见第 9 章和第 10 章）联合运用。全语言的倡导者在其教学中采用丰富的教学材料，这类材料适合于采用一种综合途径来进行英语第二语言的教学，并且可经过改编应用于各种各样的环境中（如 Whiteson 1998）。全语言教学活动尤其适用于低龄学习者的英语第二语言教学。适合于其他环境中大龄学习者使用的许多活动与交际语言教学、合作语言学习（第 13 章）等其他教学途径所建议的活动相似，也可作为资源支撑全语言教学途径。

讨论问题

1. 全语言教学运动应用于第二语言学习的目标是什么？全语言与内容型教学和内容与语言融合式学习有何不同？
2. 里格指出"如果语言不能保持其整体状态，那它就不再是语言了"（第 139 页）。您是否同意这个观点？您是否能在熟悉的材料中找到这一思想的例子？
3. 全语言强调真实性的重要性。例如，在练习道歉时，里格指出，这种真实性的创设"需要一个需要某人向另一人道歉真正'真实'的情境"（第 141 页）。您认为尤其是对初学者而言这会带来什么挑战？
4. 全语言的理论基础是建构主义的学习观。请向同事解释这对语言课堂教学，尤其是对教师和学习者的角色，有什么影响。
5. 根据全语言，写作是为了真正的读者，而不只是练习写作技能。如何用技术来支持这种类型的活动？
6. 真实的材料优先于商业课本。特别是，全语言教师在教学中常使用报纸、文学、标志以及其他形式的非教学文本。这种材料可能有何弊端？
7. 全语言并不简单地试图"覆盖整个课程设置"，教授一套固定的技能或语言内容。相反，它关注学习者的体验、需求、兴趣与期望。请重读第 142 页上比弗关于"结构内的灵活性"的段落，找出如何将这应用于教学实践的一些想法。现在取一堂课的教案（可以从您所在学校的课程设置中、网络上或教科书上选择），运用下面的问题对其重新进行设计，使之符合全语言的原则。

	现在的教案	变化
课程长度		
每一节课的话题清单		
反馈的频率与类型		
学生相互协作的机会		
学生自我指导学习的机会		
学生选择内容与活动的机会		
评价的类型		

您是否需要对自己的教案做很大的改变？这两个教案之间有何重叠之处？有什么不同？您认为所做的变化会有帮助吗？

8. 一位根据全语言教学途径授课的同事建议您尝试在课堂上使用文学作品，并推荐了一本书。您认为这本书很有趣，而且与您所教的学习者相关，但是不能确定他们是否愿意阅读整本书。请想一想，可以使用哪些活动向学习者介绍并让他们阅读这本书。

参考文献与延伸阅读

Aaron, P. 1991. Is there a hole in whole language? *Contemporary Education* 62 (Winter): 127.

Adunyarittigun, D. 1996. *Whole Language: A Whole New World for ESL Programs*. ERIC document (ED386024).

Bergeron, B. S. 1990. What does the term Whole Language mean? *Journal of Reading Behavior* 22(4): 6-7.

Bomengen M. 2010. What is the whole language approach to teaching reading? [blog post] *Reading Horizons*. http://www.readinghorizons.com/blog/post/2010/09/23/What-is-the-Whole-Language-Approach-to-Teaching-Reading.aspx; accessed January 23, 2013.

Brockman, B. 1994. *Whole Language: A Philosophy of Literacy Teaching for Adults Too!* ERIC document (ED376428).

Chitrapu, D. 1996. Whole Language: adapting the approach for large classes. *Forum Magazine* 34(2): 28-29.

Freeman, D., and Y. Freeman. 1993. *Whole Language: How Does It Support Second Language Learners?* ERIC document (ED360875).

Goodman, K. 1986. *What's Whole in Whole Language?* Portsmouth, NH: Heinemann.

Hao, R. N. 1991. Whole Language: some thoughts. *Kamehameha Journal of Education* (March): 16−18.

Heymsfeld, C. R. 1989. Filling the hole in Whole Language. *Educational Leadership* 46(6).

Krashen, S. 1998. *Has Whole Language Failed?* ERIC document (ED586010).

Lems, K. 1995. *Whole Language and the ESL/EFL Classroom.* ERIC document (ED384210)

Lyons, C. A., and J. M. Beaver. 1995. Reducing retention and learning disability placement through reading recovery: an educationally sound, cost-effective choice. In R. L. Allington and S. A. Walmsley (eds.), *No Quick Fix: Rethinking Literacy Programs in America's Elementary Schools*. Language and Literacy Series. New York: Teachers College Press. 116−136.

Maley, A. 2001. Literature in the language classroom. In R. Carter and D. Nunan (eds.), *Teaching English to Speakers of Other Languages*. Cambridge: Cambridge University Press, 180−185.

Manzo, K. K. 2007. Whole Language, *Education Week*, February 6, 2007.

Patzelt, K. E. 1993. *Principles of Whole Language and Implications for ESL Learners*. ERIC document (ED400526).

Rigg, P. 1991. Whole Language in TESOL. *TESOL Quarterly* 25(3): 521−554.

Rodgers, T. S. 1993. Teacher training for Whole Language in ELT. Paper given at City University of Hong Kong Seminar on Teacher in Education in Language Teaching, April 1993.

Shao, X. 1996. *A Bibliography of Whole Language Materials*. Biblio. Series 1993, No. 1. ERIC document (ED393093).

Stahl, S. A. 1994. *The Effects of Whole Language Instruction: An Update and a Reappraisal*. ERIC document (ED364830).

Thomas B. Fordham Foundation. 2000. Whole language lives on: the illusion of balanced reading instruction. Washington DC. Available at: http://www.LDonline.org/article/6394/

Watson, D. 1989. Defining and describing whole language. *Elementary School Journal* 90(2): 129−142.

Weaver, C. 1995. On the nature of whole language education: In C. Weaver, L. Gillmeister-Krause, and G. Vento-Zogby (eds.), *Creating Support for Effective Literacy Education*. New York: Heinemann. Available at: http://www. heinemann. com/shared/onlineresources/08894/08894f6.html.

Whiteson, V. 1998. *Play's the Thing: A Whole Language Approach*. New York: St. Martin's Press.

8

能力导向型语言教学、标准与欧洲语言共同参考框架

引　言

　　语言课程的开发常用方式是首先决定要教什么，然后确定怎样教，最后评估学到了什么。按照这一程序，所学被认为是所教授的内容与教学的效果。这种课程规划在本书第21章中被称为前瞻型设计（forward design），而且往往反映出课程的学习结果取决于设计完善的教学大纲与高效的教学方法这一假设。因此，从本书全书可以看出，一百多年来，对最恰当的语言教学方法与最恰当的语言教学大纲的讨论，一直是语言教学中反复出现的焦点。然而，教育规划中还有另外一个传统，即课程开发中典型的活动顺序恰好相反。这种途径首先对学习结果或学习者在课程最后应该具备的能力进行描述，接下来是从学习结果自然推论出来的与方法论和与大纲有关的问题。这一途径被称为后顾型设计（backward design），20世纪70年代以来，既对语言教学规划也对普通教育规划都产生了极大的影响（Wiggins & McTighe 2006）。对此，第21章中有更详细的探讨。梁（Leung 2012：161—2）指出"近三十多年来，基于结果的教学可能与更广泛的公共政策环境相联系，（在这一环境中）社团模式的管理（corporatist management，即社会不同领域的活动都服从于国家目标）与公共问责制（public accountability，即需要专业人士证明其活动与公开

的公共政策目标相关）两个信条在其中占据主导地位"。它们代表着为设定教学计划所有阶段的标准所做出的尝试，根据这种标准可以对学生的表现和成就做出评价和比较。莱翁进一步指出，用于描述结果导向型教学途径的术语包括成绩目标（attainment targets）、基准（benchmarks）、核心技能（core skills）、基本知识/技能（essential learnings/skills）、结果导向型教育（outcomes-based education）、表现特征（performance profiles）与目标能力（target competencies）。菲格拉斯（Figueras 2012：479）亦指出："现在的课程设置与语言项目通常是结果导向型的，非常重视在实际教学中的应用，而且将重心放在学生在结课时能够或者应该具备的能力上。"

　　本章将要描述的是以学习结果为重心的三种语言教学途径：能力导向型语言教学（Competency-Based Language Teaching）、标准运动（the standards movement）（包含其他基于标准的框架）以及欧洲语言共同参考框架（Common European Framework of Reference）。

1　能力导向型语言教学（CBLT）

引言

　　能力导向型语言教学（Competency-Based Language Teaching，简称CBLT）乃是能力导向型教育（Competency-Based Education，简称CBE）——在语言课程开发中关注学习结果或产出的教育运动——的一个范例。能力导向型教学解决的是学习者应该用语言做什么的问题，而不管其以何方式来学习。对学习的产出而不是输入的关注处于能力的核心位置。能力导向型教育出现于20世纪70年代的美国，提倡从对学生结课时应该具备的知识、技能、行为可精确测量描述的角度，来界定教育的目标。关于能力导向型教育的特征，申克（Schenck 1978：vi）做出了如下描述：

> 能力导向型教育与成绩导向型教学（performance-based instruction）、熟

8 能力导向型语言教学、标准与欧洲语言共同参考框架

练掌握学习（mastery learning）、个性化教学（individualized instruction）等学习途径，有许多共同之处。它是结果导向型的，能够适应学生、教师和团体的不同需求……能力与学生的其他目标的不同之处在于，前者被用于描述学生在日常生活经常遇到的情境中各种技能（包括一些基本技能）的应用能力。因此，能力导向型教育的基础是对一系列学生真实生活情境中所需要完成的任务进行分析的结果。

如前所述，能力导向型语言教学是能力导向型教育原则在语言教学中的应用。自20世纪70年代末以来，这一教学途径，尤其是作为与工作密切相关和以生存为取向的成人语言教学项目的基础，已得到广泛接受，而且此后得到广泛采用。实际上，能力导向型课程设置现在已成为不同类型和不同层次的许多大型语言项目共同的组成部分。在与工作相关的教学项目中，员工能够通过工作经历发展其能力这一假设已被抛弃：人们期望教育机构能够培养专业人员应具备的能力（Hoogveld 2003；Baines & Stanley 2006）。应用语言学中心（Center for Applied Linguistics）称能力导向型英语第二语言（ESL）课程设置为"成人英语第二语言中最重要的突破"（1983）。到20世纪90年代，"不仅是课程开发领导者，而且国家的政策制定者均将能力导向型语言教学视为最先进的成人英语第二语言的教学途径"（Auerbach 1986：411），而且，在美国，所有希望得到联邦政府援助的难民都必须注册学习能力导向型课程（Auerbach 1986：412）。一般而言，这种课程的基础是"（学习者在）语言任务（上）的表现情况，（而这种表现则）是与个人在社会上生活与工作必不可少的具体技能相关的语言掌握水平的体现"（Grognet & Crandall），1982：3）。

能力导向型语言教学的支持者将其看作一种强大、积极的变革力量：

> 能力导向型教学与评价途径为教师提供了将生机重新注入其教育和培训项目的机会。不仅评价的质量得到提高，而且由于能力导向型评价可能提供的不断反馈和对预期结果的明确描述，教学和学生学习的质量相应得到提高。这种积极的效果从小学到大学，从学术研究到在岗培训在各阶段不同类

型的教育和培训中都有体现。

（Docking 1994：15）

同上述多金类似的观点目前仍然很普遍。美国一所大学的校长门登霍尔（Mendenhall 2012）因此指出：

> 若得到有效实施，能力导向型教育能够提高（教育）质量与稳定性、降低成本、缩短毕业所需要的时间，而且能够提供对学生学习结果的真实测量。因此，我们必须：
>
> 1. 测量学生的学习，而不是其学习时间。
> 2. 善加运用技术辅助教学与学习。计算机辅助教学使我们能够对每个学生实行个性化学习。因为每个学生学习速度不同，进入大学时所掌握的东西也有差异，个性化教学是能力导向型教育的基本要求。
> 3. 从根本上改变教师的角色。如果教师的角色仅仅是讲授者，在规定的时间内完成课程教学，教学按照教师的速度进行。对大部分学生而言，这个进度并不合适。有些学生进度需要放慢，而另一些学生则需要加快。能力导向型学习将教师的角色从"台上的圣人"转变为"旁边的指导者"。教师与学生合作、指导学习、回答问题、引导讨论，并帮助学生对所学知识加以综合与运用。
> 4. 对能力做出界定，并开发可靠、有效的评估工具。能力导向型教育的基本前提是首先对学生应该掌握什么、能够做什么做出界定，学生证明其已掌握规定的能力即可毕业。这意味着我们必须非常清楚地对能力做出定义。实业信息的获取对相关能力的确定至关重要。能力一旦得到确定，我们就需要评估专家的参与，以保证测量的准确性。

这种能力导向性途径的益处已得到高等教育政策制定者与有影响力的各方的认可。美国发展中心（Center for American Progress）最近发表了一个白皮书发现"能力导向型教育可能是以较低成本为数以百万美国人提供优质高等教育的关键"。在2012年秋的一个演讲中，美国教育部长阿恩·邓肯（Arne Duncan）在提及西部州长大学（Western Governors University）的能力导向型学位课程时指出，"虽然这类课程现在只占极少数，但是我希望它们能够成为常态。"

奥尔巴克（Auerbach 1986：414—415）对能力导向型语言教学实施过程中所涉及的各种因素进行了综述，识别出八种关键特征：

1. 关注社会功能的成功发挥。目标是使学生成为能够应对现实世界需求的自主个体。
2. 关注生活技能。能力型语言教学不是孤立地教授语言，而是将语言作为与具体任务相关的交际来教授，而且只教授学生所处情境中所需要的语言形式/技能。这些形式是通过"对所需语言的经验评估"来确定的（Findley & Nathan 1980：224）。
3. 以任务或表现为中心的定位。重要的是接受教学之后学生能够做什么。重点放在外显的行为上，而不是放在谈论语言与技能的知识或能力上。
4. 模块化教学。"语言学习被分解成可操控、有直接意义的小块"（Center for Applied Linguistics 1983：2）。目标也被分解成涵盖范围狭窄的子目标，这样一来，教师与学生就都能够对进步有清楚的认识。
5. 预先明确的结果。结果是学习者与教师都知道并且一致同意的公共知识，用行为目标来加以明确描述，以使学生准确地知道他们应该表现什么样的行为。
6. 持续不间断的评估。学生首先接受前测，以确定其所缺乏的技能，并且在教学完成之后接受同样技能的后测。如果没有达到预期的掌握水平，他们便继续朝这一目标努力学习，再次接受测试。课程评价的依据是测试结果，因此被认为可以客观地加以量化。
7. 行为目标的表现。此处所谓评估不再是传统的纸笔测验，而是做出预先明确规定的行为能力。
8. 以学生为中心的个性化教学。内容、层次、进度的目标根据个体需求来确定；课程设置将先前的学习与成绩纳入考虑的范围。教学不受时间局限；学生自定学习进度，而且将注意力集中在其能力匮乏的领域。

从学习者的角度来看，能力型教学途径有多重优势：

1. 各种能力具体、实际，与学习者的需求和兴趣紧密联系。
2. 学习者能够判断能力是否相关或有用。
3. 将要教授与测试的能力具体、公开，因此学习者清楚地知道需要学习什么。
4. 学习者每次可以掌握一种能力，这样一来，就能知道已经学到了什么，还需要学习什么。

下面，我们将从理论、教学设计和教学程序三个层面对与能力导向型语言教学相关的假设和实践做一探讨。

理　　论

语言理论

能力导向型语言教学的理论基础是关于语言本质的功能观和互动观，其宗旨是联系语言使用的社会环境来教授语言。关于语言的本质，能力导向型语言教学有以下假设。

- 语言是实现个人与社会需求的一种手段。根据能力导向型语言教学，语言就总是发挥人们为了实现其具体目标和达到某种目的而进行的互动与交流媒介的功能。因此，能力导向型语言教学经常被作为一种框架，应用于学习者有特殊需求、处于特殊角色，而且所需语言技能可以完全准确预测或确定的各种情境。但是，能力导向型语言教学也被应用于开发具有一般性目的的课程。
- 语言是形式与功能的结合。能力导向型语言教学体现出了语言形式可以从语言功能中推断出来这一观点；也就是说，不同的生活经历需要不同种类的语言。这就假定能力导向型语言教学中所谓的能力设计者能够准确地预测学习者在生活的特殊重要情境中可能遇到的词汇和结构，而且能够以可用于组织教学／学习单元的方式对这些词汇与结构加以描述。

- **语言可以分解为其组成部分**。语言理论和学习理论的核心是下述观点，语言可以从功能的角度分析为适合的部分与子部分：这些部分与子部分可以逐步教授（及测试）。因此，能力导向型语言教学坚持语言学习应采用"马赛克式（mosaic）"途径，认为"整体"（交际能力）是由正确组装起来的小部分构成的。

学习理论

从学习理论的角度来看，能力导向型语言教学有下述几个假设。

- **语言学习是技能的学习**。能力导向型语言学习体现了一种技能学习观。技能是通过实践学习的一系列整合行为，由可以单独学习而且共同构成熟练表现的独立部分组成。

  > 技能获得理论的基本观点是，在其从最初的知识的表征经过最初行为的变化，到最终流利，而且总的来说自发而且高度熟练的行为的发展过程中，各种技能的学习有着很大的相似之处，而且这一系列现象都可以用技能获得所共有的一套基本原则来加以解释。
  >
  > （DeKeyser 2007：97）

  技能学习理论认为，复杂行为是由不同层级的技能组成的。

- **语言运用成功与否取决于实践**。实践的概念是内涵于能力导向型语言教学的技能型学习这一概念的重心。此处所谓实践指在一段时间内反复运用语言的机会。正常情况下，实践与反馈相伴而行，从而使学习者能够逐渐完善语言的运用（DeKeyser 2007）。库克（Cook 2008）指出：

> 多种语言加工模型（processing models）……将语言看作是偏好行事方式的逐步形成与发展。许多人都在语言教学中都坚持实践累积的价值，不论是听说法的结构操练，还是交际性信息差游戏……各种加工模型提醒我们，语言既是心理知识，也是行为与技能。某些技能通过反复地用于做事即可学到。上述观念乃是对人们长久所坚持的强调实践—反复实践价值教学观的支撑。

教学设计

教学目标

由于能力导向型语言教学课程开发的依据是学习者的具体目的与需求，因此，需求分析（确定学习者需求的程序）就成为制订能力导向型语言教学课程目标的出发点。需求分析程序中可能包含访谈、问卷、观察、测试以及其他可用于确定恰当课程目标的手段。（关于需求分析，本书第21章将进一步探讨。）

教学大纲

能力导向型语言教学的语言课程大纲由从"能力"的角度对学习结果进行的描述构成，因此，重要的是，首先要理解这种大纲与其他类型的教学大纲框架有何不同。多金（Docking 1994）指出，传统的教学大纲制订方式将人们对题材内容的认识作为大纲计划的基础。人们从将要教授的知识领域（如当代欧洲历史、市场营销、听力理解或法国文学）开始，然后选择构成这一知识领域的概念、知识和技能。之后，教学大纲和课程内容围绕主题加以制订。教学目标也可以得到详细描述，但是这些在这门课的教学或评价中通常没有什么作用。对学生的评价一般是以常模为参照，也就是说，学生被按照某一标准划分等级，预期学生要么在更大的分数范围内分布，要么符合预先设定的分布。相对其他学生的成绩，学生得到一组分数，但是，很难根据这组分数对学生所获得的具体知识或技能做出任何判断。确实，两个学生在测试中可能得分相同，但是所掌握的某一学科领域的能力和知识却迥异。

相反，能力型教学（CBT）的核心并非学科知识的概念而是能力的概念。重心从学生掌握哪些语言知识，转移到他们能够用语言做什么上。能力或学习结果乃是课程设置框架与大纲规定、教学策略、评估与报告聚焦的重心。能力型教学不采纳常模参照型评估，而是采用基于标准的评估，根据其完成具体学习任务的实际情况对学习者进行评估。

(Docking 1994：16)

能力由对有效完成真实任务或活动所需要的基本技能、知识、态度和行为的描述构成。这些活动可能与生活的任一领域相关，但是往往与工作领域或新环境中的社会生存相关。例如，为移民和难民开发的职业英语第二语言课程所培养的能力涵盖下述领域（Mrowicki 1986）：

任务履行
安全
与通用词语相关的领域
工作日程、时间表、薪酬
社会语言工作申请、工作面试

关于"应对工作"方面的能力，有如下描述：

- 根据指示执行简单的任务。
- 恰当地回应主管对工作质量的评价，包括失误、工作速度太慢、未完全完成工作。
- 请求主管检查工作。
- 向主管汇报完成任务。

- 请求供应。
- 询问物品放置的位置：根据口头指示找到物品。
- 根据简单的口头指示找到某个地方。
- 阅读图表、标签、表格，或者阅读书面指导语，完成任务。
- 陈述问题，需要时，请求帮助。
- 回答关于当前任务性质或进展的询问；说明已经完成的工作量与类型。
- 恰当地回应工作的中断或修改。

（Mrowicki 1986：26—27）

157 　上述成人英语第二语言课程中听、说部分的能力可以描述如下（Mrowicki 1986：28）：

完成初高阶英语第二语言课程后，学生应熟练掌握以下语言技能：

听

· 理解所学话题中所使用的简单词汇与短语。
· 识别熟悉材料中会话的主要话题。
· 能够理解熟悉环境中非面对面的言语，如简单的电话交谈与日常公告。
· 认识标志现在、过去、将来事件区别的词汇。
· 恰当地应对紧急应急警报。
· 通过身体动作回应命令和简短的指示。
· 掌握核查理解的策略——如请求重复与举例说明。
· 在所学语言的语境中能够听懂并识别出特定的信息。

说

· 用先前学到的短语或简单句回答与基本需求相关的简单问题。
· 用先前学到的短语或简单句，用与基本需求和常见活动相关的现在时、过去时和将来时做陈述。
· 用先前学到的话语提问与基本需求相关的问题。
· 用电话传达简单的个人信息。
· 给出简单的指令、警告和指示。
· 要求并给予澄清。

关于能力与工作表现之间的关系，多金（1994：11）指出：

> 资质或工作可以用一个能力单位的集合来描述，每个能力单位皆由多个能力元素组成。一个能力单位可能是一项任务、一个角色、一种功能或一个学习模块。这些能力单位随时间而变化，而且因环境而异。能力元素可以定义为助力个体成功地在学术情景中和/或工作情景中完成任务、工作、发挥某种功能或者从事某种活动的任何属性。这包括特定的知识、思维过程、态度以及感知与身体技能。任何有助于行为表现的要素一概都包含在内。能力元素不受环境和时间的局限，是教育、培训、评价、资质、任务和工作能力描述的基本构成。

托尔夫森（Tollefson 1986）指出，以制订教学目标为目的从所需实用能力（functional competency）组成的角度对工作进行分析，始于19世纪中期。19世纪60年代，斯潘塞（Spencer）（引自Tollefson）对其所认为应该构成课程目标基础的主要人类活动领域进行了概括。同样，1926年，博比特（Bobbitt）根据他对成年人在美国生活所需要实用能力的分析制订了课程目标。20世纪60年代以来，这一途径被重新拾起，并加以改进，为能力型语言教学的发展奠定了基础。诺思拉普（Northrup 1977）报告了受美国教育办公室委托进行的一项研究，对美国社会中成人需要完成的各种任务进行了分析，发现完成这些任务的行为涉及五个方面的知识和四个方面的基本技能，通过分析确定了65种能力。多金（1994）对其1968年参与的一个涉及100多个行业所需能力的项目，进行了描述。

学习与教学活动的类型

能力导向型语言教学是课程设计的一种途径，但是其中没有隐含任何具体的教学方法。为了使学习者能够取得理想的学习结果，获得个人应具备的能力，教师可以自由地选择采用一种活动组合，或者运用任何方法。就前述成人英语第二语言课程而言，指导学习活动选择的方针是对加州成人英语第二语言教学标准的描述（California Department of Education（加州教育厅）1992：5—8）：

1. 教学活动将（听、说、读、写）四种语言技能整合起来，以强调语言的整体性。
2. 课堂语言任务由旨在提高学生交际能力的有意义的交流组成。
3. 教学活动的重心是学生在真实生活情境中所必需的交际技能的获得。
4. 教学应首先聚焦接受性技能（听、读）的培养，然后再关注产出性技能（说、写）的培养。
5. 课堂上应运用各种各样的小组活动，来促进以学生为中心的教学。
6. 教学活动多样化，以适应学生的不同（如听觉、口语、视觉、动觉）的学习风格。
7. 教学活动将语言与文化整合起来，以帮助学生了解美国文化的一些重要与微妙特征，并与自己的文化进行比较。
8. 学习活动促使学生高级思维过程（分析、综合与评价）所需语言的发展。
9. 教学活动要求学生积极参与学习过程，将批判思维应用于解决日常生活中的真实问题。

学习者的角色

学习者是能力导向型语言教学学习过程的积极参与者。学习者扮演的角色主要有：

- 根据目标能力对学习进行监控。学习者需要培养自我评价的技能，根据学习目标对自己的学习进行监控。
- 培养多种多样的学习策略。目标能力的成功掌握取决于运用策略实现交际的能力。例如，鲁宾（Rubin 1975:45—48）识别出了"优秀语言学习者"的七个特征，可应用于能力导向型语言教学框架下的学习：
  - 他们能容忍不确定性，乐于而且能够准确地做出猜测。
  - 他们有强烈的交际冲动，或者具有通过交际学习的冲动，并且具有采用各种方式表达信息的意愿。
  - 他们通常不拘谨，而且只要交流结果理想，表现愚蠢亦在所不惜。

- 他们关注语言形式，不断在寻找语言的型式。
- 他们不仅勤于练习，而且设法寻找练习的机会。
- 他们监控自己与他人的言语，时刻关注他者对其言语的接受效果以及其所使用的语言是否达到学到的标准。
- 他们关注意义，懂得为了更好地理解信息，只关注语言的语法或表面形式是不够的。
- 能够将所学知识与技能迁移到新的情境中。学习者必须做好准备将课堂上所学到的技能应用于课堂之外的情境，并做好准备承担应用所学技能时的风险。

教师的角色

教师在能力导向型语言教学中扮演着积极的角色，但是其角色取决于在何种程度上他们主要实施的是他人设计的能力导向型语言教学的课程，还是为特定群体的学习者开发的课程。

- 需求分析者。教师可能需要对其学生的需求进行分析，并且能够根据学习者的需求选择合适的能力。
- 教学材料开发者与材料资源汇编者。教师可能既需要开发针对特定目标能力的教学材料，又需要汇编合适的材料——包括需要技术支持的材料。
- 评估者。教师需要持续对学生的学习进行评估，而且可能需要重新教授学生没有牢固掌握的技能，
- 教练。教师还应该指导学生使用合适的学习策略，并提供所需的指导与支持。

教材的作用

由于能力导向型语言教学的重心是具体的学习目标，因此，学习目标就构成教师所编写教材、技术支持型教材以及出版发行的课程设计的基

础。目前，基于能力导向型语言教学出版发行的课程有许多，尤其是那些与工作相关或社会生存需要的和与能力导向型标准相联系的课程，如《冒险》(Ventures)系列教材（剑桥大学出版社）。

教学程序

关于有多少原则适用于教学实践，澳大利亚移民教育项目（Australian Migrant Education Program）作为世界上最庞大的移民语言培训项目乃是实例之一。自20世纪70年代以来，该项目经历了多次理念上的重新定向，"从70年代晚期具有基于内容的结构型课程设置的集中式课程计划，到80年代采用多元化教学方法和材料的以学生为中心基于需求的分散式课程计划，再到最近能力型课程框架的引入"（Burns & Hood 1994：76）。1993年，能力导向型课程——英语口笔语证书（Certificate in Spoken and Written English）作为项目的框架被采纳。根据这一框架，学习结果可以分为三个阶段来加以详细描述，达到第四阶段时可以获得英语口笔语高级证书。黑根（Hagan 1994：22）对这一框架的运作方式做出如下描述：

> 初步评估之后，学生被按照其当前的英语水平、学习速度、需求以及学习英语的社会目标分配到这一框架内。第1—2阶段的12项核心能力与一般的语言发展有关……在第3阶段，学习者通常按照其核心目标分组，并且能力根据继续教育（Further Study）、职业英语（Vocational English）、融入社会（Community Access）教学大纲规定的三条路线来界定……每个阶段的能力从以下四个方面来加以描述……：
>
> 1. 知识与学习能力
> 2. 口语能力
> 3. 阅读能力
> 4. 写作能力

8 能力导向型语言教学、标准与欧洲语言共同参考框架

所有能力均从下述各个方面加以描述:
- 将能力分解成更小的组成部分,而且与文本基本语言特征相对应的元素
- 对判断某一种能力的获得所必需的最低语言运用水平加以描述的语言运用标准
- 限制能力发挥的各种变量的范围
- 与能力相关的文本和评估任务样例

161

下面是能力导向型语言教学课程教案的一个样例,说明了讲授-练习-产出(PPP)授课模式以何种方式与能力导向型语言教学相兼容。

能力导向型语言教学课程教案版式

一个学习目标可以通过一堂课上的一个活动、整堂课,甚至用包含几堂课的一个单元来实现。如果学习目标需要在几天的课堂上实现,那么每一堂课开始都要有预备/复习和导入阶段,将学生的注意力重新集中到这一学习目标上。

预备/复习
课堂初始状态,复习前一堂课所学内容,及/或采用头脑风暴或互动任务激发学生对新的话题进行思考。

导入
课堂初始阶段,教师宣布本堂课的教学目标,并告知学生将做什么。这应该发生在课堂预备阶段之后。

讲授
课堂初始阶段,教师解释、示范、训练学生在本堂课上将会使用的新的信息、语言功能或语言形式。进行任何一个新的学习目标讲授之前,都应该先有导入。

理解检测
讲授阶段的一个重要组成部分,在进入练习阶段之前,教师应先确认学生是否理解所教授内容。

> 指导练习
> 微课阶段，学生开始使用所学语言参与简短的控制性活动。这可能发生在内容讲授阶段之后交际实践阶段之前。
>
> 交际实践
> 微课阶段，学生使用一直在练习使用的语言，一般是成对或分组完成交际任务。这应该发生在课堂指导练习阶段之后。
>
> 评价
> 课堂教学最后一个阶段，学生通过表演、解释、分析或反思其课堂所学，来展示他们学到的知识。
>
> 应用
> 课堂教学最后阶段，学生将掌握的课堂教学材料中的知识，扩展到新的情境中，或者运用所学知识完成新的不同活动。
>
> (http://kennedysanfernandocas.net/documents/cbe_course_utines/esl/50-01-92.pdf)

本章附录是一个能力导向型教材中一堂课的样例。

2 标准运动

在世界许多地区，能力导向型教学观的一个重要实现方式是对"标准"的重视，自 20 世纪 90 年代以来，这在许多国家关于的教育讨论中，一直是一个主导性热门话题。格拉泽和林恩（Glaser & Linn 1993：viii）对其在美国的影响做出如下描述：

> 回顾我们国家教育改革的发展趋势，本世纪近十年无疑是国家教育标准集中出台时期。联邦与州立法者、总统与州长候选人、教师与专

业领域专家、地方议会、政府机构与私人基金会为标准出台做出了许多努力。

第二语言教学，尤其是美国的英语第二语言教学，进入标准运动较晚。1997年，英语第二语言标准研制项目的负责人指出："美国的英语第二语言教育者彼时（1991）很快就清楚地认识到，我们所教授的学生并没有被包含在席卷全国的标准制定运动中。"（Short 1997：1）在最近的一项调查中，卡茨和斯诺（Katz & Snow 2010：67）评论道：

> 标准的主要益处是对教育行业涉及的包括父母在内所有人提出了明确的期望。它们（标准）乃是一种可用于讨论教学和学习过程的"通用语言"（Harris & Carr 1996）。对学生而言，它们（标准）就是向他们明确提出的行为表现期望，让他们明白应该掌握什么与能够做什么，才能达到标准；对教师和行政管理者而言，标准是教学设计、课程和评价的指导方针；设定了项目成功的标准；而且，可能有利于升迁与职业发展。对教师培训者而言，它们明确了未来教师所需要的能力，从而帮助他们为其教学生涯做好准备。
>
> 近十年间，无论是在以英语为媒介的国家，还是在其他越来越多的国家，标准已成为教育体系的关键。标准也以成绩目标、等级量表、基准、能力、核心技能与知识、剖面图（profiles）、救世主与众生（saviors and êtres）等标签而为人所知，为某种改革模式奠定基础。围绕一个连贯的核心教学结果愿景来加以组织，教育系统——学校、政府机构、教育部——正在努力在课程计划的实施方面做出改变，以提高学习水平。

在美国，根据与非英语母语者英语教学（TESOL[①]）组织所签订的合同，设在华盛顿的应用语言学中心承担了制定 K-12[②] "学校"英语第二语言标准的任务，于1997年完成。英语第二语言标准围绕三个目标制定出九个标准。每个标准都用系索词（descriptors）、样本进度指标和课堂教

[①] 其全称为"Teaching English to Speakers of Other Languages"，因为已被学界所广泛接受，本书此后一概采用其缩略形式。——译者注
[②] "K"此处是"kindergarten"（幼儿园）的首字母缩写。——译者注

学片段讨论进一步加以说明。标准部分按照年级水平聚类加以组织：学前（pre-K）—3年级、4—8年级以及9—12年级。每个年级聚类都用该年级范围的特定系索词、样本进度指标和课堂片段来处理所有目标和标准。最近（2006），TESOL组织已经开发了《学前—12年级英语语言水平标准框架》（*PreK-12 English Language Proficiency Standards Framework*），其中提出了5个语言水平标准，反映了学生成功掌握某一具体内容领域知识所需要的能力，其中包括学生在课堂内外成功进行社会与学术交流所必需的语言应用能力。这些标准有些与内容型教学和全语言教学运动（第6、7章）的目标类似。英语语言水平标准如下：

> 标准1：英语语言学习者能够在学校情景中进行旨在达到**社会**、**跨文化**、**教育**目的的**交际**。
>
> 标准2：英语语言学习者能够**交流语文**（language arts）学习成功所必需的信息、想法和观点。
>
> 标准3：英语语言学习者能够**交流数学**学习成功所必需的信息、想法和观点。
>
> 标准4：英语语言学习者能够**交流科学**学习成功所必需的信息、想法和观点。
>
> 标准5：英语语言学习者能够**交流社会研究**学习成功所必需的信息、想法和观点。
>
> （TESOL，2006）

其他许多国家也已经制定出了相似的标准（McKay 2000）。据卡茨与斯诺（2010：69—70）报告：

在阿曼……教育部用能力（competencies）这一术语对每个年级学生的学习结果进行了描述。学习结果分为读、写、听、说四个领域，每个领域中的学习结果又进一步做了分类。下面是四年级阅读学习结果的样例：

句子	文本
一般结果	一般结果
能够： 理解句子。 懂得标点与大写字母的使用。 识别、理解单词和短语。	能够： 理解大意。 找出主要知识点。 提取具体信息。 识别、理解单词和短语。
具体结果	具体结果
能够： 理解陈述句。 懂得大写字母及已学过的标点符号的使用。 识别、理解已学过的最重要的词汇。	能够： 除了左边各项之外，理解各种类型的简短文本和复杂的长文本： －说明文 －记叙文 －各种说明书 识别、理解已学过的最重要的词汇。

最近，麦格劳-希尔教育（McGraw-Hill Education）、TESOL以及全国外语教学与研究协会（National Foreign Language Teaching and Research Association）在中国开展了一个大型项目，为学习者和教师各制定出一套标准（Agor 2006；引自Katz & Snow 2010）。学习者的标准涵盖小学阶段（3—6年级）、初中阶段（7—9年级）和高中阶段（10—12年级），横跨三个领域：学习者、语言和世界。学习者领域的标准之一是：学习者将"发展、使用各种策略，推导、表达、澄清英语阅读、写作、口语和听力中的意义"。

因此，标准运动旨在找出高质量语言教学的特点，并将对标准的陈述作为用作评价语言教学项目质量的基准。但是，也有批评者认为，源于某一情景的一套标准可能不适用于其他情景。因此，TESOL 等组织已经与不同国家的教育部合作，尽量制定出适应当地环境的标准（如 Gu et al. 2006）。

理论、教学设计与教学程序

标准运动本身并非一种语言教学理论，但是，如同能力型语言教学，它反映出一种基于技能的语言教学途径。标准运动乃是测量、量化学习者对离散语言技能的掌握所做出的一种尝试，可以与任何一种将技能的作为其组成部分来测量的教学途径相结合。学习者的角色中可能包含学习策略与语言支架的架设。从这一点来看，标准运动是一种能力导向型学习；可以说，两者只是需要学习的具体技能不同。教学程序因课程大纲与所选择的教学途径或方法的不同而异。

3 欧洲语言共同参考框架

欧洲语言共同参考框架（Common European Framework of Reference，简称 CEFR）——欧洲理事会（2001）制订的一种语言教学与评价框架，是最有影响力的结果与能力导向型语言教学途径。在很多情况下，欧洲语言共同参考框架中所包含的许多关于结果的陈述（即人们所熟知的包含"能做"（can do）的陈述）只是早期临界水平教学大纲（第 5 章）中包含的一些"语言功能"的换一种说法的表述而已。因此，欧洲语言共同参考框架经常与交际语言教学结合起来运用。

多年来，欧洲理事会一直在积极地致力于推动语言教学改革与创新，并且如本书第 5 章所述，其在 20 世纪 70 年代制订的临界水平教学大纲（Van Ek 1975）是最早的交际型大纲模式之一，是交际语言教学发展史上一份重要文件。欧洲共同语言参考框架不仅仅是一个英语教学框架，而且还旨在促进欧盟内语言学习的成功。它是"尽可能确保各阶层人群都能够有效学习其他成员国的语言"战略的一部分（欧洲理事会部长会议第 R(82)18 号欧洲共同语言参考框架建议附录（CERF Appendix to the Recommendation R(82)18）。欧洲共同框架是围绕与听、说、读、写技能相关的不同水平的学习结果的陈述构建起来的。"它对学习者必须学习什么才能使用语言进行交际，以及学习者必须学习什么知识、培养什么技能才能有效地行事，进行了综合描述"（Council of Europe 2001：1）。

欧洲共同语言参考框架的系索词旨在将人们通常所理解的初级、中级或高级语言水平加以操作化，对三大类从最低的 A_1 到最高的 C_2 六种水平进行了描述，对学习者在每个水平上应该在听、说、读、写方面达到何种程度做出了说明。

初级使用者（Basic user）——A_1、A_2
独立使用者（Independent user）——B_1、B_2
熟练使用者（Proficient user）——C_1、C_2

更普遍的是，六个水平分别称为

精通级（Mastery）	C_2
流利级（Effective Operational Proficiency）	C_1
高阶级（Vantage）	B_2
临界级（Threshold）	B_1
基础级（Waystage）	A_2
入门级（Breakthrough）	A_1

下面是"会话"结果的一个例子（Council of Europe 2001）。

166

	欧洲共同语言参考框架下会话的特征
C2	能够舒适、恰当地交谈，正常的社会与个人生活不受语言的任何限制。
C1	能够灵活、有效地使用语言达到社会目的，包括用语言表达情绪、暗指及开玩笑。
B2	即使在嘈杂的环境中，也能够非常积极地参与关于一般话题的长时交谈。 能够与本族语者保持良好的关系，同时不会在无意中逗笑或激怒他们，或者要求他们行为异类于本族语者。 能够细腻地表达感情，并突出事件和经历对个人的意义。
B1	能够在无准备的情况下就熟悉的话题进行交谈。 能听懂日常生活中针对他/她的清晰话语，尽管有时可能请求重复某些单词与短语。 能够维持会话或讨论，但是，有时可能在尝试清楚地表达自己的想法时遇到困难。 能够表达吃惊、高兴、悲伤、感兴趣、冷漠等情感，并做出回应。
A2+	能够建立社会联系：问候与送别；介绍；表示感谢。 假如允许不时的请求重复或重新阐述的话，总体上能理解对他/她就其熟悉的事情所说的清晰、标准话语。 能够参与日常环境中关于感兴趣话题的简短交谈。 能够用简单的语言表达自己的感受、表示感谢。
A2	能够应对非常简单的社会交流，但理解的内容较少，自己无法维持对话，但若说话者不厌其烦，他/她能够理解。 能够使用日常的礼貌形式问候与称呼他人。 能够发出邀请、提出建议、表示道歉，而且能够对邀请、建议、道歉做出回应。 能够表达自己的好恶。
A1	能够做介绍，并使用基本的表达方式问候和道别。 能够询问别人的状况，并对新闻做出回应。 能够理解具有同情心的交谈者以清晰、缓慢、重复的方式，直接对他/她所说的旨在满足简单需求的日常具体表达。

目前，许多广泛使用的语言的测试都参考了欧洲共同语言参考框

架，依据其标准对语言水平进行评估。例如，剑桥英语语言评估部（Cambridge English Language Assessment，其前身是剑桥非本族语者英语测试（English for Speakers of Other Languages，简称ESOL）公布的博思考试（Business Language Testing Service，简称BULATS）是为公司与机构设计的多水平英语、法语、德语、西班牙语测试，提供与欧洲共同语言参考框架水平相关的分数。坎塔尔基奥卢与帕帕吉奥吉欧（Kantarcioglu & Papageorgiou 2012：85）指出：

> 欧洲共同语言参考框架的语言水平量表乃是对学习者在不同语言水平等级上能够达到的目标的全面描述，因此很受欢迎。描述语言通常措辞积极，旨在通过描述学习者能够用语言做什么，而不是不能做什么，来激励他们。此外，这一套语言学习目标也可以作为教师和学习者的元语言（metalanguage[①]），对不同教育背景中课程设置、语言课程与考试所要求的水平进行对比。

欧洲共同语言参考框架也越来越多地被应用于课程与出版教材的设计。然而，如同先前应用于语言课程规划的框架（如临界水平），欧洲共同语言参考框架并没有研究作为其基础，而是主要根据专家的直觉开发而来的。而且，由于欧洲共同语言参考框架旨在应用于多种不同的语言，因此它未明确学习者在任何水平上需要掌握的真正语言或话语技能。这需要由欧洲共同语言参考框架的用户做出进一步阐释。因此，教师与教材编写者在使用此框架时，同样靠直觉根据其学习环境与需求，来确定应该教授给学习者何种语言知识和技能。但是，富尔彻（Fulcher）指出，尽管欧洲共同语言参考框架之类标准框架所确定的水平等级无法用经验来加以证明，但它们通常因能够使学习者感受到自己从一门课到另一门课或者一年年的进步，而具有实用价值。因此，教师和教材编写者往往需要将其教学与欧洲共同语言参考框架或其他量表的水平相匹配，而且测试同样经常

[①] 即用于对语言进行描述或讨论的语言。——译者注

与标准相联系。网络上有许多标准文件和基于标准的测试。但是，教师也可以根据自己所处的环境制定标准："局部环境中具有明确目标的标准的制定可以成为真正的职业发展和课程设置升级的重心。"（Fulcher 2010：248）梁（Leung 2012：165）指出：

> 显然，教师需要根据所教授的学生来判断 B1 的描述（或欧洲共同语言参考框架量表中的其他描述）的合适性。如果是为了职业的原因教授一群讲意大利语的银行职员学习英语，那么某些描述在某些教学阶段可能说得通。但是，如果是教授英格兰的少数族裔学生学习英语进行学术研究，那么这些描述充其量只是在非常模糊和抽象的意义上合适；它们需要加以局部改编与扩充，因为在学校里把英语作为第二语言的英语独立使用者，需要做的远远超过欧洲共同语言参考框架描述所涵盖的内容。

理论、教学设计与教学程序

如前所述，欧洲共同语言参考框架经常与交际途径（第 5 章）相结合，而且，就其本身而论，可能同样适用于采用互动、社会文化以及技能导向型的语言学习途径的课堂。欧洲共同语言参考框架并没有提出一个教学大纲或者教学程序，也没有具体规定学习者、教师的角色或者教材的作用。目前，这一切都需要反映课堂上采用的途径或方法。英语剖面图（English Profile）（http://www.englishprofile.org/[①]）等旨在为欧洲共同语言参考框架开发教学设计或教学大纲的项目正在进行之中。

---

① 项目的宗旨是帮助教师和教育工作者深入理解欧洲共同对英语的意义，对与每个欧框水平相对应的英语的哪些方面通常需要学习。这就告诉教师、课程设置制定者、教材编写者与测试设计者哪些内容适合于学习。其网站上有两个颇有创新性的在线工具：在线英语词汇剖面图（English Vocabulary Profile Online）和在线英语语法剖面图（English Grammar Profile Online），是免费获取适合每个欧框水平的英语词汇和语法研究结果的数据库。

结　　论

本章介绍了能力导向型语言教学、标准运动中包含的其他类型的标准以及欧洲共同语言参考框架。无论是描述为能力、基准，还是描述为标准，各种结果导向型语言教学途径目前无论是在其他教育、培训领域还是在语言教学中，已经成为一种传统，也是许多国家政府文件、教学与评估指南以及最新国际教材的一个显著特征。库克（Cook）对欧洲共同语言参考框架的评论适用于本章描述的任何一种结果导向型教学途径："由于各个国家地方当局对欧洲共同语言参考框架的高度重视，因此为了实用目的，无论怎么看待，它都不容忽视。"（Cook 2011：146）

自20世纪80年代以来，能力导向型语言教学同样在语言教学中受到推崇。但是，也并非没有批评，既有对其实践方面的批评，也有对其理念方面的批评。托尔夫森（Tollefson 1986）坚持认为，实际上，并没有现成有效的程序去为许多项目制订能力清单。许多需要能力的领域，如"成人的生活""生存""在社会上熟练地行事"等，都不可能加以操作化。也有人指出，将活动分为一系列能力是一种还原论的处置方式，而且部分的叠加并不等同于复杂的整体。奥尔巴克（Auerbach）对保罗·弗里尔（Paolo Friere）及其他人的著作做了总结，指出能力导向型语言教学反映了弗里尔所谓的"银行储蓄"教育模式（"banking" model of education），认为：

> 社会所规定的学生需要掌握的知识有其结构。教育的职能就是根据主流社会经济群体的价值观传播知识，促使学习者社会化。教师的工作是设计出更有效的方法来教授技能：传授的成功很重要。教育的进步就是从"提高"技能传授系统的角度来定义的。

（Auerbach 1986：416—417）

因此，能力导向型语言教学被认为具有规定性，因为它旨在培养学生适应现状、维系阶层关系的能力。另外，教学重心往往放在行为与业绩上，而不是放在思维技能的发展上。

169　由于能力是为促使学习者有效参与社会而设计，因此，托尔夫森等人认为，能力通常代表这种参与所涉及的价值判断。例如，有些人认为，美国难民安置计划中所谓能力试图给难民灌输使其成为被动接受而非挑战现状的公民的态度与价值观。另一方面，同时可以认为，实践能力有助于融入社会，从而使新移民能够理解而且（如果愿意的话）质疑新的文化。

虽遭到批评，各种结果导向型教学途径仍然在全球范围内广泛应用。这类结果导向型教学途径对那些追求教育投资"问责制"的许多政治追随者尤其有吸引力。标准运动与最近的欧洲语言共同参考框架也受到批评，库克（2011：1460）在其相关论述中指出：

> 欧洲语言共同参考框架的研究基础是部分教师对其描述的认可，如同洗衣粉广告商所坚持的观点，千万家庭主妇不可能犯错。从语言教学方法来看，欧洲语言共同参考框架与传统的交际语言教学而非语言教学最近的发展相联系。其支撑是从著名语言教育管理人员中招募来的一群专家的权威。

赖拉特与洛汗（Rylatt & Lohan 1997：18）关于欧洲语言共同参考框架未来的预测已被证明是正确的，他们认为："可以肯定地说，进入新世纪后，致力于提高学习能力与技能的生意将仍然是世界上发展最快的行业，而且是人们的当务之急。"标准运动与欧洲语言共同参考框架的发展与接受进一步证明了前述预测。

讨论问题

1. 读完本章之后，向同事解释下面三种教学途径的基础及其之间的差异：
   - 能力导向型语言教学
   - 标准运动
   - 欧洲语言共同参考框架

2. 欧洲语言共同参考框架的基础是一种学习理论，不仅认为技能是一系列通过实践学得的行为的集合，而且认为技能由可以独立学习组合起来构成整体熟练表现的独立成分组成。这种观点与全语言教学（第 7 章）有何不同？
3. 通过本书 159 页上的介绍，您对琼·鲁宾提出的优秀学习者的七个特征已经有所了解。这些特征乃是一种技能型学习理论的体现。现在请您回顾一下第 2 章（第 25—28 页）所介绍的相关语言学习理论。您认为这些建议的背后有哪种（些）理论？
4. 请阅读本书第 162—164 页上美国、阿曼和中国的标准样例。您认为哪一个最有用？这三者（1）关注的焦点（标准中包含哪些内容）与（2）表述方式有何异同？请您想一想，标准的使用有何弊端？
5. 您刚入职一所新的学校，这所学校没有用能力或者标准明确地将课程结果表达出来，您将用什么论据去说服教导主任考虑实施这些理念？
6. 请列出下述职业可能需要的某些能力：
   - 机场值机柜台的职员
   - 小学英语教师
   - 百货商店售货员
7. 您所在的学校正在朝能力导向型教学发展，请您找出需要对课程设置做出哪些改变。能力导向型语言教学的一个特点是"教学不受时间局限；学生自定学习进度，而且将注意力集中在其能力匮乏的领域"（第 153 页）。这对课程规划有何影响？例如，您如何适应学习进度各异的学习者？
8. 有一位同事，不接受能力导向型语言教学课程。她说："学习者需要的词汇和结构不可能准确地预测。"您如何回应这位同事？她说的有道理吗？
9. 请回顾一下欧洲语言共同参考框架中给出的会话结果（第 166 页）。请选择其中一个等级。您如何将这些结果转化为一种教学设计？请从教学目标、教学大纲、学习与教学活动的类型、学习者与教师的角色、教材的作用几个方面来加以考虑。需要的话，请参阅第 5 章（交际语言教学）。

参考文献与延伸阅读

Agor, B. (ed.). 2006. *Integrating EFL Standards in Chinese Classroom Settings: Senior Level (Grades 101-2)*. New York: McGraw Hill.

Auerbach, E. R. 1986. Competency-based ESL: one step forward or two steps back? *TESOL Quarterly* 20(3): 411-430.

Baines, L. A., and G. K. Stanley. 2006. The iatrogenic consequences of standards-based education. *Clearing House: A Journal of Educational Strategies, Issues and Ideas* 79(3): 119-123.

Bottomley, Y., J. Dalton, and C. Corbel. 1994. *From Proficiency to Competencies.* Sydney: National Centre for English Teaching and Research.

Burns, A, and S. Hood. 1994. The competency-based curriculum in action: investigating course design practices. *Prospect* 9(2): 76-89.

California Department of Education. 1992. ESL - Model Standards for Adult Education Programs. Adult Education Unit, California Department of Education. Available at: https://www.casasorg/docs/pagecontents/ca_esl_model_standards_1992_-2-.pdf?Status=Master; accessed May 14, 2013:5-8.

Center for Applied Linguistics. 1983. *From the Classroom to the Workplace: Teaching ESL to Adults.* Washington, DC: Center for Applied Linguistics.

Cook. V. J. 2008. *Second Language Learning and Teaching.* London: Hodder Education.

Cook, V. J. 2011. Teaching English as a foreign language in Europe. In E. Hinkel (ed.), *Handbook of Research in Second Language Teaching and Learning, Vol. II.* New York: Routledge. 140-154.

Coombe, C., P. Davidson, B. O'Sullivan, and S. Stoynoff (eds.). 2012. *The Cambridge Guide to Second Language Assessment.* Cambridge: Cambridge University Press.

Council of Europe 2001. *Common European Framework of Reference for Languages: Learning, Teaching, Assessment.* Cambridge: Cambridge University Press.

DeKeyser, R. 2007. *Practice in Applied Linguistics: Perspectives from Applied Linguistics.* New York: Cambridge University Press.

Docking, R. 1994. Competency-based curricula – the big picture. *Prospect* 9(2): 8-17.

Figueras, N. 2012. The impact of the CEFR. *ELT Journal* 66(4): 477-486.

Findley, C. A., and L. Nathan. 1980. Functional language objectives in a competency-based curriculum. *TESOL Quarterly* 14(2): 221-232.

Freed, B. 1984. Proficiency in context: the Pennsylvania experience. In S. Savignon and M. Berns (eds.), *Initiatives in Communicative Language Teaching.* Reading, MA: Addison-Wesley. 221-240.

Freire, P. 1970. *Pedagogy of the Oppressed.* Harmondsworth: Penguin Books.

Fulcher, G. 2010. *Practical Language Testing.* London: Hoddèr Education.

Glaser, R., and R. Linn. 1993. Foreword. In L. Shephard, *Setting Performance Standards for Student Achievement.* Stanford, CA: National Academy of Education, Stanford University. xi-xiv.

Grognet, A. G., and J. Crandall. 1982. Competency-based curricula in adult ESL. ERIC/

CLL New Bulletin 6: 3–4.

Gu, P., J. Hughes, T. Murphey, J. Robbins, D. F. Zemach, and Z. Wei. 2006. *Integrating EFL Standards into Chinese Classroom Settings, Vols. I-III*. Alexandria, VA: TESOL and New York: McGraw Hill.

Hagan, P. 1994. Competency-based curriculum: The NSW AMES experience. *Prospect* 9(2): 19–30.

Harding, A., B. Page, and S. Rowell. 1980. *Graded Objectives in Modern Languages*. London: Centre for Information on Language Teaching and Research.

Harris, D. E., and J. F. Carr. 1996. *How to Use Standards in the Classroom*. Alexandria, VA: Association for Supervision and Curriculum Development.

Higgs, T. V. (ed.). 1984. *Teaching for Proficiency: The Organizing Principle*. Skokie, IL: National Textbook Company.

Hood, S., and A. Burns. 1994. The competency-based curriculum in action: investigating course design practices. *Prospect* 9(2): 76–89.

Hoogveld, A. 2003. The teacher as designer of competency-based education. PhD dissertation, Open University of the Netherlands.

Ingram, D. E. 1982. Designing a language program. *RELC Journal* 13(2): 64–86.

Kantarcioglu, E. and S. Papageorgiou, 2012. The Common European Framework of Reference. In Coombe et al. (eds.), 82–88.

Katz, A. M., and M. A. Snow 2009. Standards and second language teacher education. In A. Burns and J. C. Richards (eds.), *The Cambridge Guide to Second Language Teacher Education*. Cambridge: Cambridge University Press. 66–76.

Kennedysanfernandocas.net. http://kennedysanfernandocas.net/documents/cbe_course_outlines/esl/50-01-92.pdf; accessed January 1, 2013.

Leung, C. 2012. Outcomes-based language teaching. In A. Burns and J. C. Richards (eds.), *The Cambridge Guide to Pedagogy and Practice in Language Teaching*. New York: Cambridge University Press. 161–179.

McKay, P. 2000. On ESL standards for school-age learners. *Language Testing* 17(2): 185–214.

Mendenhall, R. 2012. What is Competency-Based Education [blog post]. Huffington Post.http://www.huffingtonpost.com/dr-robert-mendenhall/competency-based-learning-_b_1855374.html; accessed January 6, 2013.

Moore, H. 1996. Why has competency-based training become the "solution"? *Prospect* 11(2): 28–46.

Mrowicki, L. 1986. *Project Work English Competency-Based Curriculum*. Portland, OR:

Northwest Educational Cooperative.

Nitko, A. J. 1983. *Educational Tests and Measurement*. New York: Harcourt Brace Jovanovich.

Northrup, N. 1977. *The Adult Performance Level Study*. Austin: University of Texas Press.

Ohanian, S. 1999. *One Size Fits Few: The Folly of Educational Standards*. Portsmouth, NH: Heinemann.

Rubin, J. 1975. What the good language learner can teach us. *TESOL Quarterly* 9: 41–51.

Rylatt, A., and K. Lohan. 1997. *Creating Training Miracles*. Sydney: Prentice Hall.

Schenck, E. A. 1978. *A Guide to Identifying High School Graduation Competencies*. Portland, OR: Northwest Regional Educational Laboratory.

Short, D. 1997. Revising the ESL standards. *TESOL Matters* (February-March): 1–6.

Snow, M. A. (ed.). 2000. *Implementing the ESL Standards for Pre-K-12 Students through Teacher Education*. Alexandria, VA: Teachers of English to Speakers of Other Languages.

Snow, M. A., M. Omar, and A. M. Katz. 2004. The development of EPL standards in Egypt: collaboration between native and non-native professionals. In L. Kamhi-Stein (ed.), *Learning and Teaching from Experience: Perspectives on Non-Native English-Speaking Professionals*. Ann Arbor: University of Michigan Press. 307–323.

TESOL. 1997. ESL Standards for PreK-12 Students. Washington, DC: TESOL International Association.

TESOL. 2002. Standards for P-12 ESL Teacher Education Programs. Alexandria, VA: TESOL International Association.

TESOL. 2006. *The PreK-12 English Language Proficiency Standards Framework*. Alexandria, VA: TESOL International Association.

Tollefson, J. 1986. Functional competencies in the US refugee program: theoretical and practical problems. *TESOL Quarterly* 20(4): 649–664.

Wiggins G., and J. McTighe. 2006. *Understanding by Design: A Framework for Effecting Curricular Development and Assessment*. Alexandria, VA: Association for Supervision and Curriculum Development.

Wong, R. M. H. 2008. Competency-based English teaching and learning: investigating pre-service teachers of Chinese's learning experience. *Porta Linguarum* 9: 179–198.

附录：能力导向型课例

LESSON F Another view

1 Life-skills reading

Appointment Confirmation
Here is your appointment information.

Patient: J. D. Avona
Medical record number: 9999999
Date: Monday, October 23
Time: 9:10 a.m.
Doctor: William Goldman, MD
Address: Eye Care Clinic
2025 Morse Avenue

Cancellation Information
To cancel only: (973) 555-5645   7 days / 24 hours
To cancel and reschedule: (973) 555-5210   Mon-Fri 8:30 a.m. to 5:00 p.m.

A Read the questions. Look at the appointment confirmation card. Fill in the answer.

1. What is the doctor's last name?
   - Ⓐ Avona
   - Ⓑ Goldman
   - Ⓒ Morse
   - Ⓓ William

2. What is the appointment for?
   - Ⓐ ears
   - Ⓑ eyes
   - Ⓒ nose
   - Ⓓ throat

3. What is the address?
   - Ⓐ Monday
   - Ⓑ MD
   - Ⓒ 2025 Morse Avenue
   - Ⓓ 2025 Morris Avenue

4. What do you do to reschedule?
   - Ⓐ call J. D. Avona
   - Ⓑ call (973) 555-5645
   - Ⓒ call (973) 555-5210
   - Ⓓ go to the Eye Care Clinic

B Talk with your classmates. Ask and answer the questions.

1. Do you have a doctor?
2. Do you get appointment cards?
3. What information is on your appointment cards?

9

任务型语言教学

引　言

任务型语言教学（Task-Based Language Teaching，简称TBLT）指的是使用任务作为语言教学计划与教学实施的核心单位。它被定义为"围绕给学生布置的功能性任务实施教学，以意义的交换为重心、运用语言达成真实世界而非语言目标的一种语言教育途径"（Van den Branden 2006）。其部分支持者（如Willis 1996；Willis & Willis 2007）将其看作交际语言教学（Communicative Language Teaching）的逻辑发展（第5章），因为它借鉴了20世纪80年代以来形成的交际语言教学运动的某些原则，如：

- 需要真实交际的活动对语言学习至关重要。
- 需要使用语言完成有意义任务的活动有助于语言学习。
- 对学习者有意义的语言是学习过程的支撑。

任务型语言教学通常被视为一种教学途径，而不是教学方法。根据利弗与威利斯（Leaver & Willis 2004：3）的观点，"任务型教学（task-based instruction，简称TBI）并不是铁板一块，不构成一种单一的方法。它是一种多层面的途径，可以创造性地与不同类型的教学大纲联用，达到不同的目的"。因此，它可以与任务型教学、文本型教学等途径与方法相联系

(Leaver & Willis 2004)。任务型语言教学的支持者将其与早期以语法为重点的各种教学途径,如听说教法,进行了对比,认为后者特征是"以教师为主导,以语言形式为导向的课堂实践"(Van den Branden 2006)。

> 从语言内容(即需要掌握的语言系统的元素)方面制订低层次目标的课程设置/大纲,与从语言使用(即人们能够使用目标语言完成的具体事情的种类)方面制订低层次目标的课程/大纲,之间有一个重要差异。任务型课程设置/大纲属于第二种类型:他们不是从学习者需要掌握哪些具体的单词或语法规则的角度,而是从人们学习语言的目的即学习者需要完成的任务的角度,来制订具有操作性的语言学习目标。
>
> (Van den Branden 2006:3)

在教学实践中,某些任务型语言教学的支持者可能仅仅是部分地实施这一途径,将其与更传统的课堂活动相结合,但是任务型语言教学的倡导者经常将其与情境教学途径(第3章)中的讲授-练习-产出(PPP)教学策略进行对比,如下:

- 与讲授-练习-产出途径不同,学生不受语言的控制。他们在三个阶段中都必须使用所有的语言资源,而不是只练习使用提前选定的某个语言项目。
- 自然语境从学生具有个性化与相关性的语言经历中衍生出来。而在讲授-练习-产出中,讲授语言的语境需要人为创设,这类语境有时非常不自然。
- 在任务型学习(task-based learning,简称TBL)中,学生通过多个渠道接触语言。他们所接触的既有各种语言形式,也有各种各样的词汇、短语、搭配与句型。
- 所探索使用的语言源于学生的需求。这种需求决定了课堂教学的内容,而不是由教师或教材来决定教学内容。
- 任务型语言教学是一种非常注重交际的教学途径,要求学生花费大量时间参与交际。相反,讲授-练习-产出(PPP)型课程似乎严重以教师为中心。只要观察一下任务型课程中的学生花费多少时间进行交际,就一目了然了。

- 任务型语言教学既令人愉悦，又给人以激励。

（Frost 2004）

交际框架内任务型语言教学途径在早期有两个应用项目：一是马来西亚的交际大纲（Malaysian Communicational Syllabus, 1975）（参见第 5 章），一是班加罗尔计划（Bangalore Project）（Beretta & Davies 1985；Prabhu 1987；Beretta 1990），二者皆持续时间很短。对任务作为教学与学习单元的重视源于第二语言习得（second language acquisition，简称 SLA）领域（如 Long & Crookes 1993；Ellis 2003；Van den Branden, Bygate & Norris, 2009）。20 世纪 80 年代中期，研究者开始将任务作为一种研究工具用于对第二语言习得的探索，对任务作为第二语言教学潜在构建模块的兴趣由此而产生。"在第二语言习得研究中，任务已经被广泛用作诱发语言产出、互动、意义协商、输入加工、适当关注形式（focus on form[①]）的工具，这些被认为都能够促进二语习得"（Van den Branden 2006：3）。第二语言习得研究的重心是第二语言学习者使用的策略与认知过程。研究建议应对正规的语法教学在语言教学中的作用重新加以评估。研究者坚持认为，没有证据表明许多语言课堂上使用的以语法为重点的教学活动，能够反映出课堂外自然语言学习情境中使用的认知学习过程。与以形式为重心的活动相比，吸引学习者参与的任务能够为激活学习过程提供更好的环境，而且因此最终提供更好的语言学习机会。人们认为，语言学习不仅仅应该让学生沉浸于可理解的输入中，而且还要让他们沉浸到需要意义协商和自然有意义交际任务中。如同其他语言教学创新，任务型语言教学的支持者坚信，它将比为其所替代的方法更有效。爱德华兹和埃利斯（Edwards & Ellis 2005：5）在其关于任务型语言教学的个案研究集中，将这一教学途径与讲授-练习-输出方法做了比较，指出：

[①] 此处这个表达的意思是，在着重关注意义的前提下，对语言形式给予适当的关注，与其对应的表达是"focus on forms"，指以语言的语法形式为重心的教学。——译者注

9 任务型语言教学

尽管讲授-练习-输出型课常常辅助以技能型课，但是大部分学生主要是通过讲授-练习-输出等传统途径来学习，离开学校，便失去用英语进行有效交际的能力。这一情况促使许多英语语言教学专业人员开始关注第二语言习得研究的发现（参见第1章），转向意义处于中心地位、语言使用机会丰富的整体性教学途径。任务型学习就是这样一种途径，而且本书中引用的许多作者都弃讲授-练习-输出而采纳任务型学习。

费兹（Feez 1998：17）对任务型教学的核心假设做了总结，如下：

- 教学的重心是过程，而非结果。
- 基本元素是强调交际与意义的、有目的的活动和任务。
- 学习者在参与活动和完成任务的过程中，通过有目的的交际互动来学习语言。
- 活动和任务可能与学习者的现实生活需要密切相关；也可能是为课堂教学目的专门设计的。
- 任务型教学大纲中的活动和任务根据难度排序。
- 任务的难度取决于一系列因素，包括学习者之前的经历、任务的复杂性、完成任务所需的语言以及得到支持的程度。

理查兹（Richards）（即将出版）也对人们对任务型语言教学的兴趣做出了解释：

由于与交际语言教学方法相联系，而且得到了著名第二语言习得理论家的支持，任务型语言教学引起了应用语言学界的极大关注。近年来，任务型语言教学已经走出研究和小规模情景，应用于许多主流教育中，尤其是在比利时、荷兰、卢森堡三国（Van den Branden 2006），而且也成为中国语言教学改革的一部分（Wang & Lam 2009）。其成功在多种不同语境中被引用。例如，什哈德赫（Shehadeh 2005：14）报告："美国政府语言机构发现，任务型教学和采用真实材料的学习者进步更快，经过短期课程学习后，能够相当有效地在现实世界的环境中使用新近所学习的外语。他们能够操纵有效的意义系统，亦即表达想说的内容，虽然语法和词汇的运用经常远不够完美。"

之后，理查兹引用了另一个研究（Leaver & Kaplan 2004：61），该研究报告了美国国务院课程转用任务型途径之后所带来的裨益：

- 学习动机得到强化；
- 重复的机会增加，却不失趣味；
- 课程的灵活性增强；
- 促进了学习者学会学习；
- 提供了自然纠错的机会；
- 提高了承担风险的能力；
- 语言水平得到提高；
- 学生满意度增强，课程评价结果更佳。

任务型语言教学或许是人们期待已久的解决语言教学问题的灵丹妙药！然而，利弗同时指出，目前尚不能确定这些积极的结果是否完全是由于任务型语言教学所带来的，因为课程也使用了内容型教学途径。

任务型语言教学提出将"任务"的概念作为教学计划与实际教学的核心单元；因此，若要理解任务型语言教学的本质，就必须对任务的概念做出清楚的界定。尽管任务在任务型语言教学中有不同的定义，但是人们对此有一种常识性认识，即任务是一种需要借助于语言完成的活动或达到的目标，如寻找解决字谜的方案、查地图与指路、打电话、写信或按照说明书组装玩具。纽南（Nunan 1989：10）给出的定义是：

> 交际任务［是］需要学习者理解、运用、输出目标语或者用目标语互动的课堂活动，而其注意力主要集中在意义而非语言的形式上。任务应该具有完整性，能够独立作为一种交际行为而存在。

范登布兰登给出了一个更简单的定义（2006：4）：

> 任务是人们为达到某一目的需要使用语言来从事的活动。

爱德华兹与威利斯（Edwards & Willis 2005：3）对任务做出了更全面的解释：

- 在完成任务的过程中，学习者的主要关注点放在意义的交流与理解上，而不是放在形式或者预先确定的多种形式或句型的练习上。
- 任务有某种目的或目标，这样一来，学习者清楚任务完成后他们应该获得什么，如列出差异、完成路线图或图画、报告问题的解决办法、投票选出装饰最好的学生公寓或者最有趣/令人难忘的个人趣闻轶事。
- 完成任务取得的成果可以以某种方式与他人分享。
- 任务可能涉及任何一种或所有四种技能：听、说、读、写。
- 尽管任务型教学对语法规则或句型的关注一般来说不会被置于当下的任务之前，因为这样做可能偏离随后互动的真实交际目的，但任务的使用并不排除在某个时间点上以语言为重心的学习。

然而，尽管人们做出各种尝试，对语言学习任务的定义做出了界定，但库克（2003）仍认为有必要指出："近20年来对任务进行界定的方式乃是详细说明任务不是什么的矛盾之旅（a journey of contradictions in spelling out what Task is NOT），这样一来，最终给出的定义就是任务变成其所代替的东西，亦即练习。"

虽然任务是任务型语言教学的核心，但任务作为课程计划的单位在教育中的应用却具有悠久的历史。任务最早出现于20世纪50年代的职业培训实践中。此处的任务起源于培训设计，涉及军方的关切，如这一时期新的军事技术和职业专长。任务分析最初聚焦于几乎无需交流或协作的独立精神运动任务（solo psychomotor tasks）。在对任务进行的分析中，在岗而且总的来说体力任务被转换为培训任务。史密斯（Smith 1971：584）对这一过程做了如下概述：

（人们对）这一操作系统从人类因素学（human factors[①]）的角度进行了

[①] 英语亦称"ergonomics"，又译作"人类工效学"或者"人类因素工程学"。——译者注

分析，并绘制出了任务剖面图或者流程图，从而为下一步任务清单的制订奠定基础。运用恰当的工作分析方法，拟定出任务清单（对工作的主要职责以及与每项职责相关的具体工作任务的概述），确定需要教授的任务与学生需要达到的水平。随后，对将要教授的各项任务做出更详细的描述，将每项任务分解为完成任务所需的具体行为，并对具体的行为或任务元素加以审核，确定完成任务所需要的知识与技能。最后，将教学目标按照等级层次加以组织。

能力型语言教学（参见第 8 章）途径的核心也是一个类似的程序。能力型语言教学培训明确了几个主要关切领域。

1. 对真实任务-使用情境进行分析；
2. 将上述情境转换为对适用于教学的任务的描述；
3. 对适用于教学的任务进行详细设计；
4. 对适用于课堂培训/教学的任务加以排序。

这些问题仍然是目前关于任务型语言教学讨论的焦点。虽然上文引述的研究所关注的焦点是职业任务（occupational tasks）的本质，但自 20 世纪 70 年代初以来，学术任务（academic tasks）也引起了普通教育的大量关注。多伊尔指出，在基础教育中，"学术任务是为学生实施课程设置的一种机制"（Doyle 1983：161）。学术任务包含四个重要方面：

1. 要求学生产出的成果；
2. 学生产出上述成果所需要的操作；
3. 所需要的认知操作与可用的资源；
4. 所涉及的问责制。

上述早期对任务的定义以及与其在课堂上的成功实施相关的问题（及提出的答案）和实施任务型语言教学所必需的培训，仍然在当今关于任务型语言教学的类似讨论中有所反映。本章将对任务型语言教学背后的原则加以概述,并给出源于这些原则的教学实践案例。

理　　论

语言理论

任务型语言教学发展背后的主要动因是一种学习理论,而不是语言理论。然而,可以说,目前各种任务型语言教学途径背后有下述关于语言本质的假设:

- 语言主要是创造意义的一种手段。任务型语言教学强调意义在语言使用中的核心地位。斯凯恩指出,在任务型教学中,"意义居于首要地位……对任务的评价应以结果为标准",而且任务型教学不"关注语言的展示(language display)"[①](Skehan 1998:98)。
- 语言是实现现实世界目标的一种方式。任务型语言教学强调,语言能力的发展本身不是目的,而是达到目的的一种手段,而且语言教学课程必须以学习者的交际需求为重心,帮助学生在相关领域和场景中使用语言做好准备(Van Avermaet & Gysen 2006)。
- 词汇在语言使用和语言学习中至关重要。近年来,与传统观点相比,词汇在第二语言学习中的地位越来越重要。此处所谓词汇不只是作为语言词汇分析和语言教学重要单位的单词,而且还包括词汇短语、句干、预制的惯用语和搭配。执行交际任务可能需要大量的词汇;因此,人们通常认为,任务型语言教学与词汇学习策略互为补充,而且许多任务型教学方案中融入了这一观点。例如,斯凯恩(1996b:21—22)指出:

---

① 即不刻意重视语言形式的教学。——译者注

虽然语言教学在很多情况下都是依据语言本质上具有结构性、词汇元素乃是结构型式的填充这一假设来实施的，但是许多语言学家与心理学家坚持认为，本族语的语言加工从本质上讲往往是词汇性的。这就意味着语言加工是以生成和接受大于单词的整个短语（但语言学家可将其分析为单词）为基础的，（这些短语作为语言的单位）"脱口而出"的交谈中不需要任何内部加工……流利性是指学习者在不因犹豫不决而停顿的情况下，即时说出语言的能力。流利性可能依赖于更加词汇化的交际模式，因为只有避免过度的基于规则的计算，才能克服实时语言产出造成的压力。

因此，埃利斯（2003）建议，任务型语言教学课程应以大量的词汇输入为开始。利弗与威利斯（2004）对此总结如下：

> 埃利斯（2003）强烈主张，教学大纲应该以交际式强调快速扩大词汇量的任务型模块开始，然后在中级阶段加入语码型模块（code-based module[①]）。此时，学习者应该已经掌握了丰富的词汇和许多基本结构和句型。

- 口语互动是语言的核心，是语言习得的基石。在任务型语言教学中，调动学习者各种可用的语言和交际资源说话，并努力与他人进行交流，被认为是第二语言习得的基础；因此，根据任务型语言教学提出的许多任务都包含基于文本或任务的会话或对话互动。
- 语言的使用乃是各种技能的整合。任务型语言教学坚持一种语言整体观，认为语言使用需要同时运用多种技能。因此，任务型语言教学中的任务通常都需要学生同时使用两种或多种技能才能完成，因此能更好地体现出现实世界中语言的使用。

学习理论

关于语言的本质，任务型语言教学与交际语言教学具有相同的一般假设；然而，任务型语言教学更多地借鉴了第二语言习得理论，而且其许多

[①] 即强调语言形式的模块。——译者注

倡导者都从认知的角度（参见第 2 章）对其进行了描述：

- 语言学习是由学习者的内部因素而非外部因素决定的。学习因内部习得过程的激活而得到促进。学习并非教学的镜像，而是由内部心理过程所决定。因此，意义需要由学习者来构建，而且可以说，创造-建构学习理论适用（第 2 章）。斯凯恩（1968a：18）评论说：

    当代的语言发展观认为，学习受到内部过程的制约。不论教师如何精心地设置语言接触的情景，学习者都不能简单地学会所接触到语言，不能简单地将输入转换成输出。

  教学的目的就是激活这些过程。

- 语言学习是一个有机的过程。语言学习是一个逐渐发展的过程，学习者随着时间对其语言系统加以重组，期间需要经历几个阶段。这一原则反映了第二语言习得研究的发现与学习者发展中"中介语"的概念：（中介语是）学习者自己独立的语言系统，而不仅仅（是）变形版族语者的语言系统。
- 对形式的关注（focus on form）能够促进语言学习。任务型语言教学并不妨碍学习者对形式的关注；但是，语法并非作为孤立的语言特征来教授的，而是从其在有意义的交流中所发挥的作用自然生发出来的。这可以通过既强调意义同时又引起"注意（noticing）"或"强化意识（consciousness-raising）"[①]的活动来实现。这些活动将学习者的注意力吸引到他们在输入或输出中可能未注意到的形式上。
- 意义协商为学习者提供了接受可理解的输入与修正输出的机会。

[①] 此处所谓"注意"或者"意识"实际上是指教学中利用各种手段（如印刷中的各种字体）引起学习者对语法形式的关注，以此来促进语法的学习。——译者注

此处借鉴了一种互动学习观（参见第 2 章），认为语言的发展是尝试通过对话式互动创造意义的结果。在这个过程中，学习者接收到不同形式的反馈，如支撑学习与语言发展的验证核实、理解核查、澄清请求、重复请求以及重复。学习者参与交际，其输出就得到"延伸"，从而获得新的语言资源。可理解的输入和输出在学习中均不可缺少。

- 任务为学习者提供"注意差距"的机会。任务型语言教学也借鉴了对第二语言习得理论有重要影响的两个原则——"注意假说"（noticing hypothesis）与"注意差距"（noticing the gap）。施密特（Schmidt 1990）认为，学习者要通过输入（所听到的语言）习得新的语言形式，就需要注意输入中的各种语言形式（注意假说）。对输入特征的意识乃是激活将新语言特征融入学习者语言能力过程第一阶段的触发机制。在对自己葡萄牙语习得的研究中（Schmidt & Frota 1986），施密特发现对输入中语言特征的注意与这些特征随后在自己语言中的出现之间有紧密的联系。斯温（Swain 2000）认为，学习者在努力保证其信息顺利传达（逼迫输出（pushed output））的过程中，更能够注意到其语言产出与熟练说话者的产出之间的差距，从而促进其第二语言的发展。此所谓"注意差距（notice the gap）"假说。精心构造与管控性输出对学习者新语言的习得至关重要。此处所谓管控性输出指的是需要使用某些目标语形式的任务和活动，即"延伸"学习者的语言知识并最终需要对这种知识加以"重组"的任务和活动。范戈普与博加尔特（Van Gorp & Bogaert 2006：89）指出：

> 在任务型语言教育中……学习者在相互支持完成任务的过程中，是通过直面其言语库（repertoire）中存在的差距来学习的……实际上，对每一个执行任务的学生而言，真正的"差距"也许不同。这意味着在处理相同的任务时，每一个学习者都会遇到不同的困难，因此可能学到不同的东西。

- 完成任务过程中发生的互动和交际为支架式学习提供机会。这指的是社会文化学习观（参见第 2 章）。学习者所参与的社会活动对学习具有支撑作用，因为在这一过程中，知者指导与支持他者的学习，为其提供一种支架。经验丰富的知者需通过一个中介过程才能与学习者进行交流。学习是在博学的他者指导下的参与过程。新手在反复参与各种联合活动的过程中，逐渐学习到了新的知识，培养了新的技能。所涉及的中介过程通常被称为支架（详见第 2 章）。最初，学习者较多地依赖经验丰富的他者，之后随着时间的推移，逐步在联合活动中承担起更多学习的责任（Lave & Wenger, 1991；Lee 2008）。

在课堂上，支架式学习是两人或多人完成任务时他们之间的互动过程，其中一人（如教师或另一个学习者）比另一人（如学习者）更博学。在此过程中，话语是在有辅助或中介的任务完成过程中共同创造的，互动是师生联合解决问题。例如，在课堂上，教师观察学习者能够做什么，借助于任务提供一系列指导，帮助学习者完成学习活动。韦尔斯（Wells 1992：221）确定了学习事件能够作为支架的三个特性。

- 应该使学习者能够做该学习事件发生之前不能做的事情；
- 应该使学习者达到能够独立完成任务的状态；
- 随后应该提供学习者在经历支架式学习之后，获得了更高水平的独立能力的证明。

范戈普与博加尔特（2006：101—2）对这一原则在任务型语言教学中的应用方式进行了描述：

> 从预期学习结果的角度来看，学生在这一阶段开发的认知和互动活

动至关重要。毕竟，社会构建主义认为，学习者需要通过积极地完成需要综合运用各种目标技能，并通过与同辈或更博学的伙伴合作才能完成的任务，来获得复杂的技能，任务型语言学习高度依赖于这一基本前提。

- 任务活动与成就具有激励作用。可以说，任务具有提升学习者学习动机的作用，因此能够促进学习。这是因为任务需要学习者使用真实的语言，有明确界定的领域与终结点，设计安排和运作方式各异，一般包括身体活动，涉及同伴的协作，可能需要学习者调动其过去的学习经验，而且包容、鼓励各种交流方式。在谈到涉及听力任务的经历时，一位接受培训的教师指出，这些任务"由于具有自然重复性，因此真实可信、易于理解；学生具有倾听的动机，因为他们刚完成了同样的任务，想要做一对比，看一看自己任务完成得怎么样"（引自 Willis 1996：61—62）。（毫无疑问，热衷于教学方法者也可以引用类似的"证据"证明其教学的有效性。）

同样，范戈普、博加尔特（2006：82）强调动机在任务选择中的重要性：

> 如果能够激发起学习者的学习动力，如投入精力坚持完成任务，那么任务即使很复杂或者很困难，也能达到最好的效果。学习者必须保持任务执行的持续性。因此，完成任务的动机以发自学习者内在者为最佳，而不是采用各种花样技巧、分数或表面手段提供的那种"替代式动机"（surrogate motivation）。

- 学习难度可以根据具体的教学目的进行协商、微调。关于任务，另一种观点认为，有些任务其设计可用于促进语言特定方面的使用和学习。朗与克鲁克斯（long & Crooks 1993：43）主张，任务是适用于教授学习者恰当的目标语例子——学习者通常需要运用一般认知加工能力加以改造的输入——的载体，同时为理解与表达可协商的难度提供了机会。

斯凯恩的研究进一步支持了这一观点。他认为，在任务的选择或设计过程中，认知加工和对形式的关注（focus on form）之间应有一个权衡。任务难度大对认知加工要求高，便降低了学习者对信息形式特征（如语法形式或特定语域的词汇选择）的关注度，而且人们认为，对这些形式特征的关注对准确性和语法发展不可或缺。换言之，如果任务难度过大，流利性的培养就可能以牺牲准确性为代价。他认为，任务可以按照不同的难度梯度来设计，这样一来，学习者就能够既不偏废流利性，又关注语言形式（Skehan 1998：97）。斯凯恩还提出，任务可能适用于将学生"引导"到语言的特定方面："这种受到引导的语言使用可能是偏向于语篇、准确性、复杂性或者一般意义上的流利性等方面，甚至偶尔也偏向于某些特定的语言结构。"（1998：97—98）

教学设计

教学目标

任务型语言教学的倡导者认为，任务型语言教学适用于低龄学习者到成人学习者的所有层次的课程设计，范登布兰登（Van den Branden 2006）对不同年龄段学习者的课程设计进行过描述。但是，低龄学习者的课程目标可能与大龄学习者的课程目标有很大差异。对大龄学习者而言，任务型语言教学提倡使用问卷或访谈等方法对学习者的需求进行分析，以确定学习者的需求以及课程应当关注的语言领域和情境。课程目标应适应此类需求，不论是学术需求、职业需求，还是社会需求。

根据朗与克鲁克斯（1993）的观点，任务的选择应该以对学习者现实需求的详细分析为基础。关于这一点，将在下文结合任务型教学大纲进一步探讨。但是，低龄学习者可能并没有明确的需求。卡梅伦（Cameron 2001：30）指出：

> 可能除了节假日与游客交谈以及使用电脑时可能使用外语之外，许多儿童课外很少使用外语。在这些有限的领域之外，其课外生活并未提供一个与需求相关的外语学习大纲。另外，他们的成年生活与可能的语言需求亦距离为其课程提供内容甚远……我们所能做的就是力争动态的协调：选择适合儿童年龄和社会文化经历的活动、内容以及伴随儿童成长的语言。

在这种情况下，教学目标与一般意义上的交际能力相联系。任务型语言教学大纲中任务的选择取决于任务提供有意义的协商与互动的程度，亦即协商与互动应以能够激励低龄学习者的有意义的内容和活动为重心，包括信息差任务、问题解决任务和游戏。换言之，任务型语言教学大纲应由"教学型任务"（pedagogic tasks）而非"真实任务"（real-world tasks）组成（参见下文）。

教学大纲

任务型语言教学大纲与传统的语言大纲有很大的差异，后者一般需要对语言结构、功能、话题、主题、言语技能（听、说、读、写）做出详细描述。相反，任务型语言教学大纲形式不同，需要对学习者在课程中应该完成的任务详加描述。然而，如前所述，与内容型大纲（第6章）或者文本型大纲（第10章）等其他大纲框架相联系时，任务型语言教学也采用将任务与其他类型大纲相联系的大纲（参见Leaver & Willis 2004）。例如，内容型教学大纲可能采用任务型教学途径来教授内容，从而影响所选择课堂活动的类型。

纽南（Nunan 1989）提出，任务型教学大纲可以根据两种类型的任务来设计：

1. 真实任务（real-world tasks），其设计旨在实践或演练那些在需求分析中确认为重要并且在现实世界中也是重要、有用的任务。如前文所述，针对有明确需求的学习者的课程就是这种情况。

2. 教学型任务（pedagogical tasks），在第二语言习得理论和研究中有其心理语言学基础，但未必能体现出真实世界的任务。对没有明确需求的学习者而言，如上文提到的低龄学习者，情况即如此。

前者的例子有打电话，后者的例子有信息差活动。在后一种情况下，说话者必须分享只有参与者一方掌握的信息。下文将详细解释教学型任务的本质。

贝格拉与亨特（Beglar & Hunt 2002）从真实世界任务需求分析的角度，对课堂任务设计的程序进行了描述。此处所使用的术语目标任务（target task）和任务类型（task type）指阿斯蒂卡（Astika）（下文）所谓的任务类型（task type）和子任务（subtask）。本章稍后将详细介绍任务型语言教学中任务类型的范围。任务设计所涉及的过程如下：

1. 开展需求分析，获得目标任务清单。
2. 将目标任务归类成任务类型。
3. 从任务类型中导出教学型任务。
4. 选择教学型任务并对其排序，形成一个任务大纲。

阿斯蒂卡（2004：8）就是这一途径的一个例子，其中对如何使用任务型途径设计导游课程进行了描述。需求分析采用以下方式来进行：观察导游工作、访谈导游业专家与教师，确认了两种主要的任务以及与之相关的子任务。

任务	子任务
带游客入住酒店	1. 机场接游客 2. 在去酒店的路上做介绍 3. 帮助游客登记

续表

任务	子任务
带游客一日游	1. 在酒店大厅接游客 2. 开始旅途 3. 介绍行程 4. 介绍去目的地路上的所见 5. 介绍宗教用品 6. 描述过程 7. 带游客到餐馆 8. 描述景区

然后，设计教学型任务所需要的功能和语言（即用于培养完成子任务所需技能的课堂活动，如信息差活动或问题解决任务）得以确定，并以此为基础设计教材和课堂活动。

学习和教学活动的类型

任务型语言教学中的任务旨在提供通过参与完成任务的过程学习语言的机会。范登布兰登（2012：133）对在根据上文贝格拉、亨特、阿斯蒂卡所提出的程序开发的课程——即源于真实任务的课程中——如何实现这一目的，进行了描述：

> 根据任务型教学途径，学生面对与其应该能够在课外完成的任务类似的任务与模拟任务，在努力理解、输出这类交际任务所涉及的语言的同时，学习相关的语言形式。例如，如果学生需要具备理解市政部门发布的官方文件的能力，那么他们就需要在语言课程中学习这种文件；如果学生需要具备根据观察撰写简短报告的能力，那么他们应该在课堂上接触这种任务。换言之，任务型教学大纲没有将语言切分得支离破碎，而是以完整的功能性任务作为基本单元来设计教学活动。

因此，学生学习的文件可能与采用能力型语言教学途径的课堂上所使用者相同，但是就任务型途径而言，理解文件所需要的特定技能或语言只是在任务环境中才构成教学的重心，相反，根据技能型语言学习理论却被独立地加以处理。若学习者没有明确的课外需求，那么教学型任务可用作教学的基础。目前，教学型任务有许多种分类。

威利斯（Willis 1996）提出六种任务类型：列举（listing）、排序与分类（ordering and sorting）、比较（comparing）、问题解决（problem-solving）、分享个人经历（sharing personal experiences）、创造性任务（creative tasks）。皮卡、卡纳吉与法洛杜姆（Pica, Kanagy & Falodum 1993）根据完成任务过程中互动的类型对任务进行了分类，如下所示。皮卡等人提出的分类与威利斯的分类都尝试开列出教学型任务清单：

1. 拼图型任务（jigsaw tasks）。这类任务需要学习者将不同的信息片段组合起来，形成一个整体（例如，三个人或三组人可能各自知道故事的不同部分，必须组合起来才能使故事完整）。
2. 信息差型任务（information gap tasks）。一个学生或一组学生掌握一部分信息，另一个学生或另一群学生掌握另一部分互补的信息。他们必须经过协商，找出另一方的信息，才能够完成活动。
3. 问题解决任务（problem-solving tasks）。给学生一个问题和一些信息，要求他们找到问题的解决方法。问题一般只有一个解决方法。
4. 决策任务（decision-making tasks）。给学生一个可能有许多结果的问题，要求他们必须通过协商、讨论选择出其中的一个。
5. 意见交换任务（opinion exchange tasks）。学习者参与讨论、交换想法，但是不需要达成一致意见。

人们也对真实任务和教学型任务共有的其他特征做了如下描述：

1. 单向或者双向：任务涉及单向信息交换，还是双向信息交换。

2. 趋同或者趋合：学生是达到共同的目的，还是不同的目的。
3. 协作或者竞争：学生是协作完成任务，还是在任务中相互竞争。
4. 单一或者多种结果：任务是取得一种结果，还是多种可能的结果。
5. 具体或者抽象语言：完成任务需要使用具体语言，还是抽象语言。
6. 简单或者复杂加工：任务需要相对简单的认知加工，还是复杂的认知加工。
7. 简单或者复杂语言：完成任务需要使用简单语言，还是复杂语言。
8. 真实或者非真实：任务是真实活动的反映，还是现实世界中不存在的教学型活动。

学习者的角色

根据目前的任务型语言教学方案，学习者需要承担多种特定的角色。其中某些角色与交际语言教学中学习者承担的一般角色相同，而另外一些则是因聚焦任务的完成而产生的角色。任务中所涉及的主要角色有：

- 小组参与者。许多任务需要结对或分组完成。对习惯于集体及/或独立学习的学生而言，这可能需要适应。
- 监控者。在任务型语言教学中，任务的完成本身不是目的，而是作为促进学习的方式或对真实世界任务的演练而被采用。课堂活动的设计，必须给学生机会，使其注意到语言在交际中的使用方式。学习者不仅需要关注任务所传达的信息，而且应该关注信息组合的典型形式。因此，学习者作为"监控者"应关注活动中的形式。
- 风险承担者。许多任务需要学习者去创造、解释其缺乏完整语言资源和先在经验的信息。实际上，可以说，这正是这种任务的意义所在。完成此类任务通常不仅需要各种语言方面的练习，如重述、释义，使用音高、音量或声调（恰当的时候）等副语言标记，而且需要培养根据语言和语境线索做出猜测、请求澄清、咨询其他学习者等方面技能。

教师的角色

范登布兰登（2006）认为，教师在任务型语言教学中应承担下列角色：

- 激励学生将精力投入到任务中，并且通过不同阶段的任务型活动维持其动机水平。
- 高效地组织任务型活动，如给出明确的指示与帮助学生做好完成任务的准备、指导（小组学习）分组、确保学生拥有完成任务所需的材料或者有获取材料的方式。
- 在学生完成任务时，以互动方式给予支持，同时对学生（组别）做出区分。

教师在实施任务型语言教学过程中也需要承担其他一些角色，其中包括：

- 选择任务并加以排序。教师的一个核心角色是选择、改编及/或自己创建任务，然后根据学习者需求、兴趣和语言技能水平加以排序。
- 帮助学习者做好准备完成任务。多数任务型语言教学的支持者认为，学习者不应该在"毫无准备"的情况下进入新任务，某种任务前的准备或提示线索很重要。这类活动可能包括介绍话题、明确地对任务加以说明、帮助学生学习或回顾有用的单词与短语，旨在帮助学习者完成任务、部分地演示完成任务的程序。这种提示可能是归纳性的与隐性的，或者演绎性的与明示性的。
- 意识提升。根据任务型语言教学，如果学习者需要通过参与任务来获得语言，那么他们就需要关注或注意其所使用及听到的语言中的关键特征。这被称为"关注形式（focus on form）"。任务型语言教学的支持者强调，这并不意味着学生在参与任务之前先教授语法，而是意味着使用各种聚焦形式技巧，包括任务前集中注意力的各种活动、文本探索、引导接触平行任务以及凸显语言形式（highlighted[①]）材料的使用。

- 监控者。教师的角色不仅仅是给学习者布置需要执行的任务，而且还需要观察、监控其任务完成情况，并根据其在任务中的表现决定在完成任务过程中或者完成任务后是否需要干预。范登布兰登（2012：136）指出：

> 例如，通过回述（recasting），教师可以提供给学习者丰富的学习者尝试说但无法用（适当或准确的）词语表达的内容。同样，通过意义协商，教师可以帮助学习者理解新单词和新表达。通过请求澄清和确认，或给出反馈，教师可以"迫使"学生产出更复杂的输出。

教材的作用

教学型材料

因为任务型语言教学需要有足量恰当的课堂活动，而且其中有些任务的开发可能需要投入大量的时间、创新和资源，因此教材在任务型语言教学中发挥着重要的作用。可用于任务型语言教学的材料多种多样，无限之多，只要任务设计者想象力所及，皆可用。尽管当代许多语言教材皆引"任务核心（task focus）"或"任务型活动（task-based activities）"为其作证，但是所采用的大部分任务都是采用协作或合作语言教学（第13章）法、交际语言教学法或小组活动的教师所熟悉的课堂活动。因此，许多"任务型"教材实际上只是偶尔借鉴了这种途径而已，而不是遵循本章所描述的纯粹或者更全面的任务型语言教学形式。

[①] 采用黑体、斜体等各种字体凸显语言的某些特征。——译者注

实物教具

任务型语言教学的倡导者对使用有真实材料支撑的真实任务情有独钟，尽力采用。显然，大众媒体乃是此类丰富的资源。例如：

报纸
- 要求学生对某份报纸进行考察；弄清楚其现有版面，并提出可以增加的三个新版面。
- 要求学生根据广告版的样例，撰写一则招聘广告。
- 要求学生根据娱乐版内容，制订其周末娱乐计划。

电视
- 要求学生观看天气预报节目时做好笔记，制作一幅用符号标记显示所预报期内天气状况的气象图。
- 要求学生在看电视广告时，列出所使用的"夸张"（hype）词语，然后尝试按照这些夸张的词出现的顺序草拟一则平行广告。
- 要求学生看过一集（部）不见经传的肥皂剧之后，列出人物（用已知或编造的名字）及其在剧中与他人的可能关系。

网络
- 给学生一本需要购买的图书的书名，要求其对三家网络书店进行对比分析，列出价格、邮寄时间、运费，选择一个商家并解释做出这样选择的理由。
- 学生在寻找一家位于东京的便宜酒店，要求其用三个搜索引擎（如Yahoo、Netscape、Snap）进行搜索，对比搜索次数，分析点击量前十者，然后确定最有效的搜索引擎。
- 要求学生在聊天室里发起"聊天"，提出目前流行的某种生活兴趣，并回答前三个回应者的提问。然后，要求学生以这些文本为基础写日记，对这些人的回应加以排序。

技术

任务型语言教学坚持广义、整体的语言发展观，认为各种技能为整合的一体，为完成不同的学习活动所必需。机辅语言学习（computer-assisted language learning，简称CALL）亦共享这种各种语言技能的整合观，并且现在技术越来越广泛地应用于任务型教学的设计与实施（Thomas & Reinders 2010）。利弗与威利斯（2004）对技术在参与各种不同类型任务和网络型教学项目的共同开发的在线学习社区中的用途进行了描述。

教学程序

由于任务的形式可能有很大的差异，因此，任务型语言教学的课堂教学形式亦千差万别。爱德华兹与威利斯（2005）用实例对教师使用任务的不同方式进行了阐述。这些例子包括匈牙利低龄学习者完成的"找区别（spot the difference）"任务；韩国学习者按照指导语在地图上画路线；希腊青少年设计探究人们勇敢程度的性格测试问卷；在英国的日本学生准备口语考试，完成解决问题任务；瑞士的商科学生完成网络项目；意大利高级学习者分享关于风暴的故事；日本成人学习者调查人们的家庭与交友情况；以及一班大学生描述令人尴尬的事件。

范戈普与博加尔特（2006）对任务型课堂教学活动的顺序做出了如下描述：

1. **介绍任务**。这一阶段的课堂教学有三个功能：
   a）激励学生完成任务；
   b）对预设的或者有用的百科知识展开讨论，帮助学生做好执行任务的准备；

c）明确说明任务的目的以及执行任务的方式，组织任务的执行阶段。
2. 支持任务的执行。这包括：
   a）互动式支持，在此过程中，教师扮演着任务要求和学习者当前能力之间中介的角色；
   b）支持性干预，其核心是阐明意义或指导语言的选择；
   c）关注意义（focus on meaning）和关注形式（focus on form）相结合。
3. 任务后阶段。这可能包括：
   a）反思任务完成的过程及其方式。
   b）关注形式（focus on form）。

威利斯（1996：56—57）对任务前、任务中、任务后活动序列做了更详尽的描述，并将这一顺序分为任务前聚焦（a pre-task focus）、聚焦任务周期（a focus on the task cycle）和聚焦语言（a language focus）。

任务前

介绍主题与任务

- 教师帮助学生了解任务的主题与目标，如，与同学们一起进行头脑风暴，用图片、哑剧表演或者个人经历介绍主题。
- 学生可以完成一个任务前活动，如基于话题的异类词选择游戏（odd-word-out games[①]）。
- 教师可以突出强调有用的词汇和短语，但不能预先教授新的语言结构。
- 可以给学生时间做准备，让他们思考如何完成任务。
- 可以让学生听正在进行的平行任务的录音（只要不给出问题的解决方案）。
- 如果任务是基于某一篇文章，就可以让学生阅读其中一部分内容。

---

① 即在一组词中选择不属于同一类者，如从"banana/apple/pear/potato"中选出"potato"（不是水果），再如从"France/Spain/Asia/Japan"中选出"Asia"（并非国名）。——译者注

任务周期

任务
- 任务由学生（结对或分组）完成，这样一来就使学生有机会使用其已经掌握的任何语言来表达自己的意思，以及说出想说的话。这可能是阅读文章或听录音之后做出的回应。
- 教师在教室里来回走动、监督任务的完成，以给予支持的方式鼓励每个学生尝试用目标语进行交流。
- 教师帮助学生组织其想说的话，但不能干预正常过程，去纠正语言形式错误。
- 在保护小组隐私的前提下，重点放在自发的探索性交谈与信心的建立上。
- 任务目标的达到有助于激发学生的学习动机。

计划
- 学生在下一阶段中的任务是向全班简要地报告其完成任务的方式与结果，计划乃是为此所做的准备。
- 学生拟定并演练其想说或者想写的内容。
- 教师在教室里来回走动，给学生提出语言方面的建议，告诉他们应该使用哪些短语，帮助他们纠正错误、润色语言。
- 如果以书面形式进行报告，教师可以鼓励同伴编辑和使用词典。
- 重点是语言表达清晰、条理、准确，适合于公开展示。
- 学生经常抓住这一机会提出一些具体的语言问题。

报告
- 教师要求某些小组向全班做简要的汇报，这样一来所有人都能够比较其发现，或者着手调查。（注意：其他人必须有目的地去听。）有时，只有一两组能够完成汇报；其他组给予评价，并补充额外的知识点。同学们可以做笔记。
- 教师主持报告，并对学生报告的内容做出评价，或许可以进行释义，但不做公开更正。

任务后听
- 学生完成任务后听流利说话者完成相同任务的录音，并与自己完成任务的方式进行比较。

聚焦语言

分析
- 教师基于学生已阅读过的文本或所听过的录音转写稿，布置一些聚焦语言的任务。其中包括：
  - 找出与话题或文本标题相关的词汇与短语。
  - 阅读转写文稿，找出以"s"或"'s"结尾的单词，并说出"s"的意思。
  - 找出文本中所有一般过去式动词。说出哪些表示过去时间，哪些不表示过去时间。
  - 下划线转写文字稿中的问句，并加以分类。

- 教师启动学生开始任务，学生结成对子，继续完成任务。
- 教师在教室里巡视，并给予帮助；学生可单独提问。
- 教师在全班课上对所做出的分析加以回顾，可能需要将相关的语言以列表的形式写在黑（白）板上；学生可以记笔记。

练习
- 必要时，教师以黑板上的语言分析为基础或者使用文本或转写文字稿中的例子，开展练习活动。
- 练习活动可能包括：
  - 全班同学重复所找出并加以分类的短语
  - 记忆挑战游戏，材料是部分删除的例子或者采用渐次删除的列表
  - 将（打乱顺序的）过去式动词与文本中的主语或宾语匹配，完成句子（一组为另一组出题）
  - 金氏游戏（Kim's game，一种训练记忆能力的团体游戏），用于记忆新单词、短语以及文本或转写文字稿中的词典参考词。

斯塔克（Stark 2005：42—3）给出了瑞典商科学生使用的以生产的历史为核心的任务型活动例子：

> 第一学期完成的任务是以口头形式总结生产的历史。任务采用了一段亨利·福特（Henry Ford）公司早期汽车规模生产的视频。其中一个具体的目的是将学生的注意力吸引到语言形式以及形式与功能之间的关系上，鼓励他们尝试用新的方式表达自己的意思，并注意自己的中介语与目标语之间的差距……除了教授、强化与主题相关的有限词汇之外，任务还将学生早期所做的关于总结、文本衔接与连贯、语法（现在完成时和一般现在时）的作业整合到了一起。第一、第二两个任务之间的相似性是经过谨慎考虑的：只要精心设计并加以管控，任务重复就可能有助于学习者将部分注意力放在形式上，从而在完成任务的过程中产出准确性和复杂性更高的语言……任务分为以下阶段：
> - 学生阅读选自管理学教材的文本，内容包含一些生产历史要素。这种最初的输入包括词汇练习和涉及现在完成时、一般过去时的完形填空。
> - 学生观看关于生产历史的视频，记录批量生产发展过程中的各个阶段和日期。学生也可以自由使用其他资源。
> - 学生结成对子，以点句形式列出各自认为的制造业历史上的一些重要发展，用正方形、菱形等符号加以标记。这一列表完成后，他们马上合作找出一系列连接词，将语句联结成连贯、衔接的文本。另外，他们需要考虑用哪些恰当的时态来涵盖将要解释的不同发展阶段。
> - 然后，要求学生同目前的搭档以语言形式为核心，对任务进行排练。之后，在最终版本中，我要求学生更多地关注交流。我努力向他们表明，激发兴趣、确保听者积极倾听与正确地使用语言同样重要。
> - 学生与另一个搭档交谈，关注的焦点是意义和有效的交流。由于允许学生加入自己的知识，因此其交谈内容有差异，这样一来，他们边倾听边对不同的版本进行比较，并就交谈的不同方面相互给予反馈。
> - 学生以书面形式对生产的历史加以总结，供我本人用于诊断问题，调整接下来的活动，并在需要时给予个别辅导。此时，关注的焦点重新转移到语言和形式上，学生使用新学习的词汇产出一个完善、浓缩的历史版本，时态使用确保正确，并且关联词使用恰当。要求其他此时似乎关注语言的学生阅读不同的版本，并加以比较。

本章附录给出了任务型教案的样例。

结　论

任务作为一种手段能够促进第二语言课堂上交流和真实语言使用，有其教学价值，对此几乎没有人会质疑，而且根据对任务的定义，对那些秉持不同方法信念的教师而言，任务长期以来一直都是语言教学主流方法库的一部分。然而，纯粹形式的任务型语言教学既有另一套任务设计和使用的标准，也有其不同的原理。目前流行的任务型语言教学其特征是依赖任务作为教学中输入的主要来源，并且缺乏一个系统的语法型或其他类型的教学大纲。这也是其与能力型语言教学——另一种不拘泥于纯粹任务型语言教学的理论框架与假设的一种任务型教学途径——在任务使用上的差别。而且，关于任务的定义与设计的不同方面，尽管已有许多深入的研究，但有一位著名的研究者指出："'什么样的任务能够促进语言习得？'这一问题仍没有得到很好的回答。"（Ellis 2003：101）。

由于任务型语言教学课程需要"自下而上"、基于教学/学习环境进行开发，因此人们往往认为，任务型语言教学对教师和学习者都提出了很高的要求。根据任务型语言教学，学习者也需要适应新的学习方式。教师在课堂上必须承担新的角色，这可能需要特殊的培训与持续的支持。这就意味着，任务型语言教学可能对那些经验丰富、接受过大量专业培训、英语或所教语言水平高的教师，具有吸引力。由于任务型语言教学以教师为引领，具有教学情景特异性，因此无法作为商业教材的基础，这就意味着教师也必须承担课程设计和教材开发双重工作。任务型语言教学的应用方式具有灵活性——既可以单独作为课程的基础，也可以与其他教学途径结合起来应用——这就意味着其长期影响可能难以量化测度。虽然任务型语言教学不可能成为全国性教学计划的基础，或者不可能用于同全国性或国际性测试相联系的教学情景中，但是仍有教师认为任务型语言教学有第二语言习得理论的支撑,而且认为它是一种促进任务型互动而非语言型教学大纲驱动学习的一种方式。对这些教师而言,任务型语言教学可能具有吸引力。任务型语言教学经过适当改造作为一种辅助性教学途径,也可能对那些同时采用传统语言型大纲的教师具有一定的吸引力。

<h2 style="text-align:center">讨论问题</h2>

1. 选取您最近在课堂上使用过或者所观察的三个活动。阅读本章第 181—182 页上所描述的有关任务的观点。您认为这些任务在多大程度上体现了所描述的特征?
2. 向同事解释"逼迫输出"(pushed output)和"意义协商"(negotiation of meaning)的概念,并举例说明任务如何对二者具有促进作用。
3. 您在为部门里的同事策划一个关于任务型语言教学应用方面的专业发展工作坊。正如本章所述,"对每一个执行任务的学生而言,真正的'差距'也许不同。这意味着在处理相同的任务时,每一个学习者都会遇到不同的困难,因此可能学到不同的东西"(第 181 页)。您如何尤其是从语言课程计划和评价的角度在工作坊中解决这个问题?
4. 请同事对您的课堂或您对同事的课堂进行观察。根据本书 182 页上韦尔斯给出的三个特征,判断课堂上是否发生了支架式教学。三个步骤各持续多久?您认为有更有效的教授教学大纲中所包含语言知识点的方法吗?这种方法确实更有效吗?
5. 许多任务需要学习者将主要关注点放在意义上。但是,任务型语言教学确实也给予形式以重要地位。请阅读第 181 页上范戈普与博加尔特的引文。作为教师,您会采取什么策略来激励学习者在执行任务时"注意"自己与更熟练说话者之间的"差距"?
6. 斯凯恩建议将学习者的注意力"引导"到语言的具体方面,这样可使任务更简单或更困难。除了关注形式之外,教师还可以将学习者的注意力引导到语言的其他哪些方面?
7. 本章对教学型任务与真实任务做了区分。请给出每种任务的两个例子。

教学型任务	真实任务
1	1
2	2

8. 请阅读第 185 页对导游课程中任务和子任务的描述。然后，选择另一个职业。您认为可能需要哪些主任务和子任务？请参考第 185 页上的图表，绘制一个类似的图表。

9. 请根据目前使用的教科书或您自己使用的教学材料，分别给出本章 186 页上所提到的五种类型任务的例子。

10. 辅助任务执行（第 187 页）是教师在任务型语言教学中所采用的课堂教学步骤的一个重要组成部分。请参考某本教科书中或您在课堂上采用的活动，举例说明教师如何做到下述各项：

    a）提供互动式支持，教师在任务要求和学习者当前能力之间做出调节。
    b）给予支持性干预，聚焦于澄清意义或指导语言的选择。
    c）关注意义和关注形式相结合。

11. 任务型语言教学，如本章结论部分所述，若不与传统教学途径相结合，对教师要求相当高，而且"可能对那些经验丰富、接受过大量专业培训、英语或者所教语言水平高的教师，具有吸引力"。对经验不足或者目标语不够熟练的教师而言，使用任务型语言教学可能有哪些弊端？

12. 第 183 页是关于任务复杂度与斯凯恩关于如何改变任务复杂度的建议。请跟一位教学经验与您一样丰富的同事合作，从你们两人都熟悉的教材中选择两个任务，并分别根据任务相对于目标学生的复杂度对任务进行分级。你们两人的答案相似吗？您如何确定任务的复杂度？

13. 请阅读下面关于中级水平学习者的任务描述。然后，请选出（可能的话）最能描述该任务的那些特征（见第 186—187 页的描述）。

你们是一个器官移植医疗团队的成员。现在有一个人捐献了心脏，但有三位患者亟需实施心脏移植，必须立即做出决定。你们可能将心脏给下列三位患者中的哪一位？请与团队成员讨论，必须达成一致意见。

1. 男性，38 岁，已婚，育有三个孩子。重度吸烟者，尽管过去受到警告，但未戒烟。
2. 男性，72 岁，丧偶。就这个年龄而言，身体健康。健忘，手术之后，日常服药可能有问题。
3. 女性，18 岁。目前因斗殴伤害他人被判入狱两年。

单向或者双向	
趋同或者趋合	
协作或者竞争	

具体或者抽象语言	
简单或者复杂加工	
简单或者复杂语言	
真实或者非真实	

参考文献与延伸阅读

Astika, G. 2004. A task-based approach to syllabus design. *ACELT Journal*: 6−19.

Beglar, D., and A. Hunt. 2002. Implementing task-based language teaching. In J. C. Richards and W. Renandya (eds.), *Methodology in Language Teaching: An Anthology of Current Practice*. New York: Cambridge University Press. 96−106.

Beretta, A. 1990. Implementation of the Bangalore Project. *Applied Linguistics* 11(4): 321−337.

Beretta, A., and A. Davies. 1985. Evaluation of the Bangalore Project. *English Language Teaching Journal* 30(2): 121−127.

Burns, A., and J. C. Richards (eds.). 2012. *The Cambridge Guide to Pedagogy and Practice in Language Teaching*. New York: Cambridge University Press.

Cameron, L. 2001. *Teaching Languages to Young Children*. Cambridge: Cambridge University Press.

Cook, G. IATEFL. 2003 debate with Martin Bygate in Brighton, 2003.

Doyle, W. 1983. Academic work. *Review of Educational Research* 53(2): 159−199.

Edwards, C., and J. Willis (eds.). 2005. *Teachers Exploring Tasks in English Language Teaching*. Hampshire: Palgrave Macmillan.

Ellis, R. 1992. *Second Language Acquisition and Language Pedagogy*. Clevedon: Multilingual Matters.

Ellis, R. 2003. *Task-Based Language Teaching and Learning*. Oxford: Oxford University Press.

English Language Syllabus in Malaysian Schools, Tingkatan 4−5. 1975. Kuala Lumpur: Dewan Bahasa Dan Pustaka.

Feez, S. 1998. *Text-Based Syllabus Design*. Sydney: National Centre for English Teaching and Research.

Frost, R. 2004. (26 April) *A Task-Based Approach*. Available at: http://www.

teachingenglish.org.uk/articles/a-task-based-approach; accessed May 9, 2013.

Lave, J, and B. Wenger. 1991. *Situated Learning: Legitimate Peripheral Participation*. Cambridge: Cambridge University Press.

Leaver, B. L., and J. R. Willis (eds.). 2004. *Task-Based Instruction in Foreign Language Education*. Washington, DC: Georgetown University Press.

Leaver, B. L., and M. A. Kaplan. 2004. Task-based instruction in US Government Slavic Language Programs. In Leaver and Willis (eds.), 47-66.

Lee, L. 2008. Focus-on-form through collaborative scaffolding in expert-to-novice online interaction. *Language, Learning and Technology* 12(3): 53-72.

Long, M., and G. Crookes. 1993. Units of analysis in course design-the case for task. In G. Crookes and S. Gass (eds.), *Tasks in a Pedagogical Context: Integrating Theory and Practice*. Clevedon: Multilingual Matters. 9-54.

Nunan, D. 1989. *Designing Tasks for the Communicative Classroom*. Cambridge: Cambridge University Press.

Nunan, D. 2004. *Task-Based Language Teaching*. Cambridge: Cambridge University Press.

Oliveira, C. P. 2004. Implementing task-based assessment in a TEFI environment. In Leaver and Willis (eds.), 253-279.

Pica, T., R. Kanagy, and J. Falodun. 1993. Choosing and using communicative tasks for second language instruction. In G. Crookes and S. Gass (eds.), *Tasks and Language Learning: Integrating Theory and Practice*. Clevedon: Multilingual Matters. 9-34.

Prabhu, N. S. 1987. *Second Language Pedagogy*. Oxford: Oxford University Press.

Richards, J. C. Forthcoming. *Key Issues in Language Teaching*. Cambridge: Cambridge University Press.

Schmidt, R., and S. Frota. 1986. Developing basic conversational ability in a second language: a case study of an adult learner of Portuguese. In R. Day (ed.), *Talking to Learn: Conversation in Second Language Acquisition*. Rowley, MA: Newbury House. 237-326.

Schmidt, R. 1990. The role of consciousness in second language learning. *Applied Linguistics* 11: 129-159.

Shehadeh, Ali. 2005. Task-based learning and teaching: theories and application. In Edwards and Willis (eds.), 13-30.

Skehan, P. 1996a. A framework for the implementation of task-based instruction. *Applied Linguistics* 17(1): 38-61.

Skehan, P. 1996b. Second language acquisition research and task-based instruction. In J. Willis and D. Willis (eds.), *Challenge and Change in Language Teaching*. Oxford:

Heinemann. 17-30.

Skehan, P. 1998. *A Cognitive Approach to Language Learning*. Oxford: Oxford University Press.

Smith, D. 1971. Task training. In *AMA Encyclopedia of Supervisory Training*. New York: American Management Association. 581-586.

Stark, P. P. 2005. Integrating task-based learning into a business English program. In Edwards and Willis (eds.), 40-49.

Swain, M. 1985. Communicative competence: some roles of comprehensible input and comprehensible output in development. In S. Gass and C. Madden (eds.), *Input in Second Language Acquisition*. Rowley, MA: Newbury House. 235-256.

Swain, M. 2000. The output hypothesis and beyond: mediating acquisition through collaborative dialogue. In J. P. Lantolf (ed.), *Sociocultural Theory and Second Language Learning*. Oxford: Oxford University Press. 97-114.

Thomas, M. and Reinders, H. (eds.), 2010. *Task-Based Language Teaching and Technology*. New York: Continuum.

Van Avermaet, P., and S. Gysen. 2006. From needs to tasks: language learning needs in a task-based approach. In Van den Branden (ed.), 17-46.

Van den Branden, K. (ed.). 2006. *Task-Based Language Education: From Theory to Practice*. New York: Cambridge University Press.

Van den Branden, K. 2012. Task-based language education. In Burns and Richards (eds.), 140-148.

Van den Branden, K., M. Bygate, and J. Norris (eds.) 2009. *Task-Based Language Teaching: A Reader*. Amsterdam: John Benjamins.

Van Gorp, K., and N. Bogaert. 2006. Developing language tasks for primary and secondary education. In Van den Branden (ed.), 76-105.

Wang, W., and A. Lam. 2009. The English language curriculum for secondary schools in China; its evolution from 1949. *RELC Journal* 40(1): 65-82.

Wells, G. 1999. *Dialogic Inquiry: Towards a Sociocultural Practice and Theory of Education*. New York: Cambridge University Press.

Willis, D, and J. Willis 2007. *Doing Task-Based Teaching*. Oxford: Oxford University Press.

Willis, J. 1996. A flexible framework for task-based learning. In Willis and Willis (eds.), 235-256.

Willis, I, and D. Willis (eds.).1996. *Challenge and Change in Language Teaching*. Oxford: Heinemann.

附录：任务型教案

复习与作业

1. 教师问候全班同学，快速复习上一节课所学内容。
2. 教师口头检查学生的作业。

听力任务

3. 教师（使用教具、游戏、抽认卡等）诱导学生提供与（教材中）即将进行的活动的信息。
4. 教师设置一个预备听力任务（问答、填空、练习、勾出听到的单词等）。
5. 随着给学习者布置的理解任务越来越具有挑战性，磁带播放次数增加。在此过程中，学习者得到教师和（结对学习）搭档的反馈。

对话练习

6. 教师大声朗读教材中后续对话（结对练习使用），并与学生一起操练。
7. 学习者根据要求结成对子进行练习。
8. 教师在教室里来回走动，纠正学生的发音。

口语任务

9. 发给学习者一份基于目前所接触信息的信息差口语任务材料，学习者必须与多个同伴交谈，搜集信息。
10. 教师监督学生进行学习，在其遇到困难时提供帮助，尽量减少葡萄牙语的使用。
11. 学习者需要与其他同学分享搜集到的某些信息。

语法重点

12. 教师解释本单元中出现的某些语法点，要求学生单独或结对完成一个关于这些语法点的书面练习（在课本中）。
13. 教师口头纠正练习中的错误。

读、写任务

14. 教师就黑（白）板上的话题展开头脑风暴，启发学生提供信息。
15. 教师发给学生一些纸条，上面是与本单元话题有关的真实阅读材料的节选，要求学生分组将这些信息拼接起来。
16. 然后，要求学习者就所阅读材料设计理解问题，布置给其他小组来回答。教师监督学生进行练习，在其遇到困难时提供帮助，尽量减少葡萄牙语的使用。
17. 各小组回答其他小组设计的问题。然后，将这些问题交还给到最初设计问题的小组进行更正。
18. 教师到小组中检查其更正。

布置家庭作业

19. 教师根据课堂上完成的任务布置一篇作文。

10
文本型教学

前　言

文本型教学（Text-Based Instruction，简称TBI）是一种遵循以下原则的教学途径：

- 以明示方式教授口语和书面文本出现的结构与语法特征
- 口语和书面文本与其使用的社会和文化环境相联系
- 设计旨在培养与整个文本相关技能的学习单元
- 为学生提供并指导练习，通过文本培养其进行有效交际的技能

（Feez 1998：v）

文本型教学滥觞于澳大利亚，是通过教育家和应用语言学家在读写领域的研究，借鉴了韩礼德（1989）、德里薇安卡（Derewianka 1990）、克里斯蒂（Christie 2002）及其他人的著述，而发展起来的，而且，对新西兰、新加坡、加拿大以及瑞典等许多欧洲国家各个层次语言教学的方式、方法的发展，影响颇大。欧洲语言共同参考框架（第8章）也对学生能够用文本做什么做了详细说明。文本型教学与基于语类的课程设计方式有许多相同的假设，经常用于专门用途英语的课程开发（Paltridge 2006）。与以第二语言学习的创造-构建理论为理据的任务型语言教学（第9章）的不同之处在于，文本型教学虽然与学习理论相容，但是其来源却是关于语言本质（见下文）和文本在社会环境中作用的语类

（genre[①]）理论。交际能力被认为涉及不同类型文本或语类的掌握。此处所谓文本（text）是特殊意义的文本，指代以特定的方式用于特定环境中的结构化语言序列。例如，说英语的人可能以许多不同方式与人交谈，包括：

- 与朋友随意交谈
- 电梯里与陌生人交谈
- 打电话给发廊预约理发
- 向朋友讲述一段非同寻常的经历
- 与朋友探讨个人问题，寻求建议

上述各种场合中语言的使用均可被看作一个文本，因为它是作为一个整体而存在，有开头、中间和结尾，符合组织和内容规范，并且需要使用恰当的语法和词汇。因此，第二语言学习涉及在具体的语境中恰当地使用不同类型口语和书面文本的能力。根据这一观点，学习者处于不同语境中必须掌握在其语境中最常见的文本类型的使用。这种语境可能包括在以英语为教学媒介的大学、小学或中学里学习，在餐馆、办公室、商店工作，或者小区里与邻居交流。

理　　论

语言理论
多种关于语言本质的假设贯穿于文本型教学。

文本与不同语类的语篇相伴而生
如前所述，语类的概念也在文本型教学背后的语言理论中具有重要

[①] 此处"genre"是系统功能语言学中常用的一个术语，一般译作"语类"，而在文学理论或者文章学中则可译作"体裁"。——译者注

地位。我们使用语言时所涉及的情境、语境、目的、受众与关系决定了语言使用的模式与规范，并由此产生不同语类的语篇（discourse）。语类中包括科学文章、小说、会话、新闻广播、歌曲、诗歌、访谈、体育评论、信函，等等。语类（genre）指的是口语和书面语言使用的语境，在这种语境中我们所期望出现的语篇类型是由我们对当前该种语篇的规约亦即语类规约（genre convention）的知识所决定的（Dean 2008）。在同一语类中可能产生不同类型的文本。例如，会话这一语类中可能包括闲谈、趣闻轶事、笑话、个人讲述（或叙事）。同一文化或"语篇社区（discourse community）"的成员对不同语类中文本的类型以及不同类型文本的特征认识相同。欧洲语言共同参考框架（CEFR，Council of Europe 2001）开列出下列学生需要理解、产出或参与的语类或者文本类型：

口语语篇	书面语篇
公告与指示	书籍、小说与非小说
公开演讲、讲座、展示、布道	杂志
仪式（典礼、正式的宗教仪式）	操作指南（如菜谱等）
娱乐（戏剧、表演、诵读、歌曲）	教科书
体育评论（足球、板球等）	连环画
新闻广播	宣传册、说明书
公开辩论与讨论	传单
人际对话与交谈	广告材料
电话交谈	公共标志与告示
工作面试	超市、商店、商场摊位招牌
	商品的包装与标签
	票据等
	表格与问卷
	词典（单语和双语）、分类词典
	商务与专业信函、传真
	个人信函
	作文与练习
	备忘录、报告和文件
	笔记与留言等
	数据库（新闻、文学、一般信息）

语言是一个社会过程

韩礼德（1978：1）对此观点做出了这样的描述："语言产生于不断与重要的他者进行意义交换的个体的生活。"根据费兹（第2章）的观点，这一语言观一方面蕴含文本是由其被其所应用的社会环境所塑造这一事实，另一方面暗指社会环境同时是由语言使用者所塑造的。

文本具有独特的组织模式和语言特征

文本是由词语和句子组成的，但是它们是作为单位在交际中发挥作用的。它们可能由一个词、一个句子，或者更大的结构组成，体现出可识别的规约性组织模式。文本可有多种分类方式，下面是悉尼学派最初根据澳大利亚学校里的语类型课程对文本做出的分类（Johns 2002）：

- 讲述（*recounts*）：叙述发生的事件。
- 程序（*procedures*）：概述某个过程、系统或程序。
- 描写（*descriptions*）：分类、描述、确定一类事物的特征。
- 报告（*reports*）：出于娱乐或教育目的讲述故事或报告信息。
- 解释（*explanations*）：给予指导语，解释如何做某事。
- 阐述（*expositions*）：表明立场并加以论证。

另有一些人则对上述列表做了补充。比如，描述过去的经历常使用两种不同的文本类型：**讲述**（recounts）与**叙事**（narratives）（Eggins & Slade 1997；Thornbury & Slade 2006）。

讲述的目的在于通过按顺序复述发生的事件来列举、描述个人过去的经历，其意图是告知或娱乐听话者，或者二者兼而有之（Thornbury & Slade 2006）：

- 个人讲述通常是复述说话者亲身经历的事件（如交通事故）。

- 事实性讲述是描述说话者熟悉的事件（如学校博览会）。

每一种语类类型都有其内在的复杂性。例如，讲述通常由三个部分组成：

- 提供涉及人物、时间、地点、缘由等信息的背景或背景介绍（*setting or orientation*）。
- 按时间顺序描述的多个事件（*events*）。
- 表达个人关于所述事件观点的总结性评论（*concluding comments*）。

语言特征包括过去时、动词和副词。个人讲述在日常闲谈、邮件沟通、博客等中颇为常见。叙事与讲述相似，二者有许多共同的语言特征，但是叙事不是简单地讲述事件，而是讲故事。学生在阅读中会遇到许多不同形式的叙事，其相同的结构包括：

- 背景介绍（*orientation*）（呈现故事场景与出场人物）；
- 冲突（*complication*）（故事中的一个或多个人物经历某种困难）；
- 冲突解决（*resolution*），找到问题或冲突的解决方法。

语言的使用反映其所在的语境

文本型教学的另一个假设是语言受到其使用的情景与交际本质的塑造。由此假设衍生出来的一个重要原则是口头语言和书面语言具有不同的功能，使用的是不同的语法资源。口语和书面文本的教授应当以对真实语言使用的研究为基础，借鉴语篇与会话分析、语料库研究等传统。收集了不同语类大量口语和书面语样本的语料库，使文本型教学的支持者能够以过去不可能的各种方式聚焦口语和书面文本的独特特征。

学习理论

数种关于第二语言学习本质的假设为文本型教学提供支撑。

显性的语言知识有助于学习

显性学习（explicit learning）是有意识的学习，由此所学到的知识可以描述和解释，而内隐学习（implicit learning）不需要意识的觉察，由此而学到的知识学习者可能无法用言语表达和解释。在基于文本的教学中，学生学习语篇、文本的语言特征以及文本对其所使用语境的反应方式。这种信息是直接教授的，而且学生应理解和学习不同文本类型的组织背后的组织特征。这种学习观跟自然途径（第14章）与社团语言学习（第17章）的内隐性学习模式不同。

真实模范和样本的研究有助于学习

学生接受不同文本类型的真实样本的教学，并将之用于展示、模仿不同种类文本的特征。

学习依赖于教师的支架式支持

支架式学习（scaffolded learning）这一概念，作为社会文化学习理论模型的重要组成部分（参见第2章），在文本型教学中居于核心地位，而且学习被看作是"教师与学习者之间协作的结果"（Feez 1998：12）。学习如何创造文本时，教师首先向学生介绍一个文本类型的样例，引导他们通过分析文本找出其突出特征，然后与学生合作创造一个或多个文本，再要求其学习独立创造文本（参见下文关于教学程序的描述）。伯恩斯（Burns 2012：145—146）指出：

> 这一途径将教师看作"专家"，具有监控、诊断学习者进度、指导学习者在其学习不同阶段练习所需语言的技能……因此，支架包括暂时提供和逐渐撤除支架，在此过程中，学习得到两种方式的辅助（Hammond & Gibbons

2001）：内置式支架（designed-in scaffolding）（教师计划纳入大纲的内容、策略和学习经历）与依情况而变的支架（contingent scaffolding）（在需要时给予学习者以支持的实时课堂互动）。

教学设计

教学目标

文本型课程的目标与学习者使用英语的环境与其将在这些环境中遇到的文本类型有关。因此，制订课程目标的切入点是对学习者需求和学习环境的分析，以找出语篇的语类及课程中将关注的相关文本类型。因此，费兹（1998：23）指出："基于文本型教学大纲的课程的目标，总是与整个文本在语境中的使用联系在一起。"

下面是费兹（1998：23）所给出的文本型课程关于"随意交谈"某一单元的课程目标示例。

目的

培养学习者参与工作场所随意交谈的能力。

目标

学习者将：
- 熟知澳大利亚工作场所文化中随意交谈的意图
- 知道哪些话题适合于澳大利亚的工作场所
- 识别、使用随意交谈包含的一些元素，如问候和结束语、反馈、话题转换
- 识别、使用会话语块（conversational chunks），如评论、描述或讲述
- 在简单交流中适当地进行转换话轮，如问／答、声明／同意、声明／反对
- 在随意交谈中恰当地使用语言，包括礼貌策略、非正式语言、习语
- 培养发音与副语言尤其是语调和手势语方面的技能

教学大纲

费兹认为，文本型教学大纲可以从许多不同的角度起始，而且一个单元可以围绕一个话题来设计，而下一个单元则围绕一个特定的文本类型来设计。换言之，下述任意组织单元都可以使用：

- 话题与相关的使用语境
- 文本类型与相关的语言特征（整个文本层面上的语篇特征、小句层面上的语法和词汇特征）
- 技能与策略
- 活动

伯恩斯做出如下评述（2014：145）：

> 基于支架的概念与渐次提供的支持，可以推论，呈现给学习者的文本和任务需要按照逻辑加以排序，而且需要将短期目标和长期目标一并考虑在内。教师既要考虑他们希望学习者在课程结束时学到什么这一"宏观框架"，也要重点关注采用特定文本的某一课如何有助于更大的课程计划这一"微观框架"。他们还需要考虑真实交际场景中什么种类的口语和书面文本在逻辑上相互关联。

以下是《口语与书面英语证书》（*Certificates in Spoken and Written English*）中所包含的在澳大利亚获得语言资格广泛教授的文本类型。

交换（*exchanges*）	涉及信息与商品、服务的简单交换
	复杂或有问题的交换
	随意交谈
形式（*forms*）	简单的格式化文本
	复杂的格式化文本
程序（*procedures*）	指令
	程序（步骤）
	规程

信息文本（*information texts*）	描述
	解释
	报告
	指示
	与上述一种或多种文本类型相结合的文本
故事文本（*story texts*）	讲述
	叙事
说服性文本（*persuasive texts*）	评论文本（opinion texts）
	阐述
	讨论

基于文本的教学途径是新加坡中小学2001版教学大纲的重要组成部分，在这一大纲中，所确定的文本类型可以看作是新加坡儿童在以英语为教学媒介的学校里学习所需要的交际构块（Singapore Ministry of Education（新加坡教育部）2001）。这些文本类型是：

- 解释，如参考书、字典
- 阐述，如讨论、大会讲话
- 事实性讲述，如新闻报道、目击者证言
- 信息报告，如小册子、广告、纪录片
- 程序，如如何使用工具包
- 会话与简短的应用性文本，如做出安排、致谢函
- 叙事与个人讲述，比如口头轶事、日记

新加坡的教学大纲同时确定了掌握不同类型文本所需要的语法项目。例如，下面这些项目是与中学二年级的叙事、个人讲述类型的文本有关的语言项目：

- 形容词、形容词短语和小句

- 副词与状语
- 时间连词与顺序连词
- 直接引语与间接引语
- 名词、名词短语与小句
- 介词与介词短语
- 代词
- 表达过去时间的各种时态
- 动词与动词短语

学习活动与教学活动的类型

文本型教学中所采用的活动多种多样，既与重点教授的文本有关，也与文本型学习单元的不同阶段的活动相关，前者可以是口语文本，也可以是书面文本。各种活动一般聚焦文本语境的构建、文本的模仿与解构、文本的共同与独立构建。活动类型既有学生结对完成的活动与小组活动，也有教师指导下完成的活动，但是所有的活动皆聚焦于真实文本的性质、目的和特征以及其以何方式来反映文本应用的语境。

学习者的角色

接受文本型教学的学习者在教师的帮助与指导下，运用规则和型式来创造与其需求相关的文本。他们根据教师所提供的范文来创造自己的文本。他们通过协作与指导这一过程来学习，直到能够离开教师的辅助独立运用语言来达到各种实际目的。同时，学习者也需要培养自己监控学习、根据范例与他人的表现进行比较的技能。

教师的角色

文本型教学对教师角色的要求相对较高，因为其课程一般来说并非预先准备好的，而是由一位教师或者一个教师团队为某个特定的学习者群体开发的课程。这通常包括：

- 根据学习者的需求制订教学大纲；
- 选择合适的文本，作为课程的基础；
- 对组成课程的元素排序；
- 示范解构与建构恰当文本的程序；
- 对学生理解与掌握不同类型文本的进步进行评估。

另外，教师需要对不同种类型文本的性质具有全面的把握，具有分析文本、引导学生认识与掌握文本约定俗成规范的能力。采用搭支架方式指导学习的能力乃是教师角色的重中之重。

教材的作用

因为真实的口语与书面文本的范例乃是教与学的基础，因此教材在文本型教学中发挥着重要的作用。文本的来源多种多样：既可以得自真实世界（即日常生活的文本，如表格、文件、报告），也可来自互联网、媒体（比如 YouTube），或者来自学生自己，即来自学生的作业、研究以及其他非教学环境。但是，教师也可以为学生准备范文（改编自真实文本），以凸显出特定文本类型的语篇和语言特征。学生创造的（口语或书面语）文本也可以作为评价其学习的基础。教科书同样也可以以文本型途径为基础来进行设计（参见本章附录）。

教学程序

费兹（1998：28—31）对文本型一堂上或者数堂课上采用的程序做了如下描述。请回顾一下，文本可能是口语或者书面语，因其所应用的语篇环境而改变。因此，费兹所给出的几个阶段可以根据所教授文本的类型做相应的修改。虽然文本型教学可能提倡在任一课堂上都要系统地经历所有这些阶段，但是这一程序的某些方面亦可与其他教学途径相结合。

第一阶段　环境的创设

在这一阶段，学生：
- 被引入正在学习的文本类型真实范例的社会环境中
- 探索文本类型应用的一般文化环境的特征及其所达到的社会目的
- 通过考察根据课程目标和学习者需求所选择范文的语域，来探索其直接情景语境（the immediate context of situation）

对语域的探索涉及：
- 建构与范文主题有关的知识以及文本所适用的社会活动的知识，如求职
- 理解文本使用者的角色与关系，以及如何建立与维系这种关系，如求职者和招聘者之间的关系
- 了解所使用的沟通渠道的要求，如打电话、面对面与面试小组成员交谈

环境创设活动包括：
- 借助于图片、视听材料、教具、外出旅行、实地考察、特邀发言等呈现学习的环境
- 通过讨论或调查等明确社会目的
- 跨文化活动，如对比两种文化中文本使用上的差异
- 对范文与其他相同类型或者不同类型的文本进行对比，如对求职面试和涉及亲友、同事或服务的陌生人的复杂口语交流进行对比

第二阶段　文本的示范/模仿（modelling[①]）与解构

在这一阶段，学生：
- 对范文的结构模式和语言特征进行探索
- 对范文与其他相同类型的文本进行对比

[①] 这是一个多义词，用于指学生的行为时，可译作"模仿"，而用于指教师的行为时，可译作"示范"，但是此处意思不是很明确，故译作"示范/模仿"。——译者注

第三阶段 文本的共同构建

在这一阶段：

- 学生开始对所教授文本类型所有样例的构建做出贡献
- 随着学生对独立控制文本类型能力的增强，教师减少逐渐对文本构建的贡献
- * 费兹（1998：29）指出，"示范/模仿和解构是在整个文本、小句和表达的层面上进行的。恰恰是在这个阶段，许多传统的第二语言语言教学活动独立了出来"。

共同构建活动包括：

- 教师提问、探讨并编辑整个班级构建的文本,然后转写到黑板上或透明胶片上
- 文本框架
- 拼图与信息差活动
- 小组测试构建
- 整体听写（dictogloss[②]）
- 自我评价与同伴评价活动

第四阶段 独立文本构建

在这一阶段：

- 学生独立学习文本
- 学习者的表现被用于绩效评估

---

① "**Dictogloss**"又称"Grammar Dictation"，是由著名语言学家露丝·韦津利（Ruth Wajnryb）（1990）提出的有别于传统听写法的新型教学手段，译法有很多种类，如常用的有"整体听写法""听记法""听力重构""合作听写"。它是以**篇章为基础**（**text-based**）、以**任务为导向**（**task-oriented**）、以**学习者为中心**（**learner-centered**）的一种**语言教学方法**，适用于综合训练学生**听**、**说**、**读**、**写**四项基本技能，旨在帮助学生在学习外语时能够独立创建文本，同时培养学生交际能力与合作精神。——译者注

独立的构建活动包括：
- 听力任务，即回应生活中真实或录音材料的理解活动，如完成某个任务、图片排序、在工作单上编号、对材料打勾或下划线、回答问题，等等
- 听说任务，如角色扮演、模拟或者真实的会话
- 口语任务（speaking tasks），如以口头形式向全班、社区机构、工作场所的相关人员汇报
- 阅读任务，即回应书面材料的理解活动，如完成某个任务、排序图片、在工作单上编号、对材料打勾或下划线、回答问题，等等
- 要求学生起草并完整呈现文本的写作任务

第五阶段　与相关文本建立联系

在这一阶段，学生对其在这一教学/学习周期中所学习的内容与下面各个方面建立联系的方式进行探索：
- 相同或相似语境中的其他文本
- 未来或过去的教学和学习周期

将当下所教授文本类型与相关文本建立联系的活动包括：
- 对某一文本类型在不同领域中的使用进行对比
- 对相同领域中使用的其他文本类型进行研究
- 如果角色、关系不同的人使用相同类型的文本，那么采用角色扮演将所发生的事情表演出来
- 对相同文本类型的口语和书面语范文进行比较
- 对某一类型文本中使用的关键语言特征在其他类型文本中的使用方式进行研究

结　　论

从上述总结可以看出，文本型教学途径的重心在学习的结果上，而非所涉及的过程上。这种教学途径的倡导者坚持认为，它"为基于人们对多种社会情境中真实交际方式的理解设计任务的统一教学大纲的设计奠定了基础。根据这一教学途径，教师可以将其以辅助学习者获得更多相关文本知识为目的所采用的各种资源和活动整合起来"（Burns 2012：146）。有评论者指出，若排他式地使用文本型教学，与基于对范文的研习与根据范文创建文本的教学方法紧密联系起来使用，对个体的创造性和个人表达的重视就会缺失。同样，评论者还指出，由于上述五阶段周期应用于教授四种技能，因此这一教学途径具有随时间重复的风险。

讨论问题

1. 请向同事解释文本（*text*）这一术语在文本型教学中的应用方式。
2. 文本与语类（*genre*）这两个术语以何种方式相联系？
3. 您参加了哪个学术话语社团？请思考一下您所从事职业中使用的口头语言和书面语言语篇类型。
4. 请观察下面孤立的句子。对于每一个句子：

- 请判断其可能是英语口语，还是书面语；
- 请思考一下，其前言和后语是何种语言；
- 请给出其相关语境的细节；
- 请说出其交际功能；
- 请分析其形式。

1. She's been here for years.
2. He must have forgotten about it.
3. Having a great time here in Bali.
4. I'll give you another one.

5. 请观察下面的句子对。对于每一对句子：
- 请讨论每句话可能出现的文本类型；
- 请讨论每句话可能出现的语境；
- 请对其功能和形式做一对比。

1. You must see the latest Tom Cruise movie.
2. You must have a visa to enter Australia.
3. I wish I had a car.
4. I wish I had known.
5. I'm having a good time in the States.
6. I'm working tonight.
7. PS We're out of milk.

6. 下面哪些是"文本"（texts）？请说明，为什么有些不是"文本"？

A	This box contains, on average, 100 large paper clips. Did you watch the news? Yes, please.
B	Playback. Raymond Chandler. Penguin Books in association with Hamish Hamilton. To Jean and Helga, without whom this book could not have been written. One. The voice on the phone sounded sharp and...
C	Which one of you is the fish? That's me.
D	Phone. I'm in the shower. OK.

7. 请将下面的文本类型与所描述的目的匹配起来：
1. 叙事
2. 讲述
3. 程序
4. 阐述
5. 信息报告
6. 解释

- 对一组事物进行分类、描述，并给出其特征。

- 概述一个过程、系统或程序。
- 出于娱乐或教育目的讲故事或报告信息。
- 讲述过去发生的某一事件。
- 表明立场,并加以论证。
- 给出说明,解释如何做某件事。

8. 请选择一本语言类教科书。
   1)请从书中找出下表中列出的文本类型的例子。请问其中是否包含其他类型的文本?
   2)文本类型的近似分布是什么(哪些文本类型更经常出现)?(不需要把书中的所有例子都计算进内——总体概况就足够了。)
   3)还有未包含在内的类型吗?它们应该包含进来吗?

- 解释,如语法范式、词典条目
- 阐述,如讨论、公开会议
- 事实性讲述,如新闻报道、证人证言
- 信息报告,如小册子、广告、纪录片
- 程序,如"如何制作"工具包
- 会话与简短的应用性文本,如做安排、致谢函
- 叙事与个人讲述,如口头趣闻轶事、日记条目

参考文献与延伸阅读

Burns, A. 2005. Teaching speaking: a text-based syllabus approach. In E. Uso-Juan and A. MartinezFlor (eds.), *Current Trends in the Development and Teaching of the Four Language Skills.* Amsterdam: Mouton de Gruyter. 235–258.

Burns, A. 2012. Text-based teaching. In A. Burns and J. C. Richards (eds.), *The Cambridge Guide to Pedagogy and Practice in Language Teaching.* New York: Cambridge University Press. 132–139.

Carter, R., A. Goddard, D. Reah, K. Sanger, N. Swift, and A. Beard, 2008. *Working with Texts.* 3rd edn. London: Routledge.

Christie, E 2002. *Classroom Discourse Analysis: A Functional Perspective.* London: Continuum.

Council of Europe. 2001. *Common European Framework of Reference for Languages:*

Learning Teaching, Assessment. Cambridge: Cambridge University Press.

Dean, S. T. 2008. *Discourse and Practice: New Tools for Critical Analysis.* Oxford: Oxford University Press.

Derewianka, B. 1990. *Exploring How Texts Work.* Sydney: Primary English Teachers' Association.

Eggins, S., and D. Slade. 1997. *Analysing Casual Conversation.* London: Cassell.

Feez, S. 1998. *Text-Based Syllabus Design.* Sydney: National Centre for English Language Teaching and Research.

Gibbons, P. 2006. *Bridging Discourses in the ESL Classroom.* London: Continuum.

Halliday, M. A. K. 1978. *Language as Social Semiotic: The Social Interpretation of Language and Meaning.* London: Edward Arnold.

Halliday, M. A. K. 1989. *Spoken and Written Language.* Oxford: Oxford University Press.

Hammond, J, and B. Derewianka. 2001. Genre. In R. Carter and D. Nunan (eds.), *The Cambridge Guide to Teaching English to Speakers of Other Languages.* New York: Cambridge. 194-200.

Hammond, J., and Gibbons, P. 2001. What is scaffolding? In J. Hammond (ed.), *Scaffolding Teaching and Learning in Language and Literacy Education.* Sydney: Primary English Teachers' Association. 1-14.

Johns. A. (ed.). 2002. *Genres in the Classroom.* Mahwah, NJ: Lawrence Erlbaum.

McCarthy, M., and R. Carter. 1994. *Language as Discourse: Perspectives for Language Teaching.* London: Longman.

Macken-Horarik, M. 2002. "Something to short for": a systemic functional approach to teaching genre in secondary school science. In A. Johns (ed.), *Genres in the Classroom.* Mahwah, NJ: Lawrence Erlbaum. 17-42.

Maybin, J., N. Mercer, and B. Stierer, 1992. "Scaffolding" learning in the classroom. In K. Norman (ed.), *Thinking Voices: The Work of the National Oracy Project.* London: Hodder and Stoughton for the National Curriculum Council. 186-195.

O'Keefe, A., M. McCarthy, and R. Carter. 2007. *From Corpus to Classroom.* Cambridge: Cambridge University Press.

Paltridge, B. 2006. *Discourse Analysis.* London: Continuum.

Singapore Ministry of Education 2001. *English Language Syllabus 2001 for Primary and Secondary Schools.* Singapore: Ministry of Education.

Thornbury, S., and D. Slade, 2006. *Conversation: From Description to Pedagogy.* Cambridge: Cambridge University Press.

附录：文本型活动

Information Reports

The Information Report Text Type

Features of an Information Report

An information report presents facts about a topic. These facts are organised in different paragraphs. An information report has four main parts: **Title**, **Introduction**, **Paragraphs about the Topic** and **Conclusion**. Examples of information reports include news reports, science reports and weather reports.

Text Features		Language Features
Title	*The Paralympics — Games for the Disabled*	
Introduction — A general statement about the topic	The Paralympics or 'Parallel Olympics' **are** the Olympic Games for the disabled. They **take place** alongside the Olympics in the same host country every four years. ...	**Simple present tense**
Paragraphs about the Topic • Sub-headings • Main ideas • Details	**Origins of the Paralympics** <u>Ludwig Guttmann, who was a doctor in England, founded the Paralympics.</u> In 1948, he organised sports competitions for his disabled patients. He believed in using sports to help them ...	**Relative pronouns**
	The Paralympics Today <u>Today, the Games **emphasise** athletic ability rather than physical disability.</u> The participants **compete** like able-bodied athletes even though they **have** an artificial leg or arm, or are wheelchair users. The visually impaired athletes **team up** ...	
	Some Outstanding Paralympians <u>There are many great athletes who **have competed** at the Paralympics.</u> An outstanding athlete **is** Yip Pin Xiu from Singapore. She has muscular dystrophy which prevents her from walking. ...	**Present perfect tense**
	Benefits of the Paralympics <u>The Paralympics **have changed** the way we treat the disabled.</u> Many countries **have made** changes to their sports buildings. They **build** ramps so that the disabled can move around easily. ...	
Conclusion Key points	The Paralympics **have inspired** millions of people around the world. Through sports, the disabled **have gained** a sense of pride and dignity in themselves. ...	

Celebrating the Olympic Spirit 35

214

Try This!

1. Write a paragraph on the topic: *Popular Sports in My Country*.
   Write a main idea at the beginning of the paragraph. The main idea should sum up what the paragraph is about. Provide details in the rest of the paragraph.

2. Write an information report on the topic: *Popular Sports in My Country*.
   Write a suitable introduction, paragraphs about the topic and a conclusion. For every paragraph, include a sub-heading, a main idea and supporting details. Add pictures and captions to your report.

Introduction
A general statement about the topic

Paragraphs about the Topic
- Sub-headings
- Main ideas
- Details

Conclusion
Key points

Check!
I have used:
☐ Simple present tense
☐ Relative pronouns
☐ Present perfect tense

Celebrating the Olympic Spirit   37

11
词汇途径

引　言

从本书的论述可以看出，某种语言教学途径或方法的关键是其关于语言本质的看法，而且这决定了教学目标、所采用的大纲类型及课堂教学的重点。在20世纪上半叶的语言课程教学大纲中，词汇（尤其是独立的词汇项目）和语法被看作语言的构块（chunks）。随着交际能力概念的出现，对语言的看法也发生了变化，从而推动了对其他类型大纲理念的探索（参见第5章）。20世纪90年代，一种被称为词汇途径（Lexical Approach）的语言教学大纲和教学方案应运而生，并且自此得到不断完善与发展（Lewis 1993、1997、2000a；Boers & Lindstromberg 2009）。所谓语言教学的词汇途径，指产生于下述理念的一种语言教学方式，即语言学习和交际的构建模块不是语法、功能、概念或者其他某种计划与教学的单位，而是词汇，尤其是多词组合。词汇教学途径所反映出的理念是词汇，尤其是作为单独项目学习和使用的多词构成的单位或"词块"，在语言结构、第二语言学习和语言使用处于中心地位。虽然早期对词汇途径的探讨（如Lewis 1993）强调广义的词汇在语言学习中的重要作用，但后期关于这一途径的讨论主要关注多词单位或者"词块"的作用，后者也是本章关注的重心。词汇本身在语言教学中的作用不是当前词汇途径的中心，但是在相关文献中却有大量的论述（Bogaards & Laufer-Dvorkin 2004；Schmitt

2008；Meara 2009；Nation 2013）。

施未特（n.d.）明确指出，词块可能由搭配（collocations）或固定短语组成，前者指经常同现的词语：

> 词汇教学途径可以简单总结如下：语言不是由传统的语法和词汇组成的，而经常是由多词预制块组成的。词汇教学途径是根据语言是由词汇单位而不是语法结构构成的这一观点对语言进行分析和教学的一种方式。这些单位是单词和由搭配、固定短语组成的词块。

对词块在语言学习中作用的关注至少可溯源至帕尔默（Palmer 1925），但是自从波利与西德尔（Pawley & Syder 1983）的经典论文发表以来，基于语料库的语言研究（基于真实语言使用的大型计算机数据库，如奥基夫、麦卡锡与卡特（O'Keefe, McCarthy & Carter 2007））以及心理语言学研究（Wray 2002）不断发展，词块在语言理论中的地位得到重新评估。伯尔斯与林德斯特伦伯格（Boers & Lindstromberg 2009：23）评论说：

> 同时，词块与第二语言和外语学习者的相关性推动词典编纂者将更多的搭配信息纳入学习者词典中，而且编纂出了搭配词典。针对词块的具体教学方案也已经启动实施，而且教师用书也已面世。

因此，语言教学的词汇途径旨在基于多词单位或词块在语言中发挥关键作用这一语言观，制订教学大纲和提出语言教学的方案。

理　　论

语言理论

词汇途径乃是所谓语言的结构观的体现（第 2 章）。这种教学方式将语言看作一个结构上相互关联的元素组成的意义编码系统。传统观点认为，系统中包含的元素既包括词汇条目，也包括语法单位。词汇途径中又增加了另外一个"结构"层面，即多词单位。乔姆斯基颇有影响的语言理论强调说话者创造与解释之前从未生成过或听说过的独特句子的能力，但是，与此相反，词汇观却认为口语中只有少量的句子是全新的创造，日常会话中听到的流利言语中，作为"词块"的多词单位或者记忆的句型占大部分（Pawley & Syder 1983；O'Keefe et al. 2007）。搭配在基于词汇的语言理论中亦扮演着重要角色。例如，请对比下面的动词与名词的搭配：

do	my hair/the cooking/the laundry/my work
make	my bed/a promise/coffee/a meal

其他许多多词单位也在语言中频繁出现，例如：

双词词组（*binomials*）	clean and tidy, back to front
三词词组（*trinomials*）	cool, calm, and collected
习语（*idioms*）	dead drunk, to run up a bill
明喻（*similes*）	as old as the hills
连词（*connectives*）	finally, to conclude
社会惯用语（*social-routine formulae*）	Nice to meet you.
话语标记语（*discourse makers*）	on the other hand
复合词（*compounds*）	fast forward
谚语（*proverbs*）	Too many cooks spoil the broth.
感叹句（*exclamations*）	You must be kidding!

有些人认为，类似的多词汇单位在学习和交际中起着重要的作用。基于大规模语料库的研究对包括口语和书面语的各类文本中出现的短语和小句序列模式进行了考察。例如，剑桥英语语料库（Cambridge English

Corpus，其前身为剑桥国际语料库（Cambridge International Corpus）；http://cambridge org/corpus）规模有数十亿词次，语料选自许多不同来源的英语书面和口语样本。这个语料库与其他语料库是英语搭配和其他多词单位的重要信息资源。

词汇教学途径认为，词块是自然语言使用的核心特征。从语言产出的角度来看，用现成的词块而不是用孤立的词汇项目构建语篇有其优势；使用词块的能力是流利表达的重要因素。奥基夫等人（2007：63）指出："语言教学中过度重视脱离语境的孤立的词汇，可能会使第二语言学习者既不能对日常会话之类高度词块化的语言输入进行顺畅的加工，亦不利于自己语言输出的流利性。"但是，这并非不重视语法在语言使用或者语言教学中的重要性，而是强调语言能力不仅需要通过句法生成（即语法能力）产生语言的能力，而且需要在恰当的情境中使用词块的能力。如果学习者希望获得产生于在合适的功能情境中恰切的词汇短语使用的语用流利性的话，情况尤其如此。最终，语言学习者需要很好地掌握上述两种语言使用的能力。

借鉴对母语学习的研究，人们认为词块在语言习得中也发挥作用。词块是学习者用于培养其语法能力的语言材料的重要组成部分。正如刘易斯（Lewis）所指出的，语言应该被看作语法化的词汇，而非词汇化的语法（1993：iv）。因此，词块应被认为不仅是语言结构和语言使用的一个重要特征，而且在第二语言学习中扮演关键角色。纳廷格（Nattinger 1980：341）评论道：

> 我们的教学或许应该以下述假设为基础：在大多数情况下，语言的产出就是将适用于特定情境的现成单位拼缀到一起，而且如何理解取决于知道预测在这些情境中会出现哪些模式。因此，教学应该围绕这些模式与其可能拼缀的方式及其变异的方式与出现的情境来进行。

学习理论

关于学习理论，刘易斯（Lewis 2000a：184）在最初提出的词汇途径方案中提出了下述假设：

- 在不同场合中接触新的学习项目是学习发生的充要条件。
- 对词汇块或搭配的注意是"输入（input）"变成"吸纳（intake）"的必要但不充分条件。
- 对规则的形式描述虽然没有用处，但注意其异同、限制和例证有助于将输入变成吸纳。
- 习得的基础不是形式规则的应用，而是学习者从中总结出暂时规则的例证的累积。语言的产出是先前遇到例子的产物，而非形式规则。线性课程大纲无法充分体现习得的非线性本质。

人们认为，词块的学习既是附带学习（incidental learning）的结果，也是直接教学的产物。附带学习取决于正常语言使用中遭遇与注意词块的频率。直接教学的步骤本章稍后将讨论。伯尔斯与林德斯特伦伯格（Boers & Lindstromberg 2009）从认知理论的角度对基于词块的学习进行了详细的阐释，我们在第 2 章称之为认知-语码理论。学习的目标是"所遇到、注意到、学习的词块必须在学习者的长期记忆中完全固化"（2009：10）。有助于词块学习的方式多种多样：

- 通过注意：学习者必须首先注意所接收输入中的目标词块。
- 通过认知加工：词块必须经过不同形式的详释（elaboration）来进行加工，以此来增强记忆保持所需要的认知参与水平（Boers & Lindstromberg 2009）。
- 通过语言接触（exposure[①]）：对词块的反复接触可能增加学会的可能性。克拉申在其关于自然教学途径（第 14 章）的论述中提出，

[①] 亦有人译作"（语言）暴露"。——译者注

巨量的"语言输入",尤其是阅读输入,是唯一有效的学习途径。另有人提出,应该将课堂变成一座图书馆,学习者可以通过计算机索引数据库对不同类型文本和语言数据中词汇使用的语境进行探索。
- 通过与母语进行对比:另一种学习词汇块的方式是"对比"(上述"详释"的一个例子)。有些应用语言学家认为,许多语言都在形式和(可能在所研究的语言中并不存在的)词汇搭配的意义方面,与某一语言具有一定程度的相似度。巴恩斯(Bahns 1993:58)提出,"英语作为外语(EFL)中词汇搭配的教学应该集中于英语和学习者母语之间没有直接对应翻译的项目上"。

教学设计

教学目的

与本书中其他教学方案不同的是,词汇教学途径并未被概念化为一个综合(即为课程设计提供完整框架)的语言教学方案,而是被理解为学生语言课程的一个部分,某些教育工作者认为它适合于中级及以上水平,而且可以与其他教学途径和方法联用。斯滕格斯等人(Stengers et al. 2010:101)评论道:

> 鉴于其对独立阅读和听力理解过程中附带习得的依赖性,我们认为,词汇教学途径适用于中下以上水平的学习者。参与实验的学生其语言水平根据其教师的评估一般在欧洲语言共同参考框架中所描述的 B2 左右。

词汇教学途径的目的是培养学生对词汇块作为自然语言使用的重要特征的意识和运用能力。另一个相关的目标是培养学习者识别、学习在口语和书面文本中所遇到词块的策略。斯滕格斯等人(2010:101)继而指出:

> 因此,刘易斯及其同事给出的建议是帮助学生培养识别、记录课堂内外

所遇到词块的策略：关键的是，教师应教会学生检索的技巧，使他们能够不仅是在课堂中所接触到的语言中，更重要的是在课外所接触的语言中发现重要的搭配。换言之，词汇教学途径的支持者希望学习者将其对无处不在的词块的高度重视迁移到课外遇到的第二语言例证上，这样一来，他们就能够加速在长期记忆中词汇短语的附带吸纳。

然而，如果词块由他人提供，而非通过独立阅读和听力理解来获得，那么词汇教学途径亦可能适用于低水平的学生。

教学大纲

如同广义上所谓的词汇，对低水平学生而言，词汇教学途径的支持者建议直接教授学生所选择文本中经常出现的词块，并且语料库可以作为这种策略的重要信息源。例如，申与内申（Shin & Nation 2008）给出了一个英语口语中最经常出现的词块清单。但是，对中、高级学习者而言，类似的信息并不具备。由于学生学习英语时可能遇到许多无法预测的多词单位，因此词汇教学途径的一些支持者坚持认为，对高级学习者来说，教学目标不再是教授一些核心词汇单位，而是培养学生对词汇单位本质的意识，教授他们识别、学习、组织、存储、使用所遇到的词块的策略。因此，"大纲"就由条理地记录学习者在不同书面和口语文本中遇到的词块构成——亦即一个后顾式教学大纲（a retrospective syllabus）。

COBUILD[①]英语课程（COBUILD English Course）（Willis & Willis 1989）中所使用的是一种词汇途径，其基本原理和设计在《词汇教学大纲》(*The Lexical Syllabus*)（Willis 1990）一书中已有描述。这是第一部围绕词汇教学大纲而非传统的语法大纲（即主要是由孤立的词汇项目而非词块组成的教学大纲）编写出版的教科书。威利斯（Willis）认为，COBUILD的计算机文本分析表明，"在英语中，前700个高频词覆盖所

---

① 此乃是"Collins Birmingham university international language database（柯林斯伯明翰大学国际语言数据库）"的缩略形式。——译者注

有英语文本的 70%"。这一"事实"导致他们做出如下决策:"词频决定课程的内容。第 1 级（Level 1）将覆盖最高频的 700 个词及其常用句型和用法。"（Willis 1990：vi）在某一方面,这一著作与韦斯特（West 1953）与同事早期基于频率的词汇分析相似,差异在于 COBUILD 课程关注源于计算机分析的词汇型式（word patterns,即与词汇有关的句型）。但是,威利斯强调,"词汇型教学大纲不仅将结构型大纲包括在内,而且表明了如何用实例来说明组成大纲的结构",因为计算机语料库揭示了词汇使用中最常见的结构模式（1990：vi）。《剑桥标准英语教程》（*Touchstone*）系列（McCarthy, McCarten & Sandiford 2005）是另一部基于语料库的词汇型教学大纲的教材,其中既包含孤立的单词,也包含词块。词汇型教学大纲的基础是剑桥英语语料库北美口语部分中最常用单词和短语。

关于如何组织词汇材料用于教学,有人提出了其他一些方案。内申（Nation 1999）对搭配和词块的分类标准进行了梳理,并提出了教学顺序和处理不同类型搭配的方法。纳廷格与德卡里科（Nattinger & DeCarrico）提出了组织教学的功能方案:

> 我们认为,出于教学目的将词汇短语区分为社会互动、必要话题和话语手段（discourse devices）似乎最为有效,但是,这并不是说未来通过研究不可能发现更有效的分类方式。

学习和教学活动的类型

词汇教学途径中所采用的活动既包括旨在提高词块记忆效果的活动,也包括意识培养活动（awareness activities）与文本组块训练。此类活动适用于任一课程中,而未必仅仅适用于基于词汇教学途径的课程。

意识培养活动（*awareness activities*）

此类活动旨在培养学习者的词块意识。语料库资源的使用就是其中一例,这对揭示搭配的限制尤其有用。下面举例说明文本材料中显示的结果与打印材料中导出的语料库检索结果。"predict"和"forecast"两词条用法及其搭配上的差异很难解释。但是，在计算机语料库提供的语境中对这类词条进行考察，能够使学生（及其老师）观察到这类词汇在真实文本中的用法。

predict 一词出现的某些语境[①]

1. ... in copper binding. Our findings *predict* that the results will show...
2. ... the stratosphere. The present models *predict* that a warming of the winter polar...
3. ... after an analysis of the DNA, we are able to *predict* the complete amino...
4. ... this survey data is then used to *predict* values on the vertical profile;...
5. ... the natural order hypothesis would *predict* an increase in frequency of use...

Forecast 一词出现的某些语境

1. ... a second analysis. The center makes *forecasts* seven days ahead for all regions...
2. ... action whose success depends on a *forecast* being accurate. They might end...
3. ... the difficulties of attempting to *forecast* Britain's economic performance...
4. ... labor of its people. This gloomy *forecast* can be better explained if...
5. ... But three months earlier the detailed *forecast* published by the Treasury...

现有语料库多种多样，而且关于教师在教学中如何构建与使用自己的语料库，奥基夫等人（2007）给出了详细说明，如使用网上显示语言在真实情境中如何使用的免费语料库工具。语料库与词块研究有关的另一种应用是所谓的数据驱动型学习，奥基夫等（2007：24）将之描述为教师指导下的活动（directive activities），即"学习者通过有教师指导的任务或者通过基于语料库证据的语言素材，获得亲身使用语料库的经验……一种依赖于洞悉目标语模式和概括语言形式与使用的能力的归纳式教学／学习方式"。换言之，教师可以要求学生直接在网上语料库中检索目标项目，或

[①] 所列出的是语料库中检索出来的一些检索行，用以展示某个词在文本中出现的语境，从而有助于学习者更好地把握某些词汇的用法（尤其是搭配）。下同。——译者注

提供显示检索结果的讲义。

文本组块训练（training in text chunking）

组块练习旨在提高学习者对词块及其作用方式的意识。伯尔斯与林德斯特伦伯格（2009：89）对这一活动做出如下描述：

> 这要求学生在真实文本中突出或划出其认为是多词单位的词串（如强搭配）。然后，要求他们对其选择与同学的选择或者老师的选择加以比对。或者，也可以查阅词典或网上资源（如索引工具或者搜索引擎，如谷歌），核查所选择的词串是不是词块。

记忆增强活动（memory-enhancing activities）

记忆增强活动的一种类型是伯尔斯与林德斯特伦伯格所谓的详释（elaboration）。对此，他们做出如下解释（2009：35）。

> 这是一个除注意（noticing）之外涵盖多种心理操作的术语，学习者可能对单词和短语的意义及/或形式所进行的操作。例如，详释既可以是对与词汇意义相关的视觉和运动意象形成的思考，也可以是对词汇的拼写、发音、语法范畴、意义以及与其他词汇联想的思考。所涉及的方面越多，词汇在长时记忆中固化的可能性就越大。

复述（retelling）

经过以词块为重心的文本学习之后，学生参加复述活动，对其所阅读的内容加以总结或者复述，但是需要尝试使用文本中出现的词块。

教师的角色

在词汇教学途径中，教师承担着多个角色。教师被认为是语言分析者，能够识别出文本中的多词单位，能够评估哪些词足够重要需要在课堂上持续加以关注，并且能够使用文本探索其在词块学习中的潜力。教师可能也应该熟悉计算机软件和语料库的使用，将数据驱动型活动作为演绎学习和归纳学习的基础。刘易斯（Lewis 1993）支持克拉申提出的自然途径（Natural Approach）的教学步骤（第 14 章），认为教师的讲授是学习者输入的主要来源，旨在向学生演示以何种方式将词汇短语应用于不同的功能目标。威利斯（1990）建议教师需要以任务、计划和报告这一任务型语言教学的任务周期（第 9 章）为基础来理解与管理课堂教学。统而言之，威利斯认为，教师的角色首先是创建学生可以有效操作的环境，然后帮助学习者管理自己尤其是词汇方面的学习。这要求教师"抛弃教师是'知者（knower）'的观念，而是突出学习者作为'发现者（discoverer）'的观念"（Willis 1990：131）。

学习者的角色

学习者在基于词块的学习中发挥积极的作用。作为语言分析者，学习者需要使用计算机对先前搜集到的或网络上处于"自由形态"可资利用的文本资料。这里，学习者扮演着资料分析者的角色，对源于"现实生活"语言样本的大型语料库进行检视，并以此为基础完成对语言的归纳与概括。根据此类方案，教师的主要职责是组织技术系统，提供支架辅助学习者自主使用系统。最普遍的计算机应用是使用语料库呈现的所谓检索行（*concordance line*）（参见第 221 页），在这类检索行中，目标词、结构或词块出现在一行文本的中间，而文本其他部分则显示该词条出现的语境。这些文本行是由计算机程序或检索工具生成的，如下文的详细解释。然而，学习者需要接受培训才能有效地使用检索工具。教学辅助必不可少，这样才能通过实例引导学习者经历观察、分类、概括等不同的词汇分析阶段。

同时，教师应鼓励学习者对自己的词块学习进行监控，并复习遇到的词块，采用诸如词汇本或者电子日志等手段强化记忆。

教材的作用

支撑词汇语言教学途径的教学材料和资源包括（1）大纲中包括多词

单位的教科书，如《剑桥标准英语教程》系列；（2）基于语料库的教学材料，如麦卡锡与奥德尔（McCarthy & O'Dell 2004）；（3）教师和学生可以使用的语料库，可用检索软件对语料库文本进行检索，以便于对单词和多词单位的用法进行探索。正如艾伦（Allan 2008：23）所描述：

> 学习者将目标词或者多个目标词输入到软件中，语料库中的所有例句即刻显示出来，格式一般是关键词加语境（keyword in context，简称 KWIC），目标词位于行中间。检索行可以多种方式分类存储，以利于揭示其意义和用法的模式……然后，学习者对检索结果进行检视，通过寻找语言模式、分类、推导自己的假设，而不是依靠教师的直觉判断和研究，来解答自己的疑惑。

英语语料库（Bank of English），收录 6.5 亿词、用于 COBUILD 词典编写的柯林斯语料库（Collins Corpus）的一个子库，是此类很有价值的语料库之一。但是，尽管词汇途径的支持者呼吁在教科书中更多使用基于语料库的词汇，但这一呼吁只是影响了某些教科书的设计，而对其他教科书却没有影响。伯顿（Burton 2012：98）指出：

> 许多教科书目前很少参考语料库的研究发现，原因在于购买书籍的学生——或更有可能是指导学生购买或代表他们购买书籍的教师、学校管理人员和政策制定者——不需要，因此出版商也就没有动力在这方面做出革新。即使语料库数据的使用在许多方面或许是可用于教科书编写与出版的最简单创新之一，情况也是如此，因为从根本上来说，许多新的发现并未从根本上使新的教学方式成为必要，而只是语言描述和呈现的改变——可以肯定地认为更接近利特尔约翰（Littlejohn 1992：206）所谓"极小的进化"，而非"大变革"。尽管没有需求，但作者仍然认为，几乎没有证据表明基于语料库或者参考料库编写的教科书会以 20 世纪 80 年代的语料库型词典的方式出现。

参考语料库编写的教科书（一种将原始的语料库数据加以简化提供给学生的途径）已经出现。但是，由于广泛的语料库搜索和数据分析可能非常耗时，这种做法在多大程度上适用于针对广大学生的教科书，尚不清楚。

教学程序

是关注意识的培养,还是关注后期使用的多词单位的记忆,换言之,即接受和产出之间的经典区别,这在词汇型语言教学的程序中反映出来。借鉴刘易斯(1997),伯尔斯与林德斯特伦伯格(2009:19)对当前采用的词汇途径课堂教学程序做了如下总结:

> 当下通行的词汇教学途径主张采用培养学习者对词块重要性意识的课堂活动和练习。关键的策略是教学组块(pedagogical chunking);其实质是鼓励学习者关注词块。也就是说,(教师)首先应当提醒学生注意在真实文本中遇到的词汇短语(lexical phrases),然后鼓励他们将这些词块记入为这类词汇所设计的词汇本上。刘易斯认识到,适合作为适当学习目标的词汇短语其数量远远超过非强化型普通语言课程中能够学到的词汇数量。其建议旨在帮助学生培养识别、记录其在课堂内外所遇到的第二语言样本中词块的策略。详细来说,他建议让学生在课堂上接触大量的听力和阅读材料,帮助他们"正确地"地将文本"组块",从而使他们建立起对这些材料中所出现词块的意识,亦即,注意到材料中所包含的真实词块。

教学中若采用这类活动,学习者必须承担起"语篇分析者"的角色。此处所谓语篇可以是(教师为低水平学习者提供的)整套语言素材,也可以是(在高水平学习者课堂上)通过计算机文本搜索程序"找到的"语言素材。课堂教学步骤通常涉及吸引学生注意词汇搭配(lexical collocations)(如上所述,一种重要的词块类型)和旨在增强学生搭配的记忆保持与使用的各种活动的运用。伍拉德(Woolard 2000)建议,教师应该对关于搭配的教科书重新进行检视,增加明确以词汇短语为重心的练习。他们还应该设计出适当的活动,以使学习者能够自己发现不仅是课堂上而且在课外所接触语言中的搭配。伍拉德(2000:35)写道:

> 搭配的学习是语言发展的一个方面,非常适合自主语言学习。非常确切

地说，我们能够教学生自学。搭配主要是注意和记录的问题，而且接受过培训的学生应该能够独立地对文本进行探索。学生不仅需要注意其所见文本中的常用搭配，而且更重要的是，找出那些对其具体需求至关重要的搭配。

225　　希尔（Hill 2000）提出，课堂教学步骤包含（1）教授单独的搭配，（2）培养学生的搭配意识，（3）将学生现有搭配限制的知识，扩展至其已知词汇，以及（4）鼓励学生保存好词汇本，储存搭配。

但是，刘易斯（1997）所建议的课堂实践并没有超越配对和填空练习的各种变式，也没有提出帮助学生记忆所接触词块的方法。尽管如此，近年来对词汇学习的大量研究——主要集中于反复的接触——已帮助教师开发出适合词块学习的各种活动。

结　　论

由于词汇和语言学理论的发展、语料库分析以及对多词单位在语言学习和交际中作用的认可，词汇在语言教学中的地位得到极大的提高。但是，词汇仍然仅仅是交际能力的一个部分。刘易斯及其同事创造出词汇途径（*lexical approach*）这个术语，用以描述其所提出的词汇型语言教学途径，而且本章对这个术语的意义进行了考察。但是，这种方案不能完全反映本书所描述的教学途径或方法的特征。由于刘易斯最初提出的词汇教学途径和词汇型教学大纲是传统教学大纲模式的替代，因此这一概念并没有得到进一步发展，以论证语言能力何以只能通过语法化的词汇来培养，而不是作为宏观语言教学大纲中唯一有效部分来呈现词汇途径。所提倡采用的词汇教学活动类型和教学步骤也没有朝那个方向进一步发展。在词汇途径诞生以后的数年间，其应用范围非但没有扩大，反而缩小了，主要局限于对词块本质意识的培养技巧。虽然对多词单位或词块的关注无疑是第二语言学习和交际能力的一个重要方面，但是，关于对词块的关注以何方式促进语言与交际能力的发展，却几乎无所作为。因此，基于词汇的语言理论和语言学习理论如何在语言教学的设计、程序层面上得到应用，仍需要令人信服的论证，表明它仍然停留在理念的层次上，需要具体化为教学途径和方法。尽管如此，如本章所描述，词汇教学途径可以与交际语言教学等其他教学途径相融合，而且语料库的出现使我们对如何学习词块有了更深入的认识。

讨论问题

1. 在教授问候语时，有哪些有用的"词块"？
2. 请用本章出现的术语，解释下面的两个句子为什么"不通"：
   Sorry I am late, I had to make my hair.
   Your room is a mess, go and do your bed.
3. 请将下面的术语与例子搭配起来。（需要的话，请回顾一下第 216 页上这些术语的例子。）

双词词组（*binomials*）	Lovely to see you again.
三词词组（*trinomials*）	tall as a mountain
习语（*idioms*）	in summary,
明喻（*similes*）	For crying out loud!
连词（*connectives*）	Blood is thicker than water.
社会惯用语（*social-routine formulae*）	a piece of cake
话语标记语（*discourse markers*）	fast forward
复合词（*compounds*）	ready, willing and able
谚语（*proverbs*）	having said that,
感叹句（*exclamations*）	cheap and cheerful

4. 请用上面的例子，向同事解释词块在语言使用和语言习得中的作用。
5. 词块的学习包括（1）注意，（2）认知加工，以及（3）接触。请举例说明教师如何在这三个层面上推动词块的学习。
6. 您认为词汇途径在教学大纲的设计中有用吗？一个同事说她读其他书的时候看到，有人说词汇途径是"后顾型教学大纲"。请向她解释这一术语意思。您同意这一观点吗？

7. 在课堂上，您要求学生用检索工具查找词汇，确定其用法和使用环境。课后，一个学生找到您说他很不理解：这很耗时，您直接给出解释会更好。对此，您如何做出回应？
8. 在许多教科书中，语言选择的依据都是编者的直觉。语料库可以给出特定语言本族语者使用的频率和分布更准确的信息。请考察一下您所采用的课本中的语言在多大程度上与母语者使用的语言相匹配。从最好是中级水平教科书中选出一课，并从中选出一篇较长的课文，然后按照下述步骤，用一些免费的网上语料库工具对其语言进行分析。

    1）将文本复制、粘贴到语料库工具中，即输入 Compleat Lexical Tutor（全能词汇指南）语料库网站的一部分 Vocabulary Profilers（词汇分析器）——魁北克大学（University of Quebec）开发的搜索引擎（http://www.lextutor.ca/vp/en）中，得到词汇在文本中的分布。有多少词在前 1000 词词表中，有多少在第二个 1000 词词表中，或者在学术词汇表中？您认为这对目标学生合适吗？
    2）其次，将同样的文本复制到 Compleat Lexical Tutor 的频率栏中（www.lextutor.ca/freq）。您所选择文本的词汇分布如何？
    3）再次，找出文本中的三个词汇短语，并输入英语国家语料库（British National Corpus）——收录 1 亿词次现代英式英语样例的语料库——网站（http://www.natcorp.ox.ac.uk）中。
    4）再再次，选择一个双词词组、一个明喻和一个连词，完成与上述同样的操作。
    5）这些词在语料库中的最常见用法是什么？这与它们在教科书中的用法是否相同？如相同，您认为原因可能是什么？

9. 词汇与语法之间关系密切。从您所熟悉的课程中随机选择一个单元，并找出本单元中学习的三个新单词。

    1）将每个单词复制到前述任一在线免费语料库中（如英语国家语料库，http://www.natcorp.ox.ac.uk）。这些词通常怎么使用？例如，它们一般与哪些介词同用？通常用作一般现在时，还是一般过去时？用作单数，还是复数？其前、后通常是哪些词？
    2）找出最常见的用法之后，您能否找出那些应教给学生的有价值的语言"词块"？

参考文献与延伸阅读

Allan, R. 2008. Can a graded reader corpus provide "authentic" input? *ELT Journal* 63(1): 23–32.

Bahns, J. 1993. Lexical collocations: a contrastive view. *ELT Journal* 7(1): 56–63.

Boers, F., and S. Lindstromberg. 2005. Finding ways to make phrase-learning feasible: the mnemonic effect of alliteration. *System* 33: 225–238.

Boers, F., and S. Lindstromberg. 2008a. Structural elaboration by the sound (and feel) of it. In F. Boers and S. Lindstromberg (eds.), *Cognitive Linguistic Approaches to Teaching Vocabulary and Phraseology*. Berlin and New York: Mouton de Gruyter. 330–353.

Boers, F., and S. Lindstromberg. 2008b. From empirical findings to pedagogical Practice. In F. Boers and S. Lindstromberg (eds.), *Cognitive Linguistic Approaches to Teaching Vocabulary and Phraseology*. Berlin and New York: Mouton de Gruyter. 375–393.

Boers, F., and S. Lindstromberg. 2008c. How cognitive linguistics can foster effective vocabulary teaching. In F. Boers and S. Lindstromberg (eds.), *Cognitive Linguistic Approaches to Teaching Vocabulary und Phraseology*. Berlin and New Yorke Mouton de Gruyter. 1–61.

Boers, F., and S. Lindstromberg. 2009. *Optimizing a Lexical Approach to Instructed Second Language Acquisition*. Basingstoke, UK: Palgrave Macmillan.

Boers, F., and S. Lindstromberg. 2012. Experimental and intervention studies on formulaic sequences in a second language. *Annual Review of Applied Linguistics* 32: 83–110.

Boers, F., J. Eyckmans, J. Kappel, H. Stengers, and M. Demecheleer. 2006. Formulaic sequences and perceived oral proficiency: putting a lexical approach to the test. *Language Teaching Research* 10: 245–261.

Bogaards, P., and B. Laufer-Dvorkin. 2004. *Vocabulary in a Second Language: Selection, Acquisition and Testing*. Amsterdam: John Benjamins.

British National Corpus. 2010. http://www.natcorp.ox.ac.uk; accessed May 9, 2013.

Burton, G. 2012. Corpora and coursebooks: destined to be strangers forever? *Corpora* 7(1): 69–90.

Compleat Lexical Tutor. University of Quebec. http://www.lextutor.ca/vp/eng/; accessed May 9, 2013.

De Knop, S., F. Boers, and A. De Rycker. 2010. *Fostering Language Teaching Efficiency through Cognitive Linguistics*. Berlin: Mouton de Gruyter.

Ellis, N. C., R., Simpson-Vlach, and C. Maynard. 2008. Formulaic language in native and second language speakers: psycholinguistics, corpus linguistics, and TESOL. *TESOL Quarterly* 42: 375–396.

Hill, J. 2000. Revising priorities: from grammatical failure to collocational success. In Lewis (ed.), 47–69.

Lewis, M. 1993. *The Lexical Approach*. London: Language Teaching Publications.

Lewis, M. 1997. *Implementing the Lexical Approach*. London: Language Teaching Publications.

Lewis, M. (ed.). 2000a. *Teaching Collocation: Further Developments in the Lexical Approach*. London: Language Teaching Publications.

Lewis, M. 2000b. Learning in the lexical approach. In Lewis (ed.), 155–184.

Lewis, M. 2000c. There is nothing as practical as a good theory. In Lewis (ed.), 10–27.

Lindstromberg, S., and F. Boers, 2008. *Teaching Chunks of Language: From Noticing to Remembering*. Innsbruck: Helbling Languages.

McCarthy, M. J., and F. O'Dell. 2004. *English Phrasal Verbs in Use: Intermediate Level*. Cambridge: Cambridge University Press.

McCarthy, M. J., J. McCarten, and H. Sandiford, H. 2005. *Touchstone: Student's Book 1*. Cambridge: Cambridge University Press.

Meara, P. 2009. *Connected Words: Word Associations and Second Language Vocabulary Acquisition*. Amsterdam: John Benjamins.

Milton, J. 2011. *Measuring Second Language Vocabulary Acquisition*. Bristol: Channel View Publications.

Nation, I. S. P, 1999. *Learning Vocabulary in Another Language*. New York: Cambridge University Press.

Nation, I. S. P. 2013. *Learning Vocabulary int a Second Language*. 2nd edn. Cambridge: Cambridge University Press.

Nattinger, J. 1980. A lexical phrase grammar for ESL. *TESOL Quarterly* 14: 337–344.

Nattinger, J., and J. DeCarrico. 1992. *Lexical Phrases and Language Teaching*. Oxford: Oxford University Press.

O'Keefe, A., M. McCarthy, and R. Carter. 2007. *From Corpus to Classroom*. Cambridge: Cambridge University Press.

Palmer, H. E. [1925] 1999. Conversation. Repr. in R. C. Smith (ed.), *The Writings of Harold E. Palmer*. Tokyo: Hon-no-Tomosha. 185–191.

Pawley, A., and E. Syder. 1983. Two puzzles for linguistic theory: native-like selection and native like fluency. In J. Richards and R. Schmidt (eds.), *Language and Communication*. London: Longman, 191−226.

Peters, A. 1983. *The Units of Language Acquisition*. Cambridge: Cambridge University Press.

Phillips, M. 1989. *Lexical Structure of Text*. Discourse Analysis Monograph No. 12. Birmingham: University of Birmingham.

Schmitt, N. (ed.). 2004. *Formulaic Sequences: Acquisition, Processing and Use*. Amsterdam: John Benjamins.

Schmitt, N. 2008. Instructed second language vocabulary learning. *Language Teaching Research* 12(3): 329−263.

Schmitt, N, n.d. *Lexical Approach: A Very Brief Overview*. Available at: http://www.esoluk.co.uk/calling/pdf/Lexical_approach.pdf; accessed May 28, 2013.

Shin, D., and P. Nation. 2008. Beyond single words: the most frequent collocations in spoken English. *ELT Journal* 62: 339−348.

Siyanova, A., and N. Schmitt. 2007. Native and nonnative use of multiword versus one-word verbs. *International Review of Applied Linguistics in Language Teaching 45*(2): 119−139.

Stengers, H. 2007. Is English exceptionally idiomatic? Testing the waters for a lexical approach to Spanish. In F. Boers, J. Darquennes, and R. Temmerman (eds.), *Multilingualism and Applied Comparative Linguistics*, Vol. I: *Pedagogical Perspectives*. Cambridge: Cambridge Scholars Publishing, 107−125.

Stengers H., F. Boers, A, Housen, and J. Eyckman. 2010. Does chunking foster chunk uptake? In De Knop et al. 99−120.

West, M. 1953. *A General Service List of English Words*. London: Longman.

Willis, J. D., 1990. *The Lexical Syllabus*. London: Collins COBUILD.

Willis, J. D., and D. Willis. 1989. *Collins COBUILD English Course*. London: Collins.

Wood, M. 1981. *A Definition of Idiom*. Manchester, UK: Centre for Computational Linguistics, University of Manchester.

Woolard, G. 2000. Collocation-encouraging learner independence. In M. Lewis (ed.), *Teaching Collocation: Further Developments in the Lexical Approach*. London: Language Teaching Publications. 28−46.

Wray, A. 2002. *Formulaic Language and the Lexicon*. Cambridge: Cambridge University Press.

Wray, A. 2008. *Formulaic Language: Pushing the Boundaries*. Oxford: Oxford University Press.

12
多元智能

引　言

　　语言学习课堂的一个特征是往往同一班上课里的学生具有多样性。此处所谓多样性指学习者彼此之间可能在许多方面具有差异。其不同之处可能存在于各个方面，如英语学习动机、对最佳英语学习方式的信念、青睐的学习策略以及偏爱的教学方法与课堂活动，等等。语言教学通常是建立在"一码通适（one size fits all）"这一假设基础之上的，而且本书中所描述的某些教学途径和方法乃是学习者这种观点的反映。学习者在学习中的角色已经预先确定和计划妥当，自己只需适应这种方法即可。默示法（第16章）、暗示教学法（Suggestopedia）（第18章）等方法就是这种情形。最近发展起来各种语言教学途径旨在认可学习者学习上的差异。学习者具有自己的学习风格、偏好与策略，而且这一切对其课堂学习方式及其所喜爱或者最有效的学习活动有影响。因此，人们认为，某个群体学习者的个体差异得到认可、分析，并在教学中加以适应时，教学法才能获得更大的成功。近40年来，无论是在普通教育中还是在语言教学中，对个体差异的关注一直是一个长久不衰的主题，这在个性化教学、自主学习、学习者培训和学习者策略（参见第19章）等教学运动或者教学途径中体现出来。多元智能（Multiple Intelligence[①]，简称MI）理论与这些早期提出的方

[①] 应用语言学界多译作"智能"，而在心理学中多译作"智力"。——译者注

案有许多共同之处。

多元智能（MI）是一种基于学习者的理念，主张人类智能具有多个维度，必须在教育中得到认可和发展。传统的智能或智商（Intelligence Quotient，简称 IQ）测试是以斯坦福-比奈（Stand-Binet）测试为基础，建立在智能是单一不变天生的能力这一理念之上的。但是，传统的智商测验尽管仍然用于对多数学龄儿童的测量，但目前正在受到多元智能运动越来越多的挑战。多元智能是以哈佛大学教育研究生院霍华德·加德纳（Howard Gardner）的研究为基础提出来的（Gardner 1993）。加德纳指出，传统的智商测验只测量逻辑与语言，但是人的大脑也有其他同样重要类型的智能。他认为，所有人都具备这些智能，但每个人智能的强项与组合不同，并且所有的智能都能通过培训和实践得到增强。因此，多元智能是一种以学习者之间个体差异为核心而且在教学中需要承认个体差异的教学观。

加德纳（1993）提出了一种人类自然才能观，被称为"多元智能模型"（Multiple Intelligence Model）。这种观点是普通教育中早已提出并且后来应用于语言教学的多种学习风格模型之一种（参见 Christison 1998；Palmberg 2011 等）。（关于其理论是否适用于语言教学，加德纳本人也敢确定——Gardner 2006。）加德纳声称，其关于智能的观点不受文化制约，并且避免了通常与传统的智能模型（即智商测验模型）相关的概念狭隘性。加德纳最初假定人具有如下八种天生的"智能"：

1. **语言**（*linguistic*）：以具有创造性的特殊方式使用语言的能力，是律师、作家、编辑和口译人员的强项。
2. **逻辑/数学**（*logical/mathematical*）：理性思维的能力，医生、工程师、程序员、科学家一般具备这种能力。
3. **空间**（*spatial*）：形成关于世界的心智模型的能力，是建筑师、装潢师、雕刻家、画家的强项。
4. **音乐**（*musical*）：音乐鉴赏能力，歌手与作曲家的强项。

5. **身体/运动**（*bodily/kinesthetic*）：有协调良好的身体，常见于运动员和工匠。
6. **人际**（*interpersonal*）：与他人良好合作的能力，是售货员、政治家和教师的强项。
7. **自我认知**（*intrapersonal*）：认识自己、成功运用自己才能的能力，造就出了生活幸福、适应生活各方面的人。
8. **自然认知**（*naturalist*）：理解、组织自然模式的能力。

后来，加德纳又提出了第九种智能——生存智能——"关注哲学问题，如人类在宇宙存在中的地位。在学习情境中需纵观全局，以理解细小的学习点和细节"（Palmberg 2011：8）。针对每一种智能，阿姆斯特朗（Armstrong 1999）加上了以下方便的记忆标签：

- 语言智能（*linguistic intelligence*）："词汇智慧"（word smart）
- 逻辑/数学智能（*logical/mathematical intelligence*）："数字/推理智慧"（number/reasoning smart）
- 视觉/空间智能（*visual/spatial intelligence*）："图片智慧"（picture smart）
- 身体/运动智能（*bodily/kinesthetic intelligence*）："身体智慧"（body smart）
- 音乐智能（*musical intelligence*）："音乐智慧"（music smart）
- 人际智能（*interpersonal intelligence*）："人际智慧"（people smart）
- 自我认知智能（*intrapersonal intelligence*）："自我智慧"（self smart）
- 自然认知智能（*naturalist intelligence*）："自然智慧"（nature smart）
- 生存智能（*existential intelligence*）："生存智慧"（existence smart）

所有的学习者都有自己个人的智能剖面图——即"多元智能剖面图"

（MI profiles）——由不同类型的智能组合而成，其中某些智能比其他人发达，因此对某一特定的学习途径有偏好。克里斯蒂森（Christison 2005）认为，大部分人只具备少数高度发达的智能，中度发达的智能最多，只有一两种欠发达的智能。目前已经有人开发出一些量表，用于帮助人们"识别"自己个人的多元智能剖面图，如麦肯齐（McKenzie）的"多元智能调查"（Multiple Intelligence Survey）（1999）。调查共由 90 个陈述组成，分成九组的（每组 10 个），每一组代表加德纳的一种智能类型，要求参加测试者从中勾出自己同意的项目。怀疑者可能对这一人类认知复杂特质粗陋测量的可靠性表示质疑。

最初提出时，多元智能的理念既引起了普通大众也引起了许多教育工作者的兴趣。学校开始运用多元智能理论鼓励超越传统书本、钢笔、铅笔式的学习；教师和父母也受到鼓励，要充分认识学习者 / 孩子的才能和天赋，并根据其天生的才能提供相应的学习活动。由于强化了这种差异，个人就能够自由地发展其智能。

理　　论

语言理论

多元智能理论最初由加德纳（1993）提出，是对认知科学的一大贡献。早期，阿姆斯特朗（1994）等普通教育工作者将其解释为一种对学校教育进行重新思考的框架。美国的某些学校也确实围绕多元智能模型重新制订了教育方案。多元智能应用于语言教学则是最近的事，因此缺乏可以直接与语言教育联系起来的基本元素，也就不足为奇了。问题之一是，对多元智能理论以何种方式与现有的任何语言及 / 或语言学习理论相联系缺乏清楚的认识，尽管已经尝试建立二者之间的联系（如 Reid 1997；Chtistison 1998）。当然，公正地说，多元智能方案将个体语言——包括一种或多种第二语言——看作语言学习者和使用者整个生活的核心技能，而不是一种"附加"与某种意义上的边缘技能。从这种意义上讲,语言应该与音乐、身体活动、人际关系等相融合。语言不应该被仅仅局限于"语言学"的角度,而是应该包含交际的所有方面。

学习理论

语言的学习和使用显然与多元智能理论家所谓的"语言智能"(Linguistic Intelligence)紧密相关。但是,其支持者认为,语言要比语言学中所涵盖的内容多得多。语言的节奏、声调、音量、音高等方面与音乐理论的联系,比与语言学理论的联系更紧密。其他各种智能是对我们所谓"语言"交际图画的丰富。此外,语言也通过各种意义(senses[①])与生活建立联系。意义为赋予其意思(meaning)和目的的语言信息提供相伴(事)物与语境。某种多感官语言观似乎既是语言学习的有效设计也是完善的语言理论建构所必不可少的条件。因此,学习理论可能被认为具有整体性,因为我们是通过所有的感官来学习的。

关于智能一种为人们所广泛接受但趋异的观点是智能——无论以何种方式来测量以及在任何情况下——均由一个因子组成,一般称为"g"因子。根据这一观点,"一般智能(g)可以被描述为处理认知复杂性的能力……绝大多数智能研究者视这些发现为理所当然"(Gottfredson 1998:24)。一种对此观点的流行解释是将智能看作一个等级层次结构,"g"位于等级层次的顶点:

> 更具体的能力依次排在较低的层面上:一般智能(g)下边是所谓组因

[①] "sense"和"meaning"两个术语在汉语中均可翻译成"意义",很难区分开来,但两者之间确实有微妙的差异。前者可解释为"the place a word or phrase (a lexeme) holds in the system of relationships with other words in the vocabulary of a language"(一种语言的词汇中一个词或者短语在与其他词汇关系系统中的位置),后者可解释为"what a language expresses about the world we live in or any possible or imaginary world"(语言所表达的我们居住的世界,或者任何可能或想象的世界)。——译者注

子（group factors），如言语能力、数学推理、空间可视化与记忆，再下面是更依赖于知识或经验的技能，比如某一特定工作或职业的原则与实践。

（Gottfredson 1998：3）

加德纳（以及其他一些认知科学家）的观点"与智能基于一种单一或'一般'问题解决能力的观点明显不同"（Teele 2000：27）。加德纳认为，存在一种独立但平等的心智能力，共同占据被称为智能的等级层次最高点——即加德纳所描述的八种多元智能。考察学习理论的一种方式是，将单因子（g）模型的逻辑应用于多元智能模型。单因子模型将高级智能（+g）与高速高效的神经加工相联系；也就是说，个人的 g 因子越高，大脑进行认知运算的速度和效率就越高（Gottfredson 1998：3）。如果存在不止一种智能（I），而是多种智能（I's），那么就可以假设，若某一种智能得到充分的发挥，神经加工的速度和效率最高；也就是说，如果一个学习者具有极高的音乐智能，那么此人就可能以最快的速度学习嵌入音乐框架中的内容（如一种新语言）。

帕姆博格（Palmberg 2011：17）对特定智能对语言学习的影响进行了描述——这描述似乎将智能方面的差异等同于学习风格的差异（参见第 19 章）：

> 根据个人多元智能剖面图，人们倾向于发展自己偏好的某一种或者多种外语学习方法。例如，就词汇学习而言，有些人喜欢传统的机械记忆式学习；而其他一些人将外语单词分成部分或组件进行集中记忆。有些人在外语的单词、结构和母语或可能熟悉的语言之间寻找相似之处。还有些人发现助记手段至少在某些情况下很有用。其他人则采用加速的学习技巧，并且在一定程度上永久加以使用。

教学设计

教学目的

从语言方面来看，多元智能教学没有明确的目标。多元智能教学法以作为一系列教育支持系统的场景的语言课堂为重心,其宗旨是使语言学习者能够更好地设计自己的学习体验。相比于传统课堂上的学习者,这类学习者被赋予了更大的权力,而且也更有成就感。一个更具有目标导向性的学习者和更快乐的人更有可能成为更成功的第二语言学习者和使用者。

教学大纲

虽然多元智能的观点实际上几乎可以与任意教学途径或者方法结合起来使用,但基于多元智能的语言教学也没有无论是规定的还是推荐的教学大纲。但是,已经有人提出了一个教学大纲设计的基本顺序(Lazear 1991),作为对本书其他章节所描述的"大纲"设计的替代。这一顺序包括四个阶段:

- 第1阶段:唤醒智能。通过多种感官体验——如触摸、嗅闻、品尝、观察等,学习者可以培养其对周围世界上事物和事件多方面特性的感受力。
- 第2阶段:增益智能。学生通过自愿提供自己选择的物体和事件以及与他人一起界定对这些物体和事件体验的特性与情景,来增强与提高智能。
- 第3阶段:用/为智能而教学。在这一阶段,智能与所教授班级的关注点,即与语言学习的某一方面,联系起来。这是通过活页练习、小组项目和讨论来完成的。
- 第4阶段:智能的迁移。学生对前三阶段的学习经历进行反思,并将其与课外世界中的问题与挑战联系起来。

学习与教学活动的类型

多元智能已经被应用于许多不同类型的课堂。有些课堂中有八种可以自行选择的活动角,每一个活动角均围绕八种或者九种智能中的一种来建构。学生围绕自己所选择的智能或独立或分组进行学习。尼科尔森-纳尔逊（Nicholson-Nelson 1988：73）对以何种方式使用多元智能通过项目来使学习个性化做了描述。她列出了五种类型的项目：

1. 多元智能项目。此类项目以一种或多种智能为基础，旨在激发特定类型的智能。
2. 基于教学大纲的项目。此类项目以教学大纲内容为基础，但需要根据其使用的特定智能进行分类。
3. 基于主题的项目。此类项目以教学大纲或课堂教学中的一个主题为基础，但是分成不同的智能。
4. 基于资源的项目。这类项目的设计旨在为学生提供机会，用多元智能对某一主题进行研究。
5. 学生自选项目。这类项目由学生借鉴特定的智能设计。

在完全由教师主导的课堂上，学生参与一系列由教师选择与组织协调、强调使用不同智能的活动。

有些人认为，多元智能剖面图的使用使教师能够选择与学习者剖面图相匹配的活动。例如（Berman 2002）：

- 语言智能：词汇构造游戏
- 逻辑/数学智能：逻辑-顺序呈现
- 视觉/空间智能：思维导图
- 身体/运动智能：放松练习
- 音乐智能：爵士乐
- 人际智能：脑力风暴
- 自我认知智能：学习者日记
- 自然认知智能：以在自然世界中创造的声音形式呈现的背景音乐

学习活动经常以表格的形式呈现或展示出来，一种特定的智能与可能相对应适用于课堂教学的活动相搭配。表 12.1 再现了这种表格。

表 12.1　多元智能语言学习活动的类型（Christison 1997：7—8）

语言智能

讲座	学生演讲
小组讨论、大组讨论	讲故事
书籍	辩论
活页练习	写日记
单词游戏	记忆
听磁带或有声图书	使用文字处理器
发表（创办班报或出版写作集）	

逻辑/数学智能

科学演示	创建代码
逻辑问题和字谜	故事问题
科学思维	运算
题材内容的逻辑顺序呈现	

空间智能

图表、地图、图形	可视化
视频、幻灯片、电影	摄影
艺术照以及其他照片	使用思维导图
想象性故事讲述	绘画或拼贴画
图形组织	视觉幻象
望远镜、显微镜	学生画
视觉意识活动	

身体/运动智能

创意运动	动手活动
询问母亲——我可以吗？	实地考察
烹饪与其他"厨房"活动	哑剧
角色表演	

续表

音乐智能

播放录制音乐	歌唱
现场演奏音乐（钢琴、吉他）	合唱
音乐欣赏	气氛音乐
学生制作的乐器	爵士乐

人际智能

合作小组	冲突调解
同学互教	棋艺游戏
小组头脑风暴	结对学习（练习、任务）

自我认知智能

独立的学生任务	反思性学习
个性化项目	记日记
作业的选择	兴趣中心
库存与清单	自尊心日记
个人记日记	目标设置
自学／程序化教学	

关于如何使用多元智能模型来满足课堂内语言学习者的需求与辅助选择合适的活动，下述列表乃是对另类观点的总结。

- **发挥长处**。如果想要一个运动员或音乐家（或一个具备这些才能的学生）成为一个积极参与、成功的语言学习者，那么就要围绕每个人（或类似的一群人）的长处来组织学习材料。
- **多样性是香料**。提供需要调动八种不同的智能、教师指导下的丰富多样的学习活动组合，为所有学生创造一个有趣、活跃、高效的课堂环境。
- **选择适合工作的工具**。语言有许多不同的维度、层次和功能。语言的不同方面若与最适合的多元智能活动相联系，其教学效果最佳。
- **多码适一**（all sizes fit one）。尽管可能没有意识到或低估某些智能的作用，但是每个人都运用所有这些智能。需要诉诸所有智能的教学法比各种单一的教学途径在很多方面更符合"全人"（whole person）。多元智能途径有助于将学习者培养成为全人，同时也能极大地满足人们语言学习的需求。
- 我和我的人民。人们认为，智力测验所反映出来的是带有严重西方偏见的智力观。同智力测验的智能相比，其他文化可能更看重其他类型的智能。由于语言学习也涉及文化学习，因此重要的是，语言学习者应在认可、尊重各种不同的重要智能的环境中学习语言。

每种观点都有其优点与缺点，有理论方面的，有教学法方面的，也有实践本质方面的。潜在的多元智能教师似乎需要从具体教学情境的角度对多元智能理论的每一种可能应用加以考量。

学习者的角色

学习者需要认识到，除了成为一个成功的语言学习者之外，他们还在参与一个性格（personality①）塑造的过程。多元智能课堂的设计旨在支撑"全人"的发展，环境及其活动意在使学生成为全面发展的个人与广义更成功的学习者。应鼓励学习者看到其在上述更广泛意义上的目标。学习者通常需要使用一个多元智能清单，据此刻画出自己的多元智能剖面图。"他们对自己所拥有的智能及其运作方式意识越清楚，就越清楚地知道如何使用那种智能［原文如此］从授课中获取必要的信息和知识"（Christison 1997：9）。所有这一切都旨在使学习者能够对自己的学习进行反思，以便获取各种教学途径的益处。

教师的角色

坎贝尔（Campbell 1997：19）指出，多元智能理论"并非规定性的。

---

① 心理学中多译作"人格"。——译者注

相反，它给教师一个复杂的心理模型，教师可以以此为依据构建教学大纲，并作为教育工作者使自己得到提升"。根据此观点，教师应该深入理解、掌握并忠诚于多元智能模型。应鼓励教师采用多元智能量表对自己施测，以便能够"将自己的生活经历与多元智能的概念相联系"（Christison 1997：7）。教师随后应该成为大纲编写者、课程设计者和分析者、活动的发现者或发明者，而且最重要的是，在课堂教学时间、空间和资源的现实限制范围内，组织一系列需要多种感官参与的活动。应鼓励教师不仅仅将自己只看作语言教师，他们还应承担起另外一种角色，既帮助其学生提高其第二语言能力，而且成为"学生智能全面发展的（主要）贡献者"（Christison 1992：12）。

教材的作用

多元智能在关于课程组织、涉及多种感官活动计划以及教具的使用的建议中最为丰富多彩。目前，也有许多人从多元智能的角度，对真实教学经历进行了既教师友好又坦诚的报告。支撑这些报告的各种活动和材料与上文克里斯蒂森在表格12.1中的分类有相似之处。由于多元智能要求教师具有很大的创造性，并非总是可以在出版物中找到合适的活动，因此多元智能带来的挑战之一是准备恰当的课堂活动需要广泛的计划和大量的时间。

教学程序

各种基于多元智能的课程可能有很大的差异，但是此处仍举数例来说明如何准备课程。帕姆博格（Palmberg 2011：29）对下列可用于教学的程序做了描述：

> 假设你要教授一组外语学习者某个话题。选择将要教授的话题（如购物、在动物园、花卉等），并确保心中有一个特定的学习者群体（如初学者、中级学习者或高级学习者）。将话题写在一张大纸上，并画一个圆将其圈起

来。如果可能的话，设定详细的教学目标。将所想到的与给定话题（与教学目标）相关的所有任务、文本、练习、视觉教具、课堂活动和歌曲记下来。在这一阶段，其中的某些项目可能不现实或不实际，这无关紧要。

根据你认为每一项任务、文本、练习、视觉教具、课堂活动、歌曲等最适合的智能类型，安排你的想法。如果你是一个视觉-空间型的人，你可能想要围绕中间的圆圈画九个圆圈，并用线条将中间的圆圈分别与九个新画的圆圈连接起来。根据每种智能标签新的圆圈，并将每项任务、文本、练习、视觉教具、课堂活动、歌曲等写到合适的圆圈里。

如果觉得没有新的想法了，可以浏览文学作品（Literacyworks®）网站"成人读写和教育的多元智能"所给出的非常实用的教学建议，寻找多种智能（http://www.literacyworks.org/mi/intro/about.html）。记下对你具有吸引力、可能适合所教授课程者。过一段时间后，浏览一下所做的记录。是否有活动可以合并起来？是否有些活动经过修正后能够更有效地满足教学目标？是否有些活动似乎根本不适合当前的教学目标？

最后，将（剩下的）想法和活动加以梳理、（必要时）重新梳理，嵌入一个符合逻辑且满足教学目标的课程大纲。确保你的课程合乎所有九种多元智能。

239　　克里斯蒂森（1997：6）对一个内容涉及对实物进行描写的较低层次语言课程，进行了描述。如下所述，课程教案对上述"大纲"部分所描述的顺序做了了概括。这一课旨在给学生提供机会，"发展其语言智能（如描述物体）、逻辑智能（如确定哪一个是正在描述的物体）、视觉/空间智能（如确定如何描述事物）、人际智能（如分组学习）以及自我认知智能（如对自己的课堂参与进行反思）。"

- 第1阶段：唤醒智能。教师把许多不同的物体带上课堂。学生体验感知柔软、粗糙、冰冷、光滑等不同的物体。他们也可以品尝酸、甜、咸、辣等不同的食物。这种体验有助于激发并使学习者意识到经验的感觉基础。
- 第2阶段：增益智能。要求学生将物品带到课堂上或者使用其拥有的东西。学生分组对每个物体从五种感官的角度进行描述，完成包含其观察与所探讨的信息的工作单（表 12.2）。
- **第 3 阶段**：用 / 为智能而教学。在这一阶段，教师将课程构建为更大的部分，以强化与突出强调感觉经历和跟经历相伴随的语言。学生分组学习，或许完成练习活页，如表 12.3 所示。
- **第 4 阶段**：智能的迁移。这一阶段是智能在日常生活中的应用。要求学生仔细思考课程内容及其操作步骤（分组学习、完成表格，等等）。

表 12.2　关于感官的讲义（Christison 1997：10）

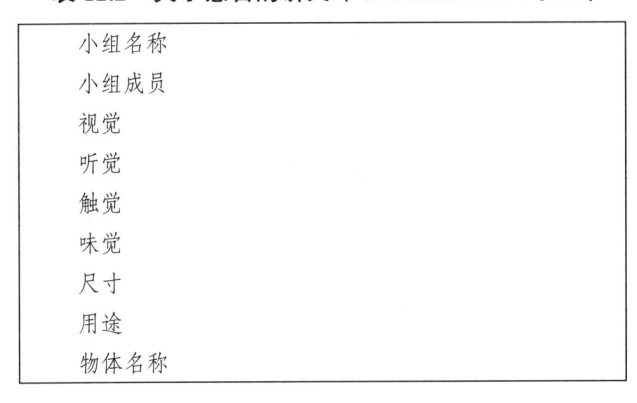

```
小组名称
小组成员
视觉
听觉
触觉
味觉
尺寸
用途
物体名称
```

表 12.3　多元智能描述练习（Christison 1997：10—12）

我在描述什么？
说明：与小组合作；听老师读关于某物体的描述；与小组讨论所听到的东西；一起判断课堂上正在被描述的物体为何。

物体的名称
物体 1
物体 2
物体 3
物体 4
物体 5

接下来让每一组用第 2 阶段中给出的格式描述课堂上的某一物体。然后，收起并依次朗读各组的描述。要求每组合作，写下你正在描述的课堂中物体的名称。

结　论

　　多元智能是众多以学习者为中心的创举之一，在 20 世纪 90 年代初提出之时就不仅吸引了语言教师也吸引了教育者的兴趣。它被看作一种反映学习者独特性并提出与之相适应的教学方法的一种途径。多元智能是一系列反映学习者个体差异的视角之一，在其建议与关于课程计划的设计中大量借鉴了上述各种视角。它为当下语言教学活动的选择和体现特定智能的活动设计提供基本依据。无论一个人的理论视角为何，有关多元智能的文献为课堂教学提供了丰富的资源，而且有助于教师以独特的方式来对课堂教学进行思考。有些教师认为，识别学生千差万别的个体差异，并做出回应，这在其工作情景中是不现实的，与学生和管理者的期待亦背道而驰。然而，既有一些语言项目，也有一些学校，是完全围绕多元智能来重新组织教学的。为证明多元智能理论在教育和第二语言教学中的效用，需要对这些创新进行更全面的评估。

讨论问题

1. 加德纳（第 231 页）列出了八种先天的智能，以此来描述学习者的个体差异。请按照重要性对这八种智能进行排序。哪几种智能对学生的课堂学习方式有极大影响？
2. 请对加德纳先天智能对课堂教学的影响加以排序。您是否认为多元智能模型是处理这种差异的有效方式？
3. 请观察一下基于多元智能学习观的教学大纲的四阶段发展顺序（第 234 页）。在实践层面上这一顺序如何运作？换言之，如教授过去完成时的时候，你如何按照这一顺序导入、教授这一主题？在课堂上按照这一阶段实施教学有多困难？
4. 一位有着丰富的运用多元智能途径教学经验的同事建议使用学校的自主学习中心，来实施个性化教学。请考虑一下某一具体的技能（比如阅读或听力）和某一语言水平。为更有效地使用自学中心：

- 学生需要做哪些准备才能在中心成功地学习？
- 需要提供哪些材料？
- 可以进行哪些活动？
- 可能需要教师提供何种帮助？

其他还有什么（潜在的）方式自主学习中心可以为学习个性化提供支撑？

5. 多元智能的支持者提出的一种观点认为"需要诉诸所有智能的教学法比单一的各种教学途径在很多方面更符合'全人'"（第237页）。请向同事解释一下这如何有助于学习？。
6. 多元智能理论强调，传统的智力观（如"IQ（智商）"测量的分数）偏向于西方的教育观。请举例说明自己熟悉的非西方文化可能比西方文化更重视的一种或多种智能。您认为对此类非西方文化问题加以考虑有什么问题吗？
7. 请再回顾一下第235页上表12.1中多元智能活动类型的分类。您在教学中会使用哪些？您能够将哪几种智能融入到课堂教学中？
8. 请回顾第231页上加德纳的多元智能，包括下表中列出的"智能"。用您熟悉的课堂材料，找出或创造一个允许学生在语言学习环境中实践各种智能的活动。

智能	活动	对语言学习的贡献
语言		
逻辑/数学		
空间		
音乐		
身体/运动		
人际		
自我认知		
自然认知		
存在		

完成表格中所列任务之后，（1）请考虑一下这些活动在您所熟悉的材料中发挥

多大的作用，（2）请考虑一下每一种智能对语言学习有何贡献。

参考文献与延伸阅读

Armstrong, T. 1994. *Multiple Intelligences in the Classroom.* Alexandria, VA: Association for Supervision and Curriculum Development.

Armstrong, T. 1999. *7 Kinds of Smart: Identifying and Developing Your Multiple Intelligences.* New York: Plume Books.

Atkinson, R. C. 1975. Mnemotechniques in second-language learning. *American Psychologist* 30: 821–828.

Berman, M. 2001. *Intelligence Reframed for ELT.* London: Golem Press.

Berman, M. 2002. *A Multiple Intelligences Road to an ELT Classroom.* 2nd edn. Carmarthen: Crown House Publishing.

Berman, M. 2010. *In a Faraway Land.* Ropley, Hampshire: O-Books.

Campbell, L. 1997. How teachers interpret MI theory. *Educational Leadership* 55(1): 15–19.

Christison, M. 1997. An introduction to multiple intelligences theory and second language learning. In J. Reid (ed.), *Understanding Learning Styles in the Second Language Classroom.* Englewood Cliffs, NJ: Prentice Hall/Regents. 1–14.

Christison, M. 1998. Applying multiple intelligences theory in preservice and inservice TEFL education programs. *English Language Teaching Forum* 36(2) (April-June): 2–13.

Christison, M. 1999. Multiple Intelligences: teaching the whole student. *ESL Magazine* 2(5): 10–13.

Christison, M. 2001. *Applying Multiple Intelligences Theory in the Second and Foreign Language Classroom.* Burlingame, CA: Alta Book Center Publishers.

Christison, M. 2005. *Multiple Intelligences and Language Learning: A Guidebook of Theory, Activities, Inventories, and Resources.* San Francisco: Alta Books.

Gardner, H. 1985. *Frames of Mind: The Theory of Multiple Intelligences.* New York: Basic Books.

Gardner, H. 1993. *Multiple Intelligences: The Theory and Practice.* New York: Basic Books.

Gardner, H. 2006. *Multiple Intelligences: New Horizons.* New York: Basic Books.

Gardner, H. 2008. *The 25th Anniversary of the Publication of Howard* Gardner's Frames of Mind: The Theory of Multiple Intelligences. April 2008. Available at: http://pzweb.har vard.edu/pis/Mlat25.pdf; accessed March 2012.

Gottfredson, L. 1998. The general intelligence factor. *Scientific American* 9(4) (Winter): 24–29.

Kerr, P. 2009. Should "Multiple Intelligences Theory" play a role in teacher education programmes? *Newsletter of The Teacher Training and Education Special Interest Group, IATEFL* 2.

Lazear, D. 1991. *Seven Ways of Teaching: The Artistry of Teaching with Multiple Intelligences.* Palatine, IL: IRI Skylight.

Marzano, R., R. Brandt, C. Hughes, B. Jones, B. Presseisen, and S. Rankin. 1988. *Dimensions of Thinking: A Framework for Curriculum and Instruction.* Alexandria, VA: Association for Supervision and Curriculum Development.

McKenzie, W. 1999. *Multiple Intelligences Survey.* Available at: http://surfaquarium.com/MI/inventory.htm

McKenzie, W. 2005. *Multiple Intelligences and Instructional Technology.* 2nd edn. Washington, DC: International Society for Technology in Education.

Nicholson-Nelson, K. 1988. *Developing Students' Multiple Intelligences.* New York: Scholastic.

Palmberg, R. 2011. *Multiple Intelligences Revisited* [Ebook]. Available at: http://www.esldepot.com/PDF/EnglishClub-Multiple-Intelligences-Revisited.pdf

Reid, J. 1997. *Understanding Learning Styles in the Second Language Classroom.* Englewood Cliffs, NJ: Prentice Hall/Regents.

Teele, S. 2000. *Rainbows of Intelligence: Exploring How Students Learn.* Thousand Oaks, CA: Corwin Press.

Weinreich-Haste, H. 1985. The varieties of intelligence: an interview with Howard Gardner. *New Ideas in Psychology* 3(4): 47–65.

13

合作语言学习

引　言

　　人们有时论及语言教学，似乎它独立于其他学科的教学和一般教学趋势而存在。但是，如同其他学科的教师，语言教师也必须创造积极的课堂学习环境，必须想方设法让学生积极地参与课堂教学，采用能够鼓励学生积极参与教学的学习安排，承认学习者课堂学习动机和兴趣的多样性，并且采取各种策略使班级成为一个有凝聚力的集体，相互协作使课程成为一种积极的学习体验。在处理这些问题的过程中，语言教师可以从主流教育途径中学到许多东西。合作语言学习（Cooperative Language Learning，简称CLL）就是一例。协作或合作学习（Collaborative/ Cooperative Learning，简称CL）乃是传统教学途径的一部分，源于普通教育，强调同伴间的相互支持与辅导。合作学习乃是一种在课堂教学中极大地采用结对或小组合作活动的教学途径，其定义如下：

　　　　合作学习是一种有组织的小组学习活动，在此过程中，学习依赖于小组学习者之间具有社会结构的信息交换，而且学习者应在为自己的学习负责的同时，积极地帮助他人学习。

（Olsen & Kagan 1992：8）

　　合作学习历史悠久，可追溯至数百年甚至更久以前的同伴辅导、同伴监控。倡导将合作的理念以常态化、系统化的方式融入常规课堂教学中之功，通常被归于美国 20 世纪早期的教育家约翰·杜威（John Dewey）（Rodgers 1988）。20 世纪 60、70 年代，作为对公立学校强制一体化的回应，合作学习得到进一步大范围推广和发展，并自此得到极大的完善与发展。教育家担心，传统的课堂教学模式以教师为主导，有利于竞争而非合作，而且偏向于多数族裔（majority[①]）学生。他们认为，在这种学习环境中，少数族裔（minority）学生可能落后于优秀学生。在此环境下，合作学习试图：

- 提高所有学生的成绩，包括有天赋的学生或者学业困难生
- 帮助教师构建积极的师生关系
- 为学生提供健康的社会、心理、认知发展所需的经历
- 用基于团队的高效组织结构替代大部分课堂的竞争性组织结构

（Johnson, Johnson & Holubec 1994：2）

在第二语言教学中，合作学习（如上所述，本章中的合作学习（CL）多指合作语言学习——即 CLL）已经作为能够促进课堂交际活动的一种方式深受欢迎，而且被看作是交际语言教学（第 5 章）原则的延伸。它也被视为一种比以教师为中心的课堂教学方法更有优势的以学习者为中心的教学途径。在语言教学中，合作学习的目标是：

- 借助于结对和小组互动活动，为学生提供自然习得第二语言的机会；
- 为教师提供一种有助于达到上述目的的可用于多种课程背景（如内容型外语课堂、主流课堂）的教学方法；
- 通过互动任务将学习者注意力吸引到特定的词汇项目、语言结构和交际功能上；
- 为学生提供机会，培养其成功的学习与交际策略；

[①] 这个词意思正好与"minority"相对应，指占人口多数的族裔，在美国显然指白人。——译者注

- 强化学习者的学习动机，降低学习压力，创造积极课堂环境。

因此，合作语言学习是一种跨越主流教育和第二语言、外语教学的一种教学途径，其宗旨是培养学习者对任何类型的学习都至关重要的审辨思维技能。有些作者甚至将审辨思维提升到与听、说、读、写四种基本语言技能相同的高度（Kagan 1992）。合作语言学习的支持者所采纳的一种整合审辨思维教学方式是《问题矩阵》（*Question Matrix*）（Wiederhold 1995）。维德霍尔德（Wiederhold）根据这一矩阵设计出了一整套合作活动，鼓励学习者提出、回答一系列另类深层问题。人们认为，此类活动利于审辨思维能力的发展。（矩阵的设计以布卢姆（Bloom）[1956]设计的著名教育目标分类为基础，其假设是学习目标从简单的信息回忆到概念判断的形成构成一个等级层次。）卡根与其他合作学习理论家采纳这一框架作为合作学习的基本学习理论。合作学习中的合作一词突出强调合作语言学习的另一个重要方面：合作语言学习试图创设在学习中强调合作而非竞争的课堂环境。普通教育中合作语言学习的支持者强调合作对学习的促进作用：

> 所谓合作是一起努力完成共同的目标。在合作的情境中，个人所寻求的目标是既对自己也对其他小组成员皆有利的结果。合作学习是小组在教学中的运用，学生在小组中通过共同努力，使自己与他人的学习效果极大化。合作学习可能与竞争学习形成对比，在后一种情况下，学生为达到"A"之类的学业目标而相互竞争。

（Johnson et al. 1994：4）

麦格罗蒂（McGroarty）（1989）从第二语言教学的角度，提出了合作语言学习课堂上英语第二语言学生的六种学习优势：

1. 通过不同类型的互动，增加第二语言练习的频率和多样性；
2. 有可能在支撑认知发展和提高语言技能的同时，促进语言的发展或者运用；

3. 有机会将语言与内容型教学融合到一起；
4. 有机会使用多种不同的教学材料刺激语言和概念学习；
5. 教师具有掌握新的专业技能的自由，尤其是注重交际的技能；
6. 学生有机会相互提供资源，因此在其学习中发挥更积极的作用。

理　　论

语言理论

虽然合作语言学习支持语言的交互理论，但它与任何具体理论均无直接联系，并与对多种语言教学途径有影响的数种语言理论相兼容。

- 语言是用于表达意义的资源。语言的获得本身并非目的，而是服务于意义的创造这一目标。意义的创造通常是通过协作过程来实现的。
- 语言是表达不同交际功能的手段。合作语言学习和交际语言教学共同的理念是，交际能力依赖于表达、理解语言功能或言语行为的能力，如用于表达个人、人际、指导、指代或想象意义的能力。合作语言学习活动可用于培养流利地表各种达功能意义的能力。
- 语言是人际和社会互动的手段。合作语言学习要求学习者使用口语和书面语来进行互动，语言是实现互动的手段，并通过互动的结果得到发展。
- 语言是可用以执行任务的资源。许多合作语言学习活动所关注的焦点都是协作完成不同类型的任务。因此，语言服务于与学习者需求相关的实际目标的实现。

学习理论

支撑合作语言学习的学习理论借鉴了与第二语言习得相关的理论和社

会文化学习理论（第 2 章）。

学习是会话互动的结果

这一理论是某些第二语言习得理论的核心，其背后的假设是由于学习者在努力传达意义，因此他们参与的是一个联合意义协商过程，在此过程中他们使用各种交际策略来保持交际顺畅进行。此类策略包括"重复、确认、重组（reformulation）、理解核查、请求澄清等"（Long 1996：418），而且恰恰是会话互动的这些方面为学习奠定了基础。合作语言学习活动为意义协商提供了最佳环境，因此应该有益于第二语言的发展。阿卜杜拉与雅各布斯（Abdullah & Jacobs 2004）认为，合作学习以下述方式促进互动：

1. 根据合作学习研究文献中提出的建议，彼此语言水平不同的学生分成一组。这种组内异质性强化了意义协商的必要性。此外，教师在创建异质小组时经常使用语言水平这一变量。这就意味着，语言水平高的学生能够促进语言水平较低同伴的理解。
2. 在合作学习中，教师应允许小组在没有教师干预的情况下尝试自己解决交际困难，从而促使学生进行更多的意义协商，但是教师应随时做好准备，给那些尝试之后仍然被困于僵局中或者仍然感到迷惑的小组。
3. 学生在合作学习活动提供的环境中，比在全班学习的课堂环境中，更有可能进行互动。
4. 第二语言习得研究者认为，小组活动能够鼓励学生彼此互动，从而促进对形式的关注……若语法至少构成小组任务的一个方面，这种对形式的关注就可以得到强化。语法构成小组任务一方面的例子有：

- 唤起注意的任务，学生对某个语法点作用的方式进行分析，并归纳出自己的规则；
- 同伴评估，学生相互检查写作或口语中的某些具体的语法特征，如英语课堂上使用的复数词缀"-s"。

协作技能的教学可能对促进同伴互动至关重要，因为这种技能为学生提供了有效互动的策略。这类例子包括第二语言学习者可以用于修复交际障碍的合作技能，如请求重复、放慢语速、提高音量、解释词语，等等。学生理解所接收到的信息，但是想表达不同意见或希望得到更多信息时，协作技能亦有其用处。

语言学习是一个社会文化过程

这一学习理论最初衍生于前苏联心理学家维果斯基（Vygotsky）（［1935］1978）的研究，但自诞生以来，被人们尤其是使用最近发展区（zone of proximal development，ZPD）和支架（第2章）等概念，反复进行了阐释。（搭）支架指的是在完成任务过程中，较高级的学习者或语言使用者以合作对话的方式给予较低水平学习者的帮助（Swain 2000：102）。此处所谓合作对话是一种语篇（话语）形式，所获得的新知识或者新技能是互动的结果。合作语言学习任务为这种过程的发生提供了大量机会。阿卜杜拉与雅各布斯（2004）引述社会文化学习理论（sociocultural learning theory），作为合作语言学习的理论基础。

合作语言学习试图构建起学习者互助的环境，从这个意义上讲，与社会文化学习理论有相同之处。正如纽曼与霍尔茨曼（Newman & Holtzman 1993：77）所指出，"维果斯基的策略从本质上讲是一种合作学习策略。他创建起异质的儿童小组（称之为"集体（collective）"），布置至少超过其中某些小组成员发展水平的任务，不仅为其提供合作与联合活动的机会，而且创造这方面的需求"。

教学设计

教学目标

由于合作语言学习旨在通过具有社会结构的互动活动促进合作而非竞争，培养审辨思维技能与交际能力，因此这些可以被看作是合作语言学习的总体目标。具体的目标应根据合作语言学习应用的环境来确定。

教学大纲

合作语言学习不采用任何特殊形式的语言教学大纲，因为各种不同类型课程所采用的活动都可以用这种途径来教授。因此，我们发现合作语言学习被应用于学科内容、专门用途英语（English for specific purpose，简称 ESP）、听说读写四种技能、语法、发音和词汇等方面的教学。小组过程在教学中系统与有精心计划的运用，乃是合作语言学习——作为以教师为中心的教学方式的一种替代——的本质特征。关于围绕合作语言学习组织起来的课程设计的概貌与合作语言学习以何种方式促进审辨性与创造性思维能力的培养，可参阅雅各布斯、李与鲍尔（Jacobs, Lee & Ball 1995）。

学习和教学活动的类型

约翰逊等人（1994：4-5）对三种类型的合作语言学习小组进行了描述。

1. 正规的合作语言学习小组。这类小组存续时间从一节课到数周，乃是为某个特定任务而组建，需要学生一起努力达到共同的学习目标。
2. 非正规的合作语言学习小组。这类小组乃是临时组成，持续时间从几分钟到一节课，在直接教学中用于吸引学生的注意力或促进学习。

3. 合作基地小组。这是一类持久性小组，持续时间至少一年，由异质的学习者组成，成员稳定，其主要目的是鼓励小组成员相互给予支持、帮助、鼓励和协助，这样才能顺利地完成学业。

合作语言学习的成功主要取决于小组任务的性质与组织。这需要对学习的课程进行精心的设计与严密的组织，这样一来，学习者才能彼此互动，产生相互促进学习的动机。奥尔森与卡根（Olsen and Kagan 1992）认为，合作学习中成功的小组应包含下述关键要素：

- 良性的相互依赖
- 小组的组建
- 个体的责任
- 社会技能
- 组织与结构

良性的相互依赖发生于小组成员认识到所有成员一荣俱荣、一损俱损时，因合作语言学习任务的结构和在小组内培养起来的相互支持的精神而产生。例如，一个小组可能只产出一个成果，如一篇短文等，或者说可以对所有成员的得分加以平均。

小组的组建是构建良性的相互依赖关系的一个重要因素。小组组建中所涉及的因素包括：

- 确定小组的规模。这取决于所要执行的任务、学习者的年龄以及课程的时间限制。典型的小组规模为 2—4 人。
- 将学生分配到各小组中。小组可以由教师组建、随机组建或者由学生自己组建。但是，教师组建是常用的推荐模式，这样一来就可以根据以往的成绩、民族或者性别来组建异质性小组。

- 学生在小组内的角色。每个小组成员在小组中都有特定的角色，如噪音监控员、话轮转换监督员、记录员或总结员。

个体的责任包括小组表现和个体表现两方面，如根据学生在团队项目中的贡献，或者根据随机要求学生与全班、小组成员或另一个小组分享的情况，为其打分。

社会技能决定学生作为组员彼此互动的方式。在一般情况下，需要有明示的社会技能方面的教学，以确保互动成功。

组织与结构指组织学生互动的方式以及学生进行互动的不同方式，如三步访谈或轮询（Round Robin）（本节稍后将探讨）。

现有许多关于不同活动类型的描述可资利用，将上述的合作学习元素应用到语言环境中。科埃略（Coelho 1992b：132）对三种有多种变式的主要合作学习任务及其学习重点进行了描述。

1. 源于相同输入的小组练习——技能培养与事实掌握

- 所有学生学习相同的材料。
- 练习可以紧随传统的以教师为主导的新材料讲授之后，这对不熟悉小组学习的教师及/或学生而言，是一个良好的开端。
- 任务的设置旨在确保每个小组成员都知道某个问题的答案，并能解释如何得到答案，或者理解所学习的材料。因为学生想要小组取得好的成绩，因此他们相互指导、相互帮助，以确保每个小组成员都能代表他们回答问题、解释小组的答案。
- 教师提问或检查作业时，任何一个小组成员都有可能被叫到，代表小组回答问题。
- 这种技巧对复习和练习测试都有好处；小组一起进行练习测试，但每个学生最终要独立完成作业或测试。

- 此技巧在小组成员构成不稳定（如在成人学习中）的情况下很有效。学生每天都可以组成新的小组。

2. 拼图游戏：有区别但预先确定的输入——对事实和观点的评价与综合

  - 每个小组成员收到一条不同的信息。
  - 得到相同信息的学生重新组成话题组（专家组），掌握所接受的材料，做好教学的准备。
  - 学生回到原来的小组（拼图游戏组），彼此分享信息。
  - 学生通过讨论对信息加以综合。
  - 每个学生完成小组项目中的一部分作业，或着接受测试，对所有小组成员所提供的所有信息加以综合。
  - 这种组织方法可能要求原来的小组和话题组首先完成一些团队建设活动，培养长期小组参与意识以及演练展示方法。
  - 这种方法在学生语言水平参差不齐的课堂上非常有用，允许按照英语水平组成或异质性或同质性小组。
  - 语言教学中的信息差活动是以结对形式完成的拼图活动。在与搭档互动时，由掌握信息（文本、表格、图等形式）的一方提供缺失的信息。

3. 合作项目：学生选择的话题/资源——发现式学习

  - 每个小组的话题可能不同。
  - 学生为每个小组成员选定一个子话题。
  - 指导委员会需要协调整个班级的学习。
  - 学生利用图书馆参考资料、访谈、视频等资源搜寻信息。

- 学生对所收集的信息加以综合，以口语及/或书面形式进行小组展示。所有小组成员均应参与展示。
- 所有小组均应向全班做展示。
- 此方法更加强调个性化与学生的兴趣。每个学生的任务都独一无二。
- 为使此方法奏效，学生需要有丰富的结构化小组学习经历。

奥尔森与卡根（1992：88）对下述合作语言学习活动做了描述：

- 三步访谈。（1）学生两人一组；一个是访谈者，另一个是受访者。（2）学生转换角色。（3）两人向其同伴分享其在两轮访谈中所学到的东西。
- 圆桌会议。分发给每个小组一张纸和一支笔。（1）一个学生写一点东西，并且（2）将纸和笔传给左边的学生。（3）每个学生轮流写一点东西。此活动若以口语的形式来进行，则被称为轮询。
- 思考-结对-分享。（1）教师提出一个问题（一般是低共识性问题）。（2）学生对问题加以思考，并作答。（3）学生与搭档讨论其答案。（4）学生跟全班分享其搭档的答案。
- 解决-结对-分享。（1）教师提出一个难题（可有多种不同策略解决的低共识性或高共识性问题）。（2）学生独立思考解决方案。（3）学生用访谈或轮询的形式解释其解决方案。
- 数人头。（1）学生以小组为单位报数。（2）教师提出（一般是高共识性的）问题。（3）聚头——学生头聚集到一起，确保每个人都知道并能解释答案。（4）教师叫出一个号码，所有这个号码的学生如同在传统课堂上举手回答问题。

学习者的角色

学习者的主要角色是必须作为小组成员与其他成员合作完成任务。学习者必须学习团队工作技能，同时也是自己学习的指导者。他们需要接受制订学习计划、监督、评价自己的学习等方面的教学，这些均被看作是终身学习技能。因此，学习需要学生直接、积极的投入与参与。结对是最典型的合作语言学习形式，这样就能保证学习者在学习任务上花费的时间最多。学习者需要互换角色的结对任务要求搭档扮演辅导者、检查者、记录者和信息分享者等几种角色。

教师的角色

合作语言学习中教师的角色与传统以教师为主导的课程中教师的角色有很大的不同。教师必须在课堂上构建高度结构化、组织良好的学习环境，设定目标，计划与组织任务、做好课堂的实际安排，对学生进行分组与分配角色，以及选择材料和时间（Johnson et al., 1994）。教师的一个重要角色是学习的促进者。作为学习的促进者，在课堂上他们必须来回走动，为凡是有需求的学生和小组提供帮助：

> 在此期间，教师需要（与学生）互动、教学、重新聚焦、提问、澄清（意思、问题等）、提供支持、扩展、表扬、设身处地给予理解。根据所逐渐形成的问题，可采用下述支持性行为。学习促进者给出反馈、以提问方式对小组重新加以引导、鼓励小组解决自己的问题、拓展活动、鼓励思考、化解矛盾、对学生进行观察与提供资源。
>
> （Harel 1992：169）

与在以教师为主导的课堂上相比，采用合作语言学习的教师说话较少。教师提出开放式问题挑战学生的思维，为学生将要完成的任务做准备，帮助学生完成学习任务，而他们几乎不发号施令，也极少施以强制性纪律管束（Harel 1992）。教师也可能需要对课程重新加以组织，以便学生能够合作完成。根据约翰逊等人（1994：9）的观点，这涉及以下步骤：

1. 对现有的课程、课程设置和资源，进行重新组织，以利于合作学习。
2. 根据自己独特的教学需求、实际情况、课程设置、学科领域和所教授的学生，调整合作学习课程。
3. 对某些学生合作学习中可能遇到的问题进行诊断，并加以干预，以提高学习小组的效率。

教材的作用

教材在为学生创造合作学习机会的过程中，发挥着重要的作用。其他类型课程中采用的教材也适用于合作语言学习，但其使用方式需要改变。例如，如果学生分组学习，那么每组就应该有一套学习材料（或者各组可能有不同的学习材料），或者每个组员可能都需要一套复印件，供参阅。教材可以是专门为合作语言学习而设计的材料（如商业销售的拼图和信息差活动）、现有教材改编的材料或者借用自其他学科的材料。

合作语言学习与各种传统途径的比较

在表 13.1 中，张（Zhang）对合作语言学习与各种传统的教学途径进行了比较。在实践中，许多课堂可能介于合作语言学习与传统教学途径之间，教学不完全以教师为主导，而且汲取了合作语言学习的某些元素，但是这一途径不能构成课程组织的主体。

表 13.1 合作语言学习与传统语言教学对比（引自 Yan Zhang 2010）

	传统语言教学	合作语言教学
独立性	无或消极	积极
学习者的角色	被动的接受者或执行者	积极的参与者、自主的学习者
教师的角色	课堂的中心、教学进度和方向的控制者、学生对错的评判者，帮助、反馈、强化及支持的主要提供者	小组学习的组织者和辅导者、交际任务的促进者、教授合作技能的干预者
教材	每个学生一套完整的教材	教材根据课程目的来安排。通常每个小组共用一套教材。
活动类型	知识的回忆与复习、短语或句型练习、角色扮演、翻译、听力等。	任何教学活动，主要是需要学习者参与交流与涉及信息分享、意义协商及互动等程序的小组活动。

续表

	传统语言教学	合作语言教学
互动	学生间偶有交谈，主要是师生互动	大量的学生间互动，少量的师生互动
教室安排	独立摆放的课桌或学生结对坐在一起	合作式小组
学生预期	在评价自己的学习进度和质量中发挥主要作用。或是成功者，或是失败者。	所有成员都以某种方式对小组的成功有贡献。取得进步的是成功者。
师生关系	上级、下级，或平等	合作、平等

教学程序

合作语言学习课程的教学程序依课程目标的确定、适当教与学活动类型的选择所涉及的步骤而定。下面是约翰逊等人（1994：67—8）所举合作式短文、报告、诗歌或故事写作教学程序或者复习所阅读内容教学程序的一个例子。任务要求学生结成对子，进行合作写作与编辑，检验每个成员所写作文是否达到教师确立的标准；然后按照作文质量给每个成员打分，也可以根据每个人作文中的错误总数给小组打分。程序如下：

1. 教师将所有学生两两分组，每一组中至少有一个优秀的阅读者。
2. 首先，学生 A 向学生 B 描述自己计划写作的内容，学生 B 认真倾听、提出一系列问题，并对 A 的想法加以概括。B 将写下来的大纲交给 A。
3. 其次，调换上述程序，学生 B 向学生 A 描述自己计划写作的内容，学生 A 认真倾听，并对 B 的想法加以概括，之后将所写下来的大纲交给 B。
4. 学生独立搜寻自己作文所需的材料，并留意可能对搭档有用的材料。

5. 学生一起写作各自作文的第一段，以确保两人都清楚地知道该如何开篇。
6. 学生各自独立写作文。
7. 作文完成后，两人相互校阅作文，修改大小写、标点、拼写、语言使用以及教师指出的其他方面的错误。同时，学生相互提出修改意见。
8. 学生各自修改自己的作文。
9. 然后，学生再次阅读彼此的作文，并签名表示作文已没有错误。

在这一过程中，教师对每一对学生进行监督，并在恰当的时候加以干预，以帮助学生掌握所需要的写作与合作技能。

结　　论

本章回顾了合作语言学习的基本原则和实施这一教学途径的一些方式。语言教学和其他科目教学中均经常提倡使用讨论小组、小组学习和结对学习。这类小组一般被用于改变课堂事件的正常节奏，提高学生在课堂教学中的参与度。但是，这类活动未必都是合作式的。在合作语言学习中，小组活动是一种重要的学习模式，是广义的教学中小组学习使用的综合理论与系统的一部分。小组活动需要精心计划，这样才能使学生之间的互动最大化，并促使他们互帮互学。合作语言学习活动也可以与其他教学途径与方法如上文提到的交际语言教学联合使用。

与多数语言教学方案不同的是，合作语言学习已得到广泛研究、评价，并且研究发现一般都对其提供了支持（参见 Slavin 1995；Baloche 1998；Crandall 2000；Jia 2003；McGafferty & Jacobs 2006），但是对第二语言课堂教学的研究尚为鲜见。然而，对合作语言学习也并非没有批评的声音。有人质疑合作语言学习是否适用于不同语言水平的学习者，认为某些群体的学生（如中、高级学习者）可能比其他群体从中获益更多。另外，合作语言学习对教师有更高的要求，他们可能难以适应新的角色。而支持者则强调合作语言学习对学习与学习者互动技能的提高均有促进作用。

讨论问题

1. 合作语言学习强调结对与小组学习以及依赖于互动的广泛协作与学习。您认为这种益处与年龄有关吗？例如，这种学习途径是否更适用于低龄学习者？为什么（不）适用？
2. 通过推进互动，合作语言学习活动可能促进（第247页）：

   - 意义的协商
   - 对形式的关注
   - 沟通障碍（的修复）

   针对每一个方面，请想出一个可能产生上述结果的一个课堂活动（可能来源于本章的内容，也可能源其他地方）。
3. 通过阅读本章，您已经对产生于小组成员感觉一荣俱荣、一损俱损时的良性相互依赖有了深入的了解。建立良性相互依赖关系的一种方式是在小组内发扬一种相互支持的精神；例如，要求一个小组产出一个结果，如一篇短文，所有小组成员得一个平均分。您是否能想出其他激发良性相互依赖的方式？请将您的答案与同事的做一比较。
4. 需要不同输入的拼图任务"在学生语言水平参差不齐的课堂上非常有用，允许按照英语水平组成或异质性或同质性小组"（第251页），因为它鼓励学习者之间互动。请举例说明这种任务所产生的语言学习结果。
5. 请阅读第254页上关于短文写作任务的描述。如果您教授写作课程，这与你在课堂上采用的方式是否有差异？如果有，何以不同？
6. 有研究认为，异质性小组在合作语言学习中可能更适用于中、高级学习者。为什么会这样？
7. 请与同事一起选择一个双方都熟悉的课堂任务，按照合作语言学习的原则对其进行重新设计。努力将以下各项包括进来：

   - 充分的互动机会；
   - 重心放在协作（而非竞争）上；

- 活动由学生而非教师来管理；
- （适当的话）关注审辨思维技能。

现在请尝试将这一任务应用于某个学生群体。其中一人采用其原始形式进行教学，另一人采用其修订形式进行教学。彼此相互观察。哪一种任务效果更好？两种任务各自的优（劣）势有哪些？

8. 合作语言学习的一个优势是"学生有机会相互提供资源，因此在学习中发挥更积极的作用"（第246页）。一个同事找到你说，他所教的班级学生能力不一，担心合作语言学习不适用于其课堂。您如何回答这位老师的疑问？现在请您重新阅读第248页上关于语言水平彼此不同的学生应分为一组的观点。您赞同这一观点吗？您是否能想出创建这种异质性小组有什么劣势？

9. 本书第252页对合作语言学习中教师的角色进行了描述。您所在的学校正在招聘一位熟悉这种教学途径的教师。请撰写一则招聘广告（最多200字），对候选人应当掌握的教学方式和具备的经历作一描述。

参考文献与延伸阅读

Abdullah, M., and G. Jacobs 2004. Promoting cooperative learning at primary school. *TESOL-EJ* 7(4).

Baloche, L. 1998. *The Cooperative Classroom*. Englewood Cliff, NJ: Prentice Hall.

Bloom, S. 1956. *Taxonomy of Educational Objectives*. New York: David McKay.

Brody, C., and N. Davidson (eds.). 1998. *Professional Development for Cooperative Learning*. New York: State University of New York Press.

Christison, M., and S. Bassano. 1981. *Look Who's Talking*. San Francisco: Alemany Press.

Coelho, E. 1992a. Cooperative learning: foundation for a communicative curriculum. In Kessler (ed.), 31–51.

Coelho, E. 1992b. Jigsaw: integrating language and content. In Kessler (ed.), 129–152.

Coelho, E. 1994. *Learning Together in the Multicultural Classroom*. Scarborough, Ont.: Pippin.

Crandall, J. 1999. Cooperative language learning and affective factors. In J. Arnold (ed.), *Affect in Language Learning*. Cambridge: Cambridge University Press, 226–245.

Dishon, D., and P. W. O'Leary. 1998. *A Guidebook for Cooperative Learning*. Holmes Beach, FL: Learning Publications.

Fathman, A., and C. Kessler. 1992. Cooperative language learning in school contexts. *Annual Review of Applied Linguistics* 13: 127−140.

Grice, H. P. 1975. Logic and conversation. In P. Cole and J. Morgan (eds.), *Syntax and Semantics*, Vol. III: *Speech Acts*. New York: Academic Press. 41−58.

Harel, Y. 1992. Teacher talk in the cooperative learning classroom. In Kessler (ed.), 153−162.

Jacobs, G. M., G. Lee, and J. Ball. 1995. *Learning Cooperative Learning via Cooperative Learning*. Singapore: Regional Language Centre.

Jacobs, G. M., and C. M. C. Goh. 2007. *Cooperative Learning in the Language Classroom*. Singapore: SEAMEO Regional Language Centre.

Jacobs, G. M, and D. Hannah. 2004. Combining cooperative learning with reading aloud by teachers. *International Journal of English Studies* 4: 97−118.

Jia, G. 2003. *Psychology of Foreign Language Education*. 2nd edn. Nanning: Guangxi Education Press.

Johnson, D., R. Johnson, and E. Holubec. 1994. *Cooperative Learning in the Classroom*. Alexandria, VA: Association for Supervision and Curriculum Development.

Johnson, D. W., and R. T. Johnson. 1991. *Learning Together and Alone: Cooperative, Competitive, and Individualistic*. 3rd edn. Englewood Cliffs, NJ: Prentice Hall.

Kagan, S. 1992. *Cooperative Learning*. San Juan Capistrano, CA: Kagan Cooperative Learning.

Kessler, C. (ed.). 1992. *Cooperative Language Learning: A Teacher's Resource Book*. New York: Prentice Hall.

Long, M. H. 1996. The role of the linguistic environment in second language acquisition. In W. C. Ritchie and T. K. Bhatia (eds.), *Handbook of Second Language Acquisition*. New York: Academic Press. 413−468.

McGafferty, S. G., and G. M. Jacobs. 2006. *Cooperative Learning and Second Language Teaching*. New York: Cambridge University Press.

McGroarty, M. 1989. The benefits of cooperative learning arrangements in second language instruction. *NABE Journal* 13(2) (Winter): 127−143.

Newman, F, and L. Holzman. 1993. *Lev Vygotsky: Revolutionary Scientist*. London: Routledge.

Olsen, J. W. B. 1978. *Communication Starters and Other Activities for the ESL Classroom*. San Francisco: Alemany Press.

Olsen, R., and S. Kagan. 1992. About cooperative learning. In Kessler (ed.), 1−30.

Palmer, A., and T. Rodgers. 1986. *Back and Forth: Pair Activities for Language*

Development. San Francisco: Alemany Press.

Piaget, J. 1965. *The Language and Thought of the Child*. New York: World Publishing Co.

Richards, J, and R. Schmidt. 1983. *Language and Communication*. London: Longman.

Rodgers, T. 1988. Cooperative language learning: What's new? PASAA: *A Journal of Language Teaching and Learning* 18(2): 12–23.

Sharan, S. (ed.). 1994. *Handbook of Cooperative Learning Methods*. Westport, CT: Greenwood Press.

Skehan, P. 1998. *A Cognitive Approach to Language Learning*. Oxford: Oxford University Press.

Slavin, R. 1995. *Cooperative Learning: Theory, Research and Practice*. 2nd edn. New York: Prentice Hall.

Swain, M. 2000. The output hypothesis and beyond: Mediating acquisition through collaborative dialogue. In J. P. Lantolf (ed.), *Sociocultural Theory and Second Language Learning*. Oxford: Oxford University Press. 97–114.

Vygotsky, L 1962. *Thought and Language*. Cambridge, MA: MIT Press.

Vygotsky, L. S. [1935] 1978. *Mind in Society: The Development of Higher Psychological Processes*. Cambridge, MA: Harvard University Press.

Weeks, T 1979. *Born to Talk*. Rowley, MA: Newbury House.

Wiederhold, C. 1995. *The Question Matrix*. San Juan Capistrano, CA: Kagan Cooperative Learning.

Zhang, Y. 2010. Cooperative language learning and foreign language learning and teaching. *Journal of Language Teaching and Research* 1(1): 81–83.

第三部分
20 世纪的另类教学途径与方法

20世纪70年代至80年代这一时期见证了语言教学范式的重大转变。对语法型之外另类教学途径和方法的探索在多个不同的方向上展开。如本书第二部分所述，主流语言教学越来越关注各种交际语言教学途径。交际教学运动旨在将教学重心从语法为语言核心的观点，转移到关于语言、语言学习、教师和学习者的另一种观点即语言交际上。语言教学的其他方向，亦即对另类教学途径与方法的寻求，同期出现，这是本书此部分关注的焦点。

听说教学法与情境语言教学法是当时由语言学家和应用语言学家发展出来的主流教学方法，而本部分所介绍的各种教学途径与方法要么是在主流语言教育之外发展起来的，要么是其他领域中发展起来的教育原则在语言教学中的应用。其中具有代表性者乃是20世纪70年代产生的具有创新性的各种教学方法，如自然教学途径（the Natural Approach[①]，第14章）、全身反应法（Total Physical Response，第15章）、默示法（the Silent Way，第16章）、社团语言学习（Community Language Learning，第17章）和暗示法（Suggestopedia，第18章）。这些所谓教学方法大多数并非始源于某种语言理论，亦未借鉴应用语言学的研究和理论，而是围绕关于学习者和学习的具体理论，有时可能是某一理论家或教育家的理论，而发展起来的。因此，其中许多方法从语言理论的角度来说相对不够完善，而且它们所体现出来的学习原则一般与第二语言习得（SLA）教科书中所介绍的理论也不相同。唯

[①] 也有人译作"自然法"，但是严格说来，这并非一种具体教学方法，另外本书中也用"natural method（自然法）"，为将两者区分开来，故在本书一般情况下都译作"自然教学途径"。——译者注

一的例外是自然教学途径，解释见下文。

20世纪70、80年代兴起的各种另类教学途径和方法的发展历史略有不同。尽管全身反应法、默示法、社团语言学习和暗示法在主流语言教学中并不为人们所接受，但是，仍可以这样认为，每一种教学方法都代表了教学/学习过程的一个重要维度。各种方法所体现出来真知灼见虽然引起了某些教师和教育工作者关注及/或追随，但是，自20世纪70年代以来，其流行亦兴兴衰衰。目前，这些方法在大部分地方已成为历史。相反，自然教学途径是建立克拉申对第二语言习得研究解读的基础之上的，多年来，他对语言习得与学习所做出的区分以及监查的作用吸引了人们广泛的关注。

14
自然教学途径

引　言

　　1977年，加尼福利亚一位名叫特雷西·特雷尔（Tracy Terrell）的西班牙语教师对"一种称为自然教学途径的'新'语言教学理念"进行了概述（1977；1982：121）。这是将第二语言习得研究中发现的"自然"原则融入语言教学方案中的一种尝试。自然教学途径强调语言接触或输入，而非练习；重视情感准备状态的优化、语言学习者在尝试输出语言之前对所听内容的关注时间的延长以及使用书面及其他材料作为输入源的意愿。

　　自然教学途径产生于特雷尔教授西班牙语的经历，但是也被用于从初级到高级的课堂和其他多种语言的教学。同时，特雷尔与南加州大学应用语言学家斯蒂芬·克拉申合作，借鉴克拉申对第二语言习得这一新兴领域研究成果的理解，对自然教学途径的理论原理进行了阐释。克拉申和特雷尔关于自然教学途径原则和实践的联合声明见于两人合著1983年出版的《自然教学途径》（The Natural Approach）一书中。当时，自然教学途径之所以得到了人们广泛的关注，是因为：自然教学途径所依据的原则易于理解，轻松地验证了许多教师对第二语言学习的常识性理解，而且表面看来得到了最新理论和研究的支持，更何况克拉申本人是一位极具魅力演说家和富有说服力的自己观点的推广者——这一点从其发布在互联网上的许多演讲可显而易见地看出。克拉申和特雷尔的书中既有克拉申撰写的几个理论章节，对他自己关于第二语言习得的观点做了概述（Krashen 1981、1982），也包含主要由特雷尔撰写的章节，对自然教学途径的实施和课堂教学程序做了描述。

克拉申和特雷尔将自然教学途径等同于其所谓"传统"语言教学途径。后者被定义为"以语言在交际情境中的使用为基础，不依赖第一语言"——并且，毋庸置疑，既不需要参考语言分析，也不需要语法操练或者借鉴特定语法理论的一类教学方式。因此，如克拉申和特雷尔所定义，传统教学途径与直接法（第1章）有许多相通之处。克拉申、特雷尔指出，这种"途径被冠以自然的、心理的、语音的、新型的、改革的、直接的、分析的、模仿的等"修饰语（1983：9）。推崇自然途径的作者将其教学途径与直接法的先导——自然法相联系，这一事实使有些人认为自然途径（*Natural Approach*）和自然法（*Natural Method*）是同义术语。尽管两者具有共同的传统，但是自然途径与较早的自然法之间却有重要的区别。

自然法（the Natural Method）（参见第1章）是1900年以来广为人知的直接法（the Direct Method）的另一个称谓。1901年，美国现代语言学会委托撰写的一份关于语言教学现状的报告（"12人委员会"（Committee of 12）报告）将其描述为：

> 极端形式的自然法由教师的一系列独白组成，中间穿插教师与学生之间的问答——所有情况下都使用外语……谈话中伴随着大量的手势。在这种手势的协助下，通过认真倾听和大量重复，学习者将某些行为与物体和某些声音组合联系起来，而且最终能够重述外语单词或短语……只有在非常熟悉口语之后，学生才允许看外语打印稿。语法的学习则开始得更晚。
>
> （Cole 1931：58）

提及直接法时使用的自然的（*natural*）这个术语只是强调，该方法的基本原则应该符合幼儿自然语言学习的原则。同理，根据克拉申（Krashen）与特雷尔（Terrell）的定义，自然途径应该符合成功的第二语言习得中发现的自然原则。然而，与直接法的不同之处是，自然途径并不那么重视教师独白、直接重复和形式的问答，也不那么关注目的语句子的正确产出。如本书第 2 章所描述，自然途径其实是认知语言学习途径之一种。语言学习被认为可以在适合的环境和条件下自然产生，是人类大脑遗传属性产生的结果（参见下文）。理解在自然途径中处于中心位置，对这一点的重视将其与词汇教学途径（第 11 章）等其他基于理解的语言教学途径联系在一起。

理 论

语言理论

自然教学途径主要起源于一种语言学习理论而非语言理论——这既是与任务型语言教学的共同之处，同时也是与主要围绕语言理论提出的文本型教学等方法的不同之处。克拉申与特雷尔认为，交际是语言的主要功能，而且由于其教学途径关注交际能力的教授，因此在他们看来自然途径乃是交际途径之一例。自然途径"与如今正在发展起来的其他交际途径类似"（Krashen & Terrell 1983：17）。他们拒绝早期将语法看作语言核心成分的语言教学方法，如听说法（第 4 章）。根据克拉申与特雷尔（Krashen & Terrell），这些方法的主要问题是它们并非围绕"真正的语言习得理论"而构建，而是围绕"语言结构等其他方面的理论"构建起来的（1983：1）。但是，与交际语言教学（第 5 章）的支持者不同，克拉申和特雷尔几乎不关注语言理论。确实，克拉申的一个批评者认为克拉申根本没有语言理论（Gregg 1984）。克拉申与特雷尔所描述的语言本质强调，意义处于首要地位。例如，词汇的重要性得到重视，认为语言实质上就是其词汇，而且在不符合逻辑的情况下，语法才决定运用词汇生成信息的方式。此处，信息（message）这一术语本质上指的是说话者意图传达的内容。特雷尔引用德怀特·博林格（Dwight Bolinger）来支持其观点：

> 词汇中包含的信息量要远多于语言其他任何部分中包含的信息量，而且如果冗余这一概念有任何意义的话，那么只有词汇构成的信息就比只有句法关系构成的信息更易于重构。一个重要的事实是语法处于从属地位。至关重要的是将词汇插入其中。
>
> （Bolinger，引自 Terrill 1977 : 333）

语言被看作传递意义和信息的工具。因此，克拉申与特雷尔（Krashen & Terrell）认为，"习得只有在人们理解目的语所传递信息的条件下才会发生"（1983 : 19）。然而，尽管他们公开宣称接受交际语言理论，但他们如同听说法支持者，将语言学习视为分阶段掌握结构的过程。"输入假说指出，为使学习者进步到目的语学习的下一阶段，他们需要理解包含下一阶段部分结构的输语言入"（Krashen & Terrell 1983 : 32）。克拉申将这称之为"i+1"公式（即，包含稍高于学习者当前水平的结构的输入）。我们认为，克拉申所谓结构（*structures*）至少与查尔斯·弗里斯（Charles Fries）等传统语言学家所谓结构有某些相同之处。对弗里斯而言，语法或"结构"指的是语言的基本句型，并且口语操练是语言教学的核心（参见第 4 章）。因此，自然途径假设语言存在具有等级性的复杂结构，人通过接触包含"i+1"层结构的"输入"来掌握语言。

这样一来，我们就得出如下语言观：语言是由词条、结构和信息或交际目标组成的。显然，这种观点本身并没有任何特别的新颖之处，除了信息在自然途径中被认为是最重要的。人们认为，词汇对语言的感知和产出在信息的构建和解读中至关重要。信息中的词汇条目必须通过语法来组织起来，所传达的信息越复杂，语法结构就也就越复杂。尽管他们承认这种语法的结构作用，但是克拉申和特雷尔认为语法结构不需要语言教师、语言学习者或者在语言教材中加以明确分析与关注。

学习理论

为了更好地理解自然途径背后的理论假设，此处有必要对语言和语言学习的各种认知途径产生的历史做一追溯。这些途径乃是由乔姆斯基的观点引发而产生的，认为学习语言学习的潜力是人类大脑的先天属性，这一理论随后发展为普遍语法（universal grammar）（第 2 章）。所需要的只是语言接触和交际需求，其他的由大脑来进行处理。心理学家罗杰·布朗（Roger Brown）在其颇有影响力的《最初的语言》(*A First Language*)（1973）一书中对这一过程在第一语言学习中的发生方式进行了考察，详实地记录了儿童最初第一语言学习的一般发展阶段。受到这一研究的启发，应用语言学家将其注意力转移到第二语言的习得上，旨在说明行为主义的学习理论不能解释第二语言言的发展。第二语言的发展并不依赖于学习者对所接触话语的模仿与重复，而是如同第一语言学习，取决于学习的普遍原则。这解释了在第二语言学习者中观察到的却不能简单地用第一语言的干扰来解释的共同发展模式。克拉申坚持认为，英语的许多特征都有一个自然的发展顺序（Bailey, Madden & Krashen 1974），而且这一理论是作为对第二语言学习更全面解释的一部分，出现在书名与布朗的书相呼应的《第二语言》(*Language Two*)（Dulay, Burt & Krashen 1982）一书中。自然途径可以被看作 20 世纪 70、80 年代，克拉申与同事在其应用语言学研究中发展出来一种理论在教学中应用的尝试。

因此，克拉申与特雷尔接着谈及自然途径背后的理论和研究基础，也谈及这种方法因为有此研究基础才独一无二这一事实。"其基础是一种具有坚实的经验基础，且已得到在许多语言习得与学习环境中进行的大量科学研究的支持第二语言习得理论"（Krashen & Terrill 1983：1）。这种理论和研究基础是克拉申关于语言习得的各种观点，统称为克拉申语言习得理论（*Krashen's language acquisition theory*）。克拉申的观点在其他人的著述中已有大量介绍与探讨（如 Krashen 1982），因此此处不再详细介绍或评论。(详评，请参见 Gregg 1984 和 Mclanghlin 1978。) 然而，由于这一理论乃是自然途径中教学设计与程序的基础，因此有必要对其主要原则做一概述。

习得/学习假说（*The Acquisition/Learning Hypothesis*）

习得/学习假说认为，第二语言或者外语能力的发展有两种不同的方式。习得（acquisition）是一种"自然的"方式，与儿童第一语言的发展相同。习得所指的是一种无意识的过程，通过理解语言、使用语言进行有意义的交流来自然而然地提高语言水平。相反，学习（learning）指的是有意识地获取语言规则的过程。这一过程产生的结果是明示的语言形式知识以及用语言表达这种知识的能力。正规教学是"学习"发生的必要条件，并且改正错误有助于所学的规则的发展。根据这一理论，学习不能导致习得，解释见下文。

监控假说（*The Monitor Hypothesis*）

据说，我们在用第二语言或外语进行交流时，所习得的语言系统就会启动话语。而有意识的学习只能起监控或者编辑作用，对习得系统的输出进行核查、修正。监控假说主张，人在进行交流时，可以诉诸所学到的知识进行自我纠正，但有意识的学习（即所学到的系统）只有这一个作用。有三种情况限制监控有效作用的发挥：

1. 时间。必须有足够的时间让学习者去选择并应用所学习到的规则。
2. 注重形式。语言使用者必须以正确性或输出形式为重心。
3. 规则知识。执行者必须了解规则。监控者在规则在以下两方面讲简单时做得最好：（规则）必须易于描述，而且不需要复杂的移位和调整。

自然顺序假说（*The Natural Order Hypothesis*）

根据自然顺序假说，语法结构的习得顺序可以预测。据说研究业已表明，在第一语言英语的习得中，某些语法结构或者词素的习得先于其他语法结构或词素，而且第二语言习得中也存在类似的自然顺序。差误

(errors[①])是自然发展过程的标志，并且在习得（而非学习）中，无论学习者的本族语是什么，类似的发展性差误都会出现。

输入假说（*The Input Hypothesis*）

输入假说声言它能够解释学习者所接触语言（输入）与语言习得之间关系，涉及四个主要问题：

1. 该假说与习得而非学习相关。
2. 如上所述，人们能够通过理解略高于当其前水平的输入，更好地习得语言："习得者可以从现阶段 i（习得者的能力水平）'发展到' i+1 阶段（同一自然顺序内紧随 i 的阶段）。"（Krashen & Terrell 1983：32）基于情境和语境、超语言信息、百科知识的线索使得理解成为可能。
3. 流利地说话的能力不能直接教授；相反，它在学习者借助于理解语言输入具备了语言能力之后，适时地独立"浮现"出来。
4. 如果可理解输入的量足够大，i+1 通常会自动出现。所谓可理解的输入指的是，学习者根据其语言表述与其出现的语境能够理解的话语。说话者为了让学习者理解信息而使用语言时，他便"撒出去了"一个包括许多 i+1 结构实例的"大网"，将绕学习者目前的能力水平罩住。因此，输入无需进行微调来适应学习者当前的语言水平，而且，实际上，在语言课堂上，因为学习者能力水平参差不齐，输入也不可能进行精细调整。正如儿童学习第一语言时得到的是大致调整到其当前理解水平的"保姆语（caretaker

---

[①] "error"与"mistake"在日常英语中没有很大的区别，但是在第二语言习得文献中前者多译作"差误"，意思是学习者尚未掌握目标语系统而产生的变异，而后者一般译作"错误"，意思是学习者已掌握了目标语系统，但是由于各种原因（如疲劳、分心等）却没有正确使用。——译者注

talk[①]）",成年人学习第二语言也要得到促进第二语言理解的简单语码输入。"外国人话语（foreigner talk）"就是这样一种简单语码，即本族语者用来简化与外国人交流所说的话语。外国人话语具有以下特征：语速较慢、重复、重述、多使用 *Yes/No* 问题而不是 *Wh-* 问题以及其他一些有利于语言能力有限者理解信息的改变。

情感过滤假说（*The Affective Filter Hypothesis*）

克拉申将学习者的感情状态或态度看作一个可调节的过滤器，可以自由传递、抑制或阻止习得所需要的输入。因此，需要有一个低通情感过滤器，因为它能较少地抑制或阻止这种必需地输入。该假说乃是基于第二语言习得研究而提出来的，确认了三种与第二语言习得相关的情感或态度变量：

1. 动机（*Motivation*）。动机水平高的学习者一般学得更好。
2. 自信（*Self-confidence*）。自信、自我形象良好的学习者往往更成功。
3. 焦虑（*Anxiety*）。低个人焦虑水平和课堂焦虑水平更有利于第二语言习得。

情感过滤假说认为，学习者若情感过滤器设置低，就能够努力寻求并接受更多的输入，互动自信，而且对所接收的输入更具有敏感性。焦虑水平高的学习者情感过滤器设置高，从而阻碍习得的发生。人们认为，情感过滤器（比如害怕或尴尬）设置从青少年早期开始升高，这就解释了为什么低龄儿童习得新语言显而易见比年龄长者习得第二语言要轻松

---

① 亦常常被称"motherese"，译作"妈妈语"。——译者注

得多。

显而易见，这五种假说对语言教学有重要意义，兹总结如下：

1. 必须尽可能多地给予可理解的输入。
2. 凡是有助于理解者都很重要。如同接触一系列词汇，而非句法结构的学习，视觉教具（辅助）很有用处。
3. 课堂教学的重心是听与读；说应该允许其"自然发生"。
4. 为了降低情感过滤，学生的学习应该围绕有意义的交际而非形式来进行；

所输入的语言材料应该有趣，这样才有助于构建轻松的课堂氛围。

教学设计

教学目标

自然法"所针对的对象是初学者，旨在帮助他们成为中级学习者"。其期望是要求学生：

> 能够在目标语情境中自如地工作与生活。他们应能理解目标语说话者（可能要求给予解释），并且能够（以一种非冒犯的方式）表达自己的请求和想法。他们不需要认识某一特定语义域中的所有词汇，也不需要句法和词汇完美无缺——但其输出应能够为人所理解。他们应该能够将意思表达清楚，但未必需要所有的语法细节都准确无误。

（Krahsne & Terrell 1983：71）

然而，由于自然途径，如同交际语言教学，是作为可适用于多种情境的一套普遍原则，因此具体的教学目标取决于学习者的需求与正在教授的技能（听、说、读或写）和学习者的层次。克拉申与特雷尔认为，重要的是，应该让学生知道他们对某一课程有什么期待与不能有什么期待。他们

以西班牙语自然途径初级班为例,说明了何为可能实现的目标与何为可能无法达到的目标:

> 经过100—150小时自然途径西班牙语教学之后,你将能够:用西班牙语"克服困难";能够无障碍地与西班牙本族语单语者交流;借助于词典,阅读普通西班牙语文本;掌握足够的西班牙语知识,继续自我提升。
>
> 经过100—150小时自然途径西班牙语教学之后,你将能够:以假乱真,像说英语那样自如地说西班牙语,听懂本族语者之间的对话(或许不能成功地进行窃听);很自然地用西班牙语打电话;能够随意地与多个本族语者谈论熟悉的话题。

(Krashen & Terrill 1983:74)

教学大纲

克拉申与特雷尔(Krashen & Terrill 1983)从两个角度来对课程进行组织。首先,他们列出了语言课程的典型目标,并指出其中哪些目标是自然途径的旨趣所在。他们从以下四个方面列举出这类目标:

1. 基本人际沟通技能:口语(如,在公共场所听通知)
2. 基本人际沟通技能:书面语(如,阅读、撰写私人信件)
3. 学术性学习技能:口语(如,听讲座)
4. 学术性学习技能:书面语(如,记课堂笔记)

其中,他们指出,自然途径主要"旨在培养基本的 沟通技能语"(1983:67)。随后,他们指出,交际目标"可能从情境、功能和话题方面来表述",并继续用四页的篇幅——列出"可能对初学者最有用的"话题和情境(同上)。功能呈现的顺序未规定或给出,而是自然地从话题和情境中衍生出来。这种大纲设计似乎体现了《临界水平》的详细规定(参见第5章)。

第二种观点认为"语言课程的目标因学生的需求和具体兴趣而异"（Krashen & Terrill 1983：65）：

> 自然途径课堂教学的目标是以对学生需求的评估为基础的。我们决定学生使用目标语言的情景和交流信息的话题种类。在设定交际目标时，我们不期待学生在接受某一课程教学后掌握某一组特定的结构或形式，而是期望他们能在给定情景中处理特定话题。我们不组织关于语法大纲的课堂活动。
>
> （Krashen & Terrill，1983：71）

从这个角度来看，满足所有学生需求的交际目标难以确定。因此，所列出的任何话题和情境清单都必须理解为大纲建议，而非具体规定。

同满足学生需求和兴趣一样，内容选择应该以通过增加趣味与友好、放松气氛的营造来创造一个低通过滤器为宗旨，应该提供大量接触有助于基本人际交流词汇的机会，而且不应该将重心放在语法结构上，因为如果输入是"在追求交际目标的过程中，通过多样化的话题"来提供的话，"那么，必要的语法结构就自动包含在输入中"（Krashen & Terrill 1983：71）。

学习与教学活动的类型

根据自然途径，课堂教学从一开始起重点便应放在呈现目标语可理解输入上。如同直接法，教师话语关注的重心是教室里的物体和图片的内容。为了最大程度地降低压力，学习者若未做好准备，完全不需要开口说话，而是以其他方式回应教师的指令和问题。

学习者若已做好准备用新学习的语言进行交谈，教师向其提供可理解的语言以及简单回答问题的机会。教师说话语速要缓慢、发音清晰，提问并引导学生一个词做出回答。从是/否一般问句过渡到选择问句，再到学生能够用从教师那里听到的单词来回答的问题，有一个渐进过程。学生反复听过某个词之后，方才要求其主动地加以使用。表格、图片、广告以及其他教具均是提问的焦点，而且如果学生的能力允许，交谈转向班上其他同学。教学中所强调的是"习得性活动（acquisition activities）"，即以有意义的交流而非语言形式为核心的活动。教学可以采用结对或小组学习方式，之后是在教师引导下进行全班讨论。

克拉申与特雷尔所推荐的教学技巧一般借鉴自其他方法，经改造来满足自然途径理论的要求。这些技巧包括借自全身反应法（第15章）的指令式活动（command-based activities）；采用哑剧、手势和语境诱发出问题和答案的直接法活动（第1章）；甚至基于情景的结构与句型练习（第3章）。小组学习活动通常与交际语言教学（第5章）中使用的强调通过信息分享来完成任务的活动相同。自然途径提倡使用的教学程序与技巧并无任何新颖之处。粗枝大叶的观察者可能意识不到所观察的课堂教学技巧背后的理念。自然途径学习与教学活动的特征是在某种方法的框架内运用熟悉的技巧，所采用的方法重心放在提供有对输入的理解、减少学习者焦虑、提高学习者自信的课堂环境上。

学习者的角色

自然教学途径有一个基本的假设，即学习者不应该在一般意义上努力学习一种新的语言。学习者沉浸于有意义交际活动的程度决定着其语言习得的总量和种类，以及最终将达到的流利程度。语言学习者被看作是可理解输入的加工者。学习者若遇到略高于其目前语言水平的输入，能够通过语境和超语言信息的积极运用来赋予这一输入以意义。

人们认为，学习者的角色根据其语言发展的阶段而发生变化。这种不断变化角色的核心是学习者决定什么时候开始说、说什么以及用什么样的语言表达去说。

在语言学习的产出前阶段（pre-production stage），学生"参与不一定需要用目标语做出回应的语言活动"（Krashen & Terrill 1983：76）。例如，学生用表演方式来执行与身体动作有关的指令，根据教师的描述辨认同学，指认图片，等等。

在产出早期阶段（early-production stage），学生对选择疑问句做出回应，使用单个词与短语，填图以及使用固定的对话模式（如"How are you（你好吗）？""What's your name（你叫什么名字）？"），等等。

在话语渐成阶段（speech-emergent phrase），学生亲身参与角色扮演和游戏，贡献个人信息和意见，参与小组问题解决。

在自然教学途径的课堂上，学习者需要承担四种责任：

1. 提供关于自己具体目标的信息，这样一来，学习活动就能关注与其需求相关最大的话题与情境。
2. 积极参与，确保可理解的输入。他们应当学会和运用会话管理技巧来调控输入。
3. 决定何时开始输出以及何时升级话语。
4. 如果学习练习（如语法学习）是整个项目的一个组成部分的话，那么就应与教师一起决定进行练习的时间总量，或许甚至能独立完成它们，并做出纠正。

学习者应该参与跟其他学习者的交际活动。尽管人们一般认为，交际活动提供了自然的实践机会，创建一种同志情谊，降低了情感过滤，但是它们可能无法为学习者提供 i+1 层次上合乎语法的可理解输入。克拉申和特雷尔提醒人们注意这些缺陷，但并没有提出其完善的方法。

教师的角色

教学中采用自然教学途径的教师主要扮演三种角色。首先，教师是目标语可理解输入的主要来源。"课堂时间主要是用于为学习者提供输入"（Krashen & Terrill 1983：35），而且教师同时还是输入的主要创造者。在这一角色中，教师需要不断创造语言输入，同时提供大量非语言线索，以帮助学生理解所提供的输入。与其他许多方法相比，自然途径更需要教师处于舞台中心位置。

其次，采用自然途径的教师应创设一个有趣、友好，且具有低情感过滤的课堂环境。这在一定程度上可以通过自然途径的技巧来实现，如不要求学生在做好准备之前开口说话、避免纠正学生的错误、为学生提供生动有趣的题材内容。

最后，教师必须选择并精心安排涉及各种规模小组、内容和语境的一系列丰富的课堂活动。教师需要负责教学材料的收集及其应用的设计。根据克拉申和特雷尔的观点，这些教学材料的选取不仅仅基于教师本身的认知，而且还要基于所发现的学生需求与兴趣。同其他非传统教学体系一样，采用自然途径的教师需要承担一种特殊的职责，即需要清晰、有说服力地向学生传达此方法背后的假设、组织和期望，因为许多情况下，这一切皆与学生对语言学习和教学应该是什么样的看法不同。

教材的作用

自然教学途径的教材其主要作用是，通过提供"帮助学习者理解进而习得的语言外语境"（Krashen & Terrill 1983：55），将课堂活动与现实世界相联系，促进学习者之间有意义的交流，从而使课堂活动更加有意义。教学材料来自现实世界，而非教科书，其主要目的是为了促进理解和交际。图片和其他视觉教具构成交际的基本内容，因此不可或缺。因为图片能够提示教师提供描述图片内容所需的词汇，因此有助于课堂内大量词汇的习得。如果课程中包含阅读的话，所推荐的材料中还包括日程表、小册子、广告、地图以及与学生水平相适应的书籍。一般而言，游戏也被看作是有用的课堂材料，因为"从本质上讲，游戏将学生的注意力集中到他们正在做的事情上，而且语言被看成达成目标的工具，而不是将语言本身看作目标"（Terrill 1982：121）。教学材料的选择、改编与收集给自然途径教师增加了很大负担。

教学程序

如前所述，自然途径大量借鉴了源自多种方法资源的技巧与活动，其创新之处仅仅在于这些技巧与活动使用的目的和方式。克拉申与特雷尔（Krashen & Terrill 1983）所建议使用的各式各样的活动，都是情境语言教学（第3章）、交际语言教学及本书中探讨的其他方法的组成部分。为了清楚地阐述自然途径的教学程序，我们将举例说明在采用自然教学途径的课堂上如何使用这类活动来提供可理解的输入，同时又不要求用目标语做出（甚或做出最小的）回应。第一步所依赖者乃是全身反应（Total Physical Reponses, 简称PR）法（第15章），努力通过身体或运动活动来教授语言。

1. 以全身反应指令开始。最初，指令非常简单："起立。转身。举起右手。"
2. 采用全身反应法教授身体部位的名称、数字和顺序。"把右手放在头上，把双手放在肩膀上，首先触摸你的鼻子，然后站起来并向右转三次"，等等。
3. 将课堂用语和教具加入指令中。"拿起铅笔放到书下、触摸墙壁、走到门边并敲三下。"任何可带进课堂的物体都可以加进来。"拿起录音带放到托盘上。把这条绿色的毯子拿给拉里。把这块肥皂拿给那位穿绿衬衫的女士。"
4. 使用身体特征和衣服的名称去确定班级同学的名字。教师运用语境信息和各种物件来清楚地解释关键词的意思：头发、长、短等。然后对一位学生进行描述。"你叫什么名字？"（选择一位学生。）"同学们，看芭芭拉。她的头发是棕色的。她的头发很长，是棕色的。她的头发不短。头发很长。"（使用哑剧、手势和语境来确保学生理解。）"那个长着棕色长发的学生叫什么名字？"（芭芭拉。）借助于关键词、手势和语境，"那位金色短发的女士叫什么名字？"或"坐在金色短发、戴眼镜的女士旁边的学生叫什么名字？"之类的问题就很容易理解了，学生只需要记住并说出同班同学的名字即可。同样的做法也适用于服饰与颜色。"穿着黄色衬衫的是谁？穿着棕色裙子的是谁？"
5. 使用可视教具，通常是杂志上的图片，教授新单词，继而是只需要以学生名字作答的活动。教师向全班同学介绍图片，一般每次只关注图片中的一个项目或者一个活动。在谈论图片时,教师可以介绍1—5个新单词,然后把图片传给班里某个同学。学生们的任务是记住拿某幅图片的同学的名字。例如,"汤姆拿的是帆船的图片。琼拿的是一家人看电视的图片",等等。教师可以提问类似"谁拿的图片是帆船?拿着人在沙滩上图片的是苏珊还是汤姆?"之类的问题。同样,学生只需要以名字作答。

6. 将图片和全身反应结合起来使用。"吉姆,找出有小女孩牵着狗的图片,然后交给身穿粉红色上衣的女士。"
7. 将对图片的观察与指令和条件句相结合。"如果你的图片上有一位女士,请起立。如果你的图片中有某种蓝色的东西,摸一下你的右肩。"
8. 使用多张图片,让学生指出正在描述的图片。
9. 图片1。"这张图片中有多个人。其中一个似乎是父亲,另一个是女儿。他们在做什么呢?做饭。他们在做汉堡。"图片2。"这张图中有两个人。他们很年轻。他们在打拳击。"图片3……

(Krashen & Terrill 1983:75—77)

在所有这些活动中,教师保持通过关键词汇、恰当的手势、语境、重复以及释义等方式,来确保输入的可理解性,从而保持"可理解的输入"不断流。

结　　论

自然教学途径属于以对学习者如何在非正式场景中学习第一语言和第二语言的观察和解释为基础的传统语言教学方法之一。这些方法拒绝将语言的形式(语法)组织看作教学的前提条件。它们符合纽马克和莱贝尔(Newmark & Reibel)的观点,认为"成人能够高效地学习无语法排序的材料"(即使教师在实践中具有给出其基本顺序的直觉企图),而且,实际上,这一途径乃是"我们确知有助于达到本族语者语言水平的唯一学习过程"(1968:153)。根据自然教学途径,恰当的可理解语言输入的提供和对理解与有意义交际的关注乃是课堂第二语言或外语习得成功的充要条件。这就为融合、改造从大量现有方法资源中借鉴的教学技巧提供了合理依据。因此，如同交际语言教学，自然途径的教学程序具有演进性，而不具革命性；其最大的创新之处不在于其所采用的教学技巧，而在于这些技巧被应用到了强调可理解有意义的实践活动而非语法完美的话语和句子输出的教学方法中。

自然教学途径基本上是20世纪80年代的产物，在当时吸引了人们很大的关注。该途径尤其是在克拉申的家乡所在的加州促进了一种针对语言少数族裔学生的教学方法的确立，因此产生了很大的影响（Krashen 1981）。多年来，虽然限制双语教育的压力在加州的学校里不断增大，但是克拉申本人一直都是双语教育强有力倡导者。然而，自那时起，人们出版或发表了无数的著作和文章来反对克拉申用于支持自然教学途径的原则（如 Gregg 1984；McLaughlin 1978）及其实际应用的理论和研究。至少在加利福尼亚州，近些年来政策的变化使自然途径总的来说不再是公立学校教师的需求。如同其他许多国家公共教育的情形，教师现在必须按照标准去教学（第8章），而这些标准则明确规定了学习者在学校课程不同阶段需要培养的语言技能。然而，自然途径在其他地方仍然有其倡导者。例如，泰国的一所一流语言教育机构（AUA）提供了自然教学途径的泰语学习课程，作为泰语专业学生的一种选择。但是，作为其他环境中应用的一种普通教学途径，自然途径对当今的教师不可能有很大的吸引力。尽管如本章前面所述，自然途径所基于的原则——如学习者在必须输出语言之前大量接触稍高于其当前水平的输入——似乎验证了许多人所谓常识，但是不论目前的研究是否支持这些原则，实际的局限性都使许多教师不会选择自然途径。尤其是：

- 没有出版的现成教学材料或者教科书来支持这一途径。
- 该途径的实施对培训水平和语言水平都有很高的要求。
- 在有些国家英语课程每周可能只分配给三四个小时，因此需要快速而非循序渐进的英语教学途径。
- 英语课程可能与国家标准和测试相联系，因此对教学内容教师几乎没有任何选择。

虽然克拉申和特雷尔几十年前就已发表了其自然教学途径，但是关于此途径背后的原则，尤其是关于大量可理解输入的价值，争论一直持续到今天。最近，克拉申一直在提倡泛读教学途径，即为乐趣而自由阅读的途径，与其早期研究有许多相同之处。

讨论问题

1. 请向同事解释自然途径中自然一词的含义。
2. 在自然途径中，对第二语言的习得（acquisition）和学习（learning）做了区分。请向同事解释两者有何不同以及对第二语言教学有何影响。
3. "根据这一理论，学习不能导致习得"（第265页）。您对此有何看法？你能否（可能根据您自己的学习或教学经验）举例说明学习确实导致习得？
4. 监控假说认为，学习者只有在（1）有足够时间、（2）关注形式，以及（3）懂得规则时，才会调用已学到的知识。您能举例说明满足这些要求的真实语言任务吗？
5. "输入无需进行微调来适应学习者当前的语言水平"（第266页）。根据自然途径，输入应该具备什么样的特征？
6. "情感过滤假说认为，学习者若情感过滤器设置低，就能够努力寻求并接受更多的输入，互动自信，而且对所接收的输入更具有敏感性"（第266页）。教师应该怎样做才能降低学生的情感过滤？请与同事讨论、交流你们对学生所用的技巧。
7. 请回顾自然途径的五个基本原则：习得/学习假说、监控假说、自然顺序假说、输入假说与情感过滤假说。您认为其中哪一个方面最重要？您在教学中应用其中任何一个原则吗？
8. 自然途径既没有明确的课程大纲，也不规定话题或结构呈现的顺序。您认为，教师使用该途径的话，应该如何确定课程内容和教学顺序？
9. 自然途径教学中大量使用教具来提供可理解的输入。您认为如此大量使用教具有何缺点吗？

10. 下面是自然途径的一些关键特征。请与同事合作完成以下任务：
   1）选择（a）一种会话技能（如打断某人）和（b）一个语法结构（如被动句）。
   2）采用下述原则设计一个课堂活动。
   3）从您熟悉的教材中找一个例子。
   4）请完成下表，并将您自己的活动与教科书中的活动做一对比。它们有何不同？您认为哪些对学生可能更有用处？为什么？您的活动，还是教科书上的活动对学习会话技能或者语法点更有效？为什么？

	自然途径	教科书
会话技能		
输入		
练习		
情感准备		
听的机会		
语法点		
输入		
练习		
情感准备		
听的机会		

11. "人们认为，学习者的角色根据其语言习得的发展阶段而变化。这种不断变化角色的核心是学习者决定什么时候开始说、说什么以及用什么样的语言表达去说"（第270页）。这如何与您自己的课堂相比较？您认为既不规定学习者开口说话的时间，也不告诉他们使用什么样的语言来表达，这样做有什么（1）优势和（2）不足？

参考文献与延伸阅读

Bailey, N., C. Madden, and S. Krashen. 1974. Is there a "natural sequence" in adult second language learning? *Language Learning* 21: 235–243.

Baltra, A. 1992. On breaking with tradition: the significance of Terrell's Natural Approach. *Canadian Modern Language Review* 49(3): 565–293.

Berne, J. 1990. A comparison of teaching for proficiency with the natural approach: procedure, design and approach. *Hispania* 73(4): 147–153.

Brown, J. M., and A. Palmer. 1988. *Listening Approach: Methods and Materials for Applying Krashen's Input Hypothesis*. Harlow, UK: Longman.

Brown, R. 1973. *A First Language: The Early Stages*. Boston: Harvard University Press.

Cole, R. 1931. *Modern Foreign Languages and Their Teaching*. New York: Appleton-Century-Crofts.

Dulay, H., M. Burt, and S. Krashen. *Language Two*. New York: Oxford University Press.

Ellis, R. 1997. *Second Language Acquisition*. Oxford: Oxford University Press.

Gregg, K. 1984. Krashen's monitor and Occami's razor. *Applied Linguistics* 5(2): 79–100.

Hashemipor, P., R. Maldonado, and M. van Naerssen (eds.). 1995. *Studies in Language Learning and Spanish Linguistics: Festschrift in Honor of Tracy D. Terrell*. New York: McGraw-Hill.

Krashen, S. 1981. *Second Language Acquisition and Second Language Learning*. Oxford: Pergamon.

Krashen, S. 1982. *Principles and Practices in Second Language Acquisition*. Oxford: Pergamon.

Krashen, S. 1985. *The Input Hypothesis: Issues and Implications*. London: Longman.

Krashen, S. 1989. We acquire vocabulary and spelling by reading: additional evidence for the input hypothesis. *Modern Language Journal* 73(4): 440–464.

Krashen, S. 1992. *Fundamentals of Language Education*. Beverley Hills, CA: Laredo.

Krashen, S. 1993. The case for free voluntary reading. *Canadian Modern Language Review* 50(1): 72–82.

Krashen, S. 1996a. The case for narrow listening. *System* 24(1): 97–100.

Krashen, S. 1996b. Principles of English as a foreign language. *English Teachers' Journal* (Israel) 49: 11–19.

Krashen, S. 1997. The comprehension hypothesis: recent evidence. *English Teachers' Journal* (Israel) 51: 17–29.

Krashen, S., and T. Terrell. 1983. *The Natural Approach: Language Acquisition in the Classroom*. Oxford: Pergamon.

McLaughlin, B. 1978. The Monitor Model: some methodological considerations. *Language Learning* 28(2): 309–332.

Newmark, L., and D. A. Reibel. 1968. Necessity and sufficiency in language learning. *International Review of Applied Linguistics* 6(2): 145–164.

Rivers, W. 1981. *Teaching Foreign-Language Skills*. 2nd edn. Chicago: University of Chicago Press.

Skehan, P. 1998. *A Cognitive Approach to Language Learning*. Oxford: Oxford University Press.

Stevick, E. W. 1976. *Memory, Meaning and Method: Some Psychological Perspectives on Language Learning*. Rowley, MA: Newbury House.

Terrell, T. D. 1977. A natural approach to second language acquisition and learning. *Modern Language Journal* 61: 325–336.

Terrell, T. D, 1981. The natural approach in bilingual education. Ms. California Office of Bilingual Education.

Terrell, T. D. 1982. The natural approach to language teaching: an update. *Modern Language Journal* 66: 121–132.

15

全身反应法

引　言

如本书第 2 章所述，整个 20 世纪兴盛的主要教学途径和方法通常受到了语言学及应用语言学——自 60 年代起还有第二语言习得——诸学科中的语言理论和语言学习理论的影响。但是，有些教学方法其基础并非是针对语言学习的理论，如听说法（第 4 章）借鉴了行为主义理论。全身反应（Total Physical Response，简称 TPR）是另外一种并非建立在主流应用语言学理论基础之上的教学方法。这是一种围绕语言语动作的协调而建立的语言教学方法，试图通过身体（运动）活动来教授语言。全身反应法由加州圣何塞州立大学的心理学教授詹姆斯·阿舍（James Asher）创立，借鉴了包括发展心理学、学习理论、人本主义教育学以及哈罗德（Harold）和多萝西·帕尔默（Dorothy Palmer）于 1925 年提出的语言教学程序在内的多种传统。下面我们对前面提到的全身反应法的先例做一简明扼要的回顾。

全身反应法与心理学中的记忆"痕迹理论（trace theory）"（如 Katona 1940）具有联系，认为记忆联结回溯的频率越频繁、强度越高，记忆联想就越强，记忆也就更容易唤起（回忆）。回溯可以以口头形式（如机械重复）及/或与运动活动（motor activity）相结合来完成。因此，组合回溯活动，如有运动活动相伴随的言语复述，大大增加了回忆成功的可能性。

从发展的意义上来讲，阿舍将成人第二语言学习的成功视为可与儿童的第一语言习得相提并论的过程。他主张，对婴幼儿所说的话语主要是指令，而儿童首先用身体运动做出回应，之后才开始用语言来回应。阿舍主张，成人应该复制儿童习得母语的过程。

阿舍与人本主义心理学家都对情感因素在语言学习中的作用给予关注。他认为，对语言产出无要求且包含类游戏性运动（game-like movement）的方法有助于减轻学习压力，为学习者创建一种能够促进学习的积极情绪。

阿舍强调在教学习者开口说话之前首先应培养其理解技能，这就将他与有时被称为理解途径（Comprehension Approach）（Winitz 1981）的外语教学运动联系了起来。所谓理解途径，是指几种基于理解的语言教学方案，其共同信念是（1）在语言学习中，语言理解能力先于语言产出能力；（2）口语教学应推迟至理解能力培养起来之后；（3）通过听力习得的技能可迁移到其他技能上；（4）教学应强调意义，而非形式；以及（5）教学应尽量减小给学习者的压力。这些原则也与自然途径（第14章）的原理相兼容。

在语言教学初级阶段，对理解和身体行动在外语教学中作用的重视具有悠久的历史。如本书第1章所述，早在19世纪，古安（Gouin）就提倡一种基于情境的教学策略，以一系列行为动词为基础引入和练习新的语言项目。在其《行动英语》（*English Through Actions*）（初版于1925年在东京出版，最终于1959年以帕尔默与帕尔默为编者再版）一书中，帕尔默对一种以行为为基础的教学策略进行了教学试验，主张"如果语言教学在初期阶段不包含大量由学生按照教师发出的指令开展的课堂活动的话，那么任何方法都不可能经济地或成功地实施"（Palmer & Palmer 1959：39）。

理 论

语言理论

阿舍并未直接对语言的本质或语言的组织方式进行过探讨。但是，从全身反应法课堂操练的标签与排序来看，其基础在很大程度上似乎是结构主义或基于语法的语言观的某些假设。阿舍指出，"大部分目标语语法结构和数以百千计的词汇都可以通过教师熟练地使用祈使句来学习"（Asher 1977：4）。他认为，祈使句中的动词是组织语言使用和学习的核心语言主题。

阿舍认为，语言由抽象和非抽象两部分构成，其中非抽象部分由具体名词和祈使动词最为具体地体现出来。他认为，学习者不需要诉诸抽象就能习得"一种语言的语法结构"和一种"详细的认知地图"。抽象部分的学习应该推迟到学生将目标语的详细认知地图内化之后。抽象部分并非人们解码语言的语法结构所必需。学生一旦内化了语码，抽象部分就可以用目标语来介绍与解释了（Asher 1977：11—12）。

尽管阿舍相信理解在语言学习中处于核心地位，而且在其高级全身反应法课程中也采用祈使句来发起诸如请求（"约翰，叫玛丽到门口去"）和道歉（"内德，跟杰克道歉"）之类不同的言语行为，但是他并未对理解、产出和交流之间的关系做出详细的阐述（例如，他既没有关于言语行为或者功能［本书第 5 章］的理论，也没有对等的理论）。阿舍还顺便提及一个事实，语言可以以整体或词块（如词汇途径所定义）形式而非单一的词汇条目形式内化，这样一来，就更可能与这种更具理论性的方案及关于语言学习和使用中预制型式作用的研究联系起来（Pawley & Syder 1983；Boers et al. 2006）。

学习理论

阿舍的语言学习理论与行为学习理论的某些观点颇为相似。虽然心理学家已经摒弃了语言习得和发展的简单刺激-反应理论模型，并且第二语言习得理论也早就拒绝了这种理论模型，认为它们无法解释第二语言学习和使用的基本特征（参见第 2 章和第 4 章），但阿舍仍然认为刺激-反应观可作为语言教学方法背后的学习理论。另外，阿舍还对他认为促进语言

学习因素和抑制语言学习的因素做了详细描述。从这一方面来看,其学习理论借鉴了三种颇有影响力的学习假说:

1. 人有一个天生的用于语言学习的特殊生物程序,它决定了第一语言和第二语言发展的最佳路径。
2. 大脑的偏侧化确定了左、右脑两半球具有不同的学习功能。
3. 压力(一种情感过滤器)介于学习行为和学习结果之间:压力越小,学得越好。

下面,我们依次介绍阿舍这三种假说的观点。

生物程序(bio program)

阿舍的全身反应法是一种"自然法"(参见第 1 章和第 14 章),因为阿舍将第一语言学习和第二语言学习看作是两个相似的过程。第二语言的教与学应该是第一语言学习自然过程的反映。阿舍认为有三个过程至关重要:(1)儿童听力的发展先于说话能力的发展。在第一语言习得的早期阶段,儿童能够理解他们不能自主产生或模仿的复杂话语。阿舍由此推测,在这一过程中,学习者可能在绘制一幅语言心理"蓝图",以使随后的口语产出成为可能。(2)儿童之所以需要发展其听力理解的能力,因为他们需要对父母指令形式的口语以身体做出回应。(3)听力理解的基础一旦打好,口头语言就自然、不费力地由此衍生出来。如前文所述,这些原则得到许多其他方法方案支持者的倡导,并将之统称为理解途径。

如同第一语言学习过程,外语学习者亦应当首先通过听力练习内化一个目标语的"认知地图"。听力应该有身体运动相伴随。口头语言和其他产出技能应该推迟至较晚阶段。基本的语言基础一旦通过听力训练得以奠定,言语产出机制就自动开始运作。阿舍提出的假设其基础是他关于人类大脑中语言生物程序的信念,即人类大脑中的语言生物程序决定了第一语言和第二语言学习的最佳顺序。

一个合理的假设是，大脑和神经系统以生物学的方式编程，按照特定的顺序和特定的方式来习得语言。其顺序是听在说之前，而且其方式是身体与语言同步。

（Asher 1977：4）

大脑偏侧化（*Brain lateralization*）

阿舍认为，全身反应法将学习引向右半球，而大部分第二语言教学方法却将学习导向左半球。阿舍此处所指的是对猫大脑的神经科学研究和对一个患有癫痫症的男孩儿的研究，男孩儿连接左右半球的胼胝体通过手术切断，术后其语言功能似乎从左半球转移到了右半球。阿舍解释说，这些研究表明，大脑根据功能分成左右两半球，语言活动集中在右半球。借鉴皮亚杰的研究，阿舍提出，儿童语言学习者通过运动———一种右半球的活动———习得语言。右半球的活动必须发生在左半球具备处理产出语言的能力之前。

同理，成人应该通过右脑半球的运动活动掌握语言，而左脑半球则观察与学习。若右半球学习已积累到足够的量，那么左脑半球就会收到触发产出语言，并启动其他更抽象的语言过程。

减压（*Reduction of stress*）

语言学习成功的一个重要条件是没有压力。阿舍认为，第一语言习得是在一个无压力的轻松环境中发生的，而成人的语言学习环境经常对学习者施加相当大的压力和焦虑。无压力学习的关键是充分利用语言学习的自然生物程序，重获伴随第一语言学习的轻松愉悦的体验。通过关注借助于运动解读的意义，而非关注以抽象的方式学习的语言形式，学习者可能将自己从自我意识与压力的情境中解放出来，从而能够全身心地投入学习。

教学设计

教学目标

全身反应法的总体目标是教授初学者口语。理解是达到这一目的的一种手段，而且最终的目的是教授基本的口语技能。全身反应法课程旨在培养学习者与本族语者无障碍交流的能力。这一方法没有设定具体的教学目标，因为这需要根据学习者的具体需求来确定。但是，无论所设定的是何种目标，都必须能够通过以命令形式呈现的基于行动的操练来实现。会话性对话要推迟到大约 120 个小时的教学之后。

教学大纲

阿舍所采用的教学大纲类型可以通过分析其全身反应法课堂采用的练习类型做出推断。分析表明，阿舍所采用的是基于句子的教学大纲，语法和词汇标准在教学项目的选择中处于主要地位。不同于将语法或结构看作语言核心元素的教学方法，全身反应法要求在初始阶段将重心放在语言项目的意义上，而非在其形式上。因此，语法采用归纳方式来教授。语法特征和词汇条目的选择不是根据其在目标语情境中的使用频率，而是根据其在课堂上可应用的情境和学习的难易度。

某个词条或语法特征是否要包含在某一特定阶段的训练中，选择标准是学生吸收它们的难易度。如果学生不能快速学会某个项目，这就意味着学生还没有做好学习这一项目的准备。此时，就应该撤回这一项目，或者放在以后的培养方案中（Asher 1977：42）。阿舍同时建议一次教授的项目数应该固定，以便于区分与吸收。"学生一小时可能吸纳 12 到 36 个新词汇条目，取决于班级规模和学习的阶段"（同上）。阿舍认识到，需要既关注语言的宏观意义，或整体交际目的，又关注语言组织的细节，即语法结构。

身体的运动似乎是理解、组织和存储语言输入宏观细节的有力中介。语言可以以词块形式被内化，但同时还必须发展其他策略，以微调宏观细节，如这些词块的语法或词块内单个词的功能（Asher, Kusodo, & de la Torre 1974：28）。

然而，围绕全身反应法原则设计的课程可能并不会完全遵循全身反应法教学大纲来实施教学。

> 我们并非只倡导一种学习策略。无论祈使句是训练的主要形式，还是次要形式，多样性依然对维持学生的兴趣至关重要。祈使句能够有力地促进学习，但应该与许多其他技巧结合起来使用。最佳的结合形式因教师与班级的不同而异。

（Asher 1977：28）

学习与教学活动的类型

如上所述，在最初 120 个小时的全身反应法教学中，祈使句操练是主要的课堂活动。这种活动通常被用于引导出学习者的身体动作或活动。阿舍对此给出的理据是，"日常会话高度抽象，而且缺乏关联性，因此其理解需要将目标语言高度内化"（1977：95）。其他的课堂活动包括角色扮演和幻灯片展示。角色扮演关注的焦点是日常场景，如在餐馆、超市或加油站。幻灯片展示用于为教师的叙述提供一个可视的焦点，幻灯片展示之后是给学生的指令和问题，如"图片中的哪个人是售货员？"阅读和写作活动也可被用来进一步巩固所学结构和词汇，以及作为口语祈使句操练的后续。

学习者的角色

学习者在全身反应法中主要扮演听者和执行者的角色。他们认真听讲，对教师指令用身体的动作做出回应。学习者既需要独立做出回应，也需要集体做出回应。学习者对学习内容的选择影响很小，因为教学内容是由教师决定的，而教师必须遵循基于祈使句的课堂模式。学习者也需要对先前所教授项目的新组合加以识别与回应：

> 新颖的话语是你在训练中直接使用的成分的重新组合。例如，你对学生说"走到桌子边上去！""坐到椅子上。"学生对这些都很熟悉，因为他们已经练习过。现在，如果你突然袭击，用熟悉的元素重新组合，给学生造一句不熟悉的话语（如"坐到桌子上"），学生能理解吗？
>
> （Asher1977：31）

学习者也需要产出自己的新组合。

学习者对自己的学习进展进行监控与评价。当他们认为自己做好准备开口说话时——即已经内化了足够坚实的语言基础时，就要适时地鼓励他们开口说话。

教师的角色

教师在全身反应法中扮演着积极、直接的角色："教师是舞台剧的导演，而学生则是舞台上的演员。"（Asher 1977：43）恰恰是教师决定教什么、由谁来模仿与呈现新材料，以及由谁来选择课堂使用的辅助材料。必须鼓励教师备好课，组织好课堂，这样教学才能以可预测的方式顺利地进行。关于教案，阿舍提出了详细建议："明智的做法是，要将你要使用的具体话语尤其是新的指令写下来，因为动作速度很快，你通常没有时间临时构建话语。"（1977：47）课堂互动和话语轮换由教师而非学习者主导。即使学习者之间进行互动，通常也是由教师发起：

> 教师：玛利亚，把这盒大米拿起来，并交给米格尔，叫米格尔说出价格。

但是，阿舍强调，教师的作用不仅仅是教学，更是提供学习机会。教师有责任为学习者提供最佳的语言接触机会，以使其能够内化目标语言的基本规则。这样一来，教师就控制了学习者接受的语言输入，为其在自己的大脑中构建"认知地图"提供了原始材料。教师也应当允许学习者以自己的自然节奏发展其口语能力。

教师在给予学习者反馈时，应当像父母给孩子反馈一样。起初，父母几乎不纠正错误，但是随着孩子的成长，父母对语言错误的容忍度降低。同理，在早期阶段，教师应当尽量不要打断学习者，纠正其错误，因为这可能对其学习产生抑制作用。但是，随着时间的推移，学习者的口头语言"精细化"，此时教师就应该给予更多的干预。

阿舍警告教师不应该有他认为可能阻碍全身反应法原则成功实施的先入之见。首先，他提醒教师应警惕"简单错觉（illusion of simplicity）"，即教师低估外语学习的难度。这可能导致教学进度过快，不能从一个教学阶段平稳地过渡到另一个教学阶段。同时，教师也要避免对学习者口语中的错误太过苛刻。

> 起初，你应对学生口语中的错误给予更多的宽容，但随着训练的深入，容忍度越来越低……请谨记，随着学生学习的不断进步，越来越多的注意单位得以释放，来处理来自教师的反馈。最初，几乎没有注意单位可用于聆听教师改正语言的尝试，所有的注意力都导向了话语的产出。因此，学生不能有效地关注教师做出的纠正。
>
> （Asher 1977：27）

教材的作用

一般而言，全身反应法课程没有基础文本材料。但是，在学习后期阶段，材料和教具发挥的作用越来越大，而且现在已经有许多出版的教学材料用于辅助基于全身反应法的教学。对于绝对初学者而言，课程可能不需要使用教学材料，因为教师的声音、动作和手势足以为课堂活动奠定基础。随后，教师可以使用教室里常见的物品，如书籍、钢笔、杯子、家具，等等。随着课程教学的进展，教师需要制作或搜集辅助材料来支撑所教授的语言点。这种材料包括图片、教具、幻灯片、词表，等等。阿舍也开发出了以家庭、超市、沙滩等特殊情境为核心的全身反应法整套学习资料，学生可用之于场景的构建（如，"把炉子放到厨房里"）。

15 全身反应法

教学程序

下面是新课程开始阶段引入对话之前的一个典型教学程序,关于全身反应法课堂教学中所采用程序,可以以此为参考。阿舍(1977)对一个根据全身反应法原则教学课程逐课做了描述。课程的目标对象是成年移民,由 159 课时的课堂教学构成。课程中的第六节课以下述方式进行:

复习。快速热身,学生独立地根据如下指令运动:

巴勃罗,开着你的车绕米亚科转,并按喇叭[a]。
杰夫,把这束红色的花扔给玛利亚。
玛利亚,尖叫。
丽塔,拿起刀叉,放到这个杯子里。
爱德华多,喝杯水,把杯子给伊莱恩。

新指令。引入下述动词。

洗	手。
	脸。
	头发。
寻找	毛巾。
	肥皂。
	梳子。
拿	这本书。
	这个杯子。
	这块肥皂。
梳	你的头发。
	玛利亚的头发。
	城生的头发。
刷	你的牙齿。
	你的裤子。
	这张桌子。

所引入的其他项目是：

矩形　　在黑板上画一个矩形。
　　　　从桌子上拿起一个矩形给我。
　　　　把这个矩形放到正方形旁边。

三角形　从桌子上拿起一个三角形给我。
　　　　抓住这个三角形，放到那个矩形旁边。

快速地　快速地走到门边敲一下门。
　　　　快速地跑向桌子，触摸一下正方形。
　　　　快点儿坐下，并哈哈大笑。

慢慢地　慢慢地走向窗户，跳下去。
　　　　慢慢地站起来。
　　　　慢慢地走向我，打我的手臂。

牙膏　　找牙膏。
　　　　把牙膏扔给温。
　　　　温，拧开牙膏盖。

牙刷　　把你的牙刷拿出来。
　　　　刷你的牙齿。
　　　　把你的牙刷放到书里。

牙齿　　碰一下你的牙齿。
　　　　露出你的牙齿给德洛丽丝看看。
　　　　德洛丽丝，指一指爱德华多的牙齿。

肥皂　　找肥皂。
　　　　把肥皂给伊莱恩。
　　　　伊莱恩，把肥皂擦到拉米罗的耳朵上。

毛巾　　把毛巾放到胡安的手臂上。
　　　　胡安，把毛巾放到头上，并哈哈大笑。
　　　　玛利亚，用毛巾擦擦手。

接下来，教师提问简单的问题，学生可以用手势回答（以手指指向某物）。如：毛巾在哪里？［爱德华多］指向毛巾。

> 牙刷在哪里？[米亚科指向牙刷]
> 德洛丽丝在哪儿呢？
>
> **角色互换**。学生们很乐意主动发出指令，来操纵老师和其他学生的行为……
>
> **阅读与写作**。教师在黑板上写下每个新词和句子，并用句子对这一词条做出解释。然后，她说出这一词条，并将句子所表达的意思用动作表演出来。学生们听她朗读材料，有些学生将信息抄写到笔记本上。
>
> （Asher 1977：54—6）

结　　论

从某种意义上来说，全身反应法是帕尔默与帕尔默在其《行动英语》一书中提出来的语言教学程序的复活与拓展，并借鉴最新的心理学理论进行了升级。由于得到重视理解在第二语言习得中作用者的支持，全身反应法在提出之初就相当受欢迎。例如，克拉申（1981）认为，提供可理解的输入和减小压力对语言习得的成功至关重要，他将根据目标语言完成身体活动看作是使输入可理解、减小压力的一种方式（参见第14章）。阿舍是全身反应法一以贯之的主要倡导者。2007年，他发表了一篇题为《全身反应法40年：依然不错的理念》（TPR after 40 Years：Still a Good Idea）的文章，继续在全身反应法网站（http://www.tpr-world.com/）推广其著作和各种相关著述。然而，阿舍本人也强调，全身反应法应该与其他方法和技巧联合使用。支持全身反应法有效性的实验证据（如同多数教学方法）大都语焉不详，而且通常仅仅涉及语言学习的初期阶段。交际语言教学的倡导者对全身反应法教学大纲及其使用的话语、句子与现实世界中学习者需求的相关性，提出质疑。因此，正如阿舍近年来所推荐，全身反应法的实践者通常接受其观点，认为全身反应法乃是一系列行之有效的教学方法，而且与其他教学途径相兼容。如今，全身反应法活动常常被用于低龄学习者教师的培训课程中，但是阿舍的理论依据并非总是能为人所接受。因此，全身反应法教学实践有效，但对其解释可能并非阿舍所提出的理由，而且未必需要恪守其用于证明这种教学途径有效的理论。

讨论问题

1. 阿舍主张，成人应该复制儿童习得母语的过程（第277页）。您认为成人语言学习的方式有哪些与儿童的学习方式不同？
2. 全身反应法（以及一些其他基于理解的教学途径）的一个理念是接受性技能的学习先于产出性技能。您认为有什么理由证明或者在何种情景中以口语为开始学习语言更好？
3. 根据全身反应法，语法应以归纳的方式来教授，而且在初始阶段关注的焦点应该在意义上而非在形式上。其他还有哪些语言教学方法或途径也如此？
4. "语法特征和词汇条目的选择不是根据其在目标语情境中的使用频率，而是根据其在课堂上可应用的情境和学习的难易度"（第281页）。这样做的原因是什么？
5. 在初期阶段，全身反应法主要使用祈使句来教授语言。请考虑以下三种情境，并举例说明如何以这种方式来教授适合这三种情景的语言：
   - 买火车票
   - 观看电视新闻
   - 与其他学习者一起在课堂上讨论食品涨价问题

   您是否发现一些任务比其他更容易一些？为什么？
6. 发现式任务。全身反应法的支持者有很多种主张。下面，我们来做一个小试验，检验一下其主张。
   1) 找两个愿意帮助你的学习者，选择一个容易教（即您熟悉并且之前教过）的话题。
   2) 详细策划一个全身反应法活动，预先决定如何引入话题、如何处理新单词以及期待从学生那里得到什么回应。
   3) 您和学生们都回答下表中的问题。

问题	教师	学生
与普通课程相比,您有多么喜欢这一课程?(1=一点儿也不喜欢;5=非常喜欢)		
课堂上压力有多大?		
您/学生学到了多少?(1=什么也没有学到;5=学到非常多)		
您认为您/学生所学到的东西在课堂之外有多大用处?(1=几乎没有用处;5=非常有用)		
仅教师回答		
与普通课堂相比,这节课的准备时间多多少?(1=少得多;5=多得多)		

参考文献与延伸阅读

Asher, J. 1965. The strategy of the total physical response: an application to learning Russian. *International Review of Applied Linguistics* 3: 291–300.

Asher, J. 1966. The learning strategy of the total physical response: a review. *Modern Language Journal* 50: 79–84.

Asher, J. 1969. The total physical response approach to second language learning. *Modern Language Journal* 53: 3–17.

Asher, J. 1972. Children's first language as a model of second language learning. *Modern Language Journal* 56: 133–139.

Asher, J. 1977. *Learning Another Language through Actions: The Complete Teacher's Guide Book*. Los Gatos, CA: Sky Oaks Productions. 2nd edn. 1982.

Asher, J. 1981a. The extinction of second language learning in American schools: an intervention model. In H. Winitz (ed.), *The Comprehension Approach to Foreign Language Instruction*. Rowley, MA: Newbury House. 49–68.

Asher, I. 1981b. The fear of foreign languages. *Psychology Today* 15(8): 52–59.

Asher, J., J. A. Kusodo, and R. de la Torre. 1974. Learning a second language through commands: the second field test. *Modern Language Journal* 58: 24–32.

Asher, J., and B. S. Price. 1967, The learning strategy of the total physical response: some age differences. *Child Development* 38: 1219–1227.

Boers, E., J, Eyckmans, J. Kappel, H. Stengers, and M. Demecheleer. 2006. Formulaic sequences and perceived oral proficiency: putting a lexical approach to the test. *Language Teaching Research* 10: 245–261.

DeCecco, J. P. 1968. *The Psychology of Learning and Instruction: Educational Psychology*. Englewood Cliffs, NJ: Prentice Hall.

Katona, G. 1940. *Organizing and Memorizing: Studies in the Psychology of Learning and Teaching*. New York: Columbia University Press.

Krashen, S. D. 1981. *Second Language Acquisition and Second Language Learning*. Oxford: Pergamon.

Kunihira, S., and J. Asher: 1965. The strategy of the total physical response: an application to learning Japanese. *International Review of Applied Linguistics* 3: 277–289.

Miller, G. A., E. Galanter, and K. H. Pribram. 1960. *Plans and the Structure of Behavior*. New York: Henry Holt.

Palmer, H., and D. Palmer. 1925. *English through Actions*. Repr. London: Longman Green, 1959.

Pawley, A., and F. Syder. 1983. Iwo puzzles for linguistic theory: native-like. selection and native-like fluency. In J. Richards and R. Schmidt (eds.), *Language and Communication*. London: Longman. 191–226.

Winitz, H. (ed.) 1981. *The Comprehension Approach to Foreign Language Instruction*. Rowley, MA: Newbury House.

Winitz, H., and J. Reeds. 1975. *Comprehension and Problem Solving as Strategies for Language Training*. The Hague: Mouton.

Yorio, C. 1980. Conventionalized language forms and the development of communicative competence. *TESOL Quarterly* 14(4): 433–442.

16

默示教学法

引 言

尽管某些在不同时期取得显赫地位的教学方法代表着学界、语言教学专家和教育机构的共识，而且因此得以广泛接受，但是也有一些教学方法乃是教育工作者所提倡的个人的教学与学习观的产物。默示教学法（the Silent Way[①]）就是这样一种教学方法，指由凯莱布·加蒂格诺（Caleb Gattegno，1911—1988）设计的语言教学方法。加蒂格诺以重新引起了人们对古式积木（Cuisenaire rods）使用的兴趣和著有《颜色中的单词》（*Words in Color*）系列而闻名于世，其中后者是用特定颜色编码声音的一种教授初学阅读者的途径。其阅读教材有版权保护，目前仍继续通过设在纽约的教育方案公司（Educational Solutions Inc.）营销。默示教学法是加蒂格诺进入外语教学领域的一次探险。默示法课程应用到语言教学中时，是一个循序渐进的过程，需要经历多个阶段，从以类似的方式进行发音练习开始，然后是简单的句型、结构和词汇练习。默示法教学实施的前提是教师在课堂上应当尽量保持沉默，鼓励学习者尽量多地产出语言。默示教学法的构成元素——尤其是彩色图表和彩色古式积木的使用——源自加蒂格诺之前作为阅读和数学课程教育设计师的经历。（古式积木最

[①] 也有人译作"沉默法"。——译者注

初由欧洲教育家乔治斯·古辛纳（Georges Cuisenaire）研发，用于数学教学。加特纳对古式积木做过观察，萌发了将其用于语言教学的想法。）默示教学法采纳了相当传统的结构和词汇大纲，体现了许多传统方法的特征，如情境语言教学（第 3 章）和听说法（第 4 章），重点强调对句子的准确重复、教师最初的示范以及从有指导的启发性练习到自由交流的发展。

有一个有趣的臆测，默示教学法之所以早期在美国流行并用于美国外交官与和平部队培训项目，原因之一是，沉默被认为是引发美国人——相对其他文化群体——发声的强大诱因。美国人认为，交流从本质上讲是一种言语活动（Langer 1942；Knapp 1978）。因此，他们很不习惯长时间保持沉默（Mehrabian 1981）。例如，在媒体行业中，商人花钱买时间去做广告，"时间就是金钱"这一隐喻就成为关注的焦点。广播、电视中的死亡时间（dead time，即长时间的沉默）被认为是严重的沟通不畅。个人在与他人进行会话过程中，应避免沉默。在这种情况下，沉默被看作是令人尴尬的时刻（St. Clair 2003）。第二语言教师通常鼓励其学生将"大声说出来"作为一种重要的学习方式。默示教学法中的沉默可能被美国一线教师看作是提高外语课堂参与的一种方式——即在大部分时间里由教师来说——这样一来，学生便能够避免"尴尬时刻"。

理　　论

语言理论

加蒂格诺对语言学理论在语言教学方法中的作用公开持怀疑态度。他认为，语言学研究"可能很专业化，（但）只是一个人敏感领域开的一个狭窄的口子，而且对大脑中的宏观目的的实现可能几乎没有助益"（Gattegno 1972：84）。换言之，根据加蒂格诺的观点，语言学研究可能只是略微增加了人对语言的敏感性，对教学方法并无有益的贡献。加蒂格诺将语言本身看作"体验（experience①）的替代，这样一来，体验就赋予语言以意义"（1972：8）。因此，在默示教学法中，将代价券（tokens）和图（片）表（picture charts）作为模拟体验的核心元素，也就不足为奇了。

目前，关于把握语言的"精神"而非仅仅其组成要素形式的重要性，已有大量的探讨。所谓语言的"精神"，即加蒂格诺所指的音韵和超音段元素组合赋予语言独特的语音系统和旋律的方式。学习者必须尽快获得对目标语言这一方面的"感觉"，但是如何做到这一点却并不完全清楚。

通过观察默示法课堂教学中所选择的教学材料和呈现材料的顺序，显然可以发现，默示教学法采取一种结构途径来组织所教授的语言。语言被看作是与特定意义任意联系的声音组合，依据语法规则组织成句子或者有意义的单位序列。语言与其社会环境割裂开来，经常通过搭积木之类的人为情境来进行教授。课程按照语法复杂度进行排序，而且新的词汇和结构材料被精心分解为其组成元素，每次呈现一个元素。句子是教学的基本单位，教师关注的焦点是命题意义（即通常有一个"是或否"真值的完整句子），而非交际价值。所教授给学生的是目标语言的结构型式，语言的语法规则主要通过归纳过程来学习。

加蒂格诺将词汇看作语言学习的一个关键维度，因此词汇选择至关重要。他对多种词汇条目做了区分。"半豪华词汇（semi-luxury vocabulary）"由目标语文化日常生活中常见的表达组成，指食物、服饰、旅行、家庭生活等。"豪华词汇（luxury vocabulary）"用于传递更专业的思想，例如政治或哲学观点。对学习者而言最重要的词汇是功能词和通用词，其中许多在学习者的母语中没有直接对应词。"功能性词汇（functional vocabulary）"包括代词、数词以及对比词，等等。加蒂格诺指出，功能性词汇是理解语言"精神"的关键。

---

① 这个词亦可译作"经验"，此处似乎两可，但是根据认知语言学的体验哲学观，似乎译作"体验"更恰当。——译者注

学习理论

默示教学法借鉴了加蒂格诺对认知-语码学习理论（参见第 2 章；Atkinson 2011）的理解。根据基于认知的各种教学途径，语言学习被理解为一种心理活动——学习者在此过程中是一个孤独的科学家或探索者，通过接触和体验语言构建自己对语言的认识。各种认知学习途径在心理学中已有稳固的根基，其基础是学习是大脑属性和知识的习得、存储与检索过程的反映这一观点。

加蒂格诺关于学习的假设可陈述如下：

- 如果学习者是发现或创造了而非记忆、重复所要学习的内容，那么学习就会得到促进。
- 伴随（中介）实物物体有助于学习。
- 涉及所要学习材料的问题解决有助于学习。

下面我们对这些问题一一加以考量。

1. 教育心理学家、哲学家杰尔姆·布鲁纳（Jerome Bruner）将教学传统分为两种——一种是说明性教学方式（the expository mode），一种是假设性教学方式（the hypothetical mode）。在前者中，"关于说明的方式、进度和风格的决策主要是由作为说明者的教师来做出：学生是听讲者"。在假设性教学方式中，"教师和学生处于一种合作的位置。学生不再是坐在座位上的听讲者，而是课堂教学的积极参与者，并且时常发挥主要作用"（Bruner 1966：83）。默示教学法属于后一种传统，将学习看作一个解决问题具有创造性的发现活动，学习者是主角而非坐在座位上的听讲者。布鲁纳从四个方面探讨了"发现式学习"的优势：(1) 提高思维能力，(2) 外在奖励转变为内在奖励，(3) 通过发现进行启发式学习，以及

(4）有助于记忆保持（Bruner 1966：83）。换言之，这种学习有助于思维能力的提高，因而回报更大，而且有助于学生个人发现能力的培养与学习者所学习知识的记忆保持。如下文所述，加蒂格诺认为采用默示教学法来教学，学习者能得到相似的裨益。

2. 积木和颜色编码的发音图（称为菲德尔图（Fidel charts））为学生学习提供了物理焦点，而且创造出便于学生回忆的难忘形象。用心理学术语来说，这种视觉手段是发挥了学生学习和记忆的联想中介作用。关于学习和回忆中介的心理学文献卷帙浩繁，但是，就我们当下的目的而言，可以引用厄尔·史蒂威克（Earl Stevick）的话来做一简要的总结："如果联想中介的使用能比重复更有利于记忆保持的话，那么中介的质量和学生的个人投入似乎也会对记忆产生重要影响。"（1976：25）

3. 默示教学法也与我们称之为"问题解决式学习途径"的一系列前提相联系。这些前提用本杰明·富兰克林的话简明地加以表达就是：

> 讲给我，我忘记（Tell me and I forget），
> 教给我，我记住（teach me and I remember），
> 我参与，我学会（involve me and I learn）。

用实验心理学的语言来说，对学习和记忆具有极大的促进作用的主体参与涉及对所要学习材料的"最大认知深度"的加工（Craik 1973），或者用我们的话来说，即涉及最大量问题解决的活动。记忆研究业已表明，"创造性地搜寻、发现和描述有助于学习者的记忆"（Bower & Winzenz 1970）。在默示教学法中，教师绝对避免重复，迫使学习者保持警觉、集中注意力（Gattegno 1972：80）。同样，学习者为了用新的语言形成恰当有意义的话语所做出的努力，使得其"通过自己的感知和分析能力"达到学习语言的目的（Selman 1977）。接受默示教学法教学的学生应该"独立自主、负责任"（Gattegno 1976），换言之，应该是优秀的

用语言解决问题者。

同许多其他方法的支持者一样，加蒂格诺也大量地使用自己对第一语言学习过程的认识作为其成人外语教学原则的基础。例如，加蒂格诺建议学习者需要"回归婴儿学习的心理状态——任由自然"（Scott & Page 1987：273）。

然而，在提及上述过程之后，加蒂格诺又指出，第二语言的学习过程与第一语言学习所涉及的过程"迥然而异"。第二语言学习者不同于第一语言学习者，"由于其目前所掌握的知识，他们不能以相同的方式学习另外一门语言"（Gattegno 1972：11）。因此，加蒂格诺进一步指出，第二语言习得的"自然"或"直接"途径具有误导性，第二语言学习成功的途径将"由一种非常'人为'的、有时为达到某些目的严格受控的途径来代替'自然'途径"（1972：12）。加蒂格诺所提出的"人为途径"其基础原则是，语言学习的成功需要人对语言习得全身心的自觉投入和随后的积极尝试。加蒂格诺反复强调学重于教，从而将重心放在学习者自身及其优先考虑与投入上面。

意识是可以培养的。一个人如果"在有意识的状态下"学习，那么其意识的力量和学习能力就得到增强。同样，有助于意识培养的过程链以注意、产出、自我纠正和吸收为起点产生与发展。采纳默示教学法的学习者获得的是在"人一生的教育中"扮演核心角色的"内部标准"（Gattegno 1976：29）。这种内部标准允许学习者对其产出进行监控和自我纠正。默示教学法与其他语言教学方法的最显著不同之处在于，前者恰恰是在活动中通过自我意识来进行自我纠正活动。默示教学法所调用的也恰恰是这种自我意识能力，一种第一语言学习者很少重视或行使的能力。

然而，默示教学法不仅仅是一种语言教学的方法。加蒂格诺将默示教学法的语言教学看作是一种纯真的复得（recovery of innocence）——"回归我们的全部力量和潜力"。加蒂格诺的目的并不只在于第二语言学习，更在于个体精神力量和敏锐性的教育。语言技能的掌握被看作是一种源自新的意识高度所带来的力量感和控制感的情感的内心平静。

教学设计

教学目标

默示教学法的一般目标是帮助初级学习者掌握目标语基本要素的听说能力。语言学习的总目标是达到接近母语的流利程度,强调的重点是正确的发音和目标语言韵律成分(音高、重音和节奏的变化)的掌握。近期目的是为学习者提供语言语基本的实用法知识。这是学习者独立学习的基础。加蒂格诺对下述适合初级阶段语言课程的目标进行了探讨(1972:81—3)。学生应该能够:

- 正确、轻松地回答关于自身、自己的教育、家庭、旅行和日常生活事件的问题;
- 说话口音标准;
- 以书面或口头形式描述一张图片,内容"包括涉及空间、时间和数量的现有关系";
- 回答关于目标语母语人士文化、文学的一般问题;
- 在以下方面表现适当:拼写、语法(输出而不是解释)、阅读理解以及写作。

加蒂格诺指出,默示教学法可用以教授学习者如何学习一门语言,而且通过外语或第二语言的学习过程所培养出来的技能可用于处理任意类型的"未知问题"。他还认为,该方法也可用于教授阅读和写作,并且其用途不仅局限于初级阶段的学生。但是,加蒂格诺所描述的大部分例子以及我们所观察到的课堂主要针对的都是基础阶段的听说能力。

教学大纲

默示教学法采用的是基本的结构型大纲，课程围绕语法项目和相关词汇来计划。但是，加蒂格诺并没有对所涉及的语法和词汇项目的精确选择和安排做详细说明。默示教学法并没有一般的教学大纲。但是，从为和平部队设计的可用于教授多种语言基本能力的默示法教学项目来看，语言项目显然是根据其语法复杂度、与先前教授内容的关系以及直观视觉呈现的难易度来教授的。通常而言，祈使句是最先教授的结构，因为动作动词可以轻松地通过默示法教学材料来教授。名词的复数形式等新元素则通过熟悉的结构来教授。鉴于数字在日常生活中的重要性，并且很容易展示出来，因此数字计算很早就出现在课程中了。由于同样的原因，方位介词也很早就出现在大纲中。

词汇是根据其在特定结构中的可操纵程度和在课堂环境中的使用频率来加以选择的。除了介词和数词之外，代词、量词、涉及空间关系的词汇和表达对比意义的词汇也在课程早期教授，因为它们"指向日常生活许多关系中的自身和他者"（Stevick 1976）。如前所述，由于其使用频率高，这类词被称为语言的"功能词汇（functional vocabulary）"。

下面是和平部队默示教学法大纲的一部分，内容是前 10 个小时的泰语教学，用于培训将去泰国教学的美国和平部队志愿者。每小时教学中至少有 15 分钟要花在发音上。斜体的单词可用另一个词性或目的相同的单词代替。（英语是泰语句子的翻译。）[①]

Lesson（课程）[①]	Vocabulary（词汇）
1. Wood color *red*（积木颜色红色）.	wood, red, green, yellow, brown, pink, white, orange, black, color（积木、红色、绿色、黄色、棕色、粉色、白色、橘黄色、黑色、颜色）

[①] 本表中有些内容翻译成汉语无甚意义，故保留原文。——译者注

Lesson（课程）①	Vocabulary（词汇）
2. Using the numbers 1-10（数字 1—10 的使用）.	one, two, ... ten（1, 2, ……10）
3. Wood color *red* two pieces（积木颜色红色两根）.	
4. Take (pick up) wood color *red* two pieces（拿起两根红色积木）.	take (pick up) 拿（拾）起
5. Take wood color *red* two give *him*（拿起两根红色积木给他）.	give, object pronouns（给，宾语代词）
6. Wood *red* where（红色积木在哪里）? Wood *red* on table（红色积木在桌子上）.	where, on, under, near, far, over, next to, here, there（哪里、在……上面、在……下面、近、远、在……上面、靠近、这里、那里）
7. Wood color red on table, *is it*（红色积木在桌子上，是吗）? Yes, on（是，在（桌子上））. Not on（不在桌子上）.	Question-forming rules（问句构造规则）. Yes, No.（是，不是）
8. Wood color red *long*（红色长积木）. Wood color green *longer*（绿色积木更长）. Wood color orange *longest*（橘黄色积木最长）.	adjectives of comparison（形容词的比较）
9. Wood color green *taller*（绿色积木更高）. Wood color red, *is it*（红色积木，是吗）?	
10. Review. Students use structures taught in new situations, such as comparing the heights of students in the class（复习。学生使用在新的情景中教授的结构，如比较班上学生的身高）.	

（Joel Wiskin，私人交流）

学习和教学活动的类型

默示教学法的学习任务和活动具有鼓励、影响学生做出口头回应的作用，而不需要教师直接以口头形式进行教学或进行不必要的示范。该方法的基础是简单的语言任务，教师示范某个单词、短语或句子，然后诱发学生做出回应，最初是让学生默默地执行包含这些单词、短语或句子的指令。之后，学习者将新、旧信息结合到一起，构建出自己的话语。可用图表、积木和其他辅助手段来诱发出学习者的回应，而且大部分的活动可能都以教师为主导。但是，在最初呈现语言之后，教师的示范极少。因此，对指令、问题和视觉线索的回应就构成课堂活动的基础。

学习者的角色

加蒂格诺将语言学习看作是一个个体成长的过程，而个体的成长则是学生意识和自我挑战不断增强的结果。学习者首先"对所讨论的活动领域产生一种随机或几乎随机的感觉，直至找到一个或多个扩展的基础。然后进行系统分析，先是通过试错，之后是通过所获得的子领域内的实践进行有指导的实验，直至达到熟练掌握"（Gattegno 1972：79）。学习者应该培养其独立性、自主性和责任心。独立的学习者是那些意识到必须以自己所掌握的资源为依靠，而且认识到可以运用"自己已掌握的语言知识去开启新的语言的学习"，或者可以"运用首先学到的一些新语言的单词理解其他单词"（Stevick 1980：42）的人。自主的学习者能够在特定的环境和情境中选择出恰当的表达。"教师有意识地将选择与情境密切联系起来，以此来培养学生的'自主性'"（Stevick 1980：42）。负责任的学习者懂得他们有在一系列语言选中做出选择的自由。做出明智而谨慎选择的能力被认为是有责任心的证据。由于没有教师给予的纠正和重复示范，因此学生需要建立起自己的"内部标准"，来进行自我纠正。由于没有解释，就要求学习者自己做出概括、得出结论，并形成自己认为需要的任何规则。

学习者对彼此的学习有很大的影响，并且在一定程度上影响所教授的语言内容。学习者之间需要互动、相互提出各种选择。学习者只有自己和自己所在的小组可以依赖，因此必须学会合作而非竞争。他们需要习惯于相互纠正和相互被纠正。

因此，为了成为高效的学习小组成员，学习者必须扮演不同的角色，有时是独立的个体，有时是小组中的一员。学习者也必须是教师、学生、支援系统的一部分、问题解决者及自我评估者。通常而言，学生确定什么角色适合于特定的情境。

教师的角色

沉默可能是默示教学法独一无二的，而且对许多接受过传统教学训练的语言教师而言，要求最苛刻的一个方面。教师被告诫必须抵制长久以来的示范、再示范、协助、指导学生做出回应的保证。教师们抱怨说，在默示教学经历早期阶段，这种强加的自我克制非常艰难。加蒂格诺谈到要"教服从于学"，但这并不是说默示教学法中教师的角色不重要、要求低。加蒂格诺预测，默示教学法要求大部分教师改变其对自己角色的认识。斯特维克（1980：56）将默示教学法教师的任务定义为（1）教学，（2）测试和（3）让开路。虽然这似乎并非对标准教学实践的完全替代，但教师应该遵循的详细步骤是默示教学法所独有的。

此处所谓"教"指的是一次呈现一个语言项目，通常是使用非言语线索来传达意思。测试紧随其后，并且最好将这种测试称为学生产出的诱发与形塑，也要尽可能以沉默的方式来完成。最终，教师默默地监控学习者彼此之间的互动，甚至可以在学习者磕磕绊绊使用新的语言工具时，离开教室。在大多数情况下，默示教学法教师没有教学手册（但是，参见Arnold 1981），而且教师只负责设计教学顺序、创建个性化的课程及其元素。加蒂格诺强调，教师应该制订出明确、可达到的学习目标，这非常重要。与许多语言教学课堂相比，在默示教学法中教学顺序和教学节奏的确定更重要，而且教师对两者的敏感性和管理至关重要。

从更为一般意义上来说，教师应负责创设鼓励学生冒险、促进学习的环境。这并不是说默示教学法教师应成为"小组的一分子"。其实，观察者已经注意到，默示教学法教师往往对学生很默然，甚至粗暴无礼。教师是一个中立的观察者，既不因正确的表现而兴高采烈，也不因错误而表现出沮丧。学生应该把教师看成是公正无私的裁判，能给予支持，但在情感上不介入。教师使用手势、图表和操纵指令，以引发和塑造学生的回应，因此必须是既灵巧又富有创造力的哑剧演员和木偶剧演员。总之，如同真正的戏剧家，默示教学法教师需要撰写剧本、选择道具、创设氛围、挑选演员，并对表演提出批评。

教材的作用

默示教学法可能既因其教师保持沉默，又因其教学材料具有独一无二的本质属性，而为人所知。教学材料主要包括一套彩色积木、彩色编码的发音和词汇挂图、教鞭和阅读/写作练习，所有这些都被用于说明目标语中声音和意义之间的关系。这些材料都是为教师和学生便于操纵而设计，可以单独使用，也可以联合使用，通过直接联想来促进语言的学习。

发音挂图，被称为菲德尔兹挂图，是针对多种语言而设计的，包含目标语中所有元音和辅音符号。这些符号根据发音以颜色进行编码；因此，如果某种语言中相同的声音有两个不同的符号来表示，其颜色相同。课堂教学开始时一般使用本组语的菲德尔兹挂图，以类似的方式用颜色进行编码，这样一来，学生就学会了将声音与相关的颜色相匹配。因语言而异，可能需要1—8幅类似的挂图。教师用教鞭指着声音符号，要求学生发出其声音。在使用本族语菲德尔兹挂图的课堂上，教师先指向一种语言挂图中的符号，然后再指向另一种语言的菲德尔挂图中类似的符号。如果没有本族语菲德尔兹挂图，或者教授本族语中没有的语音时，教师先指向目标语中恰当的菲德尔兹符号，然后给出清晰可听的示范。图挂在墙上，以辅助记忆发音，而且教师或学生一边指着挂图上的符号序列，一边发出其声音,以此方式来构建新的单词。

正如菲德尔兹挂图被用于直观地表示发音一样,彩色的古式积木则被用于直接将目标语中的单词和结构与其意义相联系,从而避免了将目标语翻译成本族语。积木长1至10厘米不等,而且每一种长度都用特定的颜色来标记。积木可用于命名颜色、对比大小、表示人物、构建平面图、组成公路图等。随着学生从简单结构转向更复杂结构的学习,积木的使用意在利于发明与创造、提高学生对形成交际话语的兴趣。加蒂格诺及其支持者认为,可通过积木的巧妙运用来阐释和学习的结构如同人类想象力无穷无尽。老师或学生如果想要说出某个单词或表达某个概念时遇到困难,那么就可以采用菲德尔兹挂图或默示教学法中常用的第三种主要视觉辅助工具——词汇挂图(vocabulary charts)来加以补充。

词汇或词汇挂图同样用颜色来编码,但是符号的颜色与菲德尔兹挂图上的发音表没有对应关系,而是与词汇的概念分组相对应。母语语言和文字中一般有12幅这种挂图,每个包含500—800个单词。这些单词的选择依据是其应用于教学的难易度、在"功能"类或"豪华"类词汇中的相对重要性、对其进行概括和与其他词一起使用的灵活性及其对解释基本语法结构的重要性。词汇挂图的内容因语言不同而异,但其一般内容如下(Gattegno 1972):

图1: 单词积木、积木的颜色、复数标记、简单的祈使动词、人称代词、某些形容词和疑问词
图2、3: 其他代词、表示"这儿"和"那儿"的单词、of、for和name
图4: 数字
图5、6: 表示大小(尺寸)、空间和时间关系的单词以及顺序、因果、条件、相似、差异等难以用积木解释的概念
图7: 修饰词,如副词

图 8、9： 尽可能有文化参照的动词
图 10： 家庭关系
图 11、12： 表示时间、日历元素、季节、日、周、月、年等的词汇

其他可以使用的教学材料包括练习阅读和写作技能的书籍和活页练习、绘本、磁带、录像带、电影以及其他视觉教具。有时，从一开始就教授阅读和写作，而且要求学生在课外按照自己的进度完成作业。这些材料具有辅助作用，是对课堂上所使用积木和图表的补充。具体的选择与实施取决于教师及/或学生所评估的需求。

教学程序

默示教学法的课程通常遵循标准格式来进行。课程第一部分的重心是发音。根据学生的水平，学生可以学习菲德尔兹挂图上指定的声音、短语，甚至句子。在开始阶段，教师指着挂图上的符号，示范正确的发音。随后，教师默默地指着单独的符号和话语组合，同时对学生发出的话语进行监控。教师可以说出一个单词，让学生猜测这些符号串代表哪个单词。教鞭用于指示重音、分句（phrasing）和语调。指出某个单词时，重音可以通过更有力地触击某些符号来表示。语调和分句可以采用按照话语节奏敲打挂图的方式来表示。

发音练习之后，接下来是句型、结构和词汇练习。教师在用彩色积木实现可视化的同时，示范话语。话语示范之后，教师叫某个学生尝试输出所学话语，并指出其可接受度。回答如果不正确，教师就尝试重复这一话语或者叫另一个学生做出正确的示范。某一结构被教授并得到理解之后，教师构建一个情境，学生通过操纵积木来练习所学结构。结构主题的变化采用积木和挂图从学生中诱发出来。

下述课例展示出典型的课程格式。所教授的语言是泰语，这是第一课。

1. 教师将积木置于桌上。
2. 教师拿起两、三根不同颜色的积木，拿起每块积木之后说：[mai]。
3. 教师举起任意颜色的一根积木，示意某个学生回答。学生说：[mai]。如果回答不正确，教师示意另一个学生做出回答，为前一个学生做示范。
4. 接着，教师拿起一根红色积木说：[mai sii daeng]。
5. 教师拿起一根绿色积木说：[mai sii khiaw]。
6. 教师拿起一根红色或绿色积木，示意学生做出回答。如果回答不正确，重复第三步（学生示范）。
7. 教师以相同的方式引入其他两种或三种颜色。
8. 教师展示任意一根积木，其所表示的形式之前已教过，示意学生做出回答。纠错方式是学生示范，或者教师可以帮助学生避免错误、自我纠正。
9. 掌握之后，教师将一根红色积木置于显眼处，说：[mai sii daeng nung an]。
10. 然后，教师将两根红色积木置于显眼处，说：[mai sii daeng song an]。
11. 教师将两根绿色积木置于显眼处，说：[mai sii khiaw song an]。
12. 教师举起另一种颜色的两根积木，示意学生做出回答。
13. 在全班已掌握语言的基础上，教师引入其他数字，其他颜色也可以引入。
14. 积木被放在一堆。教师用自己的动作示意应该拿起来哪几根积木，说出正确的话语。小组中的所有学生拿起积木并说话。鼓励同伴小组相互做出纠正。
15. 然后，教师说：[kep mai sii daeng song an]。
16. 教师示意学生把要求的积木给他/她。教师示意班里的其他学生把要的积木给他/她。所有这一切都是教师以明确的行动，用目标语完成的。
17. 教师现在要求学生应该向彼此发出指令，索要指定的积木。积木由学生处置。
18. 应鼓励实验。如果小组没有做出纠正，教师就说话，纠正不正确的话语。

（Joel Wiskin，私人交流）

结　　论

尽管加蒂格诺的许多著述都具有哲学性质，有时甚至具有形而上学性质，但默示教学法在实际教学中的实践其革命性却远远低于期望值。如之前所指出，默示教学法遵循传统的语法型和词汇型教学大纲，从有指导的重复转向自由练习。加蒂格诺方法的创新之处在于其课堂活动的组织方式，教师在指导、监控学习者表现时需要扮演的间接角色，学习者在形成、验证其关于语言运作方式的假设中的责任，以及引导出与练习语言使用的材料。虽然自诞生以来，默示教学法虽然一直被排斥在主流语言教学之外，但它却持续得到世界不同地区少数人的热情推广。2011年，加蒂格诺诞辰100周年纪念文集出版，其中记录了许多不同语言、不同国家的教师将该方法作为入门课程的基础应用的成功经验（Educational Solutions Inc. 2011）。但是，默示教学法由于其"边缘"地位，并没有引起语言习得或应用语言学界研究者的关注；因此，关于这一教学方法的研究极其稀少，因此无法对其主张进行认真的评估。对许多一线教师而言，除了所报道的成功经验之外，几乎不需要进一步的证据。

讨论问题

1. 默示教学法大量使用古式积木来教授语言的不同方面。您是否认为这种教学途径有其价值？您在课堂上使用什么教具，为了达到什么目的？
2. 与此相关，史蒂威克指出，积木和发音挂图构成记忆辅助，这种物理辅助乃是"联想中介"："如果联想中介的使用比重复能更有利于记忆保持的话，那么中介的质量和学生的个人投入似乎也会对记忆产生重要影响。"（第292页）教师如何提高中介的质量（即什么是好的中介）和学生个人对其投入的质量呢？
3. 加蒂格诺所谓语言的"精神"指的是音韵元素和超音段元素组合成语言的方式，而这些元素结合起来赋予语言独特的声音系统和旋律。对某些人而言，这听起来可能意思模糊。您在自己的语言学习中是否注意到有些音韵元素和超音段元素（例如语调和节奏）赋予语言一种特殊、可识别的音质或音调？
4. 语言经过深度加工（Craik 1973），或者说语言所涉及的问题解决的量越多，学习结果可能就越好。您如何测量学习者对某种事物加工的深度，或者如何测量问题解决的量？
5. 在默示教学法中，语言技能的掌握被看作是一种源自新的意识高度所带来的力量感和控制感的情感的内心平静。默示教学法的这一方面并没有融入主流语言教学，这或许是可以理解的。但是，保持开放的心态，您认为"情感的内心平静"和"意识"对学习有何裨益？默示教学法在这一方面，与合作语言学习

（第 13 章）或自然途径（第 14 章）的某些元素有何相似之处？
6. 默示教学法课程的第一部分通常将重心放在发音上。您认为为什么要如此重视发音？
7. 上网搜索一个采用默示教学法课堂教学的视频。目前 YouTube 上就有这样一个可资利用（http://bit.ly/ZqwC5S）。请观看视频，并回答下述问题。

新语言如何导入？	
所使用的是什么样的语言？	
谁说的话最多？	
学习者得到何种反馈？	
您能找出课程的哪些方面体现了语言的"精神"吗？举例说明。	

参考文献与延伸阅读

Arnold, F. 1981. *College English: A Silent-Way Approach*. Nara, Japan: Dawn Press.

Atkinson, D. (ed.). 2011. *Alternative Approaches to Second Language Acquisition*. London: Routledge.

Blair, R. W. (ed.). 1982. *Innovative Approaches to Language Teaching*. Rowley, MA: Newbury House.

Bower, G. H., and D. Winzenz. 1970. Comparison of associative learning strategies. *Psychonomic Sciences* 20: 119–120.

Bruner, J. 1966. *On Knowing: Essays for the Left Hand*. New York: Atheneum.

Cheery, D. 1994. Learning with rods: one account: Master's thesis, School for International Training, Brattleboro, Vermont.

Craik, F. I. M. 1973. A levels of analysis view of memory. In R. Pliner, L. Krames, and T. Alloway (eds.), *Communication and Affect: Language and Thought*. New York: Academic Press. 112–119.

Diller, C. 1978. *The Language Teaching Controversy*. Rowley, MA: Newbury House.

Gattegno, C. 1972. *Teaching Foreign Languages in Schools: The Silent Way*. 2nd edn. New York: Educational Solutions.

Gattegno, C. 1976. *The Common Sense of Teaching Foreign Languages*. New York: Educational Solutions.

Educational Solutions Inc 2011. The Gattegno Effect. http://www.educationalsolutions.

com

Knapp. M. L. 1978, *Nonverbal Communication in Human Interaction.* 2nd edn. New York: Holt, Rinehart and Winston.

Langer, S. K: 1942. Philosophy in a New Key. Cambridge, MA: Harvard University Press.

Mehrabian, A. 1981. *Silent Messages: Implicit Communication of Emotions and Attitudes.* Belmont, CA: Wadsworth Publishing Company.

Mataira, K. 1980. The effectiveness of the Silent Way method in the teaching of Maori as a second language. Master's thesis, University of Waikato, New Zealand.

Rossner, R. 1982. Talking shop: a conversation with Caleb Gattegno, inventor of the Silent Way. *ELT Journal* 36(4): 237–241.

Scott, R., and M. Page. 1982. The subordination of teaching to learning: a seminar conducted by Dr. Caleb Gattegno. *ELT Journal* 36(4): 273–274.

Selman, M. 1977. The Silent Way: insights for ESL. *TESL Talk* 8: 33–36.

St. Clair, R. N. 2003: The social and cultural construction of silence. *Intercultural Communication Studies* 12(3): 87–91.

Stevick, E. W. 1976. *Memory, Meaning and Method: Some Psychological Perspectives on Language Learning.* Rowley, MA: Newbury House.

Stevick, E. W. 1980. *Teaching Languages: A Way and Ways.* Rowley, MA: Newbury House.

Thompson, G. J. 1980. The Silent Way: interpretation and application. Master's thesis, University of Hawaii.

Varvel, T. 1979: The Silent Way: panacea or pipedream? *TESOL Quarterly* 13(4): 483–494.

17

社团语言学习

引　言

社团语言学习（Community Language Learning，简称CLL[1]）是由查尔斯·柯伦（Charles A. Curran）及其合作者研发出来的一种教学方法。柯伦是心理咨询专家、芝加哥洛约拉大学心理学教授。其心理咨询技巧在学习中的应用，被称为咨询学习（Counselling-Learning）。社团语言学习乃是咨询学习理论在语言教学中的应用。顾名思义，社团语言学习的主要灵感，而且确实其基本组织原理，均源于罗氏咨询（Rogerian counseling[2]）。咨询，罗杰斯的追随者者认为，体现为某个个体（咨询师）——只要他/她有能力——悦纳来访者（the client）的内部参照框架，根据其认识来感知世界，并将这种同理性（empathetic[3]）理解的部分内容加以传达（Rogers 1951）。用通俗的语言来说，咨询是一人给予另一个有困难或在某个方面有需要的人忠告、帮助和支持。社区语言学习借鉴了咨

---

[1] 缩写"CLL"也用于表示合作语言学习（Cooperative Language Learning，见本书第13章）。——原注

[2] 卡尔·罗杰斯（Carl Ransom Rogers，1902年—1987），美国著名心理学家，人本主义心理学的主要代表人物之一，主张"以当事人为中心"的心理治疗方法，首创非指导性治疗（来访者中心治疗），强调人具备通过自我调整来恢复心理健康的能力。——译者注

[3] 其名词性形式是"empathy"，多译作"同理心"，意思是设身处地地从他者的角度来理解和思考问题，或者更通俗一点说，就是换位思考。——译者注

询的比喻,对语言课堂上教师(咨询师(the counselor))和学习者(来访者(the clients a))的角色重新进行了定义。

在语言教学传统中,社区语言学习有时被看作"人本主义途径"的一个例子来加以引证。语言课的教学内容源自学习者想要探讨的话题,而教师则将其要求转换为恰当的教学大纲。社区语言学习过程与双语教育过程之间,尤其是与被称为语言交替(language alternation)或语码转换(code switching)的各种双语过程,可能有着多种联系。下面我们来简要地探讨一下两种传统对社团语言学习的贡献。

由于社团语言学习具有人本主义理论取向,因此其基本程序可以被认为是源自咨询师-来访者关系。请考虑一下下面的社团语言学习过程:一群学习者围坐成一个圆圈,教师站在圈外:一个学生低声用本族语(L1)传达了一个信息;教师将其翻译成外语(L2);学生对着录音机用外语重复前述信息;学生在教师的帮助下用外语传达更多的信息;学生对其感受进行反思。我们可以将心理咨询中的咨询师-来访者关系与社团语言学习中的学习者-知者关系做以下对比(表17.1)。

表17.1 心理咨询中来访者-咨询师和社团语言学习中学习者-知者关系对比

心理咨询(咨询师—来访者)	社团语言学习(学习者—知者)
1. 来访者和咨询师同意[契约]进行咨询。	1. 学习者和知者同意进行语言学习。
2. 来访者用情感语言说出其问题。	2. 学习者将其希望传递给另一个人的信息呈现给知者(用L1)。
3. 咨询师认真倾听。	3. 知者倾听,其他学习者窃听。
4. 咨询师用认知语言重述来访者的信息。	4. 知者用L2重述学习者的信息。
5. 来访者对咨询师重述信息的准确性进行评估。	5. 学习者向听者重复L2信息形式。
6. 来访者对本节咨询中的互动进行反思。	6. 学习者(通过录音带或从记忆中)回放,并对语言课堂上交换的信息进行反思。

---

① 人本主义者主张,不应该将有心理障碍者称作"患者",以保护其尊严,所以多译作"当事人"或者"来访者"。——译者注

人本主义途径（*humanistic approach*）这一术语经常与莫斯科维茨（Moskowitz，1978）联系在一起。如上表所示，社团语言学习技巧乃是更宏观的一系列人本主义外语教学实践。莫斯科维茨根据其理论将该途径的技巧定义为：

> 将学生的所感、所思、所知与其用目标语的所学融合到一起。自我否定并非可接受的生活方式，自我实现和自尊才是学习所追求的理想。这些技巧有助于密切关系的建立、凝聚力的培养以及对现有关怀的超越……有助于学生自我意识的培养、自我接纳以及自豪感的建立……有助于一种关怀、分享的外语课堂气氛的形成。
>
> （Moskowitz 1978：2）

总之，人本主义技巧使学习者，既包括各种情绪和情感（情感领域），也包括语言知识和行为技能，全身心地投入学习。

同社团语言学习相联系的另一种语言教学传统是某些双语教育项目中使用的一系列习惯做法，即麦基（Mackey）所谓的"语言交替"（language alternation）。根据语言交替，信息/授课内容/课程首先用本族语呈现，然后用第二语言呈现。学生通过回忆平行意义和第一语言的信息流来理解意义和第二语言信息流。他们开始将这些信息拼凑为一个整体，形成某种语言观。信息由知者翻译为第二语言。然后学习者用第二语言重复信息，传达给希望与其交流的另一个学习者。社团语言学习的学习者得到鼓励专心"窃听"其他学习者与知者之间的交流。"窃听"的结果是小组每个成员都能理解任一学习者正在努力传递的信息（La Forge 1983：305 45）。考虑到语言交替程序在数个得到充分研究的双语教育场景中的成功应用（如 Lim 1968；Mackey 1972），社团语言学习鲜为人探讨的方面，可能要比人们通常所承认非正式报告的社团语言学习学生取得的成功方面大得多。

理 论

语言理论

柯伦自己关于语言理论的著述很少。其学生拉·弗吉（La Forge 1983）曾尝试对社团语言学习理论的这一方面做出过明确的阐述，此处我们就借鉴了其对该方法背后语言理论的阐述。拉·弗吉首先对语言学理论进行了回顾，然后对社团语言学习的语言理论进行了阐述。他似乎接受语言理论必须以发音特征的标准、句子和语言的抽象模型为起点，但并不以此为终点这一观点（La Forge 1983：4）。外语学习者的任务是"去理解声音系统、赋予它基本意义，并构建所学外语的基本语法"。他引以为自豪地说，"几个月之后，一小组学生就能够学会德语的基本发音和语法型式"（1983：47）。

建立在"基本发音和语法型式"基础上的语言理论与传统上关于语言本质的结构主义观点似乎没有任何不同。但是，社团语言学习支持者却在其著作中对其所谓的另类语言理论，即作为社会过程的语言（Language as Social Process），进行了深入、细致的探讨。拉·弗吉（1983）最初认为，作为社会过程的语言"不同于作为交际的语言（language as communication）。"由此我们可以推论，拉·弗吉所排斥的交际概念是信息理论中经典的发送者-信息-接收者模型，认为信息只是沿着一个方向传递。拉·弗吉指出，社会过程模型不同于先前的信息-传递模型，因为：

> 交际并不仅仅是从说话者向听话者传递的一条信息。说话者同时是自己信息的主体和对象……交际不仅涉及向他者的单向信息传递，而且也涉及说话主体与他者之间关系……交际是一种交换，没有来自信息目标接收者的反馈，是不完整的。

图17.1是对交际的信息传递模型和社会过程模型的比较。

言语的　　　　　　　　　　　言语的/非言语的

发送者→信息→接收者　　　　发送者→信息→接收者

图 17.1　交际的信息传递模型（左）和社会过程模型（右）比较

语言的社会过程观可以用包含言语和非言语信息的六种特征或子过程来加以阐释：

1. 全人过程（the whole-person process）
2. 教育过程（the educational process）
3. 人际过程（the interpersonal process）
4. 发展过程（the developmental process）
5. 交际过程（the communicative process）
6. 文化过程（the cultural process）

对所有这些过程的解释超出本章的范围，而只是将重心放在交际过程上，因为其他过程确实涉及超出语言理论的一些元素。

拉·弗吉对社团语言学习背后的语言互动观做了详细解释（参见第 2 章）："语言是人；语言是有联系的人；语言是做出回应的人。"（1983：9）社团语言学习的互动有两种不同的基本类型：学习者之间的互动和学习者与知者之间的互动。学习者之间的互动内容无法预测，但一般涉及情感或情绪内容的交流，包含动机、自信、焦虑水平等方面。随着班级转化为由学习者组成的社团，相互之间的交流也加深了之间的亲密关系。对参与到这种亲密关系中的渴望推动能够学习者与朋伴的学习保持同步。特拉尼尔（Tranel 1968：159）指出，"实验组的学生学习动机强烈，以避免整个小组被孤立"。因此，此处亲密关系似乎可定义为避免被孤立的强烈愿望。

学习者与知者之间的互动有五个阶段。第一个是最初的依赖阶段（阶段1）。学习者告诉知者他/她希望用目标语说什么，知者告诉学习者怎样说。在后期各个阶段中，学习者和知者之间的互动具有自作主张（阶段2）、愤怒与气愤（阶段3）、容忍（阶段4）和独立（阶段5）等特征。因此，此类互动关系的变化不仅与语言学习的五个阶段，而且与情感冲突的五个阶段，同时发生（La Forge 1983：50）。

可以认为，学习者和知者之间关系的变化在微观上等同于两种主要的人际互动类型——平等者之间的互动（对称）和不平等者之间的互动（非对称）（Munby 1978）。它们似乎也代表（1）互动程度的变化（学习者到学习者）和（2）互动类型的变化（学习者到知者）。也就是说，学习者之间的互动是朝着增进亲密和信任关系的方向发展，而学习者和知者之间的互动是其本质从依赖到愤怒到容忍再到独立的变化。

学习理论

柯伦在咨询领域的经验使其得出结论，咨询技巧可应用于一般意义上的学习（这成为咨询式学习），尤其是应用于语言教学（社团语言学习）。社团语言学习的学习观与柯伦认为普遍但不受欢迎的另外两种类型的学习不同。第一种类型的学习是一种在西方文化中长期流行为人们所普遍接受的假定学习观（putative learning view）。根据这种观点，"只有知识和事实性过程或者认知过程被看作是学习的主要目的，而无视自我的投入和参与"（Curran 1972：58）。第二种学习观是行为观。柯伦称这种学习为学习者"被动接受"、参与度有限的"动物式学习（animal learning）"（Curran 1976：84）。

相反，社团语言学习提倡一种整体的语言学习途径，因为"真正的"人类学习既具有认知性，又具有情感性。这就是所谓的全人学习（whole-person learning）。这种学习发生在教师和学习者共同参与、"双方都体验到自己完整性的……互动"的交际情景中（Curran 1972：90）。根据上述观点，学习者与教师之间关系的发展至关重要。该过程分为与儿童从出生到成熟的个体发展过程相似的五个阶段。

首先,在"初生"之时,安全感与归属感建立起来。在第二阶段,随着能力的提高,学习者如同儿童在一定程度上独立于其父母。到第三阶段,学习者开始"独立地说话",而且可能需要宣示自己的独立身份,经常拒绝未经请求的建议。在第四阶段,学习者已经完全能够接受批评,到最后一个阶段,学习者只需要完善学习风格和语言得体性的知识。至这一过程结束时,儿童变成成年人。学习者掌握了教师所掌握的任何知识,新学习者俨然已成为知者。因此,一门新语言的学习过程如同人的重生和一种人格的发展,与出生和成熟相关的各种尝试和挑战相伴而生。若将语言学习看作是社会关系的建立与完善的过程,那么其成功取决于学习者与教师之间以及学习者之间成功关系的建立。"学习被看作是一种个人统一的社会经历。"学习者"不再被认为是在孤立和与他人的竞争中学习"(Curran 1972:11—12)。

柯伦在其多种著述中都对其所谓"同感验证"(consensual validation)或"共同验证"(convalidation)进行过探讨,在此过程中,教师和学习者之间相互给予温暖、理解,并对他人的价值给予积极评价。以共同验证为特征的关系被认为是学习过程的核心,也是社团语言学习课堂教学程序的关键元素。下面是关于成功学习的心理要求的几种观点,用英文首字母缩写来表示即 SARD(Curran 1976:6),此处亦以儿童的发展为类比来加以解释:

S　代表安全(security)。学习者除非有安全感,否则很难有成功的学习体验。

A　代表注意(attention)和进取(aggression)。根据社团语言学习,注意力缺失应该被看作是学习者缺乏学习参与的标志,这就意味着学习任务选择的多样性可能提高注意力,因此能够促进学习。进取指儿童在学习到一定知识之后,运用新学习的知识作为一种自我肯定的手段，寻求机会证明自己已掌握所学的知识，以此作为自我肯定的一种方式。

R　代表记忆保持（retention）和反思（reflection）。如果一个人全身心地参与到学习过程之中，那么记忆中保持的东西就被内化，成为学习者新的外语人格。反思是课程框架内一段学生用于"集中关注最终的学习力量，评价其当前的发展阶段，并重新评估未来的目标"（La Forge 1983：68）有意识确定的沉默期。

D　表示辨别（discrimination）。学习者"在记忆中保持大量材料后，便做好准备对其进行分类，并发现彼此之间的联系方式"（La Forge 1986：69）。这种辨别过程变得越来越精细，最终"使学生能够在课堂之外使用语言达到交际目的"（La Forge 1986：69）。

柯伦的学习理论其主要方面并非针对第二语言习得中的心理语言和认知过程，而是针对学习者在第二语言习得过程运作之前所需要的个人投入。因此，社团语言学习的学习理论与基于语言学或心理语言学的学习理论明显不同，如渗透于听说法（第 4 章）或自然途径（第 14 章）中的学习理论。

教学设计

教学目标

由于只是从社会的方面来界定语言能力或交际能力，因此关于社团语言学习的文献中并没有对语言目标或交际目标做出明确的定义。大部分关于社团语言学习的著述也只是对其在外语会话入门课程中的运用做了描述。其假设似乎是，教师运用这一方法能够成功地将其目标语知识和语言能力传授给学习者，这就意味着对目标语接近其本族语的掌握乃是其教学的目标，但是并没有设定具体的教学目标。

教学大纲

社团语言学习法最常用于口语教学，但是，正如特拉尼尔（Tranel 1968）所表明，它经过适当改造亦可应用于写作教学。传统的语言教学大纲预先设定所要教授的语法、词汇和其他语言项目以及教授的顺序，而社团语言学习并不采用传统的教学大纲。如果语言课程以柯伦推荐的教学程序为基础，那么课程教学就围绕话题来开展，已如前所述，由学习者提出希望探讨的事物和希望与他人交流的信息。教师的职责是以适合学习者语言水平的恰当方式传达所要表达的意义。关于这一点，虽然社团语言学习中并没有做出明确规定，但是熟练的社团语言学习教师似乎通过其隐性教学大纲来筛选学习者的意图，为学习者提供符合其语言水平，且与对学习者可能做与说什么的预期相匹配的课程。从这种意义上来说，社团语言学习的教学大纲产生于学习者所表达出来的交际意图，与教师对学习者交际意图用恰当的目标语话语的重新表述之间的互动。有时，教师可能将具体的语法点、词汇型式和一般规则加以分离，以便进行深入的学习和分析，而且随后对前述内容的详细说明乃是对课程所覆盖内容的追溯性描述，是生成社团语言学习教学大纲的一种方式。但是，每一种社团语言学习课程都有其独一无二的教学大纲，因为从一种课程的教师-学习者互动中衍生出来的教学大纲，与在另一种课程中所发生的一切迥然而异。

学习和教学活动的类型

如同多数教学方法，社团语言学习也将创新型学习任务与活动跟传统的学习任务与活动结合了起来，包括：

- 翻译。学习者围成一个小圈子。一个学习者小声说出他/她希望表达的信息或意义，由教师翻译（而且可能口头翻译）成目标语，学习者重复教师的翻译。
- 小组任务/活动。学习者可以参与完成各种小组任务，如关于某一话题的小组讨论、准备会话、准备向另一个小组展示关于某个话题的总结、准备向老师和全班其他同学讲述的故事。
- 录音。学生将目标语会话录音。
- 转写。学生将其录制的话语和会话转写下来，供练习和分析语言形式使用。
- 分析。学生对所转写的目标语句子进行分析与学习，以重点掌握某些词汇的用法或者某些具体语法规则的应用。
- 反思与观察。学习者以班级或小组的形式反思、汇报其课堂学习体验。这通常包括情感表达——对彼此的感觉、对沉默的反应、对所说内容的关切，等等。
- 听。学生听教师的独白，涉及他们在课堂互动中可能诱发出来的或者窃听到的某些内容。
- 自由会话。学生与教师或其他学习者进行自由会话。这可能既包括对学习方式的感受，也包括对所学内容的讨论。

学习者的角色

在社团语言学习中，学习者乃是社团中的一员——包括同学和老师，而且通过在社团内部的互动来学习。学习不再被看作是个人成就，而是合作完成的结果。学习者应该专心地倾听知者，自由地说出希望表达的意思，不加犹豫地重复目标话语，支持社团内的同伴，报告内心深处的感受、挫折、喜悦、欢乐，并为成为其他学习者的咨询者。社团语言学习的学习者一般组成6—12人的小圈子，其中知者的数量从每组1个到每个学生配1个知者不等。社团语言学习也可应用于有特殊分组安排需求的较大学校班级，如将学生临时组成平行相对的两队。

在拉·弗吉先前述五个学习阶段（参见本章第 308 页）中，学习者扮演着关键的角色。学习者的角色具有动态性，新角色都是从前一个角色发展而来的。这些角色转换并非轻易或自动地实现的，实际上，是情感危机的结果："面对新的认知任务，学习者必须解决当下的情感危机。解决了五个社团语言学习阶段的五个情感危机，学生就从较低阶段发展到了较高阶段。"（La Forge 1983：44）学习是一个"全人"的发展过程，而且，在每个阶段中，学习者不仅参与完成认知（语言学习）任务，而且涉及情感冲突的解决与"对价值实现的尊重"（La Forge 1983：55）。此外，如上所述，在社团语言学习中，语言学习类似于人类成长的阶段。

教师的角色

如前所述，在最深的层次上，教师的角色源于罗氏心理咨询中咨询师的职能。咨询师的来访者是那些有问题的人，通常在一次咨询过程中，经常使用情感性语言与咨询师倾诉其遇到的困难。咨询师以支持的方式平静、不加评判地做出回应，通过梳理与分析其问题，来帮助来访者对自身的问题有更理性的理解。咨询师不负责分解顾客的问题并加以释义，而是要从本质上把握来访者的关切，如来访者可能会说，"是的，这正是我的意思"。"咨询师做出回应，其作用之一是将情感……与认知联系起来。咨询师理解了来访者的'感觉'性语言，然后以认知性语言进行回应"（Curran 1976：26）。柯伦尝试应用于语言学习的恰恰是这种教师-咨询师模式。

社团语言学习中也需要真正的咨询。学习者在其第二语言的学习过程中可能遇到一些心理问题，对此应有清楚地认识。"个人的学习冲突……愤怒、焦虑及类似的心理障碍——对此，教师若具有咨询师敏感性，能够理解并做出回应——乃是（学习者）深层次个人投入的标志"（J. Rardin，引自 Curran 1976：103）。在这种情况下，教师需要扮演的角色与"正常"咨询师的角色非常接近。但是，在相同的情况下，社团语言学习教师所做出的超然、体贴和理解的反应可能与普通教师的反应层次不同。

如同学生的各种角色，教师的具体角色也与拉·弗吉的五个发展阶段密切相关。在学习的早期阶段，教师扮演辅助角色，若学生有需求，提供目标语的翻译和供模仿的示范。之后，学生可以自发开始互动，教师对学习者的话语进行监控，有学生要求时给予帮助。随着学习的进步，学生越来越能够接受批评，而且教师可以直接干预，对错误的话语加以纠正、提供习语，并给予用法和细微语法点方面的建议。教师最初的角色可以比作抚养子女的父母角色。随着学生能力的逐步"提高"，师生关系发生质的变化，结果教师的地位在某种程度上依赖于学习者。知者从别人寻求帮助的请求中获得一种自我价值感。

教师在社团语言学习中需要一直担负一种尤其突出的角色。教师应负责为来访者提供有利于学习与成长的安全环境。学习者若感到安全，就能够将其精力投入到交际和学习任务中，而不是构筑与坚守其防御阵地。柯伦（Curran 1976：6）对安全氛围的重要性做出了如下描述：

> 作为全人，我们似乎在个人感到安全的氛围中学得最好。若感到安全，我们就能以开放的态度去学习。学习者和教师感觉到安全的程度决定整个学习体验的心理基调。

本书所探讨的许多非传统语言教学方法都强调教师有责任创设与维持安全的学习环境；社团语言学习或许是最重视语言学习的这一方面的一种教学方法。因此，在探讨社团语言学习的学习安全时，有两个"题外话"令人关注，很有意思。

第一，安全是一个从文化的角度来看相对的概念。在一个文化背景中给人安全感的事物，而在另一个文化背景中却可能令人焦虑。拉·弗吉给出了一个不同的个人介绍模式，以及在社团语言学习早期阶段不同背景的学生如何表达和体验这种差异的例子。"每一种文化都有其让新组成的小组成员相互熟悉的独特形式。这些必须采纳，以便让学习外语的学生在文化上具有安全感"（La Forge 1983：66）。

第二，为学习者创设过于安全的环境亦不可取。"学生的安全感从来都不是绝对的；否则，学习就不会发生"（La Forge 1983：65）。这使人想起老师所说的一句话，"学生如果不为对考试不及格的恐惧所动，就永远学不到任何东西"。然而，遗憾的是，文献中并没有对在社团语言学习中多大程度的不安全感对语言学习最有利这一问题，进行深入探讨。

教材的作用

由于社团语言学习课程是在社团成员之间互动的过程中逐渐形成的，因此教科书并非是其必要的组成部分。教科书可能将特定的语言内容强加给学习者，从而阻碍其成长与互动。教师可以随着课程教学的进展开发出一些教学材料，但是一般来说，仅仅是在黑板上写下来或用投影仪展示出来的，对学生会话中出现的一些语言特征的总结。也可以将会话加以转写并分发给学生，供其学习与分析，而且学习者也可以以小组为单位，产生其自己的学习材料，如对话和短剧的脚本。

在早期关于社团语言学习的描述中，人们推荐使用发音和词汇教学机器，如克罗马乔德（Chromachord）教学系统，来进行语言教学中必要的"机械记忆与练习"。"机器的设计与使用……目前似乎可能将教师解放出来，做只有人才能够做的任何事情……（即）成为学习咨询师"（Curran 1976：6）。在之后对社团语言学习的描述中（如 La Forge 1983）均未提及教学机器及其伴随教学材料，因此我们认为，当代社团语言学习课程已根本不使用教学机器。

教学程序

由于从某种意义上讲，每一种社团语言学习课程都是一种独特的体验，因此很难对某一堂课上典型社团语言学习程序做出描述。史蒂威克

（Stevick 1976）区分了"经典"（即直接以库兰提出的模型为基础）的社团语言学习和个人对其模型的各种解读，如社团语言学习的支持者所探讨各种类型（如 La Forge 1983）。下文尝试对社团语言学习课堂上采用的一些典型活动做一描述。

一般来说，观察者会看到学习者彼此面对面围成一个圈。学习者以某种方式与多位知者或者教师一位知者相联系。第一堂课（及后续的课程）可能以一段时间的沉默开始，在此过程中，学习者努力确定语言课堂上应该发生什么。在随后的课堂上，学习者可以默默地坐着，决定想说什么（La Forge 1983：72）。观察者可能会注意到，沉默的尴尬足以使人感到痛苦，需要有人愿意自愿打破沉默。知者可以用志愿者的评论作为启动对课堂接触进行讨论的一种方式，或者作为关于学习者如何应对沉默时间语言互动的刺激。知者可能鼓励学习者向他人或知者提问。问题可能涉及学习者有兴趣探询的任何主题。问题和答案可能被记录下来，作为对讨论过的话题和使用过的语言的提示和回顾，以备后用。

然后，教师可以让全班同学面对面排成两排，进行三分钟的双人对话。这些可以被看作相当于柔道学员生短时练习的摔跤的时间。之后，可将学生重新分组，就班级或小组选择的某个话题展开讨论，并将讨论结果汇报给另一个小组，而听取汇报的小组反过来向原来做汇报的小组对其总结加以复述或解释。

在中、高级班中，教师可以鼓励各个小组分别准备一部纸媒剧（paper drama[①]），以便向班级其他同学展示。纸媒剧小组准备一则故事，向咨询师讲述或表演。咨询师提供或纠正目标语的表述，提出建议对故事的组织结构加以完善。然后，发给学生一些材料，让他们准备大图片卡来

---

① 与这个术语对应的日语术语是"kamishibai"，指催生了日本的动画片（anime）和连环漫画（manga）的一种口头故事讲述传统。日本的动画片无论是对美国的连环漫画与通俗文化还是对娱乐业都产生了很大的影响。20世纪50年代，仅在东京街头就有多达3000人在从事这种独一无二艺术形式的表演，但是随着大众出版业和电视的出现与发展，这种艺术形式几近绝迹，逐渐变成一种应用于课堂教学的教育手段。——译者注

配合故事讲述。对故事对话进行练习和准备好相应的图片之后,各组向全班其他同学展示其纸媒剧。学生们既可以用图片,也可以用音乐、木偶、鼓等来辅助故事的讲述(La Forge 1983:81—82)。

最后,教师要求学习者以班级或小组为单位对这堂语言课进行反思。反思为下一步对契约(学习者和教师达成的关于课程具体目标的书面或口头约定)、人际互动、对知者与学习者的感受,以及对进步与挫折的感受进行讨论,奠定了基础。

迪特尔·斯特罗伊尼格(Dieter Stroinigg)(引自 Stevick 1980:185—186)介绍了第一堂社团语言学习课的程序,概述如下:

1. 师生进行非正式的问候和自我介绍。
2. 教师陈述课程目标和指南。
3. 开始进行外语会话。

    a)学生围成一个圈,以便每个人都能看到彼此。
    b)一个学生用第一语言(英语)向另一个学生传达一条信息,启动会话。
    c)教师站在学生背后,低声用第二语言(德语)传达相同的信息。
    d)然后,学生用第二语言向受信者和录音机重复上述信息。
    e)每个学生都有机会传达与录制数条信息。
    f)录音机每隔一段时间倒带重播一次。
    g)每个学生用英语重复他/她用第二语言所说话语的意思,帮助唤起他人的记忆。

4. 之后,学生进行一段时间的反思,并坦诚地说出其对之前经历的感受。
5. 教师从刚录制的材料中选择出一些句子,并写到黑板上,突出第二语言语法、拼写、大小写特征等元素。
6. 鼓励学生就以上任何项目进行提问。
7. 鼓励学生抄写黑板上的句子,并注明意思和用法。这就成为家庭学习的"教科书"。

上述活动清单中涵盖了最新社团语言教学文献中出现的关于课堂教学实践的主要建议。但是，在课堂环境下，其他程序也可能在师生活动的基础上偶尔采用。

结　　论

从对学习者交际意图的敏感性角度来看，社团语言学习是前述各种方法中反应最灵敏一种的教学方法。然而，应该指出的是，这种交际意图受到同伴学习者的人数和所掌握知识的限制。在社团语言学习课堂上，学习者理解、表达航空工程专业术语的愿望不可能得到充分的回应。社团语言学习对语言教师要求非常之高。他们必须具有很高的第一语言和第二语言水平，而且对两种语言的细微差别非常敏感。他们必须熟悉心理咨询中咨询师的角色，并且具有同理心。他们必须顶住传统意义上"为人师"的压力。正如一位社团语言学习教师所指出，"我必须完全放松，而且抵制自己说话的愿望。我不得形成任何自己的想法，努力不作为"（Curran 1976：33）。

教师也必须相对少发指令，而是必须做好准备好接受甚至鼓励学习者在争取独立过程中表现出来的"青春期"的冒犯。教师不应依靠传统的教材来实施教学，而是要根据学生话题来塑造和激励学生。此外，教师也必须做好准备应付对此方法可能有敌意学习者的反应。教师还必须具有文化敏感性，并做好准备对语言课堂进行重新设计使其组织形式与文化相兼容。而且，教师还必须在没有现成社团语言学习教材的具体指导的情况下，尝试学习这些新角色和技能。教师通常需要接受特殊的社团语言学习技巧训练。

社团语言学习的批评者对其所依据的心理咨询隐喻的恰当性提出质疑，要求提供课堂语言学习确实相似于心理咨询过程的证据。教师是否应该在没有接受过特殊训练的情况下尝试咨询，亦是一个问题。社区语言学习的教学程序总的来说都经过美国大学生群体检验而得到完善。两个不同的学习者群体所体验的问题和成功在语言学习中未必具有普遍性。另外还有其他一些关切,如因没有教学大纲,因此目标不明确、难以进行评估,而且因为教学的重心在语言流利性而非准确性上,因此不利于目标语语法系统的牢固掌握。相反,社团语言学习的支持者(如 Samimy 1989)重视以学习者为中心教学方法的有益之处,强调语言学习的人文方面,而不仅仅强调其语言方面。虽然目前关于社团语言学习的探讨并不多,但语言学习的情感方面与学习者成功掌握目标语密切相关这一点已为人们所广泛接受。

讨论问题

1. 社团语言学习深受各种心理学观点尤其是心理咨询的影响。如前所述,动机、自信和焦虑也借自心理学的观点,对语言学习产生了影响。这些因素对您自己的学生或者语言学习有什么影响?
2. 请向同事解释什么是语言交替。您认为语言交替在社团语言学习课堂上有哪些有益之处?
3. 社团语言学习强调语言是一种社会过程,它超越了交际的一些机械方面,将其与参与会话者及其身份的关系紧密联系起来。请回顾一下第 306 页上提到的包含言语和非言语信息的六种特征或子过程。本章中尽管没有详细探讨这些过程,但您能否想一想,这些子过程是以何方式在您所熟悉的教学情境中反映出来?
4. 请回顾一下本章第 307 页上所描述 SARD 模式。您认为反思和辨别在当下的课堂上和教材中有足够重视吗?
5. 社团语言学习认为,学习者的进步需要经历最初的依赖、自信、愤怒与气愤、容忍、独立五个发展阶段。您是否发现您的学生也要经历这些阶段?您认为这是语言学习所特有的吗?
6. 社团语言学习特别强调学习的情感方面。请回顾一下您所熟悉的学习者的情况,面对如下所描述的课堂,他们会有何反应呢?

    学生随后进入反思阶段,需要坦诚地表达他们对之前的学习经历的感受。

7. "在社团语言学习课堂上,学习者理解、表达航空工程专业术语的愿望不可能得到充分的回应"(第 313 页)。为什么会是这样呢?
8. 社团语言学习的一个重要特征是强调提供安全的学习环境。从某种意义上来讲,目前采用的其他语言教学途径也如此关注学习者的情感经历。但是,如第 311 页所述,对"安全感"的解读和体验因文化不同而不同。请与同事合作,完成下列:

- 请描述一下您认为最理想的语言学习环境,特别关注教师创设环境舒服与安全的方式、所发生的活动类型,甚至是室内装饰。
- 现在,请将您的答案和同事的答案做一比较。有何不同之处? 有何相似之处?
- 现在,请说明一下您自己的课堂在多大程度上与上述描述相匹配。

参考文献与延伸阅读

Brown, H, D. 1977, Some limitations of C-L/CLL models of second language teaching. *TESO Quarterly* 11(4): 365–372.

Curran, C. A. 1972. *Counseling-Learning: A Whole-Person Model for Education.* New York: Grune and Stratton.

Curran, C. A. 1976. *Counseling-Learning in Second Languages.* Apple River, IL: Apple River Press.

La Forge, P. G. 1971, Community language learning: a pilot study. *Language Learning* 21(1): 45–61.

La Forge, P. G. 1975a. *Research Profiles with Community Language Learning.* Apple River, IL: Apple River Press.

La Forge. P. G. 1975b. Community language learning: the Japanese case. In E. C. C. Peng (ed.) *Language in Japanese Society.* Tokyo: University of Tokyo Press. 215–246.

La Forge, P. G. 1977. Uses of social silence in the interpersonal dynamics of Community Language Learning. *TESOL Quarterly* 11(4): 373–382.

La Forge, P. G. 1983. Counseling and Culture in Second Language Acquisition, Oxford: Pergamon.

Lim, K. B. 1968. The unified language project. *RELC Journal* 9(1): 19–27.

Mackey, W. F. 1972. *Bilingual Education in a Binational School.* Rowley, MA: Newbury House.

Moskowitz, G. 1978. *Caring and Sharing in the Foreign Language Class.* Rowley, MA:

Newbury House.

Munby, J. 1978. *Communicative Syllabus Design*. Cambridge: Cambridge University Press.

Rardin, J. 1976. A Counseling-Learning model for second language learning. *TESOL Newsletter* 10(2): 21–22.

Rardin, J. 1977. The language teacher as facilitator. *TESOE Quarterly* 11(4):383–387.

Rardin, J, and D. D. Tranel. 1988. *Education in a New Dimension*. Cliffside Park, NJ: Counseling Learning Institutes.

Rogers, C. R. 1951. *Client-Centered Therapy*. Boston: Houghton Mifflin.

Samimy, K. K. 1989. A comparative study of teaching Japanese in the audiolingual method and the counseling learning approach. *Modern Language Journal* 73(11): 169–177.

Samimy, K. K., and J. Rardin. 1994. Adult language learners' reactions to community language learning: a descriptive study. *Foreign Language Annals* 27(3): 379–390.

Stevick, E. W. 1973: Review article: Charles A. Curran's Counseling-Learning: a whole person model for education. *Language Learning* 23(2): 259–271.

Stevick, E. W. 1976. *Memory, Meaning and Method: Some Psychological Perspectives on Language Learning*. Rowley, MA: Newbury House.

Stevick, E. W. 1980. *Teaching Languages: A Way and Ways*. Rowley, MA: Newbury House.

Stevick, E. W.1998. *Working with Teaching Methods: What's at Stake*. Boston: Heinle and Heinle.

Taylor, B. P. 1979. Exploring Community Language Learning. In C. Yorio, K. Perkins, and J. Schachter (eds.), *On TESOE '79*. Washington, DC: TESOL. 80–84.

Tranel, D. D. 1968. Teaching Latin with the chromachord. *The Classical Journal* 63: 157–160.

18

暗示教学法

引　言

本书前面的几章中已经介绍了数种由教育家提出的主流语言教学之外的语言教学方法，如默示教学法（第 16 章）和社团语言教学（第 17 章）。此类教学方法有时可能因其新颖性与能产生的效果而引起了教师的兴趣。20 世纪 80、90 年代兴起的许多"创新"方法如今已基本成为历史，尽管世界不同地区仍有一些实践者。暗示教学法（suggestopedia）是这种类型中的一种方法，由保加利亚精神病学家-教育家乔治·罗扎诺夫（Georgi Lozanov）创立。暗示教学法是源自暗示学（Suggestology）的一系列具体的学习建议，罗扎诺夫将其描述为对人类不断面对的"非理性及／或无意识影响……进行系统研究的科学"（Stevick 1976：42）。暗示教学法尝试利用并重新定向这类影响，以优化学习。暗示教学法最明显的特征是教室的装饰、家具和布置、音乐的使用和教师的权威行为。音乐是暗示教学法中尤其重要的一个元素，语调和节奏跟背景音乐相协调，有助于产生一种轻松的态度。该方法从某种意义上讲带有一种神秘意味，一方面是由于它与西方现有的学习或教育理论没有直接联系，另一方面是由于其术语和新名词晦涩深奥，一位批评者毫不客气地称之为"伪科学官话包"（Scovel 1979：258）。

当前暗示教学法的倡导者汉森（Hansen 2011：403）评论道：

20世纪60年代暗示教学法出现时并不为人们所理解，因为它所主张的大量学习无法用与当时的科学相一致的方式来解释。其创始人、共产主义时期在索菲亚大学工作的精神病学家格乔治·罗扎诺夫博士对此也不能做出解释，因为作为心理治疗家，他依靠直觉，循着互动中显现出来的微妙迹象，来展开工作。为治愈政权下的受害者，对极其严重的病例不得不使用催眠，他尝试找到某种手段，使深受折磨的患者"回归正常生活"。在他的经历中，催眠术耗尽了生命的力量，而他通过非常微妙的暗示发展出一种与催眠术相反、唤醒生命本质的方法。为消除那些需要"帮助"的"病患"的破坏性并发症，他为他的治疗方法制订了一个新的目标——教一门外语，他也正是在那时发现了其非凡效果：不仅创伤治愈了，而且学习者英语学习也异常快速！消息传开，政府迅速介入，推广利用这一研究成果。

暗示性学习的主张非常引人注目。"暗示学在公共生活的每一领域都有其价值"（Lozannov 1978：2）。汉森所阐述的非凡效果指的似乎是罗扎诺夫（1978：27）本人的声言，即"采用暗示方法学习的记忆效果，似乎是采用传统方法学习记忆效果的25倍"。罗扎诺夫承认暗示教学法与瑜伽和苏联心理学在传统上具有千丝万缕的联系。他从王瑜伽中借用并改造了能够改变人的意识和注意力状态的技巧，以及有节奏的控制呼吸。他接受了前苏联心理学中所有学生都能够在同一技能水平上学习给定课程这一观点，坚持认为不论学生是否花时间进行课外学习，他的方法都同样有效果。罗扎诺夫还许诺，通过暗示教学法，无论有无学术天赋者都能获得成功。前苏联的心理学也强调学习环境的重要性，罗扎诺夫也同样对最佳学习环境的要求做了详细说明。

暗示教学法的一个最显著的特征是音乐和音乐节奏在学习中的中心地位。因此，暗示教学法与音乐的其他功能性应用，尤其是治疗，有着密切的关系。最早被证实的音乐疗法之一记录在《圣经·旧约》中："从神那里来的恶魔临到扫罗身上的时候，大卫就拿琴，用手而弹，扫罗便舒畅爽快，恶魔离了他。"（撒母耳记上12：23）罗扎诺夫可能将这一事件描述为用音乐协助"从分离的微精神创伤中解放出来，摧毁关于人类能力极限互不相容的想法"（1978：252）。换言之，音乐带来的解脱将会战胜邪恶的灵魂。

加斯顿（Gaston 1968）对音乐在治疗中的三种功能进行了界定：促进人际关系的建立与维系；通过音乐表演提高自我满足感进而增加自尊；以及运用节奏的独特潜力去赋能并维持秩序。最后一种似乎是罗扎诺夫应用音乐来使学习者放松、组织、安排语言材料呈现的速率与节奏的功能。

理　　论

语言理论

罗扎诺夫并没有对任何一种语言理论做出清楚的阐述，似乎也并不关注关于语言元素及其组织的任何具体假设。他强调对词汇对——即目标语词汇及其本族语翻译——的记忆，表明词汇在其语言观中处于中心地位，但是所强调的是词汇翻译而非其语境中的使用。然而，罗扎诺夫偶尔也提及在"完整的有意义文本"中体验语言材料的重要性（Lozanov 1978：268），指出暗示教学课程"将学生向交际行为"引导，"而不是词汇记忆和言语习惯的习得"（1978：109）。

罗扎诺夫建议，应将"完整（而非片段性），首要的是有趣，且有意义的文本"录制下来，供学习者在家研学。听录音是"为了（领略）外国语言的音乐"（1978：277）。文本应该是内容富有情感轻松的故事。罗扎诺夫所推荐的故事似乎都具有激励作用，但这并不代表他认可语言主要是为其情感功能而学习和使用这一观点。另一方面，如前述及，课堂上采用的课文其重心是由音乐和其他舒缓节奏所伴奏的对话。

在对课程作业和文本组织进行描述时，罗扎诺夫经常将所学习的语言称为"材料"（例如，"所要学习的新材料由训练有素的教师朗读或者背诵出来"（1978：270）。人们感觉到，材料的语言本质在很大程度上无关紧要，而且如果语言课程的重心是语法规则的记忆，那么罗扎诺夫认为，暗示法就是最适合的。所给出的意大利语课程教学程序的范例（Lozanov 1978）并没有暗示，有一种与认为语言乃是其词汇及对词汇加以组织的语法规则的语言理论明显不同的语言理论。

汉森（2011：411）强调语法在文本学习中的作用：

> 在（由下述模仿和阅读组成的）罗扎诺夫循环中，显性语法教学的主要时段是在集体阅读文本时进行的第一次详释中。重复某个句子之后，会瞬间、显然自发地（但是有精心计划和准备）关注语法项目。语法项目必须：
> a）源自文本，这样一来，学习者的心思就仍然集中在剧情上而不是在语言结构上；
> b）简洁明了，这样一来，学习者就没有机会切换到分析模式。因此，这之后永远不会有后期阶段可能发生的练习或操练。
> c）不完整，这样一来，就仍有材料供潜意识思考和研究；大脑若受到挑战的积极刺激，就变成一个强迫性的句型制造器。
>
> 语法从来都不是为语法而出现供人处理，而是作为文本的难题自发出现。

学习理论

暗示是暗示教学法的核心。对许多人而言，暗示使人想起入木三分的凝视、游离的猫眼，以及催眠师单调重复的训诫。罗扎诺夫承认暗示教学法可能与这种联想有联系，但是，他同时认为，他自己的观点将暗示教学法与"作为一种类似睡眠的被改变了的静态意识状态，狭义的临床催眠概念"区分开来（1978：3）。罗扎诺夫进一步认为，他的教学方法与催眠及其他形式精神控制的区别是，如下文所解释，后者缺乏某种"去暗示-暗示的意识（desuggestive-suggestive sense）"，而且"无法通过集中心理放松来创造某种能够持续提取储备的准备状态"。（此处，我们将储备（reserves）解释为与人类记忆库类似的某种东西；去暗示（desuggestion）似乎是卸载不想要或阻碍记忆的记忆库或储备。那么，暗示（suggestion）就是将所需要或有帮助的记忆加载到记忆库中。）去暗示与暗示的运作及储备通达通道的建立需要借助于六个主要理论成分。下面我们根据班克罗夫特（Bancroft 1972）的观点对这六种主要成分做一简要描述。

权威（*authority*）

人们对源自权威的信息记忆效果最好，也最容易受其影响。罗扎诺夫硬性规定了各种各样的处方和戒律，旨在使接受暗示教学法的学生体验特定的教育体制，让教师成为有很大权威的信源。罗扎诺夫曾谈到选择一种学生很可能认为具有很高权威的"仪式性安慰系统"（ritual placebo system）（1978：267）。罗扎诺夫所指的仪式性安慰系统可以是瑜伽，可以是催眠，可以是生物反馈，也可以是实验科学。"仪式性安慰系统随时代的变迁而发生巨变"（同上）。换言之，罗扎诺夫似乎相信，具有科学意味的语言、高度阳性的实验数据以及真正有信仰的教师，构成了对多数学习者具有权威吸引力的仪式性安慰系统。广泛宣传的学习成功赋予此方法和机构权威性，而且对方法的认可、自信、个人距离、行动力及高度积极的态度赋予教师权威的表象。

幼稚化（*infantilization*）

权威也用于表明一种类似于父母-儿童关系的师生关系。在儿童的角色中，学习者参与角色扮演、游戏、歌唱和体操运动，帮助"年龄大的学生重获儿童的自信、自发性和接受能力"（Bankcroft 1972：19）。

双面性（*double-planedness*）

学习者不仅通过直接教学来学习，而且通过教学发生的环境来学习。教室明亮的装饰、背景音乐、椅子的形状以及教师的人格作为教学材料本身都在教学中发挥着重要的作用。

语调、节奏与音乐会式假消极性（*intonation*、*rhythm*、*concert pseudo-passiveness*）

变化所呈现语言材料的语调和节奏既有助于避免单调重复的乏味，又可以使语言材料戏剧化、情感化，并赋予其意义。在首次呈现语言材料时，三个短语分别用不同的声音和节奏连在一起读。第二次呈现语言材料时，语言材料要用戏剧化的方式来朗读，这样有助于学习者将语言材料的语境视觉化，从而促进记忆（Bancroft 1972：19）。

罗扎诺夫将由音乐诱发出来的这种放松状态，称为音乐会式假消极。[321]这种状态被认为最有利于学习，因为在这种状态下焦虑与紧张得到释放，对新材料的注意力也得到强化。由于音乐在暗示性学习中处于核心地位，因此需要略加详论。

音乐的类型对学习的成功至关重要。

> 音乐对身心有影响这一观点，当然并不新颖……关键是找到产生恰当效果的恰当音乐……超级学习［暗示性教学的美国说法］中使用的音乐极其重要。如果没有所要求类型的音乐，所需要的意识状态改变就不会产生，效果也会不好……特定的目的需要特定的音乐（声波类型）。
>
> （Ostrander, Schroeder & Ostrander 1979：73—74）

在教育机构中，罗扎诺夫建议将巴洛克协奏曲的一组 4/4 慢节拍乐章（每分钟 60 拍）改编成大约半小时的音乐会。他指出，在这些音乐会上，"身体得到放松，头脑变得警觉"（Ostrander et al. 1979：74）。作为进一步完善，"东德莱比锡卡尔·马克思大学的暗示教学法研究者发现，以弦乐为特色的巴洛克器乐乐章产生的效果最好"（Ostrander et al. 1979：115）。

学习材料按照某种节奏呈现的速度与节奏协调统一。超级学习采用八个二度音周期，将语言材料按照一定步速呈现出来，之间有短暂的间隔。在每一周期的前四拍中，有沉默；在后四拍中，教师呈现对话，即所谓的"材料"。奥斯特兰德等人（Ostrander et al.）通过各种证据表明，为什么这一步速在巴洛克式慢音乐中如此有效。他们指出，音乐的节奏影响心跳等身体的节奏，而且研究者还指出"心跳若放慢，思维的效率就会有大的飞跃"（1979：63）。他们引用实验数据表明，若用瓦格纳音乐来代替缓慢的巴洛克音乐，学习结果就非常糟糕。对此，他们进行了反思，认为"一分钟分为六十秒，这可能并非任意的时间分割，而是大有讲究"。他们进一步报告说，"例如，印度的维兰比塔（vilambita）有要求的每分钟六十次节奏"，这说明印度的瑜伽修行者可能已经将这种六十节拍融入瑜伽技巧。最后，他们指出，不仅人类而且植物在六十节拍的刺激下均能很好地生长。"植物在有巴赫（Bach）的巴洛克式音乐和拉维·香卡（Ravi Shankar）的印度音乐的室内，很快就长得郁郁葱葱……而在有摇滚乐的室内则枯萎以至死亡"（1978：82）。因此，暗示性学习乃是建立在特定类型的音乐和特定的呈现速度基础之上的。

教学设计

教学目标

暗示教学法的宗旨是快速地培养高级会话技能。其学习观的基础显然是学生需要掌握大量的词汇对，而且向学生表明，他们自己设定此类目标是适合的。然而，罗扎诺夫强调，记忆能力的增强并非一种孤立的技能，而是"积极、全面的人格刺激"的结果（1978：253）。罗扎诺夫断言，"教学的主要目的不是记忆，而是理解并创造性地解决问题"（1978：251）。他将不断增强理解并创造性地解决问题看作是学习者的目标。但是，由于学生和教师都非常重视词汇的记忆，因此词汇对的记忆一直被看作是暗示教学方法的重要目标。

教学大纲

一个暗示教学课程持续30天，由10个学习单元组成。每天上4个小时的课，每周上6天。每个单元的核心部分是一个1200词左右的对话，附带一个词汇表和语法解释。对话根据词汇和语法进行了分级。

每一个单元和整个课程都有其学习模式。单元学习持续大约3天：第一天学习半天，第二天学习全天，第三天学习半天。新单元学习的第一天，教师首先介绍该单元对话的总体内容（不是结构）。然后，学习者收到目标语与对应的本族语翻译分列两栏的纸质对话。教师回答任何引起兴趣的问题或对话所关切的问题。之后，朗读对话第二遍、第三遍，然后进行讨论。这是教学的第一天。第二天和第三天分别对文本进行首次和第二次详尽阐释（elaboration）。首次详尽阐释包括对对话进行模仿、问答、朗读等，学习本单元中的 150 个新词。第二次详尽阐释是鼓励学生根据对话创造新的组合和输出。同时，要求学生阅读与对话类似的故事或短文。学生进行会话，并根据课文内容进行小型的角色扮演。

整个课程也有一种呈现和表演的模式。第一天要对学生进行测试，确定其知识水平，并以此为基础，分成两组——一是初学者，一是修正（虚假）的初学者。然后，教师向学生对课程做一简明扼要的介绍，并对其应该采取的态度做一解释，旨在让学生有一个积极、放松、自信的学习情绪。给所有学生用外语各自起一个新的名字，并编造一个第二种文化中的个人经历，用于整个课程。新起的名字中应包含学习者认为很难发音的目标语音素。例如，一个学习英语的学生可能是"来自堪萨斯州的女演员安·麦基（the *a*ctress Ann M*a*ckey from K*a*nsas[①]）。"

课程中有两次扩展语言材料运用的机会。在课程中间，应鼓励学生在可能的场景中，如酒店、餐馆等，练习使用目标语。课程的最后一天，举行要求所有学生都参与的演出。学生根据课程材料编写一个剧本，设计好规则和角色，但要求学生即席说出而不是背台词。书面测试贯穿于整个课程，课程最后一天对测试结果进行讲评和汇演。

学习和教学活动的类型

在前文关于教学大纲的讨论中，我们已经顺便提到了各种各样的教学活动，其中包括模仿、问答和角色扮演——这些皆非"在其他语言教师看

[①] 斜体字母"a"的发音是[æ]，假定它不容易发音。——译者注

来非同寻常的"（Stevick 1976：157）的教学活动。暗示教学法所采用的更具独创性的教学活动类型是与每个单元的课文和课文中词汇相关的听力活动。这些活动通常是"预习阶段"的一部分，发生在新单元学习的第一天。学生首先与教师一起朗读并就新课文展开讨论，后者回答前者提出的与对话有关的问题。在第二次朗读课文时，学生放松地斜靠在椅子上，倾听教师以某种方式朗读课文。史蒂威克（Stevick 1976）指出，这种"特殊的方式"其确切本质并不清楚。班克罗夫特（Bancroft）指出，教学材料以"不同的语调、通过声音与印刷文字或图画相配合来呈现出来"（1972：17）。第三次朗读时，教师用戏剧化的方式在前述特定音乐背景中将教学材料的内容表演出来。在这一阶段，学生背靠在椅子上，按照教师的指导有规律地深呼吸。罗扎诺夫认为，无意识学习体系就是在此时发挥其作用。

学习者的角色

学生自愿参加暗示教学课程，但是，既然是自愿加入，他们就需要全身心投入到课堂学习及活动中。学习者的心理状态对学习成功至关重要；他们必须专心致志，全神贯注，沉浸于教学方法规定的教学过程中。学习者不得试图理解、操纵或学习所呈现的材料，而是必须保持在一种伪消极的状态中，在教学材料中摸爬滚打。学生不仅应该能够容忍其幼稚化，而且实际上是主动进入"幼稚化"状态。若做到这一点，一方面要承认教师的绝对权威，另一方面还要全身心地投入旨在帮助他们重获儿童的自信、自发性和接受能力的活动，并接受其技巧。这类活动包括角色扮演、游戏、歌唱和体操运动（Bancroft 1972：19）。如上所述，为帮助学生进行角色扮演，并摒弃过去的学习经历，必须给他们起一个符合目标语文化的新名字，并编造一个个人经历。

在理想情况下，组成小组的学习者应具有相似的社会经历，12个人一组，男女数量相同。学习者坐成一个圈，这样有利于面对面交流和参与活动。

教师的角色

教师的主要角色是创建学生最容易受暗示的情境，然后以最可能有助于学习者积极学习和记忆保持的方式呈现语言材料。

罗扎诺夫（1978：275—276）列出了数种有助于材料呈现的教师行为。

1. 对这一教学方法有绝对的信心。
2. 行为举止和衣着讲究得体。
3. 正确组织并严格按照教学过程的初始阶段的要求——包括音乐的选择与播放、守时，来进行教学。
4. 对课堂教学保持严肃的态度。
5. 进行测试，并巧妙地处理不及格的试卷（有的话）。
6. 对待教学材料，强调全局的而非分析的态度。
7. 保持适度的热情。

正如史蒂威克（Stevick 1967）指出，有些教学材料的呈现方式很重要、复杂，而且不可达到。教师似乎要做好准备，循序渐进地实施这一方法，而且某些技巧要等到教学大师认为初入道者做好准备之后才能采用。此外，班克罗夫特（Bancroft 1972）认为，教师应该具备表演、歌唱和心理治疗方面熟练的技能，并且接受过罗扎诺夫式教学的教师要接受这些领域3到6个月培训。

教材的作用

教材包括直接支持性教学材料和间接支持性教学材料，前者主要是文本和音频，后者包括教室内的设备和音乐。

文本是围绕如前所描述的十个单元来组织。教材应该具有情感力量、文学的品质以及有趣的人物。语言问题应当以不让学生担心或分散其注意力的方式来教授。"创伤性主题和令人不快的词汇材料应力求避免"（Lozanov 1978：278）。每个单元都应当只有一个主题，其特色是下有多个副主题，"如同在生活中一样"（同上）。

学习环境虽然并非语言材料，但是在暗示教学中扮演着重要的角色，因此需要简要将重要的环境因素列举出来。环境（间接支持材料）包括教室的外观（明亮、欢快）、家具（摆成圆圈的躺椅）和音乐（巴洛克式慢音乐，选择原因上文已探讨过）。

教学程序

汉森（Hansen 2011：408）对暗示教学课程的一个典型课堂教学周期做出了如下描述：

> 课堂教学从周期的角度来加以考虑：首先是呈现（讲授），学习者以三种不同的方式吸收精心配乐的材料。首先要以非正式、戏剧化的形式教授本课的词汇，然后是两场正规但非常不同的"音乐会"，教师伴随着音乐朗读课文。此类"输入"环节点燃每个学生无意识"孵化"的火花，持续整个课程。根据具体情况，输入可以在一大节课内完成，但随后至少要有一个晚上的休息。之后开始对课文进行"详尽阐释"，首先是对文本进行解读，后续是更自由、更具创造性的一堂课……每一堂课都遵循这一周期结构，但会用一或多个"再现（recapitulation）"日来巩固所学习的语法，课程以学生计划、写作和小组汇演结束。在整个课程期间，每个学生都用目标语起了一个名字，其性格亦在此框架内更新。教师也时不时地变换所扮演的角色，反映出其性格的流动性，随学习的进步而不断改变：首先是作为权威人物界定、支持小组互动，设定安全参数，随着学生自信心的增强、知识的丰富，教师逐渐淡入背景中，最终退出舞台，让学生控制整个课堂。

第三部分——音乐会一堂课——是暗示教学法中最著名的部分。既然这是该方法的核心部分，因此此处引用罗扎诺夫的观点来说明这一堂课是如何来进行的。

上课开始，会话全部暂停一、两分钟，教师听录音机播放的音乐。他［原文如此］等待并听几个段落，以便进入音乐气氛，然后开始朗读或复述新课文，声音与乐句相协调。同时，学生看着课本上课，每篇课文都已翻译成母语。在音乐会上、下两半场之间有几分钟肃穆的沉默。在某些情况下，停顿可能延长，以便使学生活跃起来。音乐会下半场开始时，又有几分钟的沉默，教师在开始朗读文本前，再次听到一些乐句。学生合上课本，倾听教师朗读。最后，学生们安静地离开教室。除了在睡前和起床前浏览一下课文之外，关于所学课文，他们不需要做任何家庭作业。

（Lozanov 1978：272）

结　　论

在 20 世纪 70、80 年代所谓的新教学方法中，暗示教学法所受到反应或许最热情，而且批评亦最多。1978 年 3 月 12 日的《大观（*Parade*）》杂志刊载有一篇评论文章，盛赞暗示教学法。由于《大观杂志》在美国有每周的发行量 3 千万份，因此关于暗示教学法的报道可能是迄今为止对外语教学的推广最有力的单篇文章。发行量略小于《大观》的《*TESOL* 季刊*》(TESOL Quarterly*) 则对暗示教学法提出了尖锐的批评（Scovel 1979）。在承认"暗示教学法的一些教学技巧和程序可能在外语教学课堂上有用"的前提下，斯科维尔指出，罗扎诺夫明确反对折中地使用任何暗示科学之外的教学技巧。关于暗示科学，斯科维尔指出，"如果我们在 70 年代接受了任何教训的话，那就是语言教学艺术从暗示学这一伪科学中几乎没有获得任何裨益"（1979：265）。

斯科维尔对罗扎诺夫对学术引用、术语和实验数据的使用（和误用）颇有异议，认为"细读《暗示学与暗示教学法概论》(*Suggestology and Outlines of Suggestopedy*) 就会发现，暗示学中几乎没有科学的东西"（1979：257）。然而，在罗扎诺夫看来，正是其仪式性安慰系统这一概念所捕捉到的这种科学的气氛（非其实质）在学生看来赋予暗示教学法其权威性，使他们做好了成功的准备。暗示教学法领导者的任务之一是确定目前通行的哪一种仪式性安慰系统对学生而言最具权威性，因为当前做出的选择（如瑜伽）其优势可能随时间减弱。"新的时代为建立新的去暗示-暗示仪式性'安慰'系统创造条件"（Lozanov 1978：267）。正如医生告诉患者安慰剂是治愈其疾病的良药，教师亦告诉学生暗示教学法是一门能教他们学会语言的科学。而且，罗扎诺夫坚持认为，如果患者认为安慰剂能够治愈其疾病、学生认为暗示教学法亦能够教会他们语言，那么安慰剂/暗示教学法就确实有此威力。

或许，再纠缠于科学/非科学、数据/似是而非的空话这类问题毫无意义，相反，正如班克罗夫特与史蒂威克所为，应该尝试找出并验证暗示教学法中哪些教学技巧（如关注节奏与语调）有效，而且与其他成功的语言教学技巧相协调。

讨论问题

1. 音乐在暗示教学法中发挥着重要作用。那么，在您的课堂上，音乐在支撑语言学习（如通过歌曲中使用的词汇）、使学生感到舒适方面发挥什么作用？
2. 暗示教学法非常重视词汇。该方法的支持者如何进行词汇教学？
3. "教材应该具有情感力量、文学的品质以及有趣的人物。语言问题应当以不让学生担心或分散其注意力的方式来教授"（第324页）。您目前采用的教材在多大程度上符合这些特性？
4. 您认为教师在使用暗示教学法时会遇到什么困难？可能给学生带来什么困难？
5. 虽然暗示教学法很容易——而且在实践中经常为人们所排斥，但是它对影响学习的无意识的重视却并非没有事实依据。人的许多行动都是由信仰、情感和价值观支配的，这是我们通常意识不到的。教师在多大程度上应该考虑与学习者有关的这些方面呢？他/她如何做到这一点？请审视一下您自己的教学，并找出在教学设计、授课过程中您对下述学习者因素加以考虑的方式：
   - 信念
   - 价值观
   - 情感

参考文献与延伸阅读

Bancroft, W. J. 1978. The Lozanov method and its American adaptions. *Modern Language Journal* 62(4): 167-175.

Blair, R. W. (ed.). 1982. *Innovative Approaches to Language Teaching*. Rowley, MA: Newbury House. *Educational Courier* (February): 16-19.

Gaston, E. T. (ed.). 1968. *Music in Therapy*. New York: Macmillan.

Hammerly, H. 1982. *Synthesis in Second Language Teaching*. Vancouver, B.C.: Second Language Publications.

Hansen, G. H. 2011. Lozanov and the teaching text. In B. Tomlinson (ed.), *Materials Development in Language Teaching*. 2nd edn. Cambridge: Cambridge University Press. 403-413.

Lozanov, G. 1978. *Suggestology and Outlines of Suggestopedy*. New York: Gordon and Breach.

Ostrander, S., L. Schroeder, and N. Ostrander. 1979. *Superlearning*. New York: Dell.

Scovel, T 1979. Review of *Suggestology and Outlines of Suggestopedy*. *TESOL Quarterly* 13: 255-266.

Stevick, E. W. 1976. *Memory, Meaning and Method: Some Psychological Perspectives on Language Learning*. Rowley, MA: Newbury House.

Stevick, E. W. 1980. *Teaching Languages: A Way and Ways*. Rowley, MA: Newbury House.

第四部分
教学与学习的环境

本书第四部分的几章内容所关注的重心是学习者与教师对学习和教学过程的贡献，以及各种教学途径和方法在课程设置中的地位。第19章考察学习者的角色及其与各种教学途径和方法相互交汇的方式。在本章中，我们将探讨学习自主性、学习策略、学习风格以及技术的作用。本章所传达出来部分信息是学习并非教学的镜像反映。学习自主运动以及关于学习策略与学习风格的研究都强调，学习者能够积极地参与对自己学习的管理与指导，而且教学的目标之一是让学习者对自己的学习承担更多的责任。对学习者而言，技术对促进自主学习有重要作用，使他们能够进一步使自己的学习个性化，也可以强化其学习动机。

第20章探讨教师的角色及教师如何进行教学这一问题。第一种策略是教师采用一种教学途径或方法，努力使其教学风格与相应的途径或方法相匹配。第二种策略是改造某一方法，使其适应教师的本土需求与环境，这可能需要借鉴不同方法的原则与程序。第三种策略是教师根据自己的信念、经验与对教学实践的理论思考形成自己的教学途径。本章将考察上述各种观点分别对教学与教师培训的意义。

第21章从课程设置的角度对各种教学途径与方法进行考察。从传统的角度来看，教学大纲的设计是一个前瞻式（forward）过程，首先要确定所要教授的语言或输入，然后确定教学过程和输出，或者目标。另外，教学过程本身也可能是课程规划的起点，大纲是教学的结果，这被称为中心式设计（central design）。第三种课程开发策略是将学习结果作为起点，这一过程被称为后顾式设计（backward design）。听说法、交际语言教学、内容型教学以及内容与语言融合式学习（CLIL）都是前瞻式大纲设计的例子。自然途径、默示教学法、社团语言学习等方法则被描述为中心式设计。能力型语言教学、标准运动和以结果或要完成的任务为起点的任务型语言教学则是后顾式设计的例子。

19
学习者、途径与方法

引　言

　　学习者在本书中所介绍描述的各种教学途径和方法中，都扮演着重要的角色。在某一个层次上，这体现在支撑每种方法所推荐的教学策略的学习理论中，因为学习理论乃是对学习者在第二语言学习中应该使用的过程的描述（Atkinson 2011）。在另一个层次上，如本书所描述，每一种教学途径或方法中学习者应该扮演的角色也是对期待学习者应该采用的学习方式、与教师和其他学习者互动的方式，以及某一方法所采用的学习安排与资源使用方式的解释（另见 Senior 2006）。学习者当然处于所有教学理论的中心位置，而且其在学习中的角色已从多种角度得到过研究，包括心理学、教育学和第二语言习得（Ortega 2009；Alsagoff 2012）。20 世纪 80 年代，伴随着学习者中心（learner-centeredness）这一概念——一种在过去 50 年间广泛影响普通教育和语言教学的教育哲学（Nunan 1988；Breen 2001；Blumberg 2004）的产生，对学习者及其对学习的贡献的关注普遍存在于许多教育领域中。这是一种关于学习者对学习贡献的更全面的观点——可以被看作是对不同教学途径和方法中所隐含观点的补充，也可以被看作是促使人们对教学方法重新思考的某些假设。学习者中心观背后的一个基本假设是，学习未必是教学的镜像。如（本书第 12 章所探讨的）多元智能理论所示，学习者将自己的意向带入到语言学习中，既可以与一种教学途径或方法的假设相结合，也可以独立发挥作用。成功的学习者能够创造出自己的学习路径，而且高效的教师应努力认可学习者的学习途径，帮助他们获得高效的学习策略，并且将对学习者的关注融入课程中。

本章将对学习者自主性（learner autonomy）、学习策略（learner strategies）、学习风格（learning styles）等概念及其与我们对各种教学途径和方法的理解相联系的方式，进行考察。之后将考察技术在支撑学习者在语言学习中的角色方面发挥的作用。

学习者自主性

学习者自主性这一概念强调学习者在自己的学习中所扮演的角色。虽然各种教学途径与方法通常规定了学习者在学习中的角色，但是，学习者自主性强调，成功的学习者往往以独立于教师在教学中所采用教学方法的方式，或者以对这些方法的成功非常重要的方式，来学习。因此，给学习者更大的自主权管理自己的学习，同时为学习者提供将课内、外学习相联系的手段，有助于教学效果的提升。学习者自主观与教师"自上而下"的学习管理观形成鲜明的对比，根据后者，学习者被看作是一个等待接收教师输入的空容器，而根据"自下而上"的理解，学习者被看作是对语言和语言学习理解构建的积极参与者（Benson 2001；Benson & Numan 2005）。传统的教学方法，如听说法与情境语言教学等，其特点是规定一种自上而下的学习途径，学习者不能选择学习内容或者学习方式。20世纪80年代兴起的一些教学方法，如默示教学法（第16章）与全身反应法（第15章）等，为学习者所设定的就是此类角色：学习者应该服从此类方法的规定，如何学习既不征求其意见，更不让其参与决策。最近流行的一些教学方法，如任务型语言教学（第9章），亦有此特点，方法背后的学习理论驱动教学过程，并决定教师可以使用的课堂活动类型。

学习者自主性这一概念为学习者设定了不同的角色。根据本森（Benson 2001）的观点，这就意味着学习者必须参与决策，设定学习目标、决定学习方式与方法，并对所学内容进行反思与评价，等等。由于其基础是学习者的需求与喜好，因此一般认为，自主学习能够使学习更具个性、更聚焦，产生更好的学习效果（Victoria & Lockhart 1995）。这与传统上以教师为主导大部分决策均由教师做出的教学途径相反。本森（Beson 2001）对自主学习的五项原则做了简明扼要的概述：

1. 积极参与学生的学习；
2. 提供选择和资源；
3. 提供选择与决策的机会；
4. 支持学习者；
5. 鼓励反思。

鼓励自主学习的课堂蕴含以下几个方面：

- 教师不再是教员，而更多的是促进者。
- 鼓励学生不再依赖教师作为主要的知识源。
- 鼓励学生培养自学能力。
- 鼓励学生自己决定学习什么。
- 鼓励学生对自己的学习风格有清醒的认识。
- 鼓励学生发展自己的学习策略。

欧洲委员会已经制定了《欧洲语言档案》（European Language Portfolio，简称 ELP）计划（Little 2002），旨在促进学习者自主性这一概念在教学实践中的应用。档案有三个部分组成：语言护照（a language passport），为学习者总结其语言身份提供手段；语言传记（a language biography），为学习者提供机会用外语对自己的语言学习经历进行描述与反思；以及文件档案（a dossier），供学习者记录各种证明自己语言水平发展的证据。电子学习产品（ELP[①]）中包含一般的目标设定与自我评估。

自主学习在语言教学中的应用（Reinders 2009）还包括以下几个方面：

- 需求分析（needs analysis）。协商与评估之后，教师可以帮助学习者诊断其学习的优、劣势，并就独立的学习方式提出建议，克服所发现的劣势。纽南（Nunan 1995：145）指出："学习者若能够自己设定学习目标，并为自己创造学习的机会，达到这种程度，从本质上讲就具有自主性了。"
- 学习者培训（learner training）。这可以是短暂课程或培训活动，以此来培训独立学习的策略。
- 自我监控（self-monitoring）。自主学习的另一方面是，学习者必须培养监控自己学习所需要的技能。学习日记或者档案可用于此目的，但技术提供了其他更多的选择。例如，学生可以录制视频记录自己完成不同任务的过程（如说明性任务或者叙事性任务），并对自己不同时期完成同一任务的表现做一对比。
- 学习咨询（learning-counselling）。这指的是教师与学习者之间的定期召开会议，帮助学习者规划其学习。
- 学习资源（learning resources）。教育机构可以提供网络链接或纸质资源，如上面提到的电子学习产品或者其他类型有助于自主学习的资源。
- 自主学习中心（self-access center）。许多机构都有提供各种自主学习资源的网络专用平台或专门的自主学习中心，既是对课堂教学的补充，也便于独立的自主学习。通常有专职人员提供支持，帮

---

① 其全称为"e-learning products"。——译者注

助选择和使用学习资源。
- 跟进与支持（follow-up and support）。学习者自主性的培养需要持续的支持与鼓励。这可能包括以学生为主导的小组讨论课与师生反思性回顾的机会。
- 自学（self-study）。目前，市面上有许多商业性完全针对自学的语言学习包。从某种意义讲，这些完全是以学习者为中心，不受教师干扰。但是，所有这些都确实涉及某种"方法"，并且其营销重点也是"这种方法"（例如 Rosetta Stone®[1]、TELL ME MORE®[2]、the Pimsleur® Method[3]、Language101.com.[4]，等等）。

莱因德斯（Reinders 2009：53）在对学习者自主性策略的培养进行回顾时，指出：

> 虽然［一种培养学习者自主性途径］的运用……不能确保学生获得自主性，但是教学活动确实将关注点从你转移到学习者身上。他们作为独立的个体受到重视，并且在学习中得到支持，认识到这一点意味着学习者建立起这种思维定式的可能性更大，而且教师也更有可能考虑学生掌控学习过程的重要性。

学习者自主性的概念表明，教师应该对其采用的某种教学途径或方法加以审视，确定它是否能够与培养自主学习的活动联用，或者它是否会限

---

[1] "罗塞塔石碑"原是一块用希腊文字、古埃及文字和当时的通俗体文字刻有埃及国王托勒密五世（Ptolemy V）诏书的石碑。石碑上同一内容的三种不同语言版本使得近代的考古学家能够解读出已经失传千余年的埃及象形文之意义与结构，从而成为今日研究古埃及历史的重要里程碑。此处所指为一个提供多语言教学口碑很好的语言学习网站（包含各种软件）。——译者注

[2] 一款全球英语在线学习系统，由法国的 Auralog 软件公司研发，包括英语、阿拉伯语、丹麦语、法语、德语、西班牙语、意大利语、日语和汉语等九个语种的教学软件。——译者注

[3] 由保罗·皮姆斯勒（Paul Pimsleur）博士开发的一款语言学习的软件，供学习各种语言学习之用，不仅有其系列教材，而且有其教学方法。——译者注

[4] 一个适用于各种网络条件供多种语言学习的网站。——译者注

制学习者管理、指导自己学习的能力。何种类型的教学途径和方法最有利于学习者自主性的培养？从根本上来说，教学途径在其阐释和实施方面的灵活性越大，就越有利于鼓励学习者自主学习。因此，早在20世纪70年代，由于有"强"（不那么传统的）和"弱"（更传统的）形式而得到推崇的交际语言教学就被认为是特别适合提高学习者自主性的一种教学途径（第5章）。同样，内容型教学途径或内容与语言融合型学习（CLIL）（第6章）的宗旨是强化学习动机，发展积极、自主的学习方式。

学习策略

学习策略乃是对学习者在学习中的角色进行探讨的另一种途径。有些方法对应鼓励学习者在学习中使用哪些策略，有具体要求。例如，交际语言教学与合作语言学习（第13章）鼓励学习者使用交际策略，以此为基础来培养其语言使用流利性，同时鼓励学习者使用互动策略，使其能够通过意义协商来学习。默示教学法（第16章）乃是建立认知策略在学习中作用的基础上的（参见下文）。但是，我们所说的学习策略究竟如何定义？科恩（Cohen 2011：682）对策略的描述捕捉到了人们这一概念一般意义上的理解："语言学习策略可以定义为由学习者有意识选择、帮助其完成一般意义上的语言学习和语言使用，以及完成特定的语言任务的想法和行为。"但是，学习策略在语言学习中的作用更广泛，表明学习者应在管理自己的学习方面发挥更积极的作用——策略既可以与教师采用的教学途径或方法共同使用，也可以单独使用（Cohen 2011）。学习策略的概念有时被看作是学习者自主性的一方面；但是，自20世纪80年代以来，它在语言教学中有其独立的历史，因此可以很方便地独立加以回顾。

早期对策略在语言学习中作用的探讨经常与鲁宾（Rubin）关于优秀语言学习者特征的研究相联系。鲁宾（1975：45—8）找出了优秀语言学习者的七个特征：

1. 他们乐于做出准确的猜测，容忍不确定性。
2. 他们有强大的交际或者通过交际中学习的动力，并且愿意采用各种手段来传达信息。
3. 他们往往落落大方，无拘无束，只要能顺利进行交流，表现愚笨亦不在乎。
4. 他们关注形式，时刻在寻找新的语言型式。
5. 他们愿意练习，而且主动寻找机会进行练习。
6. 他们监控自己和他人的语言，不断关注其语言的接受效果以及其表现是否达到所学习的标准。
7. 他们关注意义，认识到要理解信息，只关注语法或语言的表层形式是不够的。

自鲁宾的相关研究发表以来，策略的概念在一定程度上引发了争议，因为一些研究者认为它与其他概念有重叠。例如，科恩和顿伊（Cohen & Dörnyei）(2002) 给出了下述阅读策略的例子：

a) 关于目标语的阅读习惯：
- 努力寻找处于或者接近自己水平的阅读材料。

b) 作为基本的阅读策略：
- 计划如何阅读一篇文本，监控阅读进程，然后核查理解的程度。
- 不断在大脑中或文本边缘做总结。

c) 遇到不认识的单词或结构时：
- 根据上下文语境中的线索，猜测其恰当的含义。
- 查字典详细了解单词的具体含义。

策略理论与教学的相关性在于，某些策略可能比另一些策略更有效，而且经验丰富的学习者与初学者所使用的策略，或者成功的学习者与失败的学习者所使用的策略，有很大的差异，认识到这一点，教学与学习的效果就可以得到提高。教学方法与途径或明确或隐含地要求学习者使用某些学习策略；但是，多数关于策略的研究将重心放在与具体教学方法无关的自我管理策略上。

有一种众所周知的分类方法，按照功能对四种不同种类的策略进行了区分（Chamot 1987，2001；Oxford 1990）：认知策略、元认知策略、社会策略和情感策略。

- 认知策略（*cognitive strategies*）。指学习者用于更好地理解或记忆、提取学习材料或语言输入的过程，如建立心理联想、划出文章中的重点短语、课后制作词表进行复习，等等。
- 元认知策略（*metacognitive strategies*）。指学习者"通过计划要做的事、检查进展、评估任务完成情况，来控制语言学习的方式"（Cohen 2011：682）。例如，学生可能关注下述与教师在授课中使用的听力文本相关的问题：

"我应该怎样学习这个听力文本？"（计划）
"我应该重点关注文本的哪一部分？"（计划）
"我关注的是否是文本恰当的部分？"（监控）
"我正确地理解了作者所用的单词了吗？"（监控）
"我很好地完成了任务了吗？"（评价）
"是什么原因使我错误理解了文章的部分内容？"（评价）

- 社会策略（*social strategies*）。指"学习者与其他学习者和本族语者互动的方式，例如通过提问来澄清社会角色和关系、要求解释或验证，以及与他人合作完成任务"（Cohen 2011：682）。例如，学习者可以准备一系列，供与英语讲话者见面时使用，以便有更多机会使用英语。

- 情感策略（*affective strategies*）。指学习者对在语言学习过程中或者在尝试使用所学语言进行交流的过程中所体验的情感进行管理时采取的行动。例如，学习者可能发现，在首次尝试运用其语言技能时，与熟练的第二语言使用者交流，比与本族语者交流压力更小。

对学习策略的研究很有价值，因为这可能得出一些可用于教学和培养学习者自主性的真知灼见。科恩（Cohen 2011：683）提出，为使学习者更好地理解策略的本质，帮助他们有效地使用策略，需要解决四个问题：

1. 强化学习者对正在使用的策略的意识；
2. 展示和模仿策略，这样一来，学习者就能够逐渐对自己的思维和学习过程有清醒的认识；
3. 提供多种练习机会，通过逐步撤除教师的支架式辅助，来帮助学习者自主地使用策略；
4. 让学习者对策略使用及将策略迁移到新任务上所做出努力的效果进行评估。

策略教学中既采用直接教学策略，也采用间接教学策略。若采用直接方式进行教学，策略培训是普通语言课的一个特征，培训课包括五个阶段：准备、呈现、练习、评价和扩展。如顾（Gu）（2012：321）

> 策略首先由教师进行讲解和示范，然后布置任务给学生，练习所教授的策略。教师和学习者在学习过程中反思某种策略选择的原因和所选择策略使用的效果。最终需要鼓励学习者将所教授的策略扩展到相似的语言学习和语言使用任务中。这样一来，随着课堂教学从一个阶段向另一阶段的转变，有关策略使用的决策权就逐渐从教师转移到学习者，在培训结束时，策略的选择和使用的职责就由学习者来完全承担了。

虽然教学途径和方法通常被概念化为第二语言教学（teaching）的教学设计（instructional design），但它们实际上是语言学习（language learning）的设计，恰当的策略使用通常是语言学习成功的关键，因此学习策略这一概念为我们所理解的"教学"增加了一个重要维度。因此，关于教学途径与方法，教师常问的重要问题包括：这种方法所提出的是哪些学习策略？我所教授的学习者使用的是哪些学习策略？其他还有哪些学习策略对我教授的学习者有用？如上文给出的阅读和听力策略的例子所示，在某种教学途径和方法中，学习策略经常与特定技能的教学结合在一起。如上所述，由于学习策略可以被视为学习者自主性的一个方面，因此，灵活的教学途径与方法自不待言也有利于学习策略的发展。另外，合作语言学习等鼓励小组互动和成功的教学方法自然也鼓励学习策略的使用。

学习风格

学习者中心的另一个维度是所谓的学习风格。策略指的是学习者用于应对特定学习任务或语言使用情境的具体行为，而学习风格则指以特定方式学习的一般倾向或偏好。尽管概念化、定义学习方式的方式多种多样（如参见 Griffiths 2008），但里德（Reid）关于学习风格特征的描述，即"个体自然、习惯性地加工吸收、保持新信息和技能的首选方式"（1995：viii），却经常被与语言教学相联系加以应用。学习风格的不同体现为学习者对特定课堂活动类型、教师与学习者特定角色、特定分组安排以及对课堂内外学习模式等方面的偏好。学习风格的概念能够帮助我们更好地理解语言课堂上遇到的学习者类型的多样性，以及学习者根据自己偏好的学习风格对教学方法回应方式的不同。这类偏好会影响学习者以何种方式应对不同的学习情境。例如：

- 有些学习者喜欢独立学习，而其他人则喜欢小组学习。

- 有些学习者在完成任务前喜欢做出详细的计划，而其他人却很少进行计划，只是在完成任务的过程中找出需要解决问题。
- 有些人一次只能关注一项任务，而其他人能够同时从事多项不同的任务。
- 有些学习者面临模棱两可或不确定的情境感觉很不舒服，而其他人能够从容应对信息和观点相互冲突的情景。
- 解决问题时，有些人愿意冒险，并做出猜测，不担心犯错，而其他人则尽量规避有风险的情境。
- 有些人利用视觉线索学习的效果最好，靠记笔记来帮助记忆，而其他人则通过听觉学习更好，不记笔记。

上述各类差异假以时日，往往都能够在课堂上观察到，也可以通过访谈、日记、问卷调查及教师考察学习者学习观的其他活动揭示出来。有许多不同的研究工具和方式都已被用于对学习风格这一概念进行考察，因此产生了许多不同的关于学习风格的列表和分类。下面是常见的分类（Reid 1995；Richard & Lockhart 1994）：

- 视觉型学习者（*visual learners*）。此类学习者以视觉方式回应新信息，喜欢用可视化、形象化、图解式方式来表征其经历。他们从阅读中获益良多，而且能够通过看书本、练习册、黑板上的单词来很好地学习。他们往往能够通过书本来自学，而且习惯记课堂笔记来记忆新信息。
- 听觉型学习者（*auditory learners*）。此类学习者听别人口头解释与听人说话学习效果最好。他们从听录音、教其他学生以及与同学和教师交谈中获益。
- 动觉型学习者（*kinesthetic learners*）。这种类型的学习者通过亲身体验学习效果最好。他们能够通过积极参与实地考察或角色扮演等活动记住新信息。
- 触觉型学习者（*tactile learners*）。这类学习者在参与"亲自动手的"活动时学习效果最好。他们喜欢摆弄各种材料，喜欢建造、修理、制造或者组装各种物件。
- 小组型学习者（*group learners*）。这类学习者喜欢小组互动和与其他学生合作学习，而且与他人一起学习时效果最好。小组互动有助于其更好地学习和理解新材料。
- 独立型学习者（*individual learners*）。这种类型的学习者喜欢独立学习。他们有能力独立学习新信息，而且独立学习材料的效果更好。
- 权威导向型学习者（*authority-oriented learners*）。这类学习者能够很好地适应传统课堂教学。他们喜欢将教师看作权威人物，喜欢接受教师明确的指令，清楚他们在做什么。他们不太习惯建立共识的讨论。

教与学两个概念因文化不同而异，因此，学习风格偏好也反映出学习者文化背景的差异（Tsui 2009）。在某些文化中，优秀的教师应能够控制、指导学习者，教师与学习者之间应保持礼貌的距离。学习者在一定程度上是教师的专业知识的被动接受者。教学被看作是由教师控制和指导的过程。而在其他一些文化中，教师可能更多地被看作是一个促进者。与学生建立亲密人际关系的能力得到重视，并且着重强调学习者个人的创造性和独立学习。学生甚至可能受到鼓励去质疑、挑战教师所说的话。同理，在某些文化中，课堂上学生可能更愿意在同学面前进行交流。温与克莱门特（Wen[①] & Clement 2003）指出，在中国，小组凝聚力和对小组成员的依附对学生在课堂上的交际模式有影响。学生可能认为，如果他/她在班

---

① 这位作者可能是华人，其姓氏可能是"温"，也可能是"文"，此处仅仅是其中一种音译。——译者注

上发言，其他学生可能会看不起他/她，认为他/她是在"炫耀"，使其他学生感觉难堪。语言教学途径与方法中通常都暗含着关于首选学习风格的假设。交际语言教学、社团语言学习（第17章）和任务型语言教学等对以小组为基础的互动式学习方式青眼相加，但是批评者认为这是西方重心学习观的反映（Holliday 1994a、1994b、2003、2009）。而具有其他教育传统背景的学生可能更喜欢由教师引导的教学，更多地依赖于个人的独立学习，而非依赖于小组学习。

但是，相关研究目前尚无法得出确定的结论，认为某些学习风格比其他更有效（Griffiths 2012），而且有些研究者对学习风格的概念提出了质疑（Cassidy 2004）。格里菲斯（Griffiths 2012：162）得出下述结论，"尚无法分离出某一种对语言学习的成功非常重要的学习风格。相反，语言学习的成功非常依赖于学习者选择适合自己个人和需求的学习风格"。

学习风格这一概念的价值在于如何更好地理解可能组成一个班级的学习者的多样性。如上文所述，这一概念也可以解释为什么具有不同文化背景的学生因为其过去所经历的教学类型不同，可能偏爱不同的学习风格这一事实。从学习风格如何与教学途径和方法相结合方面来说，一个重要的考量如下：如果如同上文所引用的中国学生的情形，学习者来自教师居于主导地位，并且不鼓励突出个人的教育背景，那么学生可能喜欢更传统的教学方法，包括听说法（第4章）、情境语言教学法（第3章），甚至包括语法翻译法（第1章）。教师在选择教学途径或方法时，应对文化环境保持敏感，这一点很重要。

技术的影响

近年来，向学习者为中心的教学途径的靠拢既是哲学重新定向与对学习者角色认识改变的一种反映，也是对由于网络及其他类型技术的应用带来的学习者为主导的学习机会变化所做出的回应。沃特斯（Waters 2012：

448）指出：

> 研究表明，交互式白板的使用促进了新型学习机会，对教学方法有很大的影响。还有证据表明，网络教学和学习资源的日益普遍，使得重新平衡以教师为主导的互动与以学习者为主导的互动成为可能。另外，目前的许多教科书都随附有广泛的电子资源链接，这也可能增加学习者独立学习的机会……

因此，技术为学习者提供多种机会，使其对课堂学习和教师的教学途径或方法的依赖程度降低：

- 提供更多接触英语的机会，包括真实的语言使用实例；
- 增加互动的机会，包括与其他学习者、本族语者和世界上英语第二语言使用者之间的互动；
- 支撑不同的学习风格，允许学生寻找与其喜欢的学习方式（视觉型或听觉型）匹配的学习资源；
- 为学生提供机会，关注特殊的技能，例如阅读或者听力；
- 为不同语言水平的学习者提供合适的支持，使学习者能够选择从初级到高级各种难度的活动；
- 增强学习者学习积极性，这通过技术可能带来的学生角色转换来实现：学生不再是教学的被动接受者，而是积极参与增进自己的知识与技能，而且对自己学习的过程与结果有更多的掌控；
- 鼓励学习自主，（技术）给予学习者更多机会选择学习内容和学习方式，从而增强其自主学习意识；
- 提供一个低压力学习环境，对某些学习者而言，技术型学习是一种低压力的练习使用英语的方式，而课堂活动却因给学习者以在与同学比较的感觉，而使其感到压力增大；
- 为学习提供社会环境，（技术）允许学习者加入学习社团，与其他学习者进行社会互动；技术就是以这种方式鼓励合作学习（在一些活动中，学生提供同伴辅导，相互帮助，完成任务）；
- 强化学习动机，因为学生参与技术型学习时，其学习动机通常会得到强化，纪律问题相应减少；
- 提供机会接触更有趣的资料，因为学习者通过互联网可以接触到对他们非常有吸引力的内容，例如电子游戏、YouTube 视频等；
- 支撑课外学习，例如移动技术的使用有助于支撑学习者在有需要时使用英语，如旅行时。
- 提供更多接受反馈的机会，如为学习者提供即时或转送反馈的课程，允许学习者与其他学习者一起学习获得同伴反馈，或者从（远程）教师那里获得帮助的邮件、聊天工具等协作工具。

技术也可以为本书中探讨的许多教学途径与方法提供支撑。例如，技术可以提供学习者真实的互动机会，在这一过程中，学习者运用其将声音、单词、文本、图片联系起来的能力作为支撑，使用、扩展他们的交际资源，因此技术可以作为交际语言教学、任务型语言教学、文本型教学及合作语言学习的组成部分加以运用。应用的方式可能多种多样，如聊天室和论坛。技术也使学习者能够轻松地接触到大量的真实材料，而且使不同地域的学习者能够协作完成任务，并运用印刷品、视频、音频等许各种各样的模式来进行交际。书中出现的话题、功能和活动借助于技术建立起了联系，课堂教材内容因此得以丰富。同理，学生可以在多媒体实验室或者电脑上参与课后学习，学习课堂中练习过的互动和交易的真实例子。技术同样也可以为内容型教学和内容与语言融合型学习（参见第 6 章）提供支撑。以内容为重心的教学以内容为驱动，将语言学习和内容学习融合了起来。真实的内容可以通过网络来获得，从而提供真实的语言使用例证。学生也可以浏览网站、观看网络视频和新闻简报，并且与其他学习者分享其感受。教师可以给学生布置具体的任务（如网络查询），学生也可以独立或者以小组为单位自己准备学习的材料，记录博客文章或播客。他们可以始终使用目标语,与其他学生分享上述内容。在任务型教学和文本型教学中,技术为学习者提供了许多机会,来创造反映现实语言使用的文本或任务,要求学习者将各种技能融合起来,参与与其他学习者意义的协商,同时关注形式。交际型网络任务促使学生参与口语和书面文本的输出,从而提供注意、重构语言的机会,进而促进第二语言的习得(Pellettieri 2000)。任务型语言教学强调语言的宽口径或者整体发展,所采用的任务亦要求将各种技能整合起来。同样,整合型机辅语言学习(CALL)亦需要各种技能的融合,而且技术日益被看作是创设、实施任务型教学的重要媒介。

然而,尽管技术对自主学习具有支撑作用,但仍然有人指出语言的学习与使用主要是一种社会努力。尼尔森(Nielson 2011:110—111)指出:

> 目前尚没有对采用商用独立机辅语言学习材料的外语自学效果进行过实证研究。但是,相关领域的研究表明,最有效的学习并非学习者的独立学习,而且任何专门为自学设计的独立教学材料都必须弥补这种人际互动的不足。例如,关于学习者自主性或"对自己学习负责能力"(Holec 1981:3)的研究者明确指出,自主性的获得——人们坚持认为是有益于语言习得过程的一种情形——未必是自学的结果。实际上,根据本森(Benson 2007)关于自主学习的文献综述,"学习者并非通过简单地将自己置于没有其他选择的情境中来培养其指导自己学习的能力"(第22页)。也就是说,自主是发自学习者内在的一种情形,而非外在情景诱发的情况。

结　　论

虽然各种教学途径与方法通常已对学习者的角色做出了明确的界定,而且反映了关于学习者在语言学习中应该使用何种策略和过程的具体假设,但是学习者对语言学习的贡献不应当受限于某一教学途径或方法的实践。对学习者自主性、学习策略、学习风格以及技术所提供的以学习者为中心的学习机会的关注拓展了我们对学习者在语言学习中作用的认识,提醒我们语言教学并非简单地教授语言。以学习者为中心的教学途径其目标就是为学习者提供课堂内、外使用的学习资源，以及学习者关注、管理自己学习的方式。

讨论问题

1. 请用"是"或"否"回答下面的问题，并说明理由。

   学习者应该总是有机会选择学习内容。
   学习者应该总是有机会选择学习方式。
   所有语言课程都应该具有灵活性，以满足学习者变化多样的需求。

2. "学习未必是教学的镜像反映"（第331页）。请与同事分享您所经历过的教学目标与学习者学习结果之间不匹配的经历。

3. 《欧洲语言档案》体现了学习者自主性的概念，可在欧洲委员会在网站http://www.coe.int/portfolio 上查阅。请阅读这个档案，或者在网络上查找相似的档案，并回答下述问题：

   - 由谁来完成档案？
   - 由教师来进行评估吗？
   - 建立档案的目的是什么？
   - 您认为档案对你的学习者适用吗？为什么（不）？

4. 独立学习和学习者自主性的策略有哪些例子？（请回顾一下第332—333页。）您认为哪些策略最有效？

5. 老师要求学生自己设定学习目标，有些学生却认为，这不是在教学，对此您怎么看？您认为应该鼓励教师改变其教学风格吗？

6. 许多教师认为，学习者的经历和信念并不能使学习者具有自主学习的倾向，这一概念在某些（如西方）文化中，可能比在其他文化中更有用。您认为您的学生习惯承于担更多学习的责任吗？如果不习惯的话，您如何逐渐使他们接受这一理念？

7. 请回顾一下第335—336页上提到的四种类型的策略：认知策略、元认知策略、社会策略和情感策略。下面这些例子分别属于哪种策略？

使用抽认卡记忆新单词。

参加运动俱乐部，认识更多说目标语的人。

记学习日记。

创建放松的学习环境。

8. 策略培训的第一步是强化学习者对其正在使用策略的意识。您会怎么做？具体而言，您如何创建一个最有利于学习者使用认知策略、元认知策略、社会策略和情感策略的环境？

9. 优秀的教师会考虑学习者偏爱的学习风格。但是，这可能违背本书所描述的某些教学途径和方法的原则。例如，在一些国家中，学习者习惯于教师处于绝对的主导位置，但教师可能想采用更多以学习者为中心的教学途径。在这种情况下，您会怎么做？

10. 教师的教学目标和学习者所真正学到的可能完全不同。同样，教师所表达的意思和学习者所理解的意思也未必相同。作为一个小型研究项目，选择一节有详细课程计划和精心设计的目标的课堂。课堂教学结束时，给学生一份简短的问卷，让他们回答以下问题：

- 在完成其中一个主要活动时，他们认为自己必须做什么
- 他们为什么认为自己必须做这件事——例如，其学习目标是什么
- 按照重要性列出他们认为整个课程的三个目标（您可以列出一系列选项）
- 根据重要性列出他们从课堂中所学到的东西

这些如何与您自己的教学目的相匹配？

11. 请与同事合作，相互做课堂观察。你们每个人在多大程度上会做以下这些事情？

	1（从来没有） 5（一直都有）	如何做到的？
积极参与学生的学习		
提供选择与资源		
提供选择和决策的机会		
辅助学习者		
鼓励反思		

12. 如您在本章中所见，重要的是，教师应联系教学途径和方法提出下述问题：

- 所采用的教学方法旨在培养什么学习策略?
- 我所教授的学习者使用什么学习策略?
- 对我所教授的学习者而言,其他还有什么有用的学习策略?

请根据您自己的教学方法和所教授学习者,或者学习时所在的班级,回答上述问题。

参考文献与延伸阅读

Alsagoff, L. 2012. Identity and the EIL Learner. In L. Alsagoff, S. L. McKay, G. Hu, and W. A. Renandya (eds.), *Principles and Practices for Teaching English as an International Language*. New York: Routledge. 104–122.

Atkinson, D. (ed.). 2011. *Alternative Approaches to Second Language Acquisition*. New York: Routledge.

Benson, P. 2001. *Teaching and Researching Autonomy in Language Learning*. London: Longman.

Benson. P., and D. Nunan (eds.). 2005. *Learners' Stories: Difference and Diversity in Language Learning*. Cambridge: Cambridge University Press.

Blumberg, P. 2004. Beginning journey toward. a culture of learning centered teaching. *Journal of Student Centered Learning* 2(1): 68–80.

Breen. M. P. (ed.). 2001. *Learner Contributions to Language Learning*. London: Longman.

Cassidy, S. 2004. Learning styles: an overview of theories, models, and measures. *Educational Psychology* 24(4): 419–444.

Chamot, A. U. 1987. The learning strategies of ESL students. In A. Wenden and J. Rubin (eds.), *Learner Strategies in Language Learning*. Englewood Cliffs, NJ: Prentice Hall. 71–84.

Chamot, A. U. 2001. The role of learning strategies in second language acquisition. In Breen (ed.), 25–43.

Cohen, A. D. 2011. Second language learner strategies. In Hinkley (ed.), 681–698.

Cohen, A. D., and Z. Dörnyei. 2002. Focus on the language learner: motivation, styles, and strategies. In N. Schmitt (ed.), *An Introduction to Applied Linguistics*. London: Arnold. 170–190.

European Language Portfolio. (ELP). http://www.coe.int/portfolio; accessed May 17, 2013.

Griffiths, C. (ed.). 2008. *Lessons From Good Language Learners*. Cambridge: Cambridge University Press.

Gu, Y. P. 2012. Language learning strategies: an EIL perspective. In Alsagoff et al. (eds.), 318-334.

Hinkley, E. (ed.). 2011. *Handbook of Research in Second Language Teaching and Learning*, Vol II. New York: Routledge.

Holliday, A.1994a. *Appropriate Methodology and Social Context*. Cambridge: Cambridge University Press.

Holliday, A. 1994b. The house of TESEP and the communicative approach: the special needs of state English language education. *ELT Journal* 48(1): 3-11.

Holliday, A. 2003. Social autonomy; addressing the dangers of culturism in TESOL. In D. Palfreyman and R. Smith (eds.), *Learner Autonomy across Cultures: Language Education Perspectives*. Basingstoke: Palgrave Macmillan. 110-126.

Holliday, A. 2009. The role of culture in English language education: key challenges. *Language and Intercultural Communication* 10(2): 165-177.

Little, D. 2002. The European Language Portfolio: structure, origins, implementation and challenges. *Language Teaching* 35(3): 182-189.

Nielson, K. 2011. Self-study with language learning software in the workplace: what happens? *Language Learning & Technology* 15(3): 110-129.

Nunan, D. 1988. *The Learner-Centred Curriculum: A Study in Second Language Teaching*. New York: Cambridge University Press.

Nunan, D. 1995. Closing the gap between learning and instruction. *TESOL Quarterly* 29: 133-158.

Ortega, L. 2009. *Understanding Second Language Acquisition*. London: Hodder Education.

Oxford, R. 1990. *Language Learning Strategies: What Every Teacher Should Know*. Rowley, MA: Newbury House.

Pellettieri, J. 2000. Negotiation in cyberspace. In M. Warschauer and R. L. Kern (eds.), *Network-Based Language Teaching: Concepts and Practice*. New York: Cambridge University Press. 59-86.

Reid, J. (ed.). 1995. *Learning Styles in the ESL/EFL Classroom*. New York: Heinle and Heinle.

Reinders, H., and S. Wattana, 2012. Talk to me! Games and students' willingness to communicate. In H. Reinders (ed.), *Digital Games in Language Learning and Teaching*. Basingstoke: Palgrave Macimillan. 156-188.

Reinders, H. 2009. Technology and second language teacher education. In A. Burns and J. Richards (eds.), *Cambridge Guide to Second Language Teacher Education*. Cambridge: Cambridge University Press. 230−237.

Richards, J. C., and C. Lockhart. 1994. *Reflective Teaching in Second Language Classrooms*. Cambridge: Cambridge University Press.

Rubin, J. 1975. What the god language learner can teach us. *TESOL Quarterly* 9(1): 41−51.

Senior, R. 2006. *The Experience of Language Teaching*. Cambridge: Cambridge University Press.

Tsui, A. B. M. 2009. Teaching expertise: approaches, perspectives and characteristics. In A. Burns and J. Richards. (eds.), *Cambridge Guide to Second Language Teacher Education*. Cambridge: Cambridge University Press. 190−197.

Tudor, I. 1996. *Learner-Centredness as Language Education*. Cambridge: Cambridge University Press.

Victori, M., and W. Lockhart. 1995. Enhancing metacognition in self-directed language learning. *System* 232: 223−234.

Waters, A. 2012: Trends and issues in ELT methods and methodology. *ELT Journal* 66(4): 440−449.

Wen, W. P., and R. Clement. 2003. A Chinese conceptualisation of willingness to communicate in ESL. *Language, Culture and Curriculum* 16(1): 18−38.

20

教师、教学途径与方法

引　言

　　如我们在本书全书中所述，各种教学途径和方法乃是关于学习者应该如何学习的具体假设与信念的反映——这些假设可能需要基于自主学习、学习策略、学习风格偏好与以技术为中介的学习的作用来加以审视。教学途径与方法还对教师应当如何教有相应的规定。它们反映出关于优秀教学实践的本质、教师应当采用的惯例和技巧、教师在课堂上的角色、他们应当使用的语言和资源种类以及课堂上应当具有的分组与互动类型等方面的假设。新的教学途径与方法一旦被应用于教学实践，即作为合理的理论与原则的反映，作为解决语言教学问题的最佳方法，而得到推广。其基础通常是第二语言学习的过程已为人们所完全掌握这一假设。教学方法大家所撰写的著作中充斥着各种人如何学习语言的主张与观点，但是此类观点几乎都不是建立在第二语言习得研究的基础上，或者并没有得到实证研究的验证。语言学习研究者本身也不情愿基于其研究结果来对语言教学做出规定，因为他们深知目前所掌握的知识具有试探性、片面性和变化性。正如阿特金森（Atkinson 2011：xi）所指出，"越来越显而易见的是……第二语言习得是一种极其复杂、多层面的现象。正是由于这个原因，目前似乎没有任何一种理论视角可以使我们恰当地理解第二语言习得"。

　　大量的第二语言习得研究并不支持文献中用于支撑某些教学途径和方

法的简单化的理论与规定。例如，在为内容与语言融合型学习做辩护时，科伊尔、胡德与马什（Coyle, Hood & Marsh 2010：153—154）指出：

> 内容与语言融合型学习的重要贡献不仅在于为各年龄段的学习者提供适合知识创造与分享的具有激励作用经历，而且从根本上讲，在于有助于"世界公民身份（cosmopolitan identity）"的建立……在此过程中，具有不同目的的语言学习与使用促生了作为全球公民的容忍、好奇与责任。

帕兰（Paran 2013：140）对这一宏大主张进行过评论，指出："除了任何教学方案都很难达到这一目的之外，内容与语言融合型学习为什么优于其他类型的教学，目前尚不清楚，除非我们接受内容与语言融合型学习'优于'其他语言教学方法，循环论证由此开始。"

在任意一个时期，某些教学途径和方法得到广泛接受与应用，而其他教学途径和方法却可能极少受到关注。有些教学建议一旦被接受作为全国教学大纲的框架或者得到教育组织、教师培训机构、学术机构和教育部决策者的支持，便随即在地方、全国及全球范围内都得到广泛推行。交际语言教学（第5章）的情形即如此，在某些情境中，任务型语言教学（第9章）、文本型教学（第10章）、内容与语言融合型学习（第6章）以及欧洲语言共同参考框架（第8章）的情形亦然。从本书所提供的描述也可以清楚地看出，某些教学途径和方法之所以不可能得到广泛接受，原因是它们难以理解和使用、缺乏明确的实际应用、需要特殊的培训、不能直接与本地传统和实践相匹配，并且需要对教师的实践和观念进行重大改变。

然而，各种教学途径和方法通常给出非常不同的教学建议。这有时使教师教育工作者、教师、教学项目协调人和教育部门决策者左右为难：应该以什么为基础选择教学途径或方法？还有其他什么备选项吗？本章将对教师教育工作者、教师和其他决策者可用的三种选择以及每一种选择背后假设和意义做一探讨。这三种选择是（1）教学与方法匹配；（2）教学方法与本地需求相适应；或者（3）个性化的教学途径或方法的开发。

教学与方法匹配

本书中所探讨的所有教学设计共有的一个假设是，所选择的教学途径或方法有作用，比其他教学途径和方法更有效，适用于多种不同情境，而且应用于语言教学项目将产生成功的学习结果。关于下述事实，亨特和史密斯（Hunter & Smith 2002）指出，对各种方法的历史描述与目前关于合适方法的争论倾向于将新方法的出现作为发展的证据来呈现——因为一系列理论、观点和实践为另一系列可能更合适、更新的理论、观点和实践所替代。新的教学途径或方法，如任务型语言教学、内容与语言融合型学习或文本型教学等出现时，教师的任务是对这种方法及其原则进行研究，然后将其教学程序应用于自己的教学中。为了能够做到这一点，教师需要有新的观念与惯常做法。

新的观念

教师必须首先具备一系列新的观念——其中某些观念可能与教师自己已有的观念和理解相矛盾，然后才能改变其教学实践（Brog 2006）。教师除非改变其观念，否则其教学实践就不会发生变化，基于这一假设，主张采纳新的教学途径和方法的人面临着改变教师观念的任务。这通常有多种方式加以解决：

- 劝说：哲学或意识形态方面的理由可能用于支持新的观念，如赞同学习者自主性或协作学习的价值的论据。
- 引用理论和研究支撑新的方法：自然途径和任务型语言教学的推广就具有此特征，听说法等早期流行的各种方法也是如此。
- 引用成功的学习作为证据：这常见于关于内容与语言融合型学习和内容型教学的探讨中。
- 诉诸权威：源自可信任的专家和权威的支持也很有说服力，例如知名学者、"大腕"、教育权威和机构等的推荐。这种类型的支持对20世纪70年代交际语言教学的接受至关重要（Richards 1984）。

研究生语言课程大都通过对大量相关研究的研读和对第二语言学习与教学的理论探讨，将其大部分关注点导向对教师的知识和观念的重塑。但是，教师的观念往往抗拒改变。克拉克与彼得森（Clark & Peterson 1986）指出：

- 教师最具韧性的或者"核心"观念是在教师自己当学生时对自己的老师进行观察的基础上形成的。随后接受的教师教育似乎并不会改变这些早期形成观念，一个重要原因可能是因为这种教育根本没有试图改变其观念。
- 如果教师真正想尝试某一最初不符合其先前观念或原则的创新，并而且这一创新被证明是有用或成功的，那么对另一种观念或原则的适应就比其他任何情况下都更可行。
- 对新手教师而言，课堂教学经验和跟同事的日常互动可能影响其观念和原则之间的具体关系，而且随时间推移巩固个体的观念的变化。但是，丰富的经验似乎并不会使我们的观念更具有适应性，也不会抛弃根深蒂固的教学原则。事实上，恰好相反。我们的经验越丰富，对"核心"原则的依赖就越强，而且对自己是什么样子就越缺乏意识。

新的惯常做法

除了应该具备一系列新的观念和理解之外，教师若要采用新的教学方法，也需要掌握一系列新的实践技能。他们可能需要熟悉课程教学的一系列新的教学程序、学习使用不同种类的教学材料和资源，或者改变其与学习者的互动类型。例如，从以教师为主导的教学到采用小组型活动来进行教学的转变，不仅需要改变教师的思维定势，而且还需要学习组织课程的新惯常程序。这种类型的惯常做法通常是培训课程、微教学、工作坊或示

349 范教学的重心，其宗旨是向教师表明如何根据不同的教学途径与方法——如交际语言教学、合作语言学习（第 13 章）、全身反应法（第 15 章）、文本型教学等——的原则进行教学。视频常常被用于展示如何使用某种教学方法。随后，可以根据其教学在何种程度上反映出所接受的教学模式培训，对教师进行评价（Barduhn & Johnson 2009）。如果教师正确运用某一教学方法有困难，那么从培训的角度来看，要么完善传播与教授系统（如何向教师传授该方法），要么找出接收者可能出现的问题。教师使用的程序正确吗？教师是否按照该方法推荐的正确顺序分阶段进行了教学？对教师使用新方法原因的解释也可以用于引导新教师采用新方法。例如，在爱德华兹与威利斯（Edwards & Willis 2005：3）的解释中就有关于实施任务型语言教学方式的描述。为该书背书且在书中被引用的唐纳德·弗里曼（Donald Freeman）做出如下评论：

> 文集撰稿人采用了任务型教学法……他们从共同的角度，对其课堂实践进行了描述，从某种意义上讲，创造出一种共同的课堂"语法"。因此，这一方式使其解释非常易读，而且我认为，易于读者重复。

"共享语法"这一隐喻很有意思，因为它表明某一教学方法被看作是一个需要教师内化并应用于自身教学实践的规则体系。

对教学与方法匹配的批评

但是，对于向教师提供"由专家设计预先包装好"的、似乎代表某种教学方法的教学产品，并请教师作为其课堂教学的资源来采用，人们提出大量的反对意见。一种批评是方法只适用于没有经验的教师，另一种批评是它们限制了教师对教学的贡献。

方法仅适用于新教师

人们可能坚持认为，向教师提供预先包装好的教学方法这一做法可能适合新手教师，但不适合经验丰富的教师。许多经验丰富的教师通常以资格水平培训课程开始其专业培训，他们学习如何根据课程中教授的方法——不论是较早的皇家艺术学会（Royal Society of Arts，简称 RSA）证书规定的 PPP 教学模式，还是最近培训项目中的技能融合型"交际"课程教学模式，来进行教学（Richards, Ho & Giblin 1996）。随着教学经验的积累，许多教师都报告说，他们已不再使用接受培训时所学习的教学方法，而是采用一种更灵活的教学方式（Richards, Gallo & Renandya 2001）。对于专业或实践知识贫乏的初级教师而言，培训项目中所教授教学方法的采用意在使接受教师培训者有一定程度的安全感。可以说，教学方法解决了新任教师遇到的许多棘手问题，因为教什么、怎样教等许多基本决策都已经有人替他们做出来了。因此，对新手教师而言，方法或许就是必需的。另外，热心于教学方法者共同创建了一个具有共同目标、共同意识形态和共同语言的专业社团，从而为教学方法的追随者提供了一个由志趣相投的教师组成的群体，在这个群体中，人们可以分享自己的想法和经验。如同"PPP"（讲授、练习与运用）模式所规定（第3章）的那样，教学方法向新入职的教师提供了在课堂上有章可遵循的详细教学步骤保障。但是，近年来，学校在某种程度上已经不像过去那么死板，对教学方法和技巧做出硬性规定。

对经验丰富的教师而言，教学方法可能限制其选择，阻碍他们形成自己个性化的教学途径。它们可能限制创造性，鼓励教师关注方法而非学习者。因此，鼓励有经验的教师将其教学与方法相匹配这一惯做法受到了强烈的批评。

方法体现出一种有缺陷的教学观

"按照教学方法"实施教学的策略也被描述为一种体现缺失的教学观，认为教师总的来说对教学的理解有缺陷，而且这一问题可以通过采用专家设计的教学方法来加以纠正。教师必须不加审辨地接受方法背后的主张或理论，并将其应用于自己的教学实践。因此，人们认为，他们是在应用别人的理论和原则，而不是发展自己的理论和原则。教师与学习者的角色，以及课堂上使用的活动类型和教学技巧一般也是规定好预先的，不容协商。如上所述，传统的方法观中缺失的是学习者中心和教师创造性这两个概念：承认学习者在学习过程中有其自己的学习风格和偏好，在设计教学项目时应该征求学习者的意见，而且教学方法必须灵活，适应学习者的需求和兴趣，并能够反映教师的所思所想。

方法与教学环境相适应

对教学途径和方法进行探讨，一种更为灵活的方式是将其看作一种可以适应教师需求的资源。教师和教学方法之间的这种关系赋予教师创造性和个性以更重要的作用，将方法置于辅助而非控制的地位。人们认为，教学方法为教师提供了一套核心原则与教学程序，教师可以根据所处的教学环境加以改造和修改。教师从这一角度可能提出以下可能需要发挥一定的创造力才能回答的问题：

我如何在有 70 名学生的班级中使用交际途径？
我如何在应试课程设置中使用合作语言学习？
默示教学法的哪些原则可应用于我的口语教学？
我如何对全身反应法加以改造，并应用于商务英语课程的教学？
如何将任务型语言教学应用于低龄学习者的教学？

根据这种方法观，教师个体化、本地化、个性化、改造方法的方式得到珍视。尽管某一特定教学方法或途径的应用可能仍然是学校整体教学理念的一部分，但是同时鼓励教师提出自己个性化的解释。教师的发展可能聚焦于教师个体如何使用某种教学方法。如何做到这一点，《课程研究途径》(*Lesson Study Approach*)是一个范例(Lewis & Tsuchida 1998;Tasker 2009)。教师以小组为单位,就某一具体内容或学习的单元集体备课,而且教案要体现出其共同的教学理念以及他们自己或所供职的学校采用的教学方法。在此过程中,教师在关注学生学习和取的特定结果的同时,参与长时间的对话协商。课程一旦备好,小组中某一成员作为志愿者实施教学,其他人进行课堂观察。(有时也邀请局外人来观摩。)课后,小组召开座谈会或者专题研讨会,对其发现进行讨论。一般来说,参与备课的教师将重心放在课程计划、课程进展评估的基本原则上,尤其是放在学生的学习上。然后,备课小组再次聚会,对教案重新审查与修改,之后由另一位教师在另一班级中实施教学。这一循环以团队报告的发布为终结,报告包括课程教案、所观察到的学生行为、教师反思及小组讨论总结。报告随后以某种方式向其他人公布。

在对教学方法加以改造使其适应当地环境时,教师所做出的调整既是教师个人理解、观点和教学风格的体现,又是基于班级规模、课堂资源、学习者语言水平、年龄、背景、需求、学习风格、目标等本土因素所做出的调整。教师的作用是使教学方法与其课堂和学校环境相协调。这样,教学方法及其应用环境——即教师工作所处的学习的文化(the culture of learning)——之间就产生更好的契合。金与科塔齐(Jin & Cortazzi 2011:571)从中国课堂学习的角度对此做出了如下描述:

> "学习的文化"是对跟成功的学习与教学、课堂上不同语言技能的学习和使用以及完成互动的方式相关的期待、态度、价值观和信念的理所当然框架的描述。对学生而言,这包括准备英语考试的方式以及自学和课堂学习的方式。它既包括对教师、课本、示范与解释、模仿与记忆、练习与操练等的重视程度……也包括更深层次的学习与研究的重要价值;他们对教师知识、学问和道德修养的尊重,他们对教师指导、关心、关注、奉献和牺牲(认知、社会和情感的维度)的意识。它还包括下述信念:相信持续的努力(并非只有天赋)会带来成功,成功是可能的,而且困难与困苦能够忍受与克服。

因此，教师的一个重要任务就是调整其所学习使用的教学方法，以适应所处的学习文化。

形成个人的教学途径或方法

另一种对教师与教学方法之间关系的特征进行描述方式是将关注点从方法转向教师。这可以被看作是主体作用方向的转变——即从改变教师的方法转变为参与开发教学方法和途径过程的教师。这一方法观的改变被描述为"后方法（post-method）"（Kumaravadivelu 1994、2003）。后方法的理念具有以下特点。

采用遵循原则的折中方法

在语言教学中将各种教学方法融于一体，形成教师个性化的教学方法，这长期以来一直为方法学家所提倡。借鉴布朗和拉森-弗里曼（Brown & Larsen-Freeman）以及其他人的观点，金与科塔齐（Jin & Cortazi）做出如下总结（2011：561）：

> 根据对本地实际情况和需求的分析，这种途径具有灵活性、合理的理论、连贯的原则，以及用于探索与反思的理念。有趣的是，一些著名的语言教师中就在这方面具有折中的传统。这是里弗斯（Rivers）所倡导的，他引用亨利·斯威特（Henry Sweet）说，"好的方法首先必须全面与折中，必须建立在对语言科学全面知识"和一般原则之上，而非"一种绝对不变的方法"和哈罗德·帕尔默（Harold Palmer）"体现折中原则"的"多重途径"；"我们使用每一种方法、程序、练习、操练或手段……明智、无偏见地选择可能对我们教学有用的东西。相反，缺乏灵活性可能会导致教学失败"，并且"任何方法，若在任何情况下都按照固定步骤实施，而缺乏灵活性，便会失去其效用"（Rivers 1981：27）

在一项对土耳其教师关于教学方法看法的调查中，格里菲斯（Griffiths 2012：473）报告说：

尽管认识各种各样教学方法的必要性已为人所认可，但也有一些调查对象强调需要能够选择适合学生需求的方法。总的来看，此项研究中教师似乎偏好折中的方法，可以从各种方法中做出自由的选择，以帮助学生成功地学习语言。

然而，采用此处所指的折中途径，教师所借鉴的原则衍生自外部来源——源自教师所熟悉的教学方法。教师的任务是审视、选择不同的原则与惯常做法，并加以综合。例如，教师可能提问下列问题：

听说法与交际语言教学有相一致的方面吗？
语法翻译以何种方式应用于文本型教学途径？
我如何把任务型教学途径与文本型教学途径相结合？
合作学习与能力型教学途径可以联合使用吗？

莱特鲍恩与斯帕达（Lightbown & Spada 2006：180）对基于形式与基于意义的教学方法进行了对比，也推荐使用折中法，认为："没有必要在基于形式的教学与基于意义的教学之间做出选择。相反，在这两种倾向之间找到平衡更具有挑战性。"

个人原则和实践知识的运用

另一种后方法教学途径是何时鼓励教师形成自己的教学理念、教学风格和教学策略。这就导致有时被称为"原则"或"个人实践知识"（personal practical knowledge，简称 PPK）的知识基础的奠定（Golombek 2009）。个人实践知识（PPK）被描述为"了解生活中教育情境的一种道德、情感、和审美方式"（Clandinin & Conelly 1987：59）。个人实践知识这一概念乃是对教师根据其教学经历与对教学的理解以及所使用过的各种教学方法，形成对自己的教学方式具有塑造作用的个人价值观和观念的描述。我们从下述例子中可以看出教师是如何进行教学的（本书作者的数据）：

> 我认为重要的是应该具有积极的性格。我认为,教师必须是一个积极的人。我认为,教师必须表现出极大的耐心。而且,我认为,如果你有一个良好的态度,就可以将它投射给学生,而且有希望营造出一个放松的课堂氛围,这样一来,学生就不会害怕进教室,而是上好一堂课。我认为某种形式的教案很重要……因为你需要知道你想教什么,而且自始至终知道如何进行教学。也需要对学生加以考虑,包括其能力、其教育背景等。我曾经经历过这样的情景,不明白老师教了什么或说了什么,这很令人沮丧,因此我在教学的时候就说:"我怎样才能以最简单的方式让他们理解需要学习什么呢?"

教师个人的观念和理解以及所接受过的培训、获得的经验构成既可用于特定的情境,也可用于不同的情境的原则和实践知识的源泉,如大班教学、未成年人或成人的教学、由不同能力学习者组成的班级的教学或者语法、阅读技能等特定内容的教学。下面是构成教师个人实践知识的一些原则(Bailey 1996;Richards 1996):

- 促使所有学习者参与课堂教学。
- 使学习者而非教师成为课堂教学的核心。
- 最大程度地为学生提供参与的机会。
- 培养学习者的责任心。
- 宽容学习者所犯的错误。
- 培养学习者的自信心。
- 教授学习策略。
- 回应学习者的困难,并以此为基础展开教学。
- 最大程度地采用学生间互动活动。
- 促进学习者之间的合作。
- 练习准确与流利地使用语言。
- 满足学习者的需求与兴趣。
- 使学习有趣。

在教学实施前、备课期间、上课期间（即交互性或现场计划外决策）、下课之后等教学的不同阶段反思课程中所发生的事情时，教师都会提及上述原则与核心观点。关于教师如何获得个人实践知识，戈隆贝克（Golombek 2009：157）引用曾（Tsang[①]）做了如下描述：

> 曾（Tsang 2004）对香港三位以"英语作为额外语言"的职前英语第二语言教师的个人实践知识对其交互性决策的影响方式，进行了考察。结果表明，在大约50%的情况下，教师在描述其课堂上交互性决策时提及个人实践知识。但是，在对其活动后决策进行描述时，教师则会更频繁地提及其个人实践知识，从而使其将来的备课与实时教学以及对教学理念的理解能够发生变化。

或许恰恰是由于受到教师核心观念和个人实践知识的影响，教师才改变了其接受培训时所学习的教学方法。关于教师教学方法使用的研究也经常发现，在课堂实践的层面上，教学方法的共性多于差异。斯沃弗、阿伦斯与摩根（Swaffar, Arens & Morgan 1982：25）指出："有一个问题一直挥之不去，即教师在教授根据某一特定教学方法编写的教材时，是否在其课堂教学实践中真正地对这些方法背后的基本理念进行过反思？"斯沃弗与其同事对教师如何在课堂上采用不同教学方法实施教学，进行了研究，发现许多用以区分方法的差异，特别是那些课堂活动方面的差异，在实践中根本不存在：

> 加于教学活动上的方法标签就其本身而言本不能提供有用的信息，因为它们指的是一系列统一使用的课堂实践。方法方面的主要差异体现在一个有序的层级结构中，在赋予任务的优先等级中。
>
> （Swaffar et al. 1982：31）

布朗（Brown 1997：3）提出了类似的观点：

[①] 此处为音译，等同于现代汉语拼音的"zeng"。——译者注

一般来说，在语言课程教学的初始阶段，各种教学方法非常有区别性，而在后期阶段，彼此之间区分度降低。例如，在社团语言学习课堂教学的前几日，学生在通过耳边低语的翻译语言传递信息的小圈子里见证了一系列独一无二的体验。但是，几周之后，这种课堂看起来就与其他以学习者为中心的课程没有差别了。

因此，斯沃弗所谓有序的层级结构乃是根据所选择的教学途径给予任务不同的优先等级——这一层级结构往往随着课堂教学的进行或学生语言水平的提高而消失。或许正是由于这个原因，不同教学途径和方法的示范视频一般都只展示外语课程的第一节课（或早期某一节课）。一般没有针对中、高级学习者的令人信服的视频"展示"，因为可能正如布朗所指出，在这一层面上已经没有什么差异需要展示了。

教学实践的理论化

与教师学习相关的一个方面涉及教学实践的理论化。虽然基于教学方法的教学可以看是作理论在实践中的应用，但对教师学习的另一种概念化方式是将其视为实践的理论化，亦即从教学体验的角度对教学进行理论化理解。

> 关于实践的理论体现了教师对多种知识来源——包括个人信念与价值观、教学法与内容知识、对儿童的了解以及他/她在做出教学决策时所在学校文化的期待等的协商。由于教师尝试在所思与所做之间保持一致，因此它不断地被检验和修改[①]。
>
> （Dubetz 2005：235）

教学经历伊始，教师的理论与实践知识处于不同水平，而且其所熟悉的一种或多种教学种途径与方法乃是这种知识基础的一部分。但是，随着

---

① 此处英语原文 "It is continually tests and modified as the teacher attempts to maintain coherence what she or he thinks and what she or he practices" 有误，"tests" 为单数第三人称，实际应为过去分词 "tested"。——译者注

时间的推移，教师对自己和学习者、对课堂环境和课程设置有了新的认识，也通过阅读、网络、工作坊、同事及其他来源获得新的专业知识，他们的知识和观点也就发生了变化。这样一来，课堂就成为学习与加深其对教学更全面的理论理解的场所。这一切皆可能促使教师获得新的教学策略。教师在尝试使用这些新知识，并对其对学习的影响进行审视的过程中，它们便转化为其知识基础的一部分。现在，教师就有一种更完善的图式，以这种对教学实践理论化的方式来支撑其教学。

<h2 style="text-align:center">教师教育的选择</h2>

教师教育课程在教学途径和方法研究中所发挥的作用反映出了各种不同的立场。其中一些差异体现了课程是否包含"教师培训（teacher training）"方式，或者是否有针对职前教师或"教师发展（teacher development）"的视角，以及其对象是否是完成高级（可能是硕士学位水平）课程的经验丰富的教师。受训者完成课程之后将要工作的环境也影响方法分析在课程设置中的地位。有些课程的学员中有国际学生，他们完成学习之后将会在与课程环境非常不同而且往往是由教育部门规定采用某一特定的教学途径的教学环境中工作。有些课程的对象可能是将要去某些特定机构（比如私立机构）或有硬性规定课程设置和固定教学途径或方法的学校工作的教师。其他教师教育项目可能是针对有丰富经验的教师，他们对教学有全面、深入的理解与成功的教学实践，而且他们感兴趣的是如何从当前理论和研究的角度对这些项目更好地理解和评估。下面是对其中一些可能选项的概述。

熟悉某一种成熟方法

教师教育项目的选项之一是使教师沉浸于某一种教学途径或方法中（如交际语言教学或文本型教学）。如前所述，这一策略在针对新教师的入门课程中更为常见。培训旨在培养教师熟练使用某一种教学方法的能力。评估的指标可能是教师使用某种教学方法（如交际语言教学）的原则和程序的熟练度和合适性。例如，理查兹等（Richards et al. 1996）对五个受训教师完成当时称为亚洲英语外语教师（Teachers of English as a Foreign Language in Asia 简称 TEFLA）剑桥大学地方考试联合会 / 皇家艺术学会（The University of Cambridge Local Examinations Syndicate/Royal Society of Arts 简称 UCLES/RSA）证书培训的一项研究进行了描述，该证书课程乃是建立在交际语言教学（CLT）和讲授-练习-生成（PPP）课程模式的混合基础上的教师培训入门项目。课程中，受训者必须学习所要求的教学原则和程序，在教学实习中将其应用于教学中，并接受培训人员或其他受训者对其表现的反馈。这一策略在课程改革或变革需要教师熟悉新的教学途径或方法的环境中也很常见，例如新加坡采用任务型教学（TBI）作为全国英语语言课程设置的基础时，即如此。教师可以通过所提供的课程和工作坊来熟悉规定的教学方法。

然而，教师和在训教师必须能够基于自己的判断与经验，灵活、创造性地使用各种教学途径和方法。在此过程中，应鼓励他们对所使用的教学方法加以改造，使其适应不同的教学环境，从而形成自己的教学方法。对新入教学行业的年轻教师而言，接受某一具体方法的教学技巧和程序方面的培训可能至关重要，因为它使教师有面对学习者的信心，而且培养其教学需要的技巧和策略。在早期阶段，教学基本上是他人开发的程序与技巧的应用。对缺乏教学经验的教师而言，某种教学途径或预先规定的教学方法及其相关的教学活动、原则和技巧或许是一个很实用的出发点，但是仅止于此。随着教师教学经验和知识的逐步积累，他或她将形成个人以现有成熟教学途径或方法为基础，体现教师个人的信念、价值观、原则和经历的独一无二的教学途径或方法。这可能不会导致教师抛弃开始所用的教学途径或方法，但可能会对其进行改造，根据课堂实际对其加以补充或调整。

熟悉各种不同的教学方法，重心是折中方法

这一教学途径常见于许多以完成课程之后将在许多不同地方从教的教师为教学对象的研究生项目。项目的重心通常是帮助教师做好准备，能够根据所处教学环境，借鉴相关教学方法和程序，灵活、创造性地进行教学。这类项目中典型"方法"课程包括对当前和过去盛行的各种教学途径与方法的考察、对目前在用教学方法（或者通过视频，或者通过使用微教学）的观察、使用不同方法的教学程序进行教学的实践经验、对该方法的批判性反思，以及对如何对其进行改造使之适应不同教学环境的讨论。（本书通常以这种方式被用于支撑方法课程的教学。）由于教学途径和方法在我们职业发展中起着重要的作用，因此我们认为，它将继续帮助教师和师范生熟悉第二语言和外语教学的主要途径和方法。主流教学途径和方法汲取了大量的集体经验和实践，从中可以学到许多东西。因此，可以对各种教学途径和方法进行有效的研究，并选择性地加以掌握，目的是为了：

- 学习如何使用各种不同的教学途径和方法，并知道它们何时有用；
- 理解语言教学历史上存在的一些问题和争议；
- 以对不同教学途径和方法的反思、比较为基础，参与语言学习体验；
- 认识到对富于想象力的教师而言可资利用的活动资源有很多；
- 从各种不同的角度理解理论与实践之间的联系。

后方法教学途径

这一策略也受到一些研究生项目或针对有经验教师的课程的偏爱。这里所关注的重心在于建立一个可用于支撑个体与个人教学途径的理论和原则的框架。方法应以批判的方式来加以看待，以发掘其背后的假设和所代表的利益。或者，对方法的研究可能在课程中不发挥任何作用。有时，批判性语言教学法（Critical Language Pedagogy，简称 CLP）——一种不依赖方法的教学理念——乃是这种教学途径的基础，如奥尔莱特与汉克斯

（Allwright & Hanks 2009：54）所描述：

> 批判性语言教学法（CLP）对语言教学的世界为何充斥着各种相互竞争的方法，并对这所服务的是何人的利益做出臆测……得出的结论是，主要的利益是商业和政治（此处引入"语言帝国主义"这一有争议概念）方面的，而非教育方面的。

库玛拉瓦迪维路（Kumaravadivelu 2012：18—19）对这一主题做了详细解释。

> 这些基于中［或西方］的各种方法［参见第1章］（如听说法、交际法）被恰当地描述为"有偏见的知识"的产物（Pennycook 1989）……也就是说，这些方法突出并且以本族语者的语言能力、学习风格、交际模式、会话准则、文化信念甚至口音作为规范……因此，这些假设受到严重的质疑，这导致人们呼吁用其他方式来替换方法的概念。

根据批判性语言教学法（CLP），对途径和方法的另类研究内容包括教师的批判性反思、教学实践探索、课堂研究以及相关的程序。他们受到鼓励对关于方法的观点要有正当的怀疑，并且参与有助于其发现与审视其知识、观念和实践基础的活动，形成与自己的教学环境相关的个人方法论框架（Allwright & Hanks 2009）。

结　　论

本章对教师选择教学途径或方法的三种主要方式进行了探讨。他们可以考虑使教学与教学方法相匹配，可以改造教学方法使其适应教学环境，也可以形成适合个人的教学途径或方法。每一种理念都为教师教育项目提供了多种选择。教学途径和方法与教师之间关系复杂，其原因很简单：教学方法并不等同教学本身，实施教学的主体是教师。各种不同教学方法理念背后的假设和原则在多大程度上对教师在教学中运用的思维、决策和实践具有塑造作用，取决于包括教学环境、教师的理论与实践知识基础、教师的教学经验及其核心原则和观念在内的许多因素。尽管在语言教学职业中，教学途径和方法的本质在对语言教学的趋势和实践的解释中占据核心位置，但是在教师课堂实践的层面上，教学是一个远比方法所表征出来的更复杂、更动态的过程。多数教师培训项目的设计都基于下述假设，即一种或多种教学方法的原则和实践知识为教师提供了一系列有用的技巧和策略，教师可将之应用于其课堂教学或者加以改造以满足自己的需求。但是，有时有一个潜在的假设，认为有效的教学离不开方法提供的结构与指导。但是，教师采用的新惯常做法在实践和意识形态两方面均有问题，因为它贬低了教师对教学的贡献。如果将对教学方法和途径的研究纳入教师教育项目中，就需要有一个恰当的重心，即各种教学途径和方法不是作为教学实践的规范，而是作为教师对其自己核心原则、理论认识和个人实践知识进行反思性审视的一个来源，呈现出来。

讨论问题

1. 您从事教学所在的国家有规定的全国教学大纲吗？如果有，它是否偏向或硬性要求使用某一特定的教学方法或途径呢？选择的依据是什么？
2. 如果您的国家确实有一个全国性教学大纲，那么在实施最新版的全国性教学大纲时，使用了第 348 页上哪些改变教师观念的方法？
3. 据说（第 348 页），教师的核心观念难以改变。请思考一下您作为教师的发展历程。
   - 您关于学习的观念如何随时间变化？
   - 您关于教学的观念呢？
   - 这与您年轻时作为学生被教授和学习的方式有何不同？
   - 如果您已经具有一定的教学经验，那么在您的职业生涯中，上次对教学方式做出重大改变是什么时候？

   请与同事分享您的经历。

4. 请阅读下面一位教师的教学经历（作者收集的数据）。如果您现在仍在从事教学工作，您是否尝试过对教学的主要方面做出改变？对这一改变，您有何体验？

几年前，我参加了一个会议，之后便开始对学习者自主性产生了兴趣。我喜欢让学习者更多地掌控自己的学习，尤其是因为我的许多学生都可能出国，需要继续自我提升。经过一段时间之后，我意识到，我虽然有热情，但在某些方面，我的教学并没有真正改变。例如，我让学生自己选择学习的材料，但事后想来，我只是让他们从我提供的材料中选择而已。评价也没有真正改变——例如，我仍然是给学生打分，而非学生进行自我评价或相互评价。经过很长时间后，我的教学实践才真正发生了改变，并且我认识到在许多方面，我仍然不是很习惯过多地放弃对课堂的控制。

5. 您已经阅读了教师采纳某种教学方法正反两方的论证。对此，您有什么观点？教学方法是否仍有市场？您赞同教学方法可能更适合新任教师这一观点吗？您可能在其他什么情境中推荐使用教学方法？
6. 您如何回答教师提出的下述问题？请给出赞成或反对在这些情境中使用教学途径和方法的理由。

"我如何使用交际途径来教授 70 名学生的班级？"
"我如何在应试型课程中采用合作学习？"
"我可以使用默示教学法的哪些原则来教授口语？"
"我如何对全身反应法（TPR）加以改造并应用于商务英语课程的教学？"
"如何将任务型语言教学应用于低龄学习者的教学？"

7. 请阅读本章第 351 页关于课程研究途径的描述。这一途径适用于您所在的语言教学或语言学习的环境吗？为什么（不）？
8. "……教师的一个重任就是调整他/她所学习使用的方法，使其适应其应用的学习文化"（第 351 页）。请以您所熟悉的另一个国家为例，举例说明假如您去这个国家教学，将如何对某一特定方法加以调整。
9. 在第 352 页上，里弗斯提到一种"探索和反思的理念"。在教学中，您以何种方式进行探索和反思？在您的工作场所中有什么针对探索和反思的机会和鼓励措施？
10. 语言教学的后方法观认为，教师获得"个人实践知识"（PPK）或一系列原则，用于指导自己的教学实践。请阅读第 353 页上对一位教师的引文。您如何对自己的个人实践知识加以总结？请将您的答案与同事的答案做一比较。
11. 请回顾一下下面本章所阐述的教师应遵守的各种原则。对应于每一个原则，请说明您赞同的程度，而且相信会在教学中加以实施。然后，请您的学生根据每一个原则对您的教学打分。是否有差异？

原则	1（我不这样做） 5（我总是这样做）	1（我老师不这样做） 5（我老师总是这样做）
使所有学习者参与课程。		
以学习者而非教师为课程焦点。		
最大程度地为学生的参与创造机会。		
培养学习者的责任意识。		
容忍学习者犯错误。		
培养学习者的自信心。		
教授学习策略。		
对学习者遇到的困难做出回应，并以此为基础展开教学。		
最大程度地使用学生之间的互动活动。		
推动学习者之间的合作。		
练习准确和流利地使用语言。		
满足学习者的需求和激发其兴趣。		
使学习生动有趣。		

12. "随着教学经验的丰富，许多教师报告说，他们不再使用接受培训时学习过的教学方法，而是经过改造现有成熟的教学方法形成一种更灵活的教学途径"（第349页）。根据本书后面的附录中对各种教学途径和方法的对比，请同事对您教授的一节课进行观察，找出您在教学中所使用了哪些元素？

教学途径或方法（的某些方面）	课堂活动

参考文献与延伸阅读

Allwright, D. anid J. Hanks. 2009. *The Developing Language Learner: An Introduction to Exploratory Practice*. New York: Palgrave Macmillan.

Atkinsoni, D. (ed.). 2011. *Alternative Approaches to Second Language Acquisition*. London: Routledge.

Bailey, K. M. 1996. The best laid plans: teachers' in-class decisions to depart from their lesson plans. In K. M. Bailey and D. Nunan (eds.), *Voices From the Language Classroom*. Cambridge: Cambridge University Press: 115-140.

Barduhn. S., and K. E. Johnson. 2009. Certification and professional qualifications. In A. Burns and J. C. Richards (eds.), *The Cambridge Guide to Second Language Teacher Education*. Cambridge: Cambridge University Press, 155-162.

Borg, S. 2006. *Teacher Cognition and Language Education*. London: Continuum.

Brown. H. D. 1997. *Teaching by Principles*. New York: Longman.

Clandlinin, D. J., and E. M. Connelly. 1987. Teachers' personal knowledge: what counts as "personal" in studies of the personal. *Journal of Curriculum Studies* 19: 487-500.

Clark, C.M., and P, Peterson. 1986. Teachers' thought processes, In N, M: Wittrock (ed.), *Handbook of Research on Teaching*. 3rd edn. New York: Macmillan. 255-296.

Coyle, D., P. Hood, and D. Marsh. 2010. *Content and Language Integrated Learning*. Cambridge: Cambridge University Press.

Dubetz, N. E. 2005. Improving ESL instruction in a bilingual program through collaborative, inquiry-base professional development. In Diane J. Tedick (ed.), *Second Language Teacher Education: International Perspectives*. Mahwah, NJ: Lawrence Erlbaum, 257-260.

Edwards, C., and J. Willis, 2005. *Teachers Exploring Tasks in English Language Teaching*. London: Palgrave Macmillan.

Golombek, P. 2009. Personal practical knowledge in L2 teacher education. In A. Burns and J. C. Richards (eds), *The Cambridge Guide to Second Language Teacher Education*. Cambridge: Cambridge University Press. 91-101.

Griffiths, C. 2012. Focus on the teacher. *ELT Journal* 66(4): 468-476.

Hunter, D., and R. Smith 2012. Unpackaging the past: 'CIT' through ELTY keywords. *ELT Journal* 66(4): 430-443.

Jin, L., and M. Cortazzi 2011: Re-evaluating traditional approaches to second language teaching and learning. In E. Hinkley (ed.), *Handbook of Research in Second Language*

Teaching and Learning, Vol. II. New York: Routledge. 558-575.

Kumaravadivelu, B. 1994. The post-method condition: emerging strategies for second/foreign language teaching. TESOL Quarterly 29: 27-48.

Kumaravadivelu, B. 2003. A post-method perspective on English language teaching. *World Englishes* 22: 539-550.

Kumaravidivelu, B. 2012. Individual identity, cultural globalization, and teaching English as an international language: the case for an epistemic break. In L. Alsagof, S. L. McKay, G. Hu, and W. A. Renandya (eds.), *Principles and Practices for Teaching English as an International Language*. New York: Routledge. 9-27.

Lewis, C., and I. Tsuchida. 1998. A lesson is like a swiftly flowing river: how research lessons improve Japanese education. *American Educator* (Winter): 12-17.

Lightbown, P., and N. Spada. 2006. *How Languages Are Learned*. 2nd edn. Oxford: Oxford University Press.

Paran, A. 2013. Review of *CLIE: Content and Language integrated Learning*, by D. Coyle, P. Hood and D. Marsh. *ELT Journal* 67(1): 137-141.

Richards, J. C. 1984. The secret life of methods. *TESOL Quarterly* 18(1):7-23.

Richards, J. C. 1996. Teachers' maxims in language teaching. *TESOL Quarterly* 30: 281-296.

Richards, J. C., B. Ho, and K. Giblin. 1996. Learning to teach in the RSA Cert. In D. Freeman and J. C. Richards. (eds.), *Teacher Learning in Language Teaching*. New York: Cambridge University Press. 242-259.

Richards, J. C., P. Gallo, and W. Renandya. 2001. Exploring teacher's beliefs and the processes of change. *PAVC Journal* 1(1): 85-92.

Swaffar, J., K. Arens, and M. Morgan. 1982. Teacher classroom practices: Redefining method as task hierarchy. *Modern Language Journal* 66(1): 24-33.

Tasker, T. 2009. Teacher learning through lesson study: an activity theoretical approach toward professional development in the Czech republic. In K. E. Johnson and P. R. Golombok (eds.), *Research on Second Language Teacher Education*. New York: Routledge. 204-222.

Tsang, W. K. 2004. Teachers' personal practical knowledge and interactive decisions. *Language Teaching Research* 8(2): 163-198.

Willams, M., and R. Burden. 1997. *Psychology for Language Teachers: A Social Constructivist Approach*. Cambridge: Cambridge University Press.

21
途径、方法与课程

引　言

我们在本书前面的各个章节中对各种语言教学途径和方法进行描述时,聚焦于构成语言教学不同设计的各种课堂过程和教学设计的理论与原则基础。[①] 我们已经认识到,教学途径与方法反映出关于学什么、如何学和学习的结果为何的不同假设。在教育规划中,与教学输入、教学过程和教学输出相关的问题是课程设置过程的组成元素。课程设置（curriculum）这一术语指的是课程的总体计划或设计,以及如何将课程内容转换为可以达到预期学习结果的教学与学习蓝图。

> 课程设置（根据外部标准和本地目标）确定教学内容,并将其纳入如何进行高效教学和学习的计划。因此,它不仅仅是话题和主要事实与技能（"输入"）的列举,而且是一个如何获取理想的学生表现"输出"的蓝图,其中包含所推荐的可能更有助于学生获得理想学习结果的恰当学习活动和评估。
>
> （Wiggins & McTighe 2006：6）

在本章中,我们将探讨本书已经考察过的各种教学途径和方法以何方

[①] 本章乃是 J. C. 理查兹（Richards 2013）著《语言教学中的课程设置方式：前瞻型、中心型和后顾型设计》（Curriculum approaches in language teaching: forward, central and backward design）（载《RELC 杂志》（RELC Journal）, 44(1): 5—33.）一文的复制。——原注

式反映出人们对构成课程设置的各种元素相互联系方式的不同理解，以及达成这种理解的过程。我们将对本书中所描述的各种教学途径与方法所体现出来的三种可选策略加以考察。正如我们在第 8 章中所指出，第一种策略是首先决定教什么（输入），然后确定怎样教（过程），最后是评估学到了什么（输出），我们称之为前瞻型设计（forward design）。第二种策略是以教学过程或方法为开端，并根据它们决定输入和输出，我们称之为中心型设计（central design）。第三种策略是以学习结果或输出为出发点，然后反过来确定教学过程和内容，这就是所谓的后顾型设计（backward design）（Wiggins & McTighe 2006）。

语言课程设置中的输入、过程和输出

在语言教学中，输入（input）指课程中的语言内容。在教授一门语言之前，我们需要首先确定教授什么语言内容，这似乎是合乎逻辑的。教学内容一旦选择出来，就需要将其组织成可教、可学的单元，并按合理的顺序加以安排。结果就是我们所说的教学大纲。从本书我们可以看出，语言教学大纲有许多不同的定义。不同的教学途径和方法体现出对语言本质的不同理解，以及关于语言能力的构成要素是什么的不同观点，如词汇、语法、功能或文本类型（即不同的大纲类型）。

一旦输入内容得到确定，便可以着手解决涉及教学方法、课堂活动和教学材料设计的问题了。这些均属于教学过程的领域。教学过程，或者通常所谓作为方法的语言教学，包括学习活动的类型、步骤以及教师在教学过程中使用的各种技巧。各种教学过程一旦通过原则及与其相关的惯常做法得以标准化，并固定下来，就成为一般所谓的某种方法，如听说法或全身反应法。因此，可以说，教学方法是教学过程的标准化。在本书中，我们已经对这些教学步骤和原则，与关于语言本质与第二语言学习理论以及不同教学途径与方法中教师与学习者的角色和教材的作用相联系的方式，进行了阐述。输出指学习的结果，也就是说，经过一段时间的教学之后，学习者能够做什么。这可能是达到水平量表（如美国外语教学学会（The American Council on the Teaching of Foreign Languages，简称 ACTFL）等级量表）或托福（TOEFL）等标准化测试的目标水平。当今，理想的学习输出或者结果往往从教学目标的角度或者表现、能力或技能的角度来进行描述。课程组成部分及其之间的关系可以用图 21.1 中的形式简单地表示出来：

输入	过程	输出
大纲	方法	学习结果

图 21.1 课程设置的主要方面

途径、方法与课程之间的关系可能反映出课程设置的两个重要方面：

- 语言教学中的课程设置可以以输入、过程或者输出为起始点。
- 每一个起始点都体现出关于教学和学习的手段与结果的不同假设。

传统的智慧与教学实践倾向于认为涉及输入、过程和输出的决策是按顺序做出的，后者依赖于前者。从这个角度来看，课程设置始于聚焦于输入的第一阶段——即确定教学内容和大纲阶段；之后，进展到以教学过程为重心的第二阶段——即"实施"教学大纲阶段；然后是对输出加以考虑的最后阶段——即采用多种手段对所授教内容的学习效果进行测量阶段。然而，实际上，这种课程设置观并不能体现出近期人们通常对语言教学的理解、理论化以及实施的方式。课程设置的起始点不同，在语言教学中的意义和应用亦不同，认识到这一点，关于高效语言教学方式的许多争论和讨论就更好理解了。这引出了上文提到的前瞻型设计、中心型设计和后顾型设计之间的区别。前瞻型设计意味着从输入，到教学过程，再到输出来开发课程。中心型设计意味着从教学过程开始，从课堂教学实践中衍生出输入和输出。顾名思义，后顾型设计以输出为起始点，然后处理涉及教学过程和输入的问题。因此，这三种课程开发的不同过程可以简单地用图 21.2 来表示。

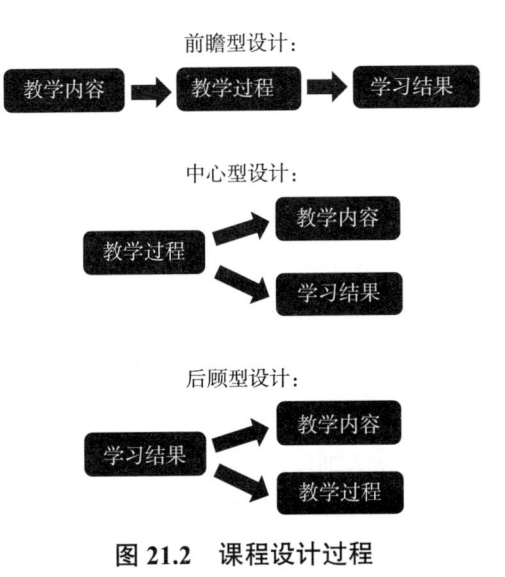

前瞻型设计：
教学内容 → 教学过程 → 学习结果

中心型设计：
教学过程 → 教学内容
教学过程 → 学习结果

后顾型设计：
学习结果 → 教学内容
学习结果 → 教学过程

图 21.2　课程设计过程

下面我们将用实例对每一种课程开发方式，及其与在语言教学中采用的教学途径与方法的联系方式，进行详细的解释。

前瞻型设计

前瞻型设计背后的假设是输入、教学过程和输出是以线性方式相联系的。换言之，做出关于教学方法和输出的决策之前，需要首先解决与教学内容相关的问题。课程设计是由以固定顺序发生的一系列阶段构成的。威金斯、麦克泰格（Wiggins & McTighe 2006：15）以典型的前瞻型设计课程计划为例，对这一过程做了说明：

- 教师选择某个话题，作为某一堂课的教学内容（如种族偏见）

- 教师选择教学资源（如《杀死知更鸟》（To Kill a Mockingbird））
- 教师根据教学资源和话题选择教学方法（如组织研讨会对所选择的书籍展开讨论、组织合作小组对电影、电视中的典型形象进行讨论）
- 教师选择问答题，对学生所阅读书籍的理解进行评价

一个相似的例子是教师在写作课上围绕"叙事"策划一个教学单元。起始点是对叙事的本质及其语言与语篇特征的理解。然后学习不同类型的叙事范文，为学生独立写作叙事文本做好准备。评价任务可能是检查与修改写得较差的叙事作文，或者根据所教授与练习特征另写一篇作文。

前瞻型设计始于教学大纲的设计。从20世纪20年代中期到20世纪后半叶，教学大纲设计是一个一直在快速发展的产业，出版了许多重要的著作，提出了不同的教学大纲设计方式（如Wilkins 1976；Munby 1978；Willis 1996）。关于教学大纲条目选择（selection）和分级（gradation）标准的争论是20世纪初、中期应用语言学的主要议题，而且精心编制的教学大纲广泛见于听说课程、情境课程、交际课程以及许多其他类型的课程中。20世纪80年代兴盛起来的交际语言教学运动推动了从将语法和词汇看作教学大纲主要组成部分，到将大纲组织的交际单元看作大纲组织主要组成部分的转变。这引发产生了许多不同类型的教学大纲模型，包括意念大纲、功能大纲、词汇大纲、文本大纲和任务大纲。

在最近的教学大纲设计中，重心被放在作为教学基础的真实输入和语料库在确定语言输入中的作用上。语料库分析揭示出词汇层面之上的单位（如短语、多词单位和搭配）的重要性，并提供可用于升级或替换早期教学大纲设计中所使用词表的信息。奥基夫等人（O'Keefe et al. 2007：22）提出，"课本中的对话，甚至是整个教学大纲，都可以以语料库数据为基础。"另一种用于为教学提供真实输入的方式是语篇分析——用于研究不同文本类型的本质、其应用方式及其词汇、语法与文本特征的程序。这

在特殊用途英语课程的设计中尤其重要，因为在特殊用途英语中，识别出不同语类的词汇、句法和文本结构是教授专业语类的先决条件（参见第 10 章）。

教学大纲与教学方法

在前瞻型设计中，关于教学过程或教学方法的决策在教学大纲的制订之后。在理想情况下，设计者首先以某种语言理论及由此而派生出来的教学大纲为起点，然后寻找可作为恰当教学法基础的学习理论。在某些情况下，输入与教学过程之间、教学内容与教学方法之间都存在一种自然的联系，如衍生出听说法和情境语言教学的结构主义语言学和行为主义学习理论之间的自然联系。然而，从理论上讲，教学大纲中未必暗含着特定的教学方法。结构型教学大纲既可以体现在听说法课程中，也可以体现在任务型课程中，而且文本型或功能型教学大纲的教学方式有很多。此处，重要的只是，在前瞻型设计中，关于教学方式的决策取决于关于课程内容的决策，而且关于输出或学习结果的决策取决于关于方法的决策。

语言教学中的前瞻型设计

本书所介绍的许多教学途径和方法，如听说法和交际语言教学等，都反映了前瞻型设计的过程。克拉克（Clark）认为，交际教学途径与听说法所体现出来的是同一个假设，因为两者都以分解成小单元——知识要素和部分技能——的语言模型为起点。然后，按照从简单到复杂的顺序将它们加以排序，向预期的学习结果发展。这一教学途径

> 近年来对外语课程设计产生了强大的影响，促生了外语学习的听说途径、视听/情境途径、基于话题的途径和功能-意念途径……所有这些途径都将培养学习者的有效交际能力作为其终极目标，但是对这种能力概念的界定和培养方式却不同，因在外语课程设计中所采取的组织原则而异。听说途径用良好的语法习惯来概念化交际能力。视听情境途径关注理解、产出与特

定情境相关的恰当短语的能力。基于话题的各种途径强调处理某些话题的能力。功能-意念途径聚焦于对用于解释与表达某些预定意义的形式手段的掌握。

（Clark 1987：23）

内容型教学及其最近的变式内容与语言融合型学习（CLIL）也属于前瞻型设计。其宗旨是，借助于将语言和学科内容（如科学、生物、历史、环境研究）融合的教学大纲，不仅仅培养学习者语言能力与掌握学科知识，而且培养他们审辨思维与其他认知技能。如同其他前瞻型设计模型，课程开发的过程一般始于既包含学科内容成分也包含语言成分的教学大纲的设计。这接下来导向恰当的教学材料的选择与教学实施、教学审核与教学评价活动的选择（Crandall 2012：150）。下例（选自 Mehisto, Marsh & Frigolos 2008：50—69））以总结的形式阐述了开发为期一周的关于火山的科学单元的步骤，与上文所引用的威金斯、麦克泰格（Wiggins & McTighe）的例子类似。

1. 确定与火山这一话题相关的内容和语言。
2. 设定内容学习、语言学习和技能学习的目标。
3. 选择有助于各种类型班级、小组和个体兼顾内容和语言不同方面活动展开的各种资源。
4. 用于对学生学习进行评价的非正式评估步骤。

如同其他交际教学途径，内容型教学/内容与语言融合型学习（CBI/CLIL）的教学过程各不相同，而且亦未规定具体的教学方法。教学过程中采用的活动多种多样，取决于课程类型与教学环境。

在内容型教学（content-based instruction，简称 CoBI 或 CBI）中，教师可以广泛借鉴相关、有意义与有吸引力，而且能够以更自然的方式激发学生学习动机的各种活动，亦即涉及合作学习、任务型学习、体验式学习、项目式学习等的活动……

内容型教学的课文中有原汁原味的和改编的口语、学科书面内容材料（教科书、视听材料和其他学习材料），与学习者的认知水平和语言能力水平相适应，或者可以通过桥接活动获取。

（Crandall 2012：151—152）

前瞻型设计课程的实施

前瞻型课程设计过程可用图 21.3 来表示：

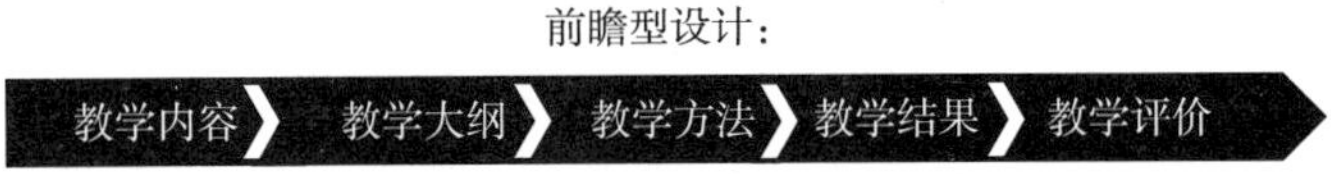

前瞻型设计：

教学内容 ▶ 教学大纲 ▶ 教学方法 ▶ 教学结果 ▶ 教学评价

图 21.3 前瞻型设计过程

在某些情况下，课程开发过程中每个计划与开发阶段均由擅长大纲设计、教学方法、教学评估等过程的不同专家来完成。

中心型设计

虽然从输入到过程最终到输出的渐进过程似乎是从计划到实施合乎逻辑的教学方式，但也可以采用其他路径。第二种路径即所谓的中心型设计。在中心型设计中，课程开发始于教学活动、教学技巧和方法的选择，而非对详细的语言大纲或学习结果的详述。与输入和输出有关的问题在选定或制订方法之后或者在教学过程中来加以解决。

克拉克（Clark 1987）将此称为"累进途径（progressivism）"，是课程设计过程途径的一个例证。

> 我们进行交流，而且如果有效的话，我们就回过头来对我们努力产生的结果加以审视，对典型的例子进行仔细考察，并尝试将其与具体的概念和功能或者词汇和语法范畴联系起来，以此方式来对所发生的事情进行讨论。但是，这是一种事后将自然交流的话语流加以切分的方式，而非预先确定想要

说什么的手段。这并不否认教师和学生可能需要关注话语中出现的修辞、语义和语法内容。但是,这种关注应该源于实际使用的语言,而非实际使用前的语言,坚持这一点似乎很重要,这样一来,学习者就能够在真实的话语环境中发现语言使用的规则、形式-意义关系和形式规则与系统。

(Clark 1987：40)

对教师教学实践的研究表明,教师在开发自己的课程时,经常采用中心型设计方式,首先考虑他们将使用的教学活动与步骤。教师并不以详细地对输入或输出加以考虑来开始其课程计划过程,而是首先考虑他们将在课堂教学中采用的活动。虽然他们认为,教学中使用的练习和活动有助于取得满意的学习结果,但一般来说,他们努力为学习者提供的课堂教学过程,才是其最初关注的焦点。

这在普通教育中,是布鲁纳(Bruner 1966)和斯滕豪斯(Stenhouse 1975)所提倡一种途径,他们认为,课程开发应该以明确驱动教学和学习的探究和审思过程为开始,如调查、决策、反思、讨论、阐释、审辨思维、选择、与人合作,等等。内容选择的基础是,所选择的内容如何促进前述过程的使用,而且不需要对学习结果做出非常详细的规定。

[课程]的设计并非以预先规定行为目标为依据。当然,学生学习某一课程后会发生变化,但大部分最有价值的变化皆无法准确预测。课程的力量与可能性不应该包含在目标之中,因为它是建立在从学习结果来说有价值的知识必须具有臆测性与不确定性这样一种观念基础上的。

(Stenhouse 1975,引自 Clark 1987：35)

同样,

教育只有在使学生的行为结果不可预测这种意义上,作为通向知识的归纳才能成功。

(Stenhouse 1970,引自 Clark 1987：35)

克拉克对"累进途径"(1987：49—90)特征的描述捕捉到了中心性

设计的本质：

- 它对教学大纲详细规定的重视程度，低于对教学方法原则和教学步骤的重视。
- 相对于预先设定的目标，它更关注学习过程。
- 它强调教学方法和对对教学学习过程具有指导作用的原则的需求。
- 它以学习者为中心，尽力提供学习者使其能够通过自己的努力去学习的体验。
- 它将学习者看作是塑造自己学习的积极参与者。
- 它推动学习者作为个体的发展。
- 它将学习看作是一种创造性地解决问题的活动。
- 它承认任何教学-学习环境均有其独特性。
- 它重视教师在自己课堂教学课程构建中的作用。

语言教学的中心型设计

如上所述，虽然20世纪前半叶的语言教学是由体现前瞻型设计的教学方法为主导的，但是20世纪后半叶出现的一些另类教学方法，如默示教学法、社团语言学习、自然途径等，却不需要预先制订教学大纲或者预先计划学习结果，而是围绕对课堂活动的具体描述来设计。这些新的教学方法和途径以教学过程而非输入或输出为起点，而且如前已述，经常因其所采用的新颖的课堂教学程序而得到认可。它们体现了中心型设计的途径——课程规划以教学方法为起点，而且教学内容则根据教学方法来选择，而非相反。例如，如本书第14章所述，克拉申和特雷尔的自然途径（Krashen & Terrell 1983）认为，吸引学习者积极参与有意义难度适当的互动和交际活动而非围绕预先制订的语法大纲展开教学的各种课堂教学过程是语言课程的关键。

在设定交际目标时，我们并不期待学生在某一特定课程结束之后能掌握某些结构或形式。相反，我们期待学生能够应对特定情境中的一系列具体话题。我们不围绕语法大纲组织课堂活动。

（Krashen & Terrell 1983：71）

如同其他中心型设计方案，这一方案亦不需要有明确界定的教学结果或者目标。课程的目的和内容"因学生的需求和具体兴趣而变化"（Krashen & Terrell 1983：65）。教学目标用非常笼统的方式来加以表述，如"基本的人际交流技能：口语"、"基本的人际交流技能：写作。"自然途径并非由输入或输出驱动（即并非围绕预先制订的教学大纲或学习结果来构建），这一事实意味着它不能为教学材料和课本的设计提供框架。因此，并没有以自然途径为基础编制的教学大纲或出版的课程。

加蒂格诺的默示教学法（Gattegno[①] 1972）可以被看作是中心型设计在语言教学中应用的另一个例子。根据默示教学法，语言输入并非教学的起点。如本书第16章所述，加蒂格诺没有以语言大纲的制订为开始，而是首先将学习看作是一个解决问题的创造性发现过程。柯伦（Curran）的社团语言学习（第17章）是另一种中心型设计的教学方法。如同其他各种中心型设计教学途径，社团语言学习既没有预先制订的教学大纲，也没有预先设定的具体语言或交际目标。每节课上或课程中发生的社会互动结果都不相同。学生通常围坐成一圈，可以表达他们想要说的任何内容。教师的翻译被用于帮助表达学习者的意图意思。随后，互动和信息被记录下来，作为反思、分析和进一步练习的来源加以重复。

任务型语言教学早期的一些版本（如 Willis 1996）也体现了中心型设计途径（第9章）。任务驱动第二语言的学习过程，而且语言能力和交际能力乃是任务产生的结果（Willis 1996）。这里也没有预先制订的语法大纲，而且教学目标是培养通用语言能力，而不是在特定环境中或者为达

---

① 此处拼写有误，漏掉一个"t"。——译者注

到特定目的的语言使用能力。在语言教学中使用中心型设计的最近一个例子是斯科特·索恩伯里（Scott Thornbury）——他将该途径引入语言教学——称作"多哥弥法"（Dogme 为电影行业中的一个术语，指无剧本或者无排练的拍摄）（Meddings & Thornbury 2009）。其基础是下述观点：教学的基础并非预先规划好的教学大纲、一系列目标或出版材料，而是围绕教师与学生之间、学生之间的会话互动而构建。正如梅丁斯与索恩伯里（Meddings & Thornbury 2009）所指出，"教学中应该只使用教师和学生带入课堂的资源——即他们自己拥有的和恰巧在教室里的东西"。

索恩伯里（Thornbury 2012）挂在网上关于此话题的文章对这一概念做了如下清楚的解释：索恩伯里解释道，"多哥弥法"认为学习具有"体验性和整体性"，而且语言学习是"以公共和交际需要为动因、共同层创建构（emergent jointly-constructed）的社会构成过程"。教学大纲或关注的语言点不是预先设计好的，而且语言和内容皆源自由教师开启的互动和协商过程。

我们在前一章中所提到的后方法教学途径乃是中心型设计的又一例证。它指的是不以某一特定方法的规定和步骤为基础，而是借鉴教师个体对语言、语言学习和教学的概念界定，教师通过培训和教学经历获得实用知识和技能，教师对学习者需求、兴趣和学习方式的理解，以及教师对教学环境的认识的一种教学方式（Kumaravadivelu 1994）。教师的教学"方法"是从这些资源中构建出来的，而非一系列外在原则和惯例的应用。教师在课堂上采用的内容和活动类型及其寻求获得的结果，取决于作为教师思维和决策基础的核心原则的本质。

崔（Cui 2005，引自 Grave 2008：168）对教师采用前瞻型设计和中心型设计途径中可能提出的问题进行了比较，以此方式对这种类型的教学途径与传统教学途径进行了对比。

- 与前瞻型设计有关的问题：

我们想要教授哪些语言形式？

我们如何以任务或活动的形式表达这些语言条目？

我们如何让学习者以个人或结对/小组的形式，使用目标语言条目来完成任务或活动？

目标语的结构/功能与学生输出语言的结构/功能之间有差异吗？

- 与中心型设计有关的问题：
为学习者提供了什么机会参与意义构建？
学习者之间需要建立什么样的共识？
建立起了何种参与框架？小组和学习者个体随时间推移角色配置有何变化？
学习者在参与的过程中创造了什么机会？

中心型设计各种成分之间的互动

中心型设计的途径和方法之间的共同之处在于，它们都将学习过程、课堂参与以及教师和学习者在创造学习机会方面的作用置于优先地位。教学大纲或者学习输入并非预先确定或规定的，而且在课程开发的启动中亦不发挥核心作用，而是教学和学习的结果（如图 21.4 所示）。

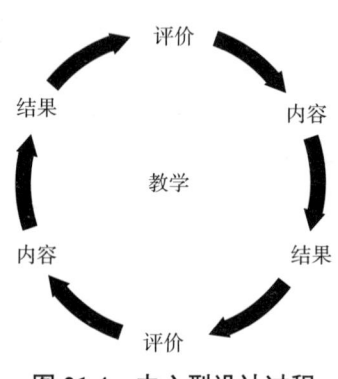

图 21.4　中心型设计过程

后顾型设计

第三种课程设计方式是以对学习结果的详细描述为起点，而且以此为基础设计教学过程和输入。后顾型设计始于对理想结果的详细陈述：恰当的教学活动和教学内容衍生自学习结果。这是普通教育中一个非常完善的课程设计传统，而且近年来又重新成为语言教学中一个重要的课程开发方式。它有时被描述为一种"目的-手段"途径，泰勒与塔巴（Tyler & Taba 1949）的著述中即如此，他们将对教学目的的详细说明看作是设计达到目的手段的先决条件。这一过程包括：

第一步：诊断需求
第二步：制订目标
第三步：选择内容
第四步：组织内容
第五步：选择学习体验
第六步：组织学习体验
第七步：确定评价内容与评价方式

（Taba 1962：12）

方法研究的作用是找出最有效的达到目标的教学方法，可以使用参照效标的方式来进行评价（即与达到指定表现水平相联系的方式）。此处没有针对个体确定的学习结果，因为学习结果由课程设计者来确定。

下面是对语言教学中使用后顾型设计的详细描述。

借助于目标的后顾型设计

自20世纪50年代开始，对教师用目标来对学习结果进行描述的教育就已成为小众的产业，而且自那时起，一代又一代教师所接受的教育是，课程规划始于对教学目标的陈述，而不是首先考虑教学方法。威金斯与麦克泰格（Wiggins McTighe 2006）坚持认为应当以对学习结果的明确描述作为基础，开始课程规划，明确指出后顾型设计需要三个步骤：

1. 确定想要取得的结果。
2. 确定可接受的学习证据。
3. 规划学习体验和教学。

课程规划过程始于对学习结果的清醒认识。对威金斯与麦克泰格而言，它明确拒绝将教学过程或者活动导向型课程设置作为起始点，而在后一种类型的设计中活动和过程的参与乃是首位的。达到期待的目标，可以采用多种教学策略，但是直到对理想的结果进行了详细描述之后，才能确定教学方法。从这个角度来看，先前探讨过的许多中心型设计方法或者活动导向型教学途径均没有达到良好教学设计的标准。

> 活动导向型设计的不足可能被认为是"动手而不动脑"——吸引［学习者］参与的体验仅仅是偶然（如果有的话）产生某种启迪或者成就……活动导向型课程缺乏对关于学习的一些重要观念和证明教学途径的学习证据的明确关注……［学习者］受到误导，认为学习就是一种活动，而认识不到学习源自被要求对活动意义的考虑……因此，转变是从提问"我们将阅读什么书？""我们将做什么活动？""我们将讨论什么？"等问题开始，到提问"无论采用何种活动或测试，［学习者］走出教室之后能够理解［或者做］什么？"以及"证明具备这种能力的证据是什么？"，进而"何种文本、活动和方法最有利于取得这一结果？"这些问题。
>
> （Wiggins & McTighe 2006：16—17）

很多种体现后顾型设计原则的课程设计方式在语言教学中得到了提倡。

需求分析

人们通常认为，学习结果或目标的确定取决于对学习者交际需求的系统分析,而且这一途径出现于 20 世纪 60 年代,是课程开发系统方式的一部分——即主流教育问责理念的一个方面,目标的使用就源于此(Stufflebeam et al. 1985)。需求分析是目的和目标之确定过程的一部分:需求分析也是某些版本的任务型语言教学中课程开发的起始点,而且被用于确定学习者需要能够掌握的目标任务清单。

> 任务型教学大纲的设计最好是以对学生需求的分析为起点。学生需要能够用目标语做什么?他们需要在课外完成什么任务?采用不同的资源和方法(如访谈、观察或调查)对学生在现实世界中将会面临的任务种类进行详细描述。然后,这一描述便成为教学大纲设计和任务排序的基础。
> (Van Den Branden 2012:134)

因此,如果某个任务型项目以结果或者需要课外完成的任务的目录为起点的话,那么它就属于后顾型设计。之后,这种任务型语言教学(TBLT)途径的教学便围绕需要交际性使用语言的活动或者任务来展开,学习者对语言特定方面的需求就是由此派生而来。

能力型语言教学(CBLT)(参见第 8 章)是另一种广泛应用的后顾型设计之一例,其课程设计的起点是从"能力"的角度对学习结果——即完成日常任务和活动所需要的学习者必须在课程学习之后掌握的知识、技能和表现,进行详细的描述。如同其他后顾型设计途径,能力型语言教学不对教学方法做任何假设,因为任何课堂活动都可以用于帮助学生掌握需要培养的能力。然而,由于学生的学习是根据其表现和展示其预先规定的技能和行为的能力来进行评价的,因此一般来说教学就是帮助学习者获得特定情境、任务和活动所需要的交际技能。如同其他后顾型设计方式,需求分析是课程开发的起始点。

另外一种与后顾型设计相关的途径是采用标准(也称作基准(benchmarks)、核心技能、表现剖面图和目标能力)。标准是对学生在包括语言学习在内的不同课程内容领域中应该取得结果或者达到目标的描述,而且一般来说,是非常笼统的描述。梁(Leung 2012:162)对越来

越受到重视的语言项目设计中对学习结果的陈述,尤其是使用"标准"作为确认整个课程学习目标的方式的主要动因,进行了描述:

> 在过去三十年间,以结果为基础的教学的凸显可能与大的政策环境相关,在此大环境中社团主义管理(社会不同阶层的活动均应服从于国家目标)和公众问责制(专业人士需要证明其活动与公开的公共政策目标的相关性)这两种信条占据主导地位。

因此,课程规划中标准的使用涉及如下一系列活动:

- 确定学习者需要掌握的语言使用领域(如听、说、读、写)
- 对每个领域的标准和评估指标进行描述
- 确定达到这些标准所需要的语言技能和知识
- 选择教学活动和材料

目前,仍然广泛应用采用标准的后顾型课程设计案例可能是欧洲语言共同参考框架(Council of Europe 2001),其宗旨是"为对现代语言学习的目标、内容和方法进行明确的描述奠定共同基础,其宏伟目标是对全欧的语言大纲、课程指南、考试和教科书进行详述"(Council of Europe 2001:1)——参见第8章。欧洲语言共同参考框架(CEFR)用"能够做……"这类陈述方式对与六个水平层次相关的学习结果进行了描述,但是未对输入或过程给出详细规定。至于如何能够取得设定的结果,发展哪些教学策略,开发何种与所处教学环境相适应教学材料和内容,则是教师或课程设计者的职责。由于欧洲语言共同参考框架中没有有助于教学结果实现的教学大纲或者对教学内容的详细描述,因此这一框架的应用被认为是有问题的,这就导致了英语简介(English Profile[①])项目的立项:

[①] 英语简介项目(The English Profile Programme,简称EPP)是英国剑桥大学英语语言评估部设立的一个协作研究项目,旨在对学习者英语进行研究,并将之与欧洲共同语言参考框架相联系,乃是对第二语言学习所达到的水平标准化的一种尝试。——译者注

英语简介立项的目的是创建与欧共框（CEF）相关的英语"简介"或者对一系列参考水平的描述。这些是对不同层次学习者需要展示出来的语言的详细描述，所提供的是标志进步的明确基准，既适用于指导课程设置，也适用于指导课程和测试材料的开发，从而为英语作为外语的学习和教学中所涉及的学习者、教师和其他专业人士提供支持。

（English Profile 无日期）

图 21.5 所示乃是欧洲共同语言参考框架下的后顾型设计所涉及的内容。

教学结果 ▶ 教学大纲 ▶ 教学材料和测试 ▶ 教学过程 ▶ 教学评价

图 21.5　欧洲共同语言参考框架下后顾型设计

结　论

在采用另类方法解决问题时，教师和规划者经常提问的一个问题是，"哪一种途径最好？"但是，一种更安全的做法是，假设根本没有最好的课程设计途径，无论是前瞻型设计，还是中心型设计，抑或是后顾型设计，皆有可能产生很好的效果，但是只是适用于不同的情景而已。每一种教学途径都有支持者和一线教师，能够引证自己的实例，来证明其实施的成功。在有些情景中，各种教学途径也可能同时发挥作用。

但是，每种教学途径都有关于不同课程环境的假设。这些假设包括，例如：

- 意在大规模实施，还是小规模实施；
- 教学材料和测试的作用；
- 教师培训的层次；
- 教师与学习者的角色；
- 教师的英语水平；

- 对教师的要求；
- 教师具有的自主性程度；
- 对教师提供支持的程度。

377 　　在已有规定的课程设置中，教师对教什么与如何教几乎没有选择权，主要依赖教科书与商业教材而非自己设计的教学资源来实施教学，所教授的班级规模大，且测试和评价是统一集中设计而非由教师自己设计等情况下，前瞻型设计乃是优先选择项。由于前瞻型设计可用于对已出版的教材进行二次开发，因此一般来说，对教学资源和材料的选择范围就极大地扩大了。因为教学所涉及的规划和开发大部分都可以由专家来完成，不需要教师作为个体的参与，因此在教师的英语语言水平和专业发展机会均有限的情况下，前瞻型设计也可能是优先选项。

　　各种中心型设计途径既不需要教师对学习结果做出详细的规划，也不需要对学习者进行需求分析，还不需要遵循规定的教学大纲进行教学；因此，教师通常有很大程度的自主权，而且对自己的学习过程有相当大的控制权。然而，就基于方法的各种途径而言，教师可能不仅需要深入理解方法背后有时甚至晦涩的理论，而且需要掌握最初可能令人感到有难度的教学技巧和步骤。或者说，他们有时可能就是简单接受惯常的教学实践，而对其背后的主张和理论假设则置若罔闻，因为它们所提供的理应是经过"反复验证或者由专家设计的"解决方案。采用中心型设计途径可能也需要大量的培训投入，因为教师通常不能依赖出版的教材为基础来进行教学。至于后方法和各种学习者社团途径，教学策略根据教师对其所工作的环境的理解，基于其个人管理教学过程及开发教学材料与各种形式评价的技能或专业知识来确定。高层次的语言水平与专业知识水平可能是一个先决条件。

　　后顾型设计可能是在需要将严格的问责制嵌入课程设置中以及资源可用于需求分析、计划和材料开发两种情况下更受青睐的选项。有多种完善的步骤可用于实施后顾型设计，从而使该途径在一些情况下成为一种很有吸引力的选项。若是全国教育系统进行大规模的课程设计，那么大部分工作可能皆由其他人来完成，教师只是负责课程的实施。而在其他一些情况下，如私立教育机构开发具有公司特色的课程时，可能采取一种自下而上的途径，课程设计工作可能由训练有素、熟练的教师独立或者与其他教师组成团队合作完成。

总之，任何语言课程的设置都包含内容、过程和输出等构成要素。在不同的历史时期，对这些要素的重视程度不同。各种课程设置途径的不同之处在于，它们如何想象各种要素之间的关系，哪些要素需要优先考虑与如何实施，以及教学大纲、途径、方法、教材、教师和学习者在课程开发和实施过程中的角色与作用。前瞻型设计、中心型设计和后顾型设计的概念乃是一个很有价值的隐喻，有助于认识每种课程设置途径背后的不同假设和加深对由此产生于的不同教学实践的认识。

讨论问题

1. 下述步骤顺序所描述的是三种课程开发途径（前瞻型设计、中心型设计、后顾型设计）中的哪一种？

   - 教学结果 > 教学大纲 > 材料和测试 > 教学过程 > 教学评价
   - 教学内容 > 教学大纲 > 教学方法 > 教学结果 > 教学评价
   - 教学 > 教学内容的选择与组织 > 学习体验的选择与组织 > 教学结果 > 教学评价

2. 如果您目前正在从事教学工作，那么请问这三种途径中哪一种最能恰当地描述您的课程开发过程？
3. 请列出前瞻型设计、中心型设计和后顾型设计的两个潜在缺点和两个优点。

前瞻型设计	
缺点	优点
1	1
2	2

续表

```
中心型设计
缺点      优点
1         1
2         2


后顾型设计
缺点      优点
1         1
2         2
```

4. 有时有人认为,中心型设计乃是一种"以学习者为中心"的课程开发途径。请解释一下为什么会有这种观点,以及您为什么同意/反对这种观点。
5. 有一位教师请了病假,没有代课教师,要求您代为照看他/她的学生一天。您对学生了解很少,只知道他们是在你们学校参加两周英语外语强化课程的留学生,学习重点是交际技能。上课之前您没有时间去做更多的了解。根据本章所描述的三种途径,您会选择哪一种?您如何做准备?为什么使用这一途径?
6. 三种设计途径中哪一种在商业出版教材中最常见?为什么?
7. 三种途径中,哪种途径给予教师最大程度的自由?为什么?
8. 输入往往与教学大纲相联系,教学过程经常与教学方法相联系,而输出则常常与学习结果相联系。从课程开发的这三个方面(输入、过程、输出)来看,下面这些在哪个方面最有价值?
学术词汇表
欧洲语言共同参考框架
学习的游戏理论
英国国家语料库
9. 针对本书中介绍的主要教学途径和方法(可以使用目录),请选出您主要使用的设计类型,是前瞻型设计、中心型设计,还是后顾型设计。
10. 针对下面这些群体,请描述一下您认为最适合的课程开发过程,并说明原因:

- 一组参加专门用途英语强化课程的工程师
- 一组以西班牙语作为第二语言的小学生,并且是初次接触这门语言
- 一组呼叫中心的电话服务人员,其工作岗位是一家信用卡公司的求助热线工作人员

11. 请与同事合作,一人朗读下面的三个陈述,另一人提出反驳。然后,变换角

色,直到有三个反论。

"除非你已经确定什么值得学习,否则就不可能确定教什么。"
"事先不可能知道学习者将要学什么;学习是一个具有创造性不可预测的过程,而且学习者的需求处于首要地位。"
"除非明确你想取得的学习结果,否则就不可能成为一名成功的教师。"

参考文献与延伸阅读

Basturkmen, H. 2010. *Designing Courses in English for Specific Purposes*. New York: Palgrave Macmillan.
Berwick, R. 1989. Needs assessment in language programming: from theory to practice. In R. K. Johnson (ed.), *The Second Language Curriculum*. New York: Cambridge University Press. 48–62.
Bruner, J. 1966. *The Process of Education*. Cambridge MA: Harvard Educational Press.
Burns, A., and J. C. Richards (eds.). 2009. *Cambridge Guide to Second Language Teacher Education*. Cambridge: Cambridge University Press.
Burns, A., and J. C. Richards (eds.). 2012. *The Cambridge Guide to Pedagogy and Practice in Language Teaching*. New York: Cambridge University Press.
Clark, J. L. 1987. *Curriculum Renewal in School Foreign Language Learning*. Oxford: Oxford University Press.
Council of Europe 2001. *Common European Framework of Reference for Languages: Learning Teaching, Assessment*. Cambridge: Cambridge University Press.
Crandall, J. 2012. Content-based language teaching. In Burns and Richards (eds.) 149–160.
English Profile. n.d. http://www.englishprofile.org/; accessed August 31, 2012.
Gattegno, C. 1972. *Teaching Foreign Languages in Schools: The Silent Way*. 2nd edn. New York: Educational Solutions.
Graves, K. 2008 The language curriculum: a social contextual perspective. *Language Teaching* 41(2): 147–181.
Krashen, S., and T. Terrell. 1983. *The Natural Approach: Language Acquisition in the Classroom*. Oxford: Pergamon.
Kumaravadivelu, B. 1994. The postmethod condition: emerging strategies for second/foreign language teaching. *TESOE Quarterly* 28(1): 27–48.
Leung, C. 2012. Outcomes-based language teaching. In Burns and Richards (eds.), 161–179.
Mackey, W. F. 1965. *Language Teaching Analysis*. London: Longman.

McKay, P. 2000. On ESI standards for school-age learners. *Language Testing* 7(2): 185–214.

Meddings, L., and S. Thornbury. 2009. *Teaching Unplugged: Dogme in English Language Teaching*. Peaslake, UK: Delta Publishing.

Munby, J. 1978. *Communicative Syllabus Design*. Cambridge: Cambridge University Press.

Mehisto, P., D. Marsh, and M. Frigolos 2008. *Uncovering CLIL*. Oxford: Macnillan.

Reppen, R. 2010. *Using Corpora in the Language Classroom*. New York: Cambridge University Press.

Richards, J. C., and T Rodgers. 2001. *Approaches. and Methods in Language Teaching*. 2nd edn. New York: Cambridge University Press.

Stenhouse, L. 1975. *An Introduction to Curriculum Research and Development*. London; Heinemann.

Stufflebeam D., C. McCormick, R. Brinkeerhoff, and C. Nelson. 1985. *Conducting Educational Needs Assessment*. Hingham, MA: Kluwer-Nijhoff.

Taba, H. 1962. *Curriculum Development: Theory and Practice*. New York: Harcourt Brace and World.

Thornbury. S. 2012 (January 22). A is for approach. *An A-Z of ELT: Scott Thornbury's Blog*. http://scottthornbury.wordpress.com/2012/01/22/a-is-for-approach/; accessed October 8, 2012.

Trim, J. 2012. The Common European Framework of References for Languages and its background: a case study of cultural politics and educational influences. In M. Byram and L. Parmenter (eds.), *The Common European Framework of Reference: The Globalisation of Language Education Policy*. Bristol: Multilingual Matters, 14–34.

Tyler, R. 1949. *Basic Principles of Curriculum and Instruction*. Chicago: University of Chicago Press.

Tyler, R. 1950. *Basic Principles of Curriculum and Instruction*. Chicago: University of Chicago Press.

Van den Branden 2012. Task-based language education. In Burns and Richards (eds.), 140–148.

West, M. 1953. *A General Service List of English Words*. London: Longman.

Wier, C. J. 1990. *Communicative Language Testing*. New York: Prentice Hall.

Wiggins G., and J. McTighe. 2006. *Understanding by Design: A Framework for Effecting Curricular Development and Assessment*. Alexandria, VA: Association for Supervision and Curriculum Development.

Wilkins D. 1976. *Notional Syllabuses*. Oxford: Oxford University Press.

Willis, J. 1996. *A Framework for Task-Based Learning*. Harlow: Longman.

22

后记

通过本书对各种教学途径和方法的考察，我们可以看出，近一百年来语言教学的历史是一个一直都在寻找更加有效的第二语言或者外语教学方式的过程。人们通常认为，最常见的解决"语言教学"问题的方案在于采取一种新的教学途径或方法。这种趋势带来的一个结果是所谓的标记设计者或品牌名称方法的时代，也就是可在世界任何地方加以介绍和推广使用的成套解决方案。因此，作为语法翻译的改良，直接法在20世纪上半叶受到热烈欢迎。20世纪50年代，听说法更进一步，将语言科学和心理学的最新知见融入语言教学中。20世纪70年代，随着听说法的逐渐式微，尤其是在美国，交际语言教学（CLT）及其他许多以大牌专家为领导的方法填补了听说法受到质疑而产生的空白。虽然在世纪之交一些小众的教学方法，如默示教学法、全身反应法与暗示教学法等，急剧衰退，但是关于语言教学和学习组织的新方案持续影响世界不同地方的语言教学政策和实践。正如我们在本书中所指出，这些新的教学途径与方法包括任务型语言教学、文本型教学、内容与语言融合型学习和欧洲语言共同参考框架。正如我们在第5章中所述，尽管交际语言教学可以以多种方式加以应用和解读，但是在许多情况下，人们仍然认为这是目前语言教学最具合理性的基础。沃特斯（Waters 2012）指出，对某些人而言，交际语言教学采取的是任务型语言教学（TBLT）形式，对另外一些人而言，它在内容与语言融合型学习（CLIL）途径中得以最好的体现，而对其他人而言，它体现在多哥弥法英语语言教学（Dogme ELT）中——"一种重点关注学习者和渐成的语言、轻教材、以会话为驱动的教学理念"（Meddings & Thornbury 2009：103）。沃特斯（2012）对1995年以来各种教学途径和方法的发展进行了回顾，得出如下结论：自20世纪90年代以来，方法在课堂教学实践层面上一直保持相对稳定。

本书介绍了语言教学中的各种途径和方法。我们将教学途径描述为可用作语言教学基础的一系列信念和原则。但是，教学途径并不等同于可用于语言教学的一系列具体规定与技巧。各种教学途径，如交际语言教学、内容型教学（CBI）和内容与语言融合型学习等，都具有的特征是关于其原则如何应用于教学，可以有多种阐释。各种教学途径由于都具有高度的灵活性和解释与应用的多种可能性，因此往往具有较长的生命周期。它们允许个人以自己的方式对其进行解释和应用，而且随着新的教学实践的出现，可以被修正、升级。相反，有些教学方法，如听说法或社团语言学习，指的是以某一特定语言理论和语言学习理论为基础所做出教学设计或者系统。这种教学方法对教学内容、教师与学习者的角色，以及教学步骤与技巧，均有详细规定，因此时间上相对固定，而且一般来说几乎没有个人阐释的空间。如我们在本书第20章中所述，教学方法可以通过培训来学习。教师的角色仅仅是遵循某种教学方法，严格按照规则合理地加以应用。与途径相比，教学方法的生命期相对较短。教学方法往往与非常具体的主张和规定的惯例做法相联系，若这些惯例做法不再时髦或者受到质疑，它们就会失宠。可以认为，教学方法——尤其是"创新性"或"标记设计者的方法"——的全盛期一直持续到20世纪80年代晚期。

然而，与教学途径相比，教学方法也有其优势，这无疑就是其吸引力所在。如同我们在本书介绍的许多教学途径的情形，由于具有一般属性，其假设和原则通常无法准确地应用于课堂教学。许多东西都需要依靠教师的阐释、技能和专业知识。因此，根据某一教学途径，教学方式通常没有明显的正确或错误之区别，也没有预先规定等待实施的惯例。这种细节的缺失可能令教师,尤其是几乎没有接受过培训或者经验贫乏的教师,感到挫败或恼怒。而教学方法往往具有规定性,留给教师阐释的空间极小。

然而,自 20 世纪 90 年代以来,由于意识形态方面的反对、对其简单化倾向的指责以及对学习者与教师在学习过程中的角色认识的加深,教学途径和方法的概念受到批评。意识形态方面的反对乃是一种"批评理论"视角的反映,认为西方的教育理念容易被指责为"母语主义(native-speakerism)"和"文化帝国主义(cultural imperialism)",所提出的关于教师与学习的假设可能与本地文化不相容。例如,如本书第 5 章所述,将交际语言教学从其发源国(即英国、美国及其他英语国家)引进到具有完全不同的教育传统的国家所做出的尝试,有时就可能失败。有些人将西方教学方法的输入看作"文化帝国主义"的一方面,因为交际语言教学中所暗含的假设和实践被认为是"正确的",而目标文化中的假设和实践则被认为需要被替换(参见如 Phillipson & Kumaravidivelu 2012)。同理,多种语言教学途径与方法,如社团语言学习、合作语言学习、任务型语言教学等,都对教师与学习者角色做出了未必具有文化普遍性的假设。

有些观察者指责教学途径和方法过分简单化,认为从教学途径和方法的角度来描写——而且以此方式来标签教学方案——意味着将方法呈现为"固定的步骤和原则,极少关注这些步骤和原则产生与发展的环境、时下对另类方法或者说在多大程度上与先前时期有连续性的争论"(Hunter & Smith 2012:430)。如同本书第 19 章和第 20 章的概述,本书也对教学方法的现状以学习者和教师自主性为重心进行了评述。因此,"后方法时代"这一术语有时被用于对当前盛行的教学观进行描述,其特征已在第 19 章和第 20 章的论述中有所反映。我们在第 20 章中还对关于将教学途径和方法融入语言教师培训课程的许多不同选择,进行了探讨。

未来展望

对语言教学作为一个职业在不远或遥远的将来的发展,我们该如何看待呢？本书中通过对各种教学途径和方法的考察，已经找出了预计会继续以不同方式塑造语言教学未来的许多问题。对这些问题的某些回应可能以新的教学途径和方法的形式呈现出来；其他一些回应则可能是教学职业对教育理论和实践的新的研究发现和发展做出的回应，导向对现有教学途径和方法的完善或改造。变革课程或者教学法的动力可能源自职业内部——教师、管理者、理论家和研究人员。如同以往的情形，政治、社会，甚或经济性的动机或需求也可能推动改革。语言教学领域内的特殊人物和领袖也可能主导语言教学的未来。改革也可能源自完全不期然的来源。因此，我们将对过去曾经影响过甚至将来可能继续影响语言教学趋势的一些因素做一描述，以此来收尾。

- **政府的政策指令**。资金资助机构和政府对语言教学问责制的日益强化近数十年来，已经推动了教育相当有规律的变革，而且未来可能继续如此。标准运动、能力导向型语言项目以及欧洲语言共同参考框架（CEFR）乃是对语言教学自上而下影响的例证。
- **职业趋势**。教学职业是变革的另一个源泉。教师的专业认证、专业组织和游说团体对特定趋势或者教学途径的背书对教学有重要的影响。内容与语言融合型学习和任务型语言教学在世界一些地方就得益于这种支持。
- **本领域大腕领导的创新**。教学有时被描述为艺术，而非科学，往往由强有力且有自己思想流派和追随者的个体实践者的影响所塑造。正如加蒂格诺、罗扎诺夫、克拉申鼓舞了20世纪70、80年代的许多教师以及加德纳鼓舞了20世纪90年代的教师，新出现的本领域的大腕无疑将会吸引新的追随者，引领未来的教学实践。
- **对技术的回应**。因特网、万维网及其他计算机界面和技术创新的潜力可能会像过去一样在未来激发教学职业的想象力，并将对语言教学的内容和教学方式产生影响。

- 其他学科的影响。语言学、心理语言学、心理学等学科对语言理论和语言学习理论的形成产生了举足轻重的影响,而且支撑起了一些具体的语言教学途径。随着上述各个学科领域中新理论的出现,它们可能也将对未来的教学理论产生影响。正如过去听说法和认知编码学习乃是当时盛行的语言理论的反映,源自功能语言学、语料库语言学、心理语言学或社会语言学,或者目前来源未知的新观点可能在语言教学方法的形成中发挥主导作用。
- 研究的影响。第二语言教学和学习成为一个日益高度理论化、深入的研究领域。第二语言习得研究为自然途径和任务型语言教学的发展提供了动力,无疑也将继续推动新的语言教学途径的发展。
- 以学习者为基础的创新。如同个性化教学、以学习者为中心的课程、学习者培训、学习者策略和多元智能的情形,聚焦学习者的趋势大约以十年为一个周期在语言教学中和其他领域中反复出现。可以预期,这一趋势将持续下去。
- 与教育交叉的趋势。合作语言学习、全语言和多元智能都是普通教育和其他领域与第二语言教学运动交叉的产物。这种交叉必定会持续下去,因为语言教学领域中没有占据垄断地位的教学理论和学习理论。
- 与其他学科的交叉。与认知心理学、心理疗法、传播学、人种学和人类工程学的遭遇皆在语言教学中留下了痕迹,而且用实例说明多种学科均对总是在寻找灵感的语言教学领域产生影响。

尽管教学途径和方法的现状发生了变化,但可以预料,在 21 世纪,第二语言和外语教学领域将同过去一样促生各种理论、观点和实践。

讨论问题

1. 您认为为什么语言教学实践通常要从教学途径和方法的角度来进行描述？您认为用这种方式来描述教学有何优势和局限？
2. 请对最近出版的一些商业教材，可以是普通英语教材，也可以是针对某一特定技能的教材，做一考察。这些书在多大程度上反映出某一教学途径或方法的原则？如果是这样的话，这是如何在教材的设计和内容上反映出来的？
3. 您所在的国家（或您所熟悉的环境）正在使用的教材在多大程度上体现了当地的文化和教育传统？
4. 技术在您所在的学校或所教授的课堂上，以什么方式影响语言教学？您是否看到教学途径或方法的实施方式（请考虑教师和学习者的角色及教学步骤等方面）因为技术而改变？
5. 请选择一种基于计算机的学习系统，如Fluenz、Pimsleur Method、TELL ME MORE、Rosetta Stone、Transparent Language@（http://transparent.com），并对其推广宣传做一考察。根据本书的描述，您如何描述这些产品背后的教学途径或方法？
6. 请对回顾一下上文列出的影响语言教学途径的各种因素。您是否能举出自己经历过的这些影响的例子？您认为哪一种因素最重要？

参考文献与延伸阅读

Bailey, K. 1996, The best-laid plans: teachers' in-class decisions to depart from their lesson plans. In K. Bailey and D. Nunan (eds.), *Voices from the Language Classroom*. New York: Cambridge University Press. 15–40.

Brown, H. D. 1994. *Teaching by Principles*. Englewood Cliffs, NJ: Prentice Hal/Regents.

Brown, H. D, 1997. English language teaching in the "post-method" era: toward better diagnosis, treatment, and assessment. *PASAA* (Bangkok) 27: 1–10.

Clark, C. M., and P. Peterson. 1986. Teachers' thought processes: In M. Wittrock (ed.), *Handbook of Research on Teaching*: 3rd. edn. New York: Macmillan. 255–296.

Holliday, A. 1994. *Appropriate Methodology*. Cambridge: Cambridge University Press.

Hunter, D., and R. Smith 2012. Unpackaging the past: 'CL' through ELTJ keywords. *ELT Journal* 66(4): 430–439.

Kumaravadivelu, B. 1994. The post-method condition: emerging strategies for second/foreign language teaching. *TESOL Quarterly* 28: 27–48.

Kumaravadivelu. B. 2012. Individual identity, cultural globalization, and teaching English as an international language: the case for an epistemic break. In L. Alsagoff, S. L. McKay, G. Hu, and W. A. Renandya. (eds.), *Principles and Practices for Teaching English as an International Language*. New York: Routledge. 104–122.

Meddings, L., and S. Thornbury. 2009. *Teaching Unplugged: Dogme in English Language Teaching*. Peaslake: Delta Publishing.

Nicholls, A. H., and H. Nicholls. 1972. *Developing Curriculum: A Practical Guide*. London: George Allen and Unwin.

Nunan, D. 1989. *Understanding Language Classrooms: A Guide for Teacher Initiated Action*. New York: Prentice Hall.

Pennycook, A. 1989. The concept of method, interested knowledge, and the politics of language teaching. *TESOL Quarterly* 23: 589–618.

Penniycook, A. 1994. *The Cultural Politics of English as an International Language*. London: Longman.

Phillipson, R. 1992. *Linguistic Imperialism*. Oxford: Oxford University Press.

Prabhu, N. S. 1990. There is no best method–why? TESOL Quarterly 24: 161–176.

Richards, J. C. 1998. Teachers' maxims. In J. C. Richards, *Beyond Training*. New York: Cambridge University Press: 45–62.

Richards, J. C. 2000. *Curriculum Development in Language Teaching*. New York: Cambridge University Press.

Skehan, P. 1996. Second language acquisition research and task-based instruction. In J. Willis and D. Willis (eds.), *Challenge and Change in Language Teaching*. Oxford: Heinemann. 17–30.

Swaffar, J., K. Arens, and M. Morgan. 1982. Teacher classroom practices: redefining method as task hierarchy. *Modern Language Journal* 66(1): 24–33.

Waters, Alan 2012. Trends and issues in ELT methods and methodology. *ELT Journal* 664(4): 440–449.

附录：途径与方法对比

章节和方法	主要特征	对当前语言教学的影响	教师的角色	学习者的角色	共同的课堂活动

3 口语途径/情境语言教学	• 词汇选择方式更科学
	• 语法被看作"句型"，被系统地加以分类，构成教学的基础
	• 目标语是教学语言
	• 重点是口语
	• 语言通过情境未进行教授
	• 句型的自动使用
	• 教师掌握控制权
		• 强调目标语作为教学语言的运用
		• PPP 的使用
			• 专家
			• 语言学家
			• 指导者
				• 接收者
				• 模仿者
					• 有指导的重复和替换活动：
					  ○ 全体复诵
					  ○ 听写
					  ○ 操练
					• 基于口语的控制阅读和写作任务

4 听说法	• 通过说教授语言 • 关注句型 • 重复和操练促进习惯的形成 • 基于语言分析和对比分析并确定教学大纲内容和顺序 • 几乎不关注写作 • 强调避免错误、重视语法准确性 • 教师控制	• 教授语言，而非教授关于语言的知识 • 语言是其本族语者所言，而非其所应该言 • 练习的重要性 • 目标语的重要使用	• 专家 • 提供纠错 • 语言学家	• 培养语言学家 • 模仿者	• 发音活动 • 句型操练 • 模仿本族语者言语 • 重复性任务 • 表演对话

附录：途径与方法对比

续表

章节和方法	主要特征	对当前语言教学的影响	教师的角色	学习者的角色	共同的课堂活动
5 交际语言教学	• 关注意义 • 关注语言的功能方面 • 重视真实的输入 • 通过直接练习做中学 • 以学习者为中心	• 大部分特征（如真实交际、结对学习和小组学习）依然在影响目前的教学实践 • 采用该途径后发生的变化： ○ 完善了流利性和准确性之间的平衡 ○ 目前，学习者自主性、多样性和教师作为共同学习者发挥更重要的作用	• 交际促进者 • 重视语言流利性	• 交际的积极参与者 • 合作者	• 结对或小组形式的合作学习；意义协商 • 以交际为重心的活动，如拼图任务、完成任务、信息收集、信息分享 • 以流利性为重心、高度容错的活动 • 信息差、观点和推理活动 • 角色扮演

509

附录：途径与方法对比

续表

章节和方法	主要特征	对当前语言教学的影响	教师的角色	学习者的角色	共同的课堂活动
6 任务型教学和内容与语言融合式（型）学习	● 语言学习与学科学习相结合 ● 突出通过交际进行信息交换 ● 与学习者的需求紧密联系 ● 理解的重要性 ● 跨文化意识的培养	● 强烈的学科内容意识 ● 对学生语言学习现实目的的意识	● 学科和语言知识；教学材料的开发者 ●（与学科教师的）合作者 ● 需求分析者 ● 以学习者为中心的促进者	● 知识和理解的积极创造者 ● 自主学习者 ● 合作学习者	● 以表现为导向的活动 ● 讨论活动 ● 合作学习 ●（批判性）意义导向型活动
7 全语言	● 语言作为一个整体而非离散的组成部分来教授 ● 语言学习是体验式学习；学习者处于中心地位，并承担责任 ● 重心在意义和真实的语言上 ● 通过合作学习将技能整合起来 ● 文字在教学中的运用	● 学习是一种体验活动；需要与学习者建立起联系 ● 重视自学	● 推动学习过程 ● 积极的参与者 ● 促进与学习者的协商	● 合作者 ● 评价者 ● 自学者 ● 学习材料和活动的选择者	● 合作活动，如小组阅读和写作 ● 文学的阅读与讨论；平行文本的使用 ● 写作档案袋

510

续表

章节和方法	主要特征	对当前语言教学的影响	教师的角色	学习者的角色	共同的课堂活动
8 能力型语言教学和基于标准的教学	• 强调明确可测量的结果 • 结果与现实需求相关，被描述为显性需求，并用"这类能够做"这类陈述句来描述 • 教学以学生为中心，个性化	• 关注明确的目的和目标 • 真实的目标 • 标准的使用	• 需求分析者 • 确定并沟通学习目标 • 持续提供与学习目标相关的反馈	• 对照目标能力进行自我监控 • 有策略的沟通者 • 将知识迁移到新情境中的积极参与者	• 没有提出具体的活动
9 任务型语言教学	• 将任务作为教学计划和教学的核心单位 • 使用真实的结果 • 以词汇与口语为核心，整合各种技能	• 使用有真实结果的活动 • 强调真实性 • 以形式与意义相结合为导向的活动为重心	• 创建真实、有意义的任务 • 提供支互性支持 • 鼓励关注形式	• 合作者 • 风险承担者 • 语言使用者	• 信息差、拼图、问题解决及其他合作任务 • 交际活动
10 文本型教学	• 将他们在真实社会文化环境中使用的口语和书面语文本作为主要的输入源 • 结构和语法特征的明示教学	• 明确关注并使用不同类型的文本或者语类	• 需求分析者和教学大纲设计者 • 话语和会话分析者 • 提供支架式指导	• 话语分析者 • 自我监控者	• 对不同类型的文本的分析 • 文本模仿 • 文本的解构与共同构建

附录：途径与方法对比

续表

章节和方法	主要特征	对当前语言教学的影响	教师的角色	学习者的角色	共同的课堂活动
11 词汇途径	● 词汇，尤其是多字单元或词块，具有中心地位 ● 学习者处理词块的策略具有重要性	● 关注多词词块 ● 使用语料库	● 语言分析者 ● 推动数据驱动的发现型学习	● 数据和话语分析者 ● 发现者 ● 掌握策略的学习者	● 意识强化活动 ● 基于语料库的活动 ● 数据驱动的学习 ● 文本组块分析 ● 策略教学
12 多元智能	● 学习者之间的差异影响学习，教学中应加以考虑 ● 学习者具有多元智能 ● 学习者得到支持，更好地设计自己的学习	● 对学习者之间差异的意识 ● 采用各种各样课堂学习活动	● 辅助学生学习 ● 协调多感官体验 ● 发展学生的多元智能	● 自己学习的设计者 ● 通过学习提升自己（不只是语言方面）	● 多感官活动 ● 使用教具
13 合作语言学习	● 重视结对或小组形式的合作学习 ● 关注包容的课堂氛围的创建 ● 不仅重视语言发展，而且重视广泛的认知、社会和心理发展 ● 学习策略和思辨技能的教学 ● 频繁的目标语互动	● 结对和小组学习具有重要性 ● 情感因素具有重要性 ● 重视思辨性思维技能	● 促进者 ● 小组学习者 ● 组织小组合作任务 ● 建构与组织合作任务 ● 鼓励思辨式思考	● 积极参与者 ● 促进包容的社会环境的创设 ● 与其他学习者相互依赖，取得学习成果	● 合作项目和问题解决 ● 拼图任务 ● 同伴评价 ● 问题矩阵——鼓励思辨性思维的各种活动

续表

章节和方法	主要特征	对当前语言教学的影响	教师的角色	学习者的角色	共同的课堂活动
14 自然途径	• 非常重视意义 • 缺乏对形式的明示教学 • 强调输入形式无于练习 • 注意性的情感准备 • 接受性技能先于产出性技能 • 第二语言学习被看作是与L1习得相似的自然过程 • 凸显词汇	• 情感因素具有重要性	• 可理解的输入的源 • 降低学生的情感过滤 • 根据学习者的需求选择活动和教学材料	• 交际的参与者	• 听力活动 • 教师提问，从非语言回答，到是非回答，再到更复杂的回答，逐渐进步 • 强调采用角色扮演、游戏和解决问题进行有意义的信息交换的"习得活动"
15 全身反应法	• 强调无压力的学习环境的创设 • 理解先于产出 • 以身体的运动来辅助学习	• 更多地意识到学习者的情感，更明确地尝试减少焦虑 • 意识到运动对学习的重要性，尤其是对视觉型学习者 • 接受学习者在关注意义的活动中所犯的错误，至少在学习的早期阶段	• 做出大部分与学习有关的决策 • 控制课堂上语言的使用 • 学生"出演"的舞台剧导演	• 倾听者 • 表演者或演员	• 需要身体回应的命令操练 • 角色扮演 • 幻灯片展示

513

附录：途径与方法对比

续表

章节和方法	主要特征	对当前语言教学的影响	教师的角色	学习者的角色	共同的课堂活动
16 默示教学法	• 强调在课堂上尽可能多地给学习者机会，让他们用自己的时间产出语言 • 语言学习与被看作是发现式学习 • 使用古式木和发音挂图等用颜色编码的材料	• 语言学习是解决问题与发现式学习	• 呈现新语言（通常是以非语方式） • 教师用最少的语言激励、塑造学生的语言产出 • 设计精心构建的教学顺序	• 问题解决者 • 发现者 • 自主、负责任的学习者 • 其他学习者的合作者	• 发音练习 • 有引导的启发性练习，随后是实践
17 社团语言学习	• 关注作为整体的人和学习的情感方面 • 强调提供一个安全的学习环境 • 学习是一种合作的努力	• 关注作为整体的人和学生对学习过程的体验 • 教师的角色是顾问	• 咨询师 • 提供知识 • 提供安全的环境 • 解读学生的信息 • 支持学习	• 社团成员 • 注意力集中的倾听者	• 翻译（教师翻译的学生信息） • 录音 • 小组学习 • 转写与分析 • 反思
18 暗示教学法	• 无意识对学习的影响 • 音乐的使用 • 教师占主导地位的教学风格	• 重视放松的作用	• 接受暗示教学法的原则 • 创造合适的学习环境 • 权威 • 擅长表演、歌唱和心理治疗技术	• 接受暗示教学法的原则 • 的被动的接受者	• 模仿 • 问答 • 角色扮演 • 听力练习 • 基于音乐的活动

人名索引*

*索引所标页码为英文版页码，即本汉译版的边码。

Aaron, P. 阿伦，P., 145
Abbs, B. A. 阿布斯，B. A., 103
Abdullah, M. 阿卜杜拉，M., 247—248
Agor 阿戈尔, 164
Ahmad, S. 阿迈德，S., 104
Alexander, L. G. 亚历山大 L. G., 31, 44, 47, 103
Alexander, R. 亚历山大，R., 122
Allan, R. 艾伦，R., 223
Allen, J. P. B. 艾伦，J. P. B., 94
Allwright, R. L. 奥尔莱特，R. L., 357, 358
Alsagoff, L. 埃尔萨戈夫，L., 331
Anthony, Edward 安东尼，爱德华, 21, 22
Applebee, A. N. 阿普尔比，A. N., 87
Armstrong, T. 阿姆斯特朗，T., 231, 232
Arnold, F. 阿诺德，F., 296
Ascham, Roger 阿谢姆，罗杰, 4
Asher, James 阿舍，詹姆斯, 277, 278—280, 281—285, 285—286
Astika, G. 阿斯蒂卡，G., 185
Atkinson, D. 阿特金森，D., 291, 331, 346
Auerbach, E. R. 奥尔巴克，E. R., 151, 153, 168
Austin, John 奥斯汀，约翰, 84

Bahns, J. 巴恩斯，J., 218
Bailey, K. 贝利，K., 264, 353
Baines, L. A. 贝恩斯，L. A., 151
Baloche, L. 巴洛彻，L., 255
Bancroft, W. Jane 班克罗夫特，W. 简, 320, 323
Barduhn, S. 巴顿，S., 349
Beglar, D. 贝格拉，D., 185
Benson, P. 本森，P., 332
Beretta, A. 贝雷塔，A., 175
Bergeron, B. S. 伯杰龙，B. S., 140, 143—144
Berlitz, Maximilian 伯利茨，马克西米利安, 12
Berman, M. 伯曼，M., 235
Billows, F. L. 比罗斯，F. L., 46, 48
Bloom, S. 布卢姆，S., 245
Bloomfield, Leonard 布龙菲尔德，莱纳德, 58—59
Blumberg, P. 布隆伯格，P., 331
Bobbitt 博比特, 158
Boers, F. 伯尔斯，F., 215, 216, 218, 221—222, 224, 279
Bogaards, P. 博噶兹，215
Bolinger, Dwight 博林格，德怀特, 263
Bomengen, M. 博门根，M., 141
Borg, S. 博格，S., 347
Breen, M. 布林，M., 98, 331
Brinton, D. M. 布林顿，D. M., 119, 123—124, 125, 128

515

人名索引

Brooks, Nelson 布鲁克斯，内尔森（纳尔逊），61, 63, 65, 66, 67—69, 69—70, 70—71
Brown, H. D. 布朗，H. D., 24, 64, 354
Brown, Roger 布朗，罗杰, 13, 264
Brumfit, Christopher J. 布伦菲特，克里斯托弗 J., 85, 88, 90, 94
Bruner, Jerome 布鲁纳，杰尔姆, 291, 369
Burns, A. 伯恩斯，A., 160, 204, 205, 210
Burton, G. 伯顿，G., 223
Byrne, D. 伯恩，D., 51

Cameron, L. 卡梅伦，L., 184
Campbell, L. 坎贝尔，L., 237
Canale, M. 卡纳尔，M., 89
Candlin, Christopher, N. 坎德林，克里斯托弗 N., 84, 85, 94
Carroll, John B. 卡罗尔，约翰 B., 72—73
Cassidy, S. 卡西迪，S., 339
Chamot, A. U. 查莫特，A. U., 335
Chomsky, Noam 乔姆斯基，诺姆, 23, 38, 72, 84, 87—88, 89, 264
Chowdhry, M. R. 乔德瑞，M. R., 105
Christie, F. 克里斯蒂，F., 200
Christison, M. 克里斯蒂森，M., 231, 232, 235—236, 237, 239—240
Clandinin, D. J. 克兰迪尼，D. J., 353
Clark, C. M. 克拉克，C. M., 348, 367, 369—370
Clay, Marie 克莱，玛丽, 139
Cohen, A. D. 科恩，A. D., 334, 335—336
Cole, R. 科尔，R., 262
Coles, M. 科尔斯，M., 44
Comenius 夸美纽斯, 4
Cook, V. J. 库克，V. J., 155, 168, 169, 178
Coxhead, A. 考克斯黑德，A., 120
Coyle, D. 科伊尔，D., 118, 119—120, 124,
127—128, 131, 346
Craik, F. I. M. 克雷克，F. I. M., 292
Crandall, J. 克兰德尔，J., 123, 126, 129, 255, 368
Cuisenaire, Georges 古辛纳，乔治斯, 289
Cummins, J. 卡明斯，J., 124
Curran, Charles A. 柯伦，查尔斯 A., 303, 306—308, 310, 311, 312, 314

Dalton-Puffer, C. 多尔顿-帕佛，C., 116, 133
Darian, S. G. 达里安，S. G., 58
Darwin, Charles 达尔文，查尔斯, 62
Davies, P. 戴维斯，P., 50, 51, 52, 53—54
Davies, S. 戴维斯，S., 125—126
Dean, S. T. 迪安，S. T., 201
DeKeyser, R. 德吉瑟，R., 154, 155
Derewianka, B. 德里薇安卡，B., 200
Dewey, John 杜威，约翰, 27, 244
Docking, R. 多金，R., 152, 155—156, 157, 158
Doughty, C. 道蒂，C., 73
Doyle, W. 多伊尔，W., 178—179
Dubetz, N. E. 杜比茨，N. E., 355
Duff, P. 达夫，P., 133
Dulay, H. 杜蕾，H., 264
Duncan, Arne 邓肯，阿恩, 152—153

Edwards, C. 爱德华兹，C., 176, 177—178, 190, 349
Eggins, S. 埃金斯，S., 202
Ellis, R. 埃利斯，R., 175, 180, 194
Erben, T. 埃尔本，T., 101

Faucett, L. 福西特，L., 45
Feez, S. 费兹，S., 25, 176, 204—205, 207—209
Figueras, N. 菲格拉斯，N., 150

Finocchiaro, M. 菲诺基亚罗，M., 99, 101
Firth, John R. 弗思，约翰 R., 48, 84, 87
Franke, F. 弗兰克，F., 11—12
Franklin, Benjamin 富兰克林，本杰明，292
French, F. G. 弗伦奇，F. G., 46, 48
Friere, Paulo 弗里尔，保罗，168
Fries, Charles C. 弗里斯，查尔斯 C., 31, 48, 59, 60, 66, 263
Frisby, A. W. 弗里斯比，A. W., 46, 48, 49
Frost, R. 弗罗斯特，R., 175
Fulcher, G. 富尔彻，G., 167

Gardner, Howard 加德纳，霍华德，230—231, 232, 233
Gaston, E. T. 加斯顿，E. T., 318
Gatenby, E, V. 盖滕比，E.，V., 46
Gattegno, Caleb 加蒂格诺，凯莱布，30, 289, 290—294, 295—298
Gibbons, P. 吉本斯，P., 122
Glaser, R. 格拉泽，R., 162
Golombek, P. 戈隆贝克，P., 353, 354
Goodman, Kenneth 古德曼，肯尼斯，139
Gottfredson, L. 戈特弗里德森，L., 233
Gouin, F. 古安，F., 8—9, 278
Graddol, D. 格拉多尔，D., 116
Graves, K. 格雷夫斯，K., 372
Gregg, K. 格雷格，K., 264, 273
Griffiths, C. 格里菲斯，C., 337, 339, 352
Grognet, A. G. 格罗戈尼特，A. G., 151
Gu, P. 顾，P., 164, 336
Gumperz, John 冈伯兹，约翰，84
Gurrey, P. 格里，P., 46

Hagan, P. 黑根，P., 160—161
Halliday, Michael A. K. 韩礼德，迈克尔 A. K., 25, 48, 84, 87, 88—89, 200, 202

Hansen, G. H. 汉森，G. H., 317—318, 319, 324—325
Harel, Y. 哈雷尔，Y., 252—253
Hartley, B. 哈特利，B., 44
Higgs, T. 希格斯，T., 104
Hilgard, E. R. 希尔加德，E. R., 87
Hill, D. 希尔，D., 225
Hird, B. 赫德，B., 104
Hockett, C. F. 霍基特，C. F., 59
Holec, H. 霍利克，H., 86
Holliday, A. 霍利迪，A., 15—16, 104, 339
Hoogveld, A. 胡格维尔特，A., 151
Hornby, A. S. 霍恩比，A. S, 44, 45, 46, 47
Howatt, A. P. R. 豪厄特，A. P. R., 4, 7, 84, 86
Hubbard, P. 哈伯德，P., 54
Hunter, D. 亨特，D., 15, 347, 383
Hymes, Dell 海姆斯，德尔，84, 87, 88, 89

Jacobs, G. M. 雅各布斯，G. M., 106, 249
Jakobovits, L. A. 雅各波维茨，L. A., 73
Jespersen, Otto 叶斯柏森，奥托，20, 44
Jia, G. 贾，G., 255
Jin, L. 金，L., 7, 104, 351, 352
Johns, A. 约翰斯，A., 202
Johnson, D. 约翰逊，D., 245, 246, 249, 252, 253, 254—255
Johnson, Keith 约翰逊，基思，85, 88, 90, 100
Jones, Daniel 琼斯，丹尼尔，44
Jupp, T. C. 贾普，T. C., 94

Kagan, S. 卡根，S., 245, 246
Kantarcioglu, E. 坎塔尔基奥卢，E., 167
Katona, G. 卡托纳，G., 277
Katz, A. M. 卡茨，A. M., 163—164
Kelly, L. 凯利，L., 4, 6
Knapp, M. L. 纳普，M. L., 289

517

Krashen, Stephen D. 克拉申，斯蒂芬 D., 218, 261—262, 263, 264—268, 270—273, 285, 370—371

Kumaravadivelu, B. 库玛拉瓦迪维路, B., 16, 105, 352, 358, 371, 383

La Forge, P. G. 拉·弗吉, P. G., 305—306, 310, 311, 312

Lado, R. 拉多, R., 61

Lange, D. 兰, D., 15

Langer, S. K. 兰格, S. K., 289

Lave, J. 拉夫, J., 28, 182

Lazear, D. 拉齐尔, D., 234

Leaver, B. 利弗, B., 174, 177, 180, 184, 189—190

Lee, L. 李, L., 182

Leung, C. 梁, C., 150, 167, 375

Lewis, C. 刘易斯, C., 351

Lewis, M. 刘易斯, M., 215, 217—218, 222, 224, 225

Liao, X. Q. 廖, X. Q., 104

Littlewood, W. 利特尔伍德, W., 86, 90—91, 96, 99, 103

Llinares, A. 林纳瑞斯, A., 118, 120, 121, 122, 123, 125, 129

Locke, John 洛克, 约翰, 4

Lockhart, C. 洛克哈特, C., 338

Long, M. 朗, M., 175, 183, 184, 247

Lozanov, Georgi 罗扎诺夫, 乔治, 317, 318—321, 322, 323—324, 325, 326

Lugton, R. 卢格顿, R., 73

Lyons, C. A. 莱昂斯, C. A., 142

Lyster, R. 利斯特, R., 116, 121, 122, 123, 127, 133

Mackey, W. F. 麦基, W. F., 21—22, 304—305

Malinowski, Bronislaw 马利诺夫斯基，布罗尼斯劳, 87

Maljers, A. 马尔杰斯, A., 132

Mallison, V. 马利森, V., 5

Marcel, C. 马塞尔, C., 8, 9

McCarthy, M. J. 麦卡锡, M. J., 220, 223

McGafferty, Steven G. 麦加弗蒂, 史蒂文 G., 255

McGroarty, M. 麦格罗蒂, M., 246

McKay, P. 麦凯, P., 163

McKenzie, W. 麦肯齐, W., 232

McLaughlin, B. 麦克劳夫林, B., 264, 273

Meara, P. 米拉, P., 215

Meddings, L. 梅丁斯, L., 371, 382

Mehisto, P. 梅西斯托, P., 127, 129

Mehrabian, A. 梅拉比安, 289

Meidinger, Johann 梅丹热尔, 约翰, 6

Mendenhall, R. 门登霍尔, R., 152—153

Met, M. 梅特, M., 123, 126

Montaigne 蒙田, 4, 11, 86

Morrow, K. 莫罗, K., 100

Moskowitz, G. 莫斯科维茨, G., 304

Moulton, William G. 莫尔顿, 威廉 G., 60, 63

Mrowicki, L. 姆罗维基, L., 156—157

Munby, J. 芒比, J., 95, 106, 306, 366

Nation, I. S. P. 内申, I. S. P., 215, 220

Nattinger, J. 纳廷格, J., 217, 220

Newman, F. 纽曼, F., 248

Newmark, L. 纽马克, L., 273

Nicholson-Nelson, K. 尼克尔森-纳尔逊, K., 234—235

Nielson, K. 尼尔森, K., 341

Northrup, N. 诺思拉普, N., 158

Nunan, D. 纽南, D., 99, 177, 184—185, 331, 333

人名索引

O'Keefe, A. 奥基夫, A., 25, 216, 217, 221, 366
O'Neill, R. 奥尼尔, R., 44
Ollendorf, H. S. 奥伦多尔夫, H. S., 6
Olsen, R. 奥尔森, R., 244,
Ortega, L. 奥尔特加, L., 26, 331
Ostrander, S. 奥斯特兰德, S., 321
Oxford, R. 奥克斯福德, R., 335

Palmberg, R. 帕姆博格, R., 231, 233, 238
Palmer, Dorothy 帕尔默, 多萝西, 277
Palmer, Harold E. 帕尔默, 哈罗德, 20, 44, 45, 46, 47, 48, 215, 277, 278, 285
Paltridge, B. 帕尔特里奇, B., 200
Paran, A. 帕兰, A., 131, 133, 346
Passy, Paul 帕西, P., 9
Pattison, B. 帕蒂森, B., 46
Pawley, A. 波利, A., 215, 216, 279
Pelleltieri, J. 佩莱蒂埃里, 341
Phillipson, R. 菲利普森, R., 383
Piaget, Jean 皮亚杰, 让, 27, 280
Pittman, George 皮特曼, 乔治, 47, 49, 50, 51—52, 53
Plotz, Karl 普洛茨, 卡尔, 5—6
Prabhu, N. S. 帕拉布, N. S., 94, 106, 175
Prendergast, T. 普伦德加斯特, T., 8, 9

Rardin, J. 拉丁, J., 310
Reibel, D. A. 莱贝尔, D. A., 273
Reid, J. 里德, J., 232, 337, 338
Reinders, H. 莱因德斯, J., 333—334
Richards, J. C. 理查兹, J. C., 91—92, 100, 106, 176, 338, 349, 353, 356
Rigg, P. 里格, P., 139, 140—141, 143
Rivers, W. M. 里弗斯, W. M., 24, 63, 64—65
Rodgers, T. S. 罗杰斯, T. S., 144—145, 244

Rogers, C. R. 罗杰斯, C. R., 303
Rouse, W. H. D. 劳斯, W. H. D., 6
Rubin, J. 鲁宾, J., 159, 334—335
Rylatt, A. 赖拉特, A., 169

Sauveur, L. 索弗尔, L., 11, 12
Savignon, S. 萨维农, S., 86, 88, 90, 99, 102, 103
Schenck, E. A. 申克, E. A., 151
Schmidt, R. 施密特, R., 181
Schmitt, N. 施米特, N., 25, 215
Scovel, T. 斯科韦尔, 325—326
Searle, John 瑟尔, 约翰, 84
Seidenstücker, Johan 塞登斯图克, 约翰, 5, 6
Selman, M. 塞尔曼, M., 292
Senior, R. 西尼尔, R., 331
Shin, D. 申, D., 219
Short, D. 肖特, D., 162
Skehan, P. 斯凯恩, P., 90, 179, 180, 183
Skinner, B. F. 斯金纳, B. F., 26, 64, 65
Slade, D. 斯莱德, D., 202
Slavin, R. 斯莱文, R., 255
Smith, D. 史密斯, D., 178
Smith, Prank. 史密斯, 普兰克, 139
Spencer, Herbert 斯潘塞, 赫伯特, 158
St. Clair, R. N. 圣克莱尔, R. N., 290
Stark, P, P. 斯塔克, P. P., 192—193
Stengers, H. 斯滕格斯, H., 219
Stenhouse, L. 斯腾豪斯, L., 369
Stevick, E. W. 史蒂威克, E. W., 292, 294, 296, 312, 313, 323, 324
Stoller, F. 斯托勒, F., 126
Stroinigg, Dieter 斯特罗伊尼格, 迪特尔, 313
Stryker, S. 斯特赖克, S., 125, 127, 128
Stufflebeam, D. 斯塔夫尔比姆, D., 374
Swaffar, J. 斯沃弗, J., 354

519

Swain, M. 斯温，M., 28, 122, 181
Sweet, Henry 斯威特，亨利，9, 10, 11, 13, 20

Taba, H. 塔巴，H., 373
Tasker, T. 塔斯克，T., 351
Teele, S. 蒂尔，S., 233
Terrell, Tracy D. 特雷尔，特雷西 D., 261—262
Thomas, M. 托马斯，M., 189
Thornbury, S. 索恩伯里，S., 202—203, 371, 382
Titone, R. 蒂通，R., 5—6, 9, 12
Tollefson, S. J. 托尔夫森，S. J., 157—158, 168
Tranel, D. D. 特拉尼尔，D. D., 306, 308
Tsang, W. K. 曾，W. K., 354
Tsui, A. B. M. 崔，A. B. M., 39, 338, 372
Tyler, R. 泰勒，R., 373

Van Avermaet, P. 范埃弗梅特，P., 179
Van den Branden, K. 范登布兰登，K., 174, 175, 177, 183, 185—186, 187—188, 374
Van Ek, J. 范艾克，J., 84, 92—93, 165
Van Gorp, K. 范戈普，K., 181, 182, 183, 190
Vasilopoulos, G. 瓦西洛普洛斯，G., 105
Victori, M. 维克托里，M., 332
Viëtor, Wilhelm 维埃托尔，威廉·，9, 10, 11
Vygotsky, Lev 维果斯基，列夫，27, 248

Wakefield, H. 韦克菲尔德，H., 46

Watcyn-Jones, P. 沃特辛-琼斯，P., 100
Waters, A. 沃特斯，A., 339, 382
Watson, D. 沃森，D., 140
Weaver, C. 韦弗，C., 143
Wells, G. 韦尔斯，G., 182
Wen, W. P. 温，W. P., 338
West, Michael 韦斯特，迈克尔，45, 46, 220
Whiteson, V. 怀特森，V., 147
Widdowson, Henry G. 威多森，亨利 G., 84, 85, 89, 93—94
Wiederhold, C. 威德霍尔德，C., 245
Wiggins, G. 威金斯，G., 150, 363, 366, 373—374
Wilkins, D. A. 威尔金斯，D. A., 85, 88, 92, 93, 94, 366
Williams, M. 威廉姆斯，M., 27, 74
Willis, D. 威利斯，D., 174
Willis, J. 威利斯，J., 54, 174, 183, 186, 190—191, 220, 222, 366, 371
Winitz, H. 威尼茨，H., 277—278
Wiskin, Joel 威斯金，乔尔，295, 299
Woolard, G. 伍拉德，G., 224
Wray, A. 雷，A., 216

Yalden, J. 亚尔登，J., 86, 94

Zandvoort, R. W. 赞德伍尔特，R. W., 46
Zhang, Y. 张（音译），Y., 253—254

主题索引

academic task 学术任务, 178—179
Access to English (Coles and Lord)《走进英语》(科尔斯与洛德), 44
accuracy practice 准确性练习, 96—97
Acquisition/Learning Hypothesis 习得/学习假说, 265
activities 活动　参见 learning and teaching activities 学习与教学活动
adjunct language instruction 联合语言教学
　　at elementary and secondary levels 小学与中学层, 130
　　at university level 大学层, 130
Advanced Learner's Dictionary of Current English, The《高级学习者现代英语词典》, 46
Affective Filter Hypothesis 情感过滤假说, 266
affective strategies 情感策略, 336
allophones 音位变体, 63
American Council of Learned Societies 美国学术团体委员会, 60
analogy, 65
a posteriori syllabus 后验教学大纲, 31
applied linguistics 应用语言学, 11
approaches and methods 教学途径与方法
　　advantages and disadvantages of ~的优劣势, 382—383
　　approach, defined 途径的定义, 21, 22

assumptions of ~的假设, 14
checklist for adoption of 可采用（纳）的~清单, 39—40
claims and assertions about 关于~的观点和主张, 346
conceptualizations of 对~的概念化（界定、定义）, 20—22
criticism of concept of 对~概念的批评, 383—384
early linguists and 早期的语言学家和, 20
matching teaching to 教学与~的匹配, 347—350
methods concept 方法的概念, 3—4
methods, elements of 方法，构成要素, 36（另见 approach to language teaching 语言教学的理论（途径）; design in language teaching 语言教学的设计; procedure in language teaching 语言教学的程序）
models of ~的模型（理论）, 21—22
overview of 关于~的概述, 382
teachers' acceptance and adoption of 教师对~的接受与采纳（采用）, 347
teachers' adaptation of 教师对~的改造（编）, 350—351
teachers' personalization of 教师对~的个性化（个体化）, 352—355

521

approach to language teaching 语言教学的理论（途径），36
    in Audiolingual Method 在听说法中，62—65
    in Communicative Language Teaching (CLT) 在交际语言教学中，87—91
    in Community Language Learning (CLL) 在社团语言教学中，305—308
    in Competency-Based Language Teaching (CBLT) 在能力型语言教学中，154—155
    in Content and Language Integrated Learning (CLIL) 在内容与语言融合型学习中，118—123
    in Content-Based Instruction (CBI) 在内容型教学中，118—123
    in Cooperative Language Learning (CLL) 在合作式（型）语言学习中，246—248
    in Lexical Approach 在词汇（教学）途径中，216—218
    in Multiple Intelligences (MI) 在多元智能（智力）中，232—233
    in Natural Approach 在自然法（自然途径）中，262—267
    in Silent Way 在默示（沉默）法中，290—293
    in Situational Language Teaching 在情景语言教学中，47—49
    in Suggestopedia 在暗示法中，318—321
    in Task-Based Language Teaching (TBLT) 在任务型语言教学中，179—183
    in Text-Based Instruction (TBI) 在文本型教学中，201—204
    in Total Physical Response (TPR) 全身反应法中，278—280
    in Whole Language Approach 在全语言途径（方式）中，140—141
a priori syllabus 后验教学大纲，31
Army Specialized Training Program (ASTP) 军队特殊训练项目，58—59
Assessment 评估（评价），in Competency-Based Language Teaching (CBLT) 在能力型语言教学中，155—156
Audiolingual Method 听说法，389
    approach in ～的理论，62—65
    background of ～的背景，58—62
    decline of ～衰落（式微），72—73
    design in ～的设计，65—70
    procedure in ～的（教学）程序，70—71
    reasons for dominance of ～占主导地位的原因，74
    versus Situational Language Teaching 对情景语言教学，73—74
    syllabus in ～中的教学大纲，66
    textbook lesson in (example) ～中的教材课程，78—79
auditory learner 听觉型学习者，338
Aural-Oral Approach 听-说法，60
Australia 澳大利亚，99, 200, 202, 205—206
Australian Migrant Education Program 澳大利亚移民教育项目，160
authority, in Suggestopedia 权威，在暗示法中，320
authority-oriented learner 权威主导型学习者，338
automatic processing 自动加工（处理），27

backward design of curriculum 后顾型课程设计，150, 363, 365, 373—376, 377
BANA (Britain-Australasia-North America) contexts 英（国）-澳（大利亚）-美（国）

教学环境, 104
Bangalore Project 班加罗尔计划, 175
Bank of English 英语语料库, 223
Basic Interpersonal Communication Skills (BICS) 基本人际交际技能, 124—125
Behaviorism 行为主义（心理学）, 26, 63—64, 65, 72
Berlitz Method 伯利茨法, 12
Bilingualism 双（多）语制, 118
bio program（语言）生物程序, 279—280
brain lateralization, and Total Physical Response (TPR) 大脑偏侧化, 与全身反应（法）, 280
British Approach 英国途径（法）参见 Oral Approach 口语途径
BULATS (Business Language Testing Service) 博思考试（商务语言测试）, 166—167

Cambridge English Corpus 剑桥英语语料库, 217, 220
central design 中心型设计, 363, 365, 368—372, 377
Certificate in Spoken and Written English framework 英语口笔语证书框架, 160—161
China 中国, 164, 338, 351
Chromachord Teaching System 克罗马乔德教学系统, 312
Chunks 词块, 215—216, 216—217 另见 Lexical Approach 词汇途径（法）
COBUILD dictionary COBUILD 词典, 223
COBUILD English Course COBUILD 英语教程, 220
Cognitive Academic Language Proficiency (CALP) 认知学术语言能力（水平）,

124—125
cognitive-code learning 认知语码学习, 26, 72—73, 291
cognitive model of language 语言的认知模型（理论）, 23
cognitive strategies 认知策略, 335
Coleman Report 科尔曼报告, 13, 21, 45, 58
Collaborative Learning (CL) 协作（合作）学习 参见 Cooperative Learning (CL) 合作学习
Collins Corpus 柯林斯语料库, 223
Collocation 搭配, 215, 216—217, 224—225
color charts, in Silent Way 彩图, 默示法中的, 297—298
Common European Framework of Reference (CEFR), 欧洲语言共同参考框架, 100, 165—168, 169, 375—376
Communicate (Morrow and Johnson)《交际》（莫罗与约翰逊）, 100
communication principle 交际原则, 90
Communicative Approach 交际途径, 86
communicative competence 交际能力, 85—86, 87—89, 90
Communicative Language Teaching (CLT) 交际语言教学, 390
  approach in ～的理论, 87—91
  content-related approaches and 与内容相关的各种教学途径与, 117
  Cooperative Language Learning (CLL) and 合作语言学习与, 246—247
  criticisms of 对～的批评, 103—105
  design in ～的设计, 91—101
  development of ～的开发, 83—84
  procedure in ～的教学程序, 37, 101—103
  summary 总结, 105—107
Task-Based Language Teaching (TBLT) and

523

任务型语言教学与, 174

textbook lesson (example) 教材课程, 114—115

versions of ～的各种版本, 84—87

Whole Language and 全语言与, 140

communicative movement 交际（教学）运动, 84

Communicative Syllabus Design (Munby)《交际教学大纲设计》（芒比）, 95

Community Language Learning (CLL) 社团语言学习, 398

 approach in ～的理论, 305—308

 background of ～的背景, 303—305

 design in ～教学设计, 308—312

 as example of central design of curriculum 中心型课程设计例子, 371

 lack of syllabus in ～中缺乏教学大纲, 31

 procedure in ～的教学程序, 312—313

 summary 总结, 313—314

 teachers role in ～中的教师角色, 313—314

 competencies 能力, 156—158

Competency-Based Education (CBE) 能力型（基于能力的）教育, 151, 152—153

Competency-Based Language Teaching (CBLT) 能力型语言教学, 392

 approach in ～的理论, 154—155

 background of ～的背景, 151—154

 criticisms of 对～的批评, 168—169

 design in ～中的教学设计, 155—160

 as example of backward design of curriculum 后顾型课程设计例子, 375

 features of ～的特征, 153

 procedure in ～的教学程序, 160—161

 and Task-Based Language Teaching 与任务型语言教学, 178

textbook lesson in (example) ～的教材课程（例子）, 173

Comprehension Approach 理解途径, 277—278

computer-assisted language learning (CALL) 计算机辅助教学, 189—190, 341

concert pseudo-passiveness 音乐会式假消极, 321

consensual validation 共同验证, 307

constructivist learning theory 建构主义学习理论, 27

 in Whole Language 全语言中的～, 141

Content and Language Integrated Learning (CLIL) 内容与语言融合式学习, 391

 approach in ～的理论, 118—123

 background on ～的背景, 116—117

 claims about 关于～的主张（观点）, 346

 contemporary models in ～的当代理论（模型）, 131—132

 defined 定义, 116—117

 design in ～中的教学设计, 123—129

 as example of forward design 前瞻型设计的例子, 367—368

 procedure in ～中的教学设计, 132

 reasons for expansion of 对～解释的原因, 117—118

 summary 总结, 132—133

 textbook lesson (example) 教材课程（例子）, 137—138

Content-Based Instruction (CBI) 内容型教学, 391

 approach in ～的理论, 118—123

 background on ～的背景, 116—117

 contemporary models of ～的当代模型（理论）, 129—131

 content-driven versus language-driven

主题索引

内容驱动的与语言驱动的, 123
defined 定义, 116
design in ～中的教学设计, 123—129
　as example of forward design 前瞻型设计例子, 367—368
procedure in ～中的教学程序, 132
reasons for expansion of 对～解释的原因, 117—118
summary 总结, 132
contrastive analysis 对比分析, 66
controlled processing 控制加工（处理）, 26
cooperation, benefits of 合作的益处, 246
Cooperative Language Learning (CLL) 合作型语言学习, 395
　approach in ～的理论, 246—248
　background on ～的背景, 244—246
　design in ～中的教学设计, 248—253
　goals of ～的教学目的（目标）, 245
　procedure in ～的教学程序, 254—255
　summary 总结, 255
　traditional approaches versus 传统教学途径（方法）与～, 253—254
Cooperative Learning (CL) 合作学习, 244—245
cooperative projects 合作项目, 251
corpora 语料库, 220—221, 366
Council of Europe 欧盟（州）委员会, 84, 85, 92, 165, 332—333
Counseling-Learning 咨询式学习, 303
　另见 Community Language Learning (CLL) 社团语言学习
counselor, teacher as 作为咨询师的教师, 99
creative-construction hypothesis 创造-建构假说, 26, 91
Critical Language Pedagogy (CLP) 批判性语言教学法, 357—358

Cuisenaire rods, in Silent Way 默示（教学）法中的古氏积木, 289, 297
curriculum 课程设置
　defined 定义, 363
　dimensions of ～的维度（方面）, 364—365
curriculum development 课程的开发, 150
　backward design 后顾型设计, 150, 363, 365, 373—376, 377
　central design 中心型设计, 363, 365, 368—372, 377
　forward design 前瞻型设计, 150, 363, 365—368, 372, 377
　summary 总结, 376—378

decision-making tasks 决策任务, 186
design in language teaching 教学设计, 29—35, 36
　in Audiolingual Method 在听说法中, 65—70
　in Communicative Language Teaching (CLT) 在交际语言教学中, 91—101
　in Community Language Learning (CLL) 在社团语言学习中, 308—312
　in Competency-Based Language Teaching (CBLT) 在能力型语言教学中, 155—160
　in Content and Language Integrated Learning (CLIL) 在内容与语言融合式学习中, 123—129
　in Content-Based Instruction (CBI) 在内容型教学中, 123—129
　in Cooperative Language Learning (CLL) 在合作语言学习中, 248—254
　defined 定义, 22, 29
　in Lexical Approach 在词汇途径中, 218—

525

224

    in Multiple Intelligences (MI) 在多元智能中, 234—238

    in Natural Approach 在自然途径中, 267—271

    in Silent Way 在默示（教学）法中, 293—298

    in Situational Language Teaching 在情景语言教学中, 49—51

    in Suggestopedia 在暗示（教学）法中, 321—324

    in Task-Based Language Teaching (TBLT) 在任务型语言教学中, 183—190

    in Text-Based Instruction (TBI) 在文本型教学中, 204—207

    in Total Physical Response (TPR) 在全身反应法中, 280—283

    in Whole Language Approach 在全语言途径中, 142—143

desuggestion 去暗示, 320

dialogues/dialogic talk 对话/对话交谈

    in Audiolingual Method 在听说法中, 66—67

    in content-based approaches 在各种内容型教学途径中, 122

Direct Method 直接法, 11—14, 21

    Natural Approach compared with 自然途径与~的比较, 261—262

    versus Oral Approach 与口语途径, 46

discourse analysis 话语分析, 366

discourse analyst 话语分析者, 224

discourse competence 话语能力, 89

discourse, spoken versus written 口笔话语, 201—202

Dogme, 多哥弥法 371, 382

double-planedness, in Suggestopedia 暗示（教学）法中的双面性, 320

drill and pattern practice, in Audiolingual Method, 听说法中的操练和句型练习 67—69

elaboration, in Lexical Approach 词汇途径中的详释, 221—222

"ends-means" approach to curriculum development 课程开发的"目的-手段"途径, 373

English 900 《英语900句》, 61, 72

English as a foreign language (EFL) 英语作为外语（英语外语）, 59—61

English as a second language (ESL) 英语作为第二语言（英语第二语言）

    advantages of cooperation in ~中合作的优势, 246

    standards for ~的标准, 162—163

English for Special Purposes (ESP) 特殊用途英语, 95

English Language Institute 英语语言学院, 59

English Profile project 英语简介项目, 376

English through Actions (Palmer)《行动英语》（帕尔默）, 278, 285

European Language Portfolio (ELP) project 欧洲语言档案项目, 332—333

Experience Curriculum 体验课程, 87

feedback, corrective 纠正性反馈, 121—122

Fidel charts 菲德尔挂图, 297

First Language, A (Brown)《最初的语言》（布朗）, 264

Fluency 流利性, 96

fluency practice 流利性练习, 96—97

forward design of curriculum 课程的前瞻型设计, 150, 363, 365—368, 372, 377

Foundations for English Teaching (Fries and Fries)《英语教学基础》(弗里斯 & 弗里斯), 66

Four Corners (Richards and Bohlke)《四隅》(理查兹与博尔克), 91—92, 100, 103

functional model of language 语言的功能模型（理论）, 23—24, 88—89

general form 普遍形式, 60

General Service List of English Words, A (West)《英语通用词汇表》(韦斯特), 45

genre model of language 语言的语类模型（理论）, 25, 201—202

g factor 一般因素, 233

Gouin "series," 古安序列, 8—9

Grammar 语法
 in Audiolingual Method 听说法中的～, 62
 in content-based approaches 内容型各种教学途径中的～, 120
 transformational 转换～, 72
 universal 普遍～, 23, 264

Grammar of Spoken English on a Strictly Phonetic Basis, A (Palmer and Blandford)《严格按照语音学编写的英语口语语法》(帕尔默与布兰福德), 46

Grammar-Translation Method 语法翻译法, 6—8
 characteristics of ～的特征（特点）, 6—7
 popularity of ～普及, 7
 student response to 学生对～的反应, 7

grammatical competence 语法能力, 89

grammatical system 语法系统, 63

group formation 分组（小组构成）, 250

group learner 小组学习者, 338

group process manager, teacher as 教师作为小组过程的管理者, 99—100

Guide to Patterns and Usage in English (Hornby)《英语句型与用法指南》(霍恩比), 46

habit formation, in foreign language learning 外语学习中的习惯形成, 64

Handbook of English Grammar, A (Zandvoort)《英语语法手册》(赞德伍尔特), 46

humanistic instruction 人本主义教学, 32—33
 in Community Language Learning (CLL) 社团语言学习中的～, 303—304
 in Whole Language 全语言中的～, 141

immersion education 沉浸式教育, 117—118

immigrant on-arrival programs 移民落地课程, 117

individual accountability 个体问责, 250

individualized instruction 个性化教学, 33

individual learner 学习者个体, 338

infantilization, in Suggestopedia 幼稚化，暗示教学法中的, 320, 323

informant method 线人法, 58—59

information gap 信息差, 97, 186

information-transmission model 信息传递模型
 of communication 交际的～, 305

input 输入, 364—5
 另见 forward design of curriculum 课程设置的前瞻型设计
 Input Hypothesis 输入假说, 263, 265—266

instructional materials 教学材料, 34—35
 in Audiolingual Method 听说法的～, 70
 in Communicative Language Teaching (CLT) 交际语言教学中的～, 100—101
 in Community Language Learning (CLL) 社团语言学习中的～, 311—312

527

in Competency-Based Language Teaching (CBLT) 能力型语言教学中的～, 160
in Content and Language Integrated Learning (CLIL) 内容与语言融合式学习中的～, 129
in Content-Based Instruction (CBI) 内容型教学中的～, 129
in Cooperative Language Learning (CLL) 合作语言学习中的～, 253
in Lexical Approach 词汇途径的～, 223—224
in Multiple Intelligences (MI) 多元智能中的～, 238
in Natural Approach 自然途径的～, 271
in Silent Way 默示教学法的～, 297—298
in Situational Language Teaching 情景语言教学中的～, 51
in Suggestopedia 暗示法的～, 324
in Task-Based Language Teaching (TBLT) 任务型语言教学中的～, 188—190
in Text-Based Instruction (TBI) 文本型教学中的～, 207
in Total Physical Response (TPR) 全身反应法的～, 283
in Whole Language approach 全语言教学途径的～, 143
integration, in content-based approaches 整合, 内容型各种途径中的, 121
interactional approach 互动途径（法）
in Community Language Learning (CLL) 社团语言学习中的～, 306
in Cooperative Language Learning (CLL) 合作语言学习中的～, 247—248
in Task-Based Language Teaching 任务型语言教学中的～, 181
in Whole Language Approach 全语言途径中的～, 140—141
interactional model of language 语言的互动模型（理论）, 24
interactional theory of learning 互动学习理论, 27, 91
Interchange (Richards, Hull, and Proctor)《英语交流》（理查兹、赫尔与普罗克特）, 100, 103
interdependence, positive 互赖, 积极的, 249
Interim Report on Vocabulary Selection, The (Faucett et al.)《词汇选择中期报告》（福西特等人）, 45
International Association of Applied Linguistics 国际应用语言学学会, 84
International Phonetic Alphabet (IPA) 国际音标, 10
International Phonetic Association 国际语音学学会, 10
Internet 因特网 参见 technology 技术
intonation, in Suggestopedia 语调, 暗示法中的～, 320
IQ tests IQ 测验, 230, 237

jigsaw activities 拼图活动, 97, 186, 251

Kernel Lessons Plus (O'Neill)《核心教程（续编）》（奥尼尔）, 44
kinesthetic learner 动觉型学习者, 338
Krashen's language acquisition theory 克拉申的语言习得理论, 264—267

Lado English Series《拉多英语系列》, 61, 72
language alternation 语言交替, 304—305
language course development 语言课程开发 参见 curriculum development 课程开发
language laboratory 语言实验室, 70

language models 语言模型（理论），22—25
language teaching 语言教学
 changes in ～的改革（变革、革新），106—107
 factors influencing future of 影响～未来的各种因素，384—385
Language Teaching Analysis (Mackey)《语言教学分析》（麦基），21
Language Teaching Must Start Afresh (Viëtor)《语言教学必须从零开始》（维埃托尔），10
Language Two (Dulay, Burt, and Krashen)《第二语言》（杜蕾、伯特与克拉申），264
Latin 拉丁语，4—6
learner autonomy 学习者自主（性）（自主学习），331—334
learner-centered approaches 以学习者为中心的各种教学途径，32—33
learner-centeredness 学习者中心，331
learner roles 学习者的角色，32—33
 in Audiolingual Method 听说法中的～，69
 in Communicative Language Teaching (CLT) 交际语言教学中的～，97—98
 in Community Language Learning (CLL) 社团语言学习中的～，309—310
 in Competency-Based Language Teaching (CBLT) 能力型语言教学中的～，159
 in Content and Language Integrated Learning (CLIL) 内容与语言融合式学习中的～，127—128
 in Content-Based Instruction (CBI) 内容型教学中的～，127
 in Cooperative Language Learning (CLL) 合作语言学习中的～，252
 in Lexical Approach 词汇途径（法）中的～，222—223
 in Multiple Intelligences (MI) 多元智能中的～，237
 in Natural Approach 自然途径（法）中的～，269—270
 in Silent Way 默示（教学）法中的～，295—296
 in Situational Language Teaching 情景语言教学中的～，50—51
 in Suggestopedia 暗示（教学）法中的～，323
 in Task-Based Language Teaching (TBLT) 任务型语言教学中的～，187
 in Text-Based Instruction (TBI) 文本型教学中的～，207
 in Total Physical Response (TPR) 全身反应法中的～，282
 in Whole Language Approach 全语言途径中的～，143
learners 学习者
 characteristics of good 优秀～的特征（点），334—335
 diversity of ～多样性，230
 types of ～的类型，338
learner strategies 学习策略，334—337
learning and teaching activities 学习与教学活动，31—32
 in Audiolingual Method 听说法中的～，66—69
 in Communicative Language Teaching (CLT) 交际语言教学中的～，95—97
 in Community Language Learning (CLL) 社团语言学习中的～，309
 in Competency-Based Language Teaching (CBLT) 能力型语言教学中的～，158
 in Content and Language Integrated Learning (CLIL) 内容与语言融合式学

习中的～, 127
 in Content-Based Instruction (CBI) 内容型教学中的～, 126
 in Cooperative Language Learning (CLL) 合作语言学习中的～, 49
 in Lexical Approach 词汇（教学）途径（法）中的～, 220—222
 in Multiple Intelligences (MI) 多元智能中的～, 234—237
 in Natural Approach 自然途径（法）中的～, 269
 in Silent Way 默示（教学）法中的～, 295
 in Situational Language Teaching 情景语言教学中的～, 50
 in Suggestopedia 暗示（教学）法中的～, 323
 in Task-Based Language Teaching (TBLT) 任务型语言教学中的～, 185—187
 in Text-Based Instruction (TBI) 文本型教学中的～, 206
 in Total Physical Response (TPR) 全身反应法中的～, 281—282
 in Whole Language Approach 全语言途径中的～, 142—143
learning outcomes 学习结果 参见 objectives in language teaching 语言教学的目标
learning strategies 学习策略, 28
learning styles 学习风格, 28, 337—339
learning, theory of 学习理论 参见 theory of learning 学习理论
lesson plan 教案 参见 procedure in language teaching 教学程序
Lexical Approach 词汇教学途径（法）, 394
 approach in ～的理论, 216—218
 background of ～的背景, 215—216
 design in ～中的教学设计, 218—224

procedure in ～中的教学程序, 224—225
 summary 总结, 225
lexical model of language 语言的词汇模型（理论）, 25
Lexical Syllabus, The (Willis)《词汇教学大纲》（威利斯）, 220
Lexicon 词库（词典）参见 vocabulary 词汇
Lexis 词汇, 225
linguistics 语言学
 applied 应用～, 11
 structural 结构（主义）～, 62—63

Mainline Beginners (Alexander)《传统初学者》（亚历山大）, 103
Malaysian Communication Syllabus 马来西亚交际教学大纲, 85, 175
Materials（教学、语言）材料 参见 instructional materials 教材
meaningfulness principle 意义原则, 90
metacognitive strategies 元认知策略, 335—336
methods concept 方法的概念, 3—4
 另见 approaches and methods（教学）途径与方法
methods of language teaching 语言教学方法, 14—16
 active periods of types of 不同类型～的活跃期, 15
 assumptions of ～的假设, 14
 checklist for adoption of 被采纳～的清单, 39—40
 critiques of assumptions of 对～（背后）假设的批评, 15—16
 emergence of ～的产生（形成、出现）, 3—4
 method, defined 方法的定义（界定）, 21

post-methods philosophy 后方法的哲学（理念），352—355

reasons for rise and fall in ～兴衰的原因，37—39

in teacher preparation programs 教师培训项目（课程、计划）中的，355—358

另见 approaches and methods; *specific methods*（教学）途径与方法；具体的方法

Monitor Hypothesis 监控假说，265

Motivation（学习）动机，28

Multiple Intelligences (MI) 多元智能（智力），394

approach in ～的理论，232—233

background of ～的背景，230—232

design in ～中的教学设计，234—238

model of ～的模型（理论），231, 233

procedure in ～中的教学程序，238—240

summary 总结，240

types of intelligence 智能（智力）的类型，231

music, in Suggestopedia 暗示法中的音乐，317, 318, 321

narrative 叙事，203

National Defense Education Act 国防教育法案，61

Natural Approach 自然途径（法），396

approach in ～的理论，262—267

background of ～的背景，261—262

design in ～的教学设计，267—271

as example of central design 中心型设计之一例，370—371

limitations of ～的局限，274

procedure in ～的教学程序，271—273

summary 总结，273—274

Whole Language and 全语言与～，140

另见 Total Physical Response (TPR) 全身反应法

Natural Approach, The (Krashen and Terrell)《自然教学途径》（克拉申与特雷尔），261

Natural Method 自然法，11—12

natural methods（各种）自然法，11

Natural Order Hypothesis 自然顺序假说，265

needs analysis 需求分析，95, 333

in backward design of curriculum 课程后顾型设计中的～，374—375

in Competency-Based Language Teaching (CBLT) 能力型语言教学中的～，155

in Task-Based Language Teaching (TBLT) 任务型语言教学中的～，183—4

needs analyst, teacher as 教师作为需求分析者，99

negotiated meaning 协商意义（意义协商）

in Communicative Language Teaching (CLT) 交际语言教学中的～，96

in content-based approaches 各种内容型教学途径中的～，121

in Cooperative Language Learning (CLL) 合作语言学习中的～，247

In Task-Based Language Teaching 任务型语言教学中的～，181

New Concept English (Alexander)《新概念英语》（亚历山大），44

notional-functional approach 意念-功能法（途径）参见 Communicative Language Teaching (CLT) 交际语言教学

notional-functional syllabus 意念-功能教学大纲，31, 92—94

Notional Syllabuses (Wilkins)《意念大纲》

531

（威尔金斯）, 85

numbered heads activity 数人头活动, 252

objectives in language teaching 语言教学的目标, 29—30

 in Audiolingual Method 听说法的~, 65—66

 backward design of curriculum and 后顾型课程设计与~, 150, 363, 365, 373—376, 377

 in Communicative Language Teaching (CLT) 交际语言教学中的~, 91—92

 in Community Language Learning (CLL) 社团语言学习中的~, 308

 in Competency-Based Language Teaching (CBLT) 能力型语言教学中的~, 155

 in Content and Language Integrated Learning (CLIL) 内容与语言融合式学习中的~, 123—125

 in Content-Based Instruction (CBI) 内容型教学中的~, 123—125

 in Cooperative Language Learning (CLL) 合作语言学习中的~, 248

 in Lexical Approach 词汇（教学）途径中的~, 218—219

 in Multiple Intelligences (MI) 多元智能（智力）中的~, 234

 in Natural Approach 自然途径（法）中的~, 267

 in Silent Way 默示（教学）法中的~, 293

 in Situational Language Teaching 情景语言教学中的~, 49

 in Suggestopedia 暗示（教学）法中的~, 321—322

 in Task-Based Language Teaching (TBLT) 任务性语言教学中的~, 183—184

 in Text-Based Instruction (TBI) 文本型教学中的~, 204—205

 in Total Physical Response (TPR) 全身反应法中的~, 280

 in Whole Language Approach 全语言途径中的~, 142

Oman 阿曼, 163—164

On the Origin of Species (Darwin)《物种起源》（达尔文）, 62

opinion exchange tasks 观点交流（交换）任务, 186

Oral Approach 口语法, 14, 388

 background of ~的背景, 44

 British *versus* US 英国与美国, 60

 characteristics of ~的特征（特点）, 47

 development of ~的发展, 46

 versus Direct Method ~与直接法, 46

 grammar control in ~中的语法控制, 45—46.

 origins of ~的起源, 44

 vocabulary selection in ~中的词汇选择, 45

 另见 Situational Language Teaching 情景语言教学

（教学或学习）结果 outcomes 参见 objectives in language teaching 语言教学目标

outcomes-based approaches 基于结果的各种教学途径 参见 Common European Framework of Reference (CEFR); Competency-Based Language Teaching (CBLT); standards movement 欧洲语言共同参考框架；能力型语言教学；标准运动

output 输出, 364—365

 另见 backward design of curriculum 后顾型课程设计

Oxford Progressive English Course for Adult Learners (Hornby)《牛津成人英语进阶教程》（霍恩比）, 46

Pair Work (Watcyn-Jones)《结对练习》(沃特辛-琼斯), 100
Parallel Texts, in Whole Language Approach 平行文本, 全语言途径的～, 144—145
Peace Corps Silent Way Syllabus 和平部队默示教学法大纲, 294—295
personal practical knowledge (PPK) 个人实践知识, 353—354
phonemes 音位（音素）, 63
phonetics 语音学, 9—10
phonics 拼读, and Whole Language Approach ～与全语言教学途径, 139
phonological system 音系系统, 63
phonotactics 音位配列, 63
positive interdependence 积极的相互依赖, 249
post-method teaching and philosophy 后方法的教学与理念, 352—355, 371
PPP (Presentation-Practice-Production) lesson format 呈现（讲授）-练习-生成（产出）(PPP) 授课模式, 44, 54, 161
　　versus Task-Based Language Teaching (TBLT) ～与任务型语言教学, 175, 176
Practical Study of Languages, The (Sweet)《语言的实用研究》(斯威特), 10
Practice 练习, in Competency-Based Language Teaching (CBLT) 能力语言教学中的～, 155
prior knowledge, in Content-Based Instruction (CBI) 前在（已有）知识, 内容型教学中的～, 122
problem-solving approaches to learning 学习的各种问题解决方式（途径）, 186
procedure in language teaching 语言教学程序, 22, 35—37

in Audiolingual Method 听说法中的～, 70—71
in Communicative Language Teaching (CLT) 交际语言教学中的～, 101—103
in Community Language Learning (CLL) 社团语言学习中的～, 312—313
in Competency-Based Language Teaching (CBLT) 能力型语言教学中的～, 160—161
in Content and Language Integrated Learning (CLIL) 内容与语言融合式学习中的～, 132
in Content-Based Instruction (CBI) 内容型教学中的～, 132
in Cooperative Language Learning (CLL) 合作语言学习中的～, 254—255
defined 定义, 22
in Lexical Approach 词汇（教学）途径（法）, 224—225
in Multiple Intelligences (MI) 多元智能中的～, 238—40
in Natural Approach 自然（教学）途径中的～, 271—273
in Silent Way 默示（教学）法中的～, 298—299
in Situational Language Teaching 情景语言教学中的～, 51—54
in Suggestopedia 暗示（教学）法中的～, 324—325
in Task-Based Language Teaching (TBLT) 任务性语言教学中的～, 190—193
in Text-Based Instruction (TBI) 文本型教学中的～, 207—209
in Total Physical Response (TPR) 全身反应法中的～, 283—285
in Whole Language Approach 全语言途径

533

中的～, 143—145
process 过程, 364—365
　　另见 Central design 中心型设计
Processing 加工, controlled and automatic 控制与自动～, 26—27
pronunciation charts 发音挂图 参见 Fidel charts 菲德尔挂图
Prussian Method 普鲁士（教学）法, 6
pseudo-passiveness 假消极性, in Suggestopedia 暗示法的～, 321
psychology 心理学, Soviet（前）苏联的～, 318

Question Matrix (Wiederhold)《问题矩阵》（维德霍尔德）, 245—246

reading-based approach 以阅读为重心的教学法, 58
Reading Method 阅读法, 21
reading strategies 阅读策略, 335
realia 教具
　　in Communicative Language Teaching (CLT) 交际语言教学中（使用）的～, 101
　　in Task-Based Language Teaching (TBLT) 任务型语言教学中（使用）的～, 189
recount (text-type) 讲述（文本类型）, 202—203
Reform Movement 改革运动, 7—8, 9—11, 21
Reinforcement 强化, 63—64
Representationalism 表象论, 23
Response 反应, 63, 64
retelling, in Lexical Approach 复述, 词汇（教学）途径中的～, 222

rhythm, in Suggestopedia 节奏, 暗示法中的～, 320
Rogerian counseling 罗氏咨询, 303, 310
roundtable activity 圆桌活动, 251

scaffolding 脚手架（支架）, 28
　　in content-based approaches 内容型各种教学途径中的～, 122—123
　　in Cooperative Language Learning (CLL) 合作语言学习中的～, 248
　　in Task-Based Language Teaching (TBLT) 任务型语言教学中的～, 181—182
　　in Text-Based Instruction (TBI) 文本型教学中的～, 204
security-attention-retention-discrimination (SARD) 安全-注意-记忆保持-辨别, 307—308
sentence pattern 句型, 45—46, 49
sheltered content instruction 庇护型内容教学, 130
Silent Way 默示（教学）法, 398
　　approach in ～的理论, 290—293
　　background of ～的背景, 289—290
　　design in ～中的教学设计, 293—298
　　　　as example of central design of curriculum 中心型教学设计之一例, 371
　　procedure in ～中的教学程序, 298—299
　　summary 总结, 300
Singapore 新加坡, 206
Situational English series《情景英语系列》47
Situational Language Teaching 情景语言教学, 44, 83—84, 388
　　approach in ～的理论, 47—49
　　design in ～的教学设计, 49—51
　　procedure in ～的教学程序, 37, 51—54

situation, defined 情景的定义, 50
skill learning theory 技能学习理论, 26—27, 90—91, 154—155
skills-based approach 技能型（教学）途径, 130—131
social-process view of language 语言的社会过程观, 305—306
social skills 社会技能, 250
social strategies 社会策略, 336
sociocultural learning theory 社会文化学习理论, 27—28
 Communicative Language Teaching (CLT) and 交际语言教学与～, 89, 91
 Cooperative Language Learning (CLL) and 合作语言学习与～, 248
sociocultural model of language 语言的社会文化模型（理论）, 24—25
sociolinguistic competence 社会语言能力, 89
Solve-Pair-Share activity 解决-结对-分享活动, 252
Soviet psychology（前）苏联的心理学, 318
standards movement 标准（化）运动, 162—164, 392
 backward design of curriculum and 后顾型课程设计与～, 375—376
Stanford-Binet 斯坦福-比奈（测验）, 230
Starting Strategies (Abbs and Freebairn)《起始策略》(阿布斯和弗里拜恩), 103
Stimulus 刺激, 63, 64
stimulus-response view of language 语言的刺激-反应观, 279
strategic competence 策略能力, 89
strategy theory 策略理论, 334—337
Streamline English (Hartley and Viney)《简明英语教程》(哈特利和瓦伊尼), 44
stress reduction, and Total Physical Response (TPR) 压力降低, 与全身反应法, 280
Structural Approach 结构（教学）途径, 60
structural linguistics 结构（主义）语言学, 62—63
structural model of language 语言的结构（主义）模型（理论）, 23, 47—48, 216
Structural Notes and Corpus《结构注释与语料库：英语作为外语教学材料准备的基础》(American Council of Learned Societies)（美国学术团体委员会）, 60
structural syllabus 结构大纲
 first 第一个～, 8
 in Situational Language Teaching 情景语言教学中的～, 49—50
structuring and structures 组织与结构, 250, 263
Students with Limited English Proficiency (SLEP) programs 英语水平受限学生课程, 117
substitution tables 替换表, 45—46
suggestion, *versus* hypnosis 暗示, 与催眠, 319—320
Suggestology 暗示学, 317
Suggestopedia 暗示（教学）法, 399
 approach in ～的理论, 318—321
 background of ～的背景, 317—318
 design in ～中的教学设计, 321—324
 procedure in ～中的教学程序, 324—325
 summary 总结, 325—326
syllabus（教学）大纲, 30—31, 34
 in Audiolingual Method 听说法中的～, 66
 in Communicative Language Teaching (CLT) 交际语言教学中的～, 92—95
 in Community Language Learning (CLL) 社团语言学习中的～, 308—309
 in Competency-Based Language Teaching

(CBLT) 能力型语言教学中的～, 155—158

in Content and Language Integrated Learning (CLIL) 内容语言融合式学习中的～, 125—126

in Content-Based Instruction (CBI) 内容型教学中的～, 125—126

in Cooperative Language Learning (CLL) 合作学习中的～, 249

design of ～的设计, 366—367

first structural 第一个结构～, 8

in Lexical Approach 词汇（教学）途径（法）中的～, 219—220

in Multiple Intelligences (MI) 多元智能中的～, 234

in Natural Approach 自然（教学）途径中的～, 268

in Silent Way 默示（教学）法中的～, 294—295

In Situational Language Teaching 情景语言教学中的～, 49—50

in Suggestopedia 暗示法中的～, 322

in Task-Based Language Teaching (TBLT) 任务型语言教学中的～, 184—185

in Text-Based Instruction (TBI) 文本型教学中的～, 205—206

in Total Physical Response (TPR) 全身反应法中的～, 281

Syntactic Structures (Chomsky)《句法结构》（乔姆斯基）, 84

tactile learner 触觉型学习者, 338

task(s)
 academic 学术～, 178—179
 characteristics of ～的特征（特点）, 186—187

defined 定义, 177—178

types of ～的类型, 186

in vocational training 职业培训中的～, 178

Task-Based Language Teaching (TBLT) 任务型语言教学, 393

approach in ～的理论, 179—183

assumptions underlying ～背后的假设, 176

background on ～的背景, 174—179

benefits of ～的益处, 177

defined 定义, 174

design in ～中的教学设计, 183—190

as example of central design of curriculum 中心型课程设计的例子, 371

lesson plan in (example) 教案（例子）, 199

needs analysis, backward design, and 需求分析、后顾型设计与～, 374—375

Presentation-Practice-Production (PPP) strategy *versus* 讲授（呈现）-练习-产出策略与～, 175,176

procedure in ～中的教学程序, 190—193

summary 总结, 193—194

syllabus in ～中的大纲, 94, 184—185

task-based materials, in Communicative Language Teaching (CLT) 交际语言教学中的任务型材料, 100

task principle 任务原则, 90

teacher practice, theorization of 关于教师实践的理论（化）, 355

teacher preparation programs 教师培训课程（计划）, 16—17

options for study of approaches and methods 教学途径与方法研究的各种选项, 355—358

teacher roles 教师的角色, 33—34

in Audiolingual Method 听说法中的～, 69—70

in Communicative Language Teaching (CLT) 交际语言教学中的～, 98—100

in Community Language Learning (CLL) 社团语言学习中的～, 310—311

in Competency-Based Language Teaching (CBIT) 能力性语言教学中的～, 159

in Content and Language Integrated Learning (CLIL) 内容与语言融合式学习中的～, 128—129

in Content-Based Instruction (CBI) 内容型教学中的～, 128—129

in Cooperative Language Learning (CLL) 合作语言学习中的～, 252—253

in Lexical Approach 词汇教学途径中的～, 222

in Midtiple Intelligences (MI) 多元智能中的～, 237

in Natural Approach 自然（教学）途径中的～, 270—271

in Silent Way 默示（教学）法中的～, 296—297

in Situational Language Teaching 情景语言教学中的～, 51

in Suggestopedia 暗示法中的～, 323—324

in Task-Based Language Teaching (TBLT) 任务型语言教学中的～, 187—188

in Text-Based Instruction (TBI) 文本型教学中的～, 207

in Total Physical Response (TPR) 全身反应法中的～, 282—283

in Whole Language Approach 全语言途径中的～, 143

teachers 教师

adoption of teaching methods by ～对教学方法的采用, 347—350

knowledge and beliefs of ～的知识与信念, 348

relationship between methods and 方法与～之间的关系, 347—355

teaching activities 教学活动 参见 learning and teaching activities 学习与教学活动

Teaching and Learning English as a Foreign Language (Fries)《英语作为外语的教学与学习》（弗里斯）, 60

Teaching Language as Communication (Widdowson)《作为交际的语言教学》（威多森）, 89

team practice from common input 根据共同输入的团队练习, 250

technique, defined 技巧的定义, 21

technology 技术

in Audiolingual Method 听说法中的～, 70

in Communicative Language Teaching (CLT) 交际语言教学中的～, 101

learner-centered approaches and 以学习者为中心的各种教学途径, 339—341

in Task-Based Language Teaching (TBLT) 任务型语言教学中的～, 189—190

TESEP (tertiary-secondary-primary settings) contexts（大中小学）环境, 104

TESOL 操其他语言者的英语教学, 162—163

Text-Based Instruction (TBI) 文本型教学, 393

activities based on 基于～的活动, 213—214

approach in ～的理论, 201—204

background on ～的背景, 200—201

procedure in ～中的教学程序, 37, 207—209

pros and cons of ～的优劣, 209—210

texts 文本

parallel, in Whole Language 全语言中的平行～, 144—145

types of ～的类型, 202, 205—206

text/textbooks 课文/教材（教科书）
  in Communicative Language Teaching (CLT) 交际语言教学中的～, 100
  in Content-Based Instruction (CBI) 内容型教学中的～
  prominence of methods and 方法的突出地位与～, 39
  in Situational Language Teaching 情景语言教学中的～, 51
Thailand 泰国, 61—62, 294—295
theme-based language instruction 基于主题的语言教学, 129—131
theorization of practice 对实践的理论化（思考）, 355
theory of language 语言理论, 22—25
  in Audiolingual Method 听说法中的～, 62—63
  in Communicative Language Teaching (CLT) 交际语言教学的～, 87—90
  in Community Language Learning (CLL) 社团语言学习中的～, 305—306
  in Competency-Based Language Teaching (CBLT) 能力型语言教学中的～, 154
  in Content and Language Integrated Learning (CLIL) 内容与语言融合式语言学习, 120—121
  in Content-Based Instruction (CBI) 内容型教学中的～, 120—121
  in Cooperative Language Learning (CLL) 合作语言学自中的～, 246—247
  learning theory and 学习理论与～, 28—29
  in Lexical Approach 词汇（教学）途径中的～, 216—217
  in Multiple Intelligences (MI) 多元智能中的～, 232
  in Natural Approach 自然（教学）途径中

  in Silent Way 默示（教学）法中的～, 290
  in Situational Language Teaching 情景语言教学中的～, 47—48
  in Suggestopedia 暗示（教学）法中的～, 318—319
  in Task-Based Language Teaching (TBLT) 任务型语言教学中的～, 179—180
  in Text-Based Instruction (TBI) 文本型教学中的～, 201—203
  in Total Physical Response (TPR) 全身反应法中的～, 278—279
  in Whole Language Approach 全语言途径中的～, 140—141
theory of learning 学习理论, 25—28
  in Audiolingual Method 听说法中的～, 63—65
  in Communicative Language Teaching (CLT) 交际语言教学中的～, 90—91
  in Community Language Learning (CLL) 社团语言学习中的～, 306—308
  in Competency-Based Language Teaching (CBLT) 能力语言教学中的～, 154—155
  in Content and Language Integrated Learning (CLIL) 内容与语言融合式学习中的～, 121—123
  in Content-Based Instruction (CBI) 内容型语言教学中的～, 121—123
  in Cooperative Language Learning (CLL) 合作语言学习中的～, 247—248
  language theory and 语言理论与～, 28—29
  in Lexical Approach 词汇（教学）途径中的～, 217—218
  in Multiple Intelligences (MI) 多元智能中的～, 232—233
  in Natural Approach 自然（教学）途径

（法）中的～, 264—267
　　in Silent Way 默示（教学）法中的～, 291—293
　　in Situational Language Teaching 情景语言教学中的～, 48—49
　　in Suggestopedia 暗示法中的～, 319—321
　　in Task-Based Language Teaching (TBLT) 任务型语言教学中的～, 180—183
　　in Text-Based Instruction (TBI) 文本型教学中的～, 203—204
　　in Total Physical Response (TPR) 全身反应法中的～, 279—280
　　in Whole Language Approach 全语言途径中的～, 141
Think-Pair-Share activity 思考-结对-分享活动, 252
three-step interview 三步法访谈, 251
Threshold Level English (Van Ek and Alexander)《临界水平英语》（范艾克和亚历山大）, 92
Threshold Level specifications 临界水平的详细描述, 85, 92—93
Total Physical Response (TPR) 全身反应法, 397
　　approach in ～的理论, 278—280
　　background of ～的背景, 277—278
　　design in ～中的教学设计, 280—283
　　in Natural Approach 自然途径（法）, 271—272
　　procedure in ～中的教学程序, 283—285
　　summary 总结, 285—286
　　另见 Natural Approach 自然途径（法）
Touchstone series (McCarthy, McCarten, and Sandiford)《剑桥标准英语教程》（麦卡锡、麦卡滕和桑迪福德）, 220, 223

trace theory of memory 记忆的痕迹理论, 277
traditional approaches 各种传统途径（方法）
　　versus Cooperative Language Learning (CLL) 与合作语言学习, 253—254
　　defined 定义, 262—263
transformational grammar 转换语法, 72
Turkey 土耳其, 352

unit-credit system 单元-学分制, 84—85
universal grammar (UG) 普遍语法, 23, 264

Verbal Behavior (Skinner)《言语行为》（斯金纳）, 65
visual learner 视觉型学习者, 338
vocabulary 词汇
　　in content-based approaches 各种内容型教学途径中的～, 120
　　in Silent Way 默示（教学）法中的～, 290—291, 294
　　in Suggestopedia 暗示法中的～, 318—319
　　in Task-Based Language Teaching (TBLT) 任务型语言教学中的～, 179—180
Whole Language Approach 全语言途径, 392
　　approach in ～的理论, 140—141
　　background of ～的背景, 139—140
　　criticism of 对～的批评, 145—146
　　design in ～中的教学设计, 142—143
　　procedure in ～中的教学程序, 143—145
　　usefulness of ～的效用（价值）, 146—147
whole-person learning 全人学习, 307
Words in Color (Gattegno)《颜色中的单词》（加蒂格诺）, 289

Yoga 瑜伽, 318, 320

译后记

本书是本人从商务印书馆承接翻译的第三本书。相对于前两本而言，本书的翻译相对轻松，但其中却是别有一番甘苦辛甜。这项翻译任务历经两年，四易其稿，期间暑热酷寒，体验颇深；疫情恐慌，更是别有一番感受：在那漫长的日子里，我们禁足在家，昏花的双眼面对着电脑屏幕，一日日敲击着键盘，同时也经历一场心路历程。本书的内容，广博繁杂，翻译起来常也是格外吃力，资料查阅固不可免，冥想沉思自不待言。好在这次挑战没有把我们打垮，任务最终顺利完成。

在这杀青的日子，心头别有一番滋味，浮想联翩，对自己36年来所从事而且最初是满怀热情投入的高等教育有太多太多的反思与感想，此处不妨做一汇报，与读者分享。最近一些年来，各类高校似乎都有一种很不切实际的政策，无论是在人才的引进方面，还是在奖金的发放、职称的晋升方面，似乎都一边倒向（而非倾斜）所谓的科研，而对教学质量则仅仅停留在喊口号上，似乎所有的学校都在向研究型大学的道路上发展，甚至有许多学校把是否有省（部）级以上项目、是否在某些特定层次的期刊上发表若干篇论文，作为晋升的必要标准，而教学的好与坏则没有人真正关心。姑且不论这些要求是否现实（据本人所知，国家和各省在人文社科项目上的投入说它是"杯水车薪"，一点儿也不夸张；发表园地也是非常有限。以外语学科为例，全国外语类核心期刊总共那么几家，有人做出过估算，如果全国的外语教师平均发表一篇的话，大约30多年可以轮过来，

译后记

如果连博士生也算在内的话，大约需要50年），就其导向作用而言，已经对教学产生了极大的负面影响。

最近，人们对高等教育质量多有微词，但是把教育质量的降低片面归因于扩招，是不正确的。本人认为，高校的上述做法应该是问题的真正根源（道理不言自明）。如何改变这一面貌？单就语言教师而言，鄙人认为还是得"低头拉车，抬头看路"——教师应回到教学本源，不能为了凑论文数量而去做"学问"；同时也不能故步自封，当今国际上语言教学形势日新月异，我们还得大胆引进新理论、新方法，不断革新，锐意进取，中文的老师必须做到让孩子能用自己的母语表达好自己的思想，外语的老师努力早日做到让自己的学生在苦读英语十几年之后能够顺畅地用英语交流。而在这一过程中，语言教学理论的翻译仍不可或缺。

身为译者，三十余载，产出数百万字，其中有关语言教学的译笔就有几百万字。不敢期望这些文字能够改变教学当今之面貌，遑论促进国内外语教学长足发展。然而，这些哪怕对同仁有一些启迪和裨益便是无憾了。

全书译稿由本人全程参与，所有翻译、校对、润色，皆由本人和两位合作者过目确定。两位合作译者，亦是贡献良多，特别是在初译文字处理方面，河南大学毕业的两位研究生胡晓琳、林琼磊，山东齐鲁工业大学在读翻译硕士研究生范骞、李玉莹、Hong Seng Mariella（马达加斯加留学生，中文名字张蕙蘭），也参与了初稿的（部分）翻译。

在此书即将付梓之际，本人首先代表另外两位合作者与我们的学生向邀请我参与本套丛书翻译的北京外国语大学韩宝成教授和本项目的策划方商务印书馆表示衷心的感谢；其次，向本书的责任编辑表示真挚的谢意，是他辛勤的工作，才使本书达到现在的质量水平，得以顺利出版。

最后，在翻译过程中，本人曾供职的山东大学外语学院与庄会彬教授

译后记

供职的河南大学外国语学院的诸多同仁也提供了许多帮助,不能一一,唯恐挂一漏万,故不再列举。谨此致谢。

刘振前

2020 年 10 月 25 日于山大五宿舍四友斋

语言学及应用语言学名著译丛书目

句法结构（第2版）	〔美〕诺姆·乔姆斯基	著
语言知识：本质、来源及使用	〔美〕诺姆·乔姆斯基	著
语言与心智研究的新视野	〔美〕诺姆·乔姆斯基	著
语言研究（第7版）	〔英〕乔治·尤尔	著
英语的成长和结构	〔丹〕奥托·叶斯柏森	著
言辞之道研究	〔英〕保罗·格莱斯	著
言语行为：语言哲学论	〔美〕约翰·R.塞尔	著
理解最简主义	〔美〕诺伯特·霍恩斯坦 〔巴西〕杰罗·努内斯 〔德〕克莱安西斯·K.格罗曼	著
认知语言学	〔美〕威廉·克罗夫特 〔英〕D.艾伦·克鲁斯	著
历史认知语言学	〔美〕玛格丽特·E.温特斯 等	编
语言、使用与认知	〔美〕琼·拜比	著
我们的思维方式：概念整合与心智的 　隐匿复杂性	〔法〕吉勒·福柯尼耶 〔美〕马克·特纳	著
为何只有我们：语言与演化	〔美〕罗伯特·C.贝里克 　　　诺姆·乔姆斯基	著
语言的进化生物学探索	〔美〕菲利普·利伯曼	著
叶斯柏森论语音	〔丹〕奥托·叶斯柏森	著
语音类型	〔美〕伊恩·麦迪森	著
语调音系学（第2版）	〔英〕D.罗伯特·拉德	著

韵律音系学	〔意〕玛丽娜·内斯波	著
	〔美〕艾琳·沃格尔	
词库音系学中的声调	〔加〕道格拉斯·蒲立本	著
音系与句法：语音与结构的关系	〔美〕伊丽莎白·O.塞尔柯克	著
节律重音理论——原则与案例研究	〔美〕布鲁斯·海耶斯	著
语素导论	〔美〕戴维·恩比克	著
语义学（上卷）	〔英〕约翰·莱昂斯	著
语义学（下卷）	〔英〕约翰·莱昂斯	著
做语用（第3版）	〔英〕彼得·格伦迪	著
语用学原则	〔英〕杰弗里·利奇	著
语用学与英语	〔英〕乔纳森·卡尔佩珀	著
	〔澳〕迈克尔·霍	
交互文化语用学	〔美〕伊斯特万·凯奇凯什	著
应用语言学研究方法	〔英〕佐尔坦·德尔涅伊	著
复杂系统与应用语言学	〔美〕戴安·拉森-弗里曼	著
	〔英〕琳恩·卡梅伦	
信息结构与句子形式	〔美〕克努德·兰布雷希特	著
沉默的句法：截省、孤岛条件和省略理论	〔美〕贾森·麦钱特	著
语言教学的流派（第3版）	〔新西兰〕杰克·C.理查兹	著
	〔美〕西奥多·S.罗杰斯	
语言学习与语言教学的原则（第6版）	〔英〕H.道格拉斯·布朗	著
社会文化理论与二语教学语用学	〔美〕雷米·A.范康珀诺勒	著
法语英语文体比较	〔加〕J.-P.维奈	著
	J.达贝尔内	
法语在英格兰的六百年史（1000—1600）	〔美〕道格拉斯·A.奇比	著
语言与全球化	〔英〕诺曼·费尔克劳	著
语言与性别	〔美〕佩内洛普·埃克特	著
	萨利·麦康奈尔-吉内特	
全球化的社会语言学	〔比〕扬·布鲁马特	著
话语分析：社会科学研究的文本分析方法	〔英〕诺曼·费尔克劳	著
社会与话语：社会语境如何影响文本与言谈	〔荷〕特恩·A.范戴克	著
语法、逻辑和心理学：原理及相互关系	〔德〕海曼·施坦塔尔	著

图书在版编目（CIP）数据

语言教学的流派：第 3 版：汉、英 /（新西兰）杰克·C. 理查兹，（美）西奥多·S. 罗杰斯著；刘振前，庄会彬，郭霞译. -- 北京：商务印书馆，2024. --（语言学及应用语言学名著译丛）. --ISBN 978-7-100-24751-1

I. H09

中国国家版本馆 CIP 数据核字第 20249GP561 号

权利保留，侵权必究。

语言学及应用语言学名著译丛

语言教学的流派
第 3 版

〔新西兰〕杰克·C. 理查兹　　著
〔美〕西奥多·S. 罗杰斯
刘振前　庄会彬　郭霞　译

商 务 印 书 馆 出 版
（北京王府井大街 36 号　邮政编码 100710）
商 务 印 书 馆 发 行
北京市白帆印务有限公司印刷
ISBN 978 - 7 - 100 - 24751 - 1

2024 年 12 月第 1 版　　开本 880×1230　1/32
2024 年 12 月北京第 1 次印刷　印张 17¾

定价：108.00 元